KB042443

지방분권 오디세이

우리나라 지방분권의 진단과 대안

하혜수 지음

박영사

저자 서문

왜 지방분권인가?

이 책은 우리나라의 지방분권에 대한 진단과 대안 제시에 초점을 두고 있다. 우리나라는 근 30년 동안 지방분권을 지속적으로 추진하였으나 진척은 느리고 성과도 미흡하다. 이러한 진단에 따라 본서는 지방분권의 성과가 미흡한 주요 원인을 규명하고 개선 대안을 모색하였다. 그럼에도 불구하고 지방분권의 대안 모색에 있어서 지방분권은 선(善)이고 중앙집권은 악(惡)이라는 이분법적 사고에 빠지지 않고 균형적 시각을 유지하려고 노력하였다. 아울러 지방분권은 그 자체로서 목적이 아니라 지방민주주의와 국가경쟁력을 강화하기 위한 유력한 수단이라는 점을 분명히 하였다. 그에 따라 지방분권의 수준을 무조건 높여야 한다는 맹목적인 관점보다는 지방분권의 추진방식, 지방분권의 성과, 주민자치 등이 더 중요하다고 인식하였다.

지방분권의 대상은 기능(사무), 선거, 재원, 법률 등으로 다양한데, 이를 기준으로 행정적 지방분권, 정치적 지방분권, 재정적 지방분권, 법률적 지방분권으로 구분할 수 있다. 이 책에서는 지방분권의 네 가지 유형에 더하여 주민분권의 개념을 새롭게 도입하였다. 주민분권이 정치적 지방분권과 다른 점은 전자가 주민에게 간접적인 정책결정권을 넘기는 것인 데 반해, 후자는 주민에게 직접적 정책결정권을 이양하는 것이다. 그에 따라 주민선거와 지방정부의 국정참여는 정치적 지방분권에 포함되고, 주민직접민주제와 주민총회제는 주민분권에 해당된다. 이러한 점에서 주민분권은 지방분권의 목표이자 지향점이라고 할 수 있다. 대표제(대의민주제)하에서 주민에게 정책결정권을 이양하는 것이나 대표제 대신 전체 주민들이 모여서 정책을 결정하는 주민총회제 모두 주민의 권한을 강화하여 지방민주주의(지방분권의 가치)를 발전시키기 위한 것이기 때문이다.

중앙정부의 권한을 지방정부와 주민에게 이양해야 하는 근거는 무엇인가? 티보우(Tiebout)와 오츠(Oates)의 지방분권이론에 의하면 지방분권은 경쟁촉진, 효율성 제고, 경제성장에 기여한다고 한다. 지방분권은 지방정부 간의 자율경쟁을 통해 창의성과 정책혁신을 가져오고, 효율성과 경제성장을 촉진한다는 것이다. 또한 지방분권은 주민의 참여와 결정 그리고 통제의 가능성이 열려 있는 지방정부로의 권한이양을 통해 주민의 권한 강화에 기여할 뿐만 아니라 국가와 지방의 상생발전에 기여한다. 지방분권을 통한 지방정부의 자율성 제고는 집단지성(collective intelligence)의 창출을 위한 조건의 형성을 통해 지역의 발전과 국가 전체의 번영을 가져온다는 것이다. 지방분권의 수준이 높은 국가일수록 국민소득과 국민행복도가 높다는 주장도 이와 맥을 같이 한다. 지방분권은 중앙정부의 정책부담을 경감시켜 국방, 외교, 거시경제에 집중하게 만들고, 지방정부로 하여금 현장, 주민접촉, 정서(심리)가 요구되는 문제에 집중하게 만든다는 것이다.

모든 현상이 그렇듯이 지방분권 역시 지방정부 간 불균형 심화, 중앙-지방 간 정책연계 약화, 규모의 경제효과 저하, 지방부패의 증대와 같은 부정적 효과를 초래할 수도 있다. 지방분권의 추진은 지방정부의 자치역량과 조세기반에 의한 지역격차를 심화시킬 수 있고, 국가나 광역단위에서 통합적으로 추진할 때 기대되는 비용절감과 편익증대 효과를 저감시킬 수 있으며, 국책사업의 추진을 둘러싸고 중앙-지방 간 갈등을 심화시킬 수 있으며, 접촉성과 연고성에 의한 지방부패를 증대시킬 수 있다. 그에 따라 지방분권의 긍정적 효과를 높이면서 부정적 효과를 줄일 수 있는 대안을 모색해야 한다. 무한정의 지방분권보다는 적정 수준의 지방분권(예컨대, 지방사무 비율 40%와 지방세 비율 30%)을 추진해야 하고, 무조건적 지방분권보다는 자치역량에 맞는 차등적 지방분권을 추진해야 하는 이유도 그 때문이다. 또한 우리나라의 지방분권 수준이 긍정적 효과를 억제할 정도로 낮은지, 아니면 부정적 효과를 심화시킬 정도로 높은지에 대한 진단도 필요할 것이다.

우리나라의 지방분권 수준은 왜 낮은가?

　우리나라 지방분권의 수준은 어느 정도인가? 우리나라는 1991년 지방자치제의
부활 이후 약 30년 가까이 지방분권을 추진하였다. 우리의 지방분권 역사는 100년
이 넘는 영국이나 일본에 비할 바는 아니지만 결코 짧지 않은 기간이라고 할 수 있
다. 그럼에도 불구하고 우리나라의 지방분권 수준은 매우 낮으며, 스스로 탈출하기
어려운 깊은 함정에 빠져 있다고 볼 수 있다. 사무기준에서 3할 자치(지방사무
32.3%)의 문턱을 가까스로 넘어섰고, 재원기준에서는 2할 자치(지방세 비율 24%)에
머물러 있다. 그리고 주민분권과 기구·정원에서는 약간의 제도적 성과가 있지만,
자치법규와 국정참여 등에 있어서는 진전이 거의 없는 실정이다.

　우리나라의 지방분권 수준은 왜 낮은가? 지금까지 지방분권의 수준이 낮은 이유
에 대해서는 체계적인 논의가 미흡하였고, 어느 정도의 지방분권이 적절한지에 대
해서도 논의가 거의 없었다. 재정분권을 기준으로 보면 참여정부에서 국세 대 지방
세 비율을 7:3으로 개선하는 데 초점을 두었으나 문재인 정부 들어서 1단계 7:3, 2
단계 6:4로 목표를 잡았다. 이러한 점에서 지방분권의 수준 미흡이 명확한 목표 부
재 때문이라고 보기는 어렵다. 지방분권에 대한 역대 정부의 공약을 보면, 지방분권
에 대한 중앙정부의 의지를 엿볼 수도 있다. 하지만 지방자치제 부활 초기와 비교
하면 지방분권은 기대한 성과를 내지 못하고 있는데, 이 책에서는 우리나라의 지방
분권 수준이 낮은 이유에 대하여 다음 두 가지 가설을 제시하였다.

　첫째 가설은 '지방분권 수준 → 지방정부의 자치역량 → 중앙집권연대 → 지방
분권 의제채택 → 지방분권 추진미흡'으로 연결되는 명제이다. 이 가설에 따르면,
지방분권의 추진 미흡에 의한 낮은 수준의 지방분권은 지방정부의 자치역량 저하를
초래하고, 자치역량의 저하는 중앙집권연대를 강화시켜 지방분권 의제채택률을 낮
춤으로써 지방분권의 추진을 저해 또는 지연하는 악순환 구조를 만들어낸다는 것이
다. 이러한 악순환의 출발인 지방분권의 추진 미흡에 작용하는 핵심 요인은 중앙집
권적 제도와 관행이라고 할 수 있다. 중앙집권적 제도와 관행이 자기강화(自己強化)
를 일으켜 지방분권의 추진을 더디게 하여 낮은 지방분권 수준을 초래한다는 것이
다. 그리고 낮은 지방분권은 지방정부의 자치역량 약화를 초래하는데, 이러한 자치
역량의 약화는 중앙집권연대의 논리를 강화시켜 지방분권 의제채택 비율을 낮추고

결국 지방분권의 추진 미흡으로 연결된다는 것이다. 다시 말해, 지방정부와 시민단체의 요구에 따라 지방분권에 관한 공약이 대대적으로 제시되지만 지방정부의 자치역량 부족이 국회, 중앙부처(기재부), 보수언론 등으로 대변되는 중앙집권연대의 반대논리와 무의사결정(無意思決定)에 영향을 미쳐 지방분권 의제채택률을 떨어뜨린다는 것이다.

둘째 가설은 '지방분권 수준 → 지방정부의 자치역량 → 지역맞춤형 정책추진 → 지방분권연대 → 지방분권 추진미흡'으로 연결되는 명제이다. 이 가설에 따르면, 낮은 지방분권 수준은 지방정부의 자치역량 저하를 초래하고, 이는 지역맞춤형 정책추진에 부정적 영향을 미쳐 지방분권연대의 응집력을 약화시키고 그로 인해 지방분권의 추진이 지연 또는 제한된다는 것이다. 특히 지방정부 간 자치역량이 상이한 상황에서 모든 지방정부에게 유사한 수준의 권한을 이양하는 '획일적 권한이양'은 지역맞춤형 정책추진의 약화를 초래하고, 이는 지방정부의 집단행동(collective action)의 실패, 즉 지방분권연대의 응집력을 약화시켜 지방분권의 추진 미흡을 초래한다는 것이다. 다시 말해, 낮은 지방분권 수준은 지방정부의 자치역량 저하를 초래할 뿐만 아니라 자치역량을 고려하지 않은 지방분권의 추진은 지방정부의 역량과 여건 차이를 반영하지 못하여 지역맞춤형 정책추진을 저해하며, 그에 따라 지방정부의 의견 충돌과 무임승차 문제를 유발하여 집단행동의 실패로 이어진다.

지방분권의 대안은?

이러한 상황에서 지방분권의 대안은 무엇인가? 지방분권을 통해 집단지성과 지방민주주의를 촉진하면서도 지역격차의 심화와 같은 부정적 효과를 최소화할 수 있는 대안을 찾아야 한다. 맞춤형 지방분권의 추진, 주민분권의 강화, 수평적 재정형평화의 강화 등이 검토될 수 있다. 지방분권가설에 따르면, 지방분권의 확대를 위해서는 지방분권연대의 응집력을 강화하고 중앙집권연대의 논리를 약화시켜야 한다. 지방정부의 집단행동을 통한 지방분권연대의 응집력을 강화하기 위해서는 지역특성에 맞는 차등적 지방분권을 추진해야 하고, 중앙집권연대의 논리 약화를 위해서는 주민에게 권한을 이양하는 주민분권을 강화하고 주민이 체감하는 성과 제고를 통해 지방분권에 대한 주민의 지지를 확보해야 한다. 이러한 관점에서 본서는 지방분권의 개선을 위해 차등적 지방분권 대안과 주민분권 대안을 제시하였다.

첫째, 차등적 지방분권은 지방정부의 특성, 즉 자치역량(인구, 면적, 재정력), 지리적 특성, 자치의지, 정책성과 등에 근거하여 그에 상응하는 지위와 권한을 인정하는 것이다. 차등적 지방분권은 모든 지방정부를 동일하게 대우하는 획일적 지방분권과는 달리 지방정부의 특성을 고려한 맞춤형 권한이양을 추진함으로써 지방분권의 효과를 제고하는 것이다. 자치역량이 부족한 지방정부에게 과다한 권한을 넘기는 것은 권한 남용과 정책 실패를 초래할 수 있고, 자치역량이 충분한 지방정부에게 과소한 권한을 넘기는 것은 권한 방임과 정책 미흡을 초래할 수 있다. 다시 말해, 지방정부가 감당하기 어려운 과도한 권한을 부여하는 것은 권한낭비이고, 자치역량이 높은 지방정부에게 과소한 권한을 부여하는 것은 능력낭비이기 때문이다. 차등적 지방분권은 지방분권의 단점을 줄이면서 지방분권의 성과를 극대화하기 위한 대안이라고 할 수 있다.

차등적 지방분권 대안의 철학적 근거는 사회정의론에서 찾을 수 있다. 공리주의 철학은 공리(功利) 또는 효용을 극대화하는 방향으로 지방분권을 추진해야 한다고 강조한다. 그에 따라 차등적 권한이양이 경제적 효율성과 성과제고에 기여한다면 공리주의에 의해 정당화될 수 있다. 자유주의 철학은 상이한 자치역량을 가진 지방정부에게는 상이한 권한을 이양해야 하고, 자립능력이 낮은 지방정부의 이익을 증대시키는 권한이양은 정당화될 수 있다고 주장함으로써 전체 효용 극대화에 중점을 두는 공리주의의 한계를 보완하고 있다. 공동체주의는 자치역량이 우수하거나 높은 성과를 보이는 지방정부에게 더 많은 권한을 이양해야 한다고 주장함으로써 차등적 지방분권을 정당화한다.

둘째, 주민분권은 직접적 정책결정권을 주민에게 이양하는 것으로서 주민자치와 지방민주주의의 구현을 통해 지속가능한 지방분권의 추진에 기여할 것이다. 지방분권가설에서도 지방분권의 수준이 낮은 원인으로 지방분권연대의 응집력 약화와 지방분권에 대한 주민의 지지 부족을 지적하였으므로 주민의 권한을 강화하는 것은 타당성이 높은 대안이다. 지방분권을 추진하는 궁극적인 목적은 '보통 주민'의 직접적 참여를 통한 지방민주주의의 실현에 있으므로 주민의 권한을 강화하는 것은 지방분권의 핵심 내용이자 나아가야 할 방향이라고 할 수 있다. 주민분권을 강화하기

위해서는 대표제(대의제)하에서 개별 정책 사안에 대한 주민의 결정권을 강화하는
주민직접민주제(주민발의, 주민투표, 주민소환), 주민참여, 협치 등에 관한 제도의 문
턱을 낮추는 대안과 더불어 대표를 선출하지 않고 전체 주민들이 토론하면서 정책
을 결정하는 주민총회제 대안을 검토해야 할 것이다.

책의 제목과 구성

책의 제목을 정하는 과정에서 고민이 많았다. '지방분권이 정의다', '지방분권을
통해 미래를 본다', '이제는 지방분권이다', '지방분권이란 무엇인가', '지방분권과의
대화' 등 적잖은 선택지를 떠올렸다가 지우기를 반복하였다. 마지막까지 경합을 펼
쳤던 후보는 '지방분권 오디세이', '지방분권론: 진단과 대안', '지방분권이란 무엇인
가' 등 세 가지였다. '지방분권론: 진단과 대안'은 경북대학교 학부 학생들이 가장
많이 추천한 제목이었는데, 학생들은 이런 제목의 대학교재에 익숙해 있었기 때문
에 가장 많은 지지를 보냈다고 생각하였다. 또한 책의 구성도 파트 1은 개념과 이론
이고, 파트 2는 지방분권 수준 진단이며, 파트 3·4는 지방분권 대안으로 구성되어
있으므로 내용을 아우르는 제목으로 손색이 없다고 생각하였다.

그러나 행정학 분야 교수와 대학원생들은 지방분권론보다 더 참신한 제목을 주문
하였다. 이러한 주문들을 참조하여 '지방분권 오디세이'라는 다소 생경한 제목을 선
택하였다. 오디세이는 고대 그리스의 시인 호메로스(Homeros)가 트로이 전쟁 이후
10년 동안의 경험담을 풀어낸 대서사시이다. 저자는 1991년 석사논문을 쓴 이후 지
방분권에 대하여 배우고 가르치고 자문하고 투쟁하면서 어언 30년의 경험을 쌓았
다. 1996년 박사학위를 받고 경기연구원에서 지방분권의 문제점과 개선대안을 연구
하였고, 2001년 대학으로 옮긴 이후 지방자치론과 지방분권론을 강의하였다. 2015
년부터 2017년까지 지방분권을 연구하는 국책연구기관인 한국지방행정연구원의 원
장으로 재직하였고, 2016년 지방자치에 관한 학술단체인 한국지방자치학회의 회장
을 역임하였다. 또한 지방분권촉진위원회, 지방행정체제개편위원회, 지역발전위원
회 등에서 지방분권 이슈를 다루고 자문하였고, 지방분권운동본부라는 시민단체에
서 지방분권 의제의 발굴과 대안 제시를 담당하였다.

　이 책은 지난 30년간의 지방분권에 대한 직접적 체험과 서적·언론을 통한 간접적 경험의 산물이다. 지방분권 연구에 쏟은 저자의 30년 여정은 물리적 시간만큼이나 길게 체감되어 오디세이(odyssey)라는 제목을 감히 붙였다. 시간상의 길이뿐만 아니라 내용에 있어서도 직·간접적인 경험담과 에피소드(일화)를 추가하려고 노력하였고, 각 장마다 지방분권에 대한 직접적 체험담과 간접적 경험담(언론기사)을 배치하면서 그에 대한 해석을 덧붙였다. 교재의 모든 내용을 경험담으로 채우지 않았으므로 오디세이가 부적절하다고 지적할 수도 있지만, 외국의 교재와 논문을 정리하는 방식에서 과감히 탈피하여 대부분의 내용을 우리나라의 지방분권에 대한 경험에 바탕을 두고 작성하였고 그 중 일부는 경험담으로 채웠다는 점에서 '지방분권 오디세이'라는 제목이 내용과 부합되지 않는다고 말하기는 어려울 것이다.

　본서는 크게 네 개의 파트, 즉 개념과 이론, 지방분권 진단, 차등적 지방분권 대안, 주민분권 대안으로 나누었다. 네 개의 파트와 각 파트에 속하는 장(chapter)을 그림으로 표현하면 다음과 같다.

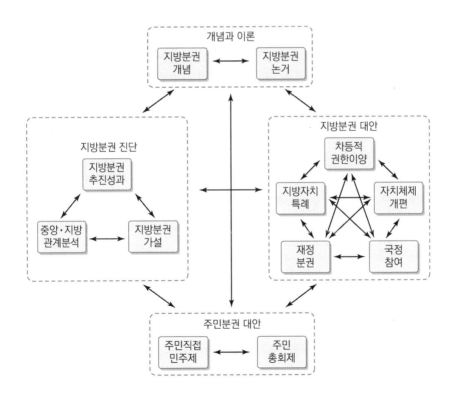

첫 번째 파트는 기본 개념과 이론적 논거에 관한 내용으로 구성되어 있다. 제1장 지방분권의 개념에서는 분립, 분산, 민간화, 협치 등을 포함하는 분권 개념의 다차원성 속에서 지방분권의 개념을 정립하였다. 또한 지방분권의 유형을 정치적 지방분권, 행정적 지방분권, 재정적 지방분권, 법률적 지방분권으로 구분하면서 주민분권을 별도의 유형으로 분류하였다. 제2장 지방분권이론과 논거에서는 티보우(Tiebout)의 '발에 의한 투표' 이론과 오츠(Oates)의 지방분권정리를 고찰하고, 지방분권을 떠받치는 논리적 근거를 제시하였다. 특히 지방분권의 근거에 대해서는 집단지성(collective intelligence), 주민참여, 정책효율성, 권력집중의 폐해 방지 등을 제시하였다.

두 번째 파트는 지방분권 수준 진단으로서 세 개의 장으로 구성하였다. 제3장 지방분권 추진 성과에서는 김대중 정부에서 문재인 정부에 이르기까지 지방분권을 위한 노력과 성과를 고찰하였다. 제4장 중앙−지방 관계의 진단에서는 제도, 구조, 자원의 측면에서 중앙−지방 관계를 고찰하고 여전히 중앙우위의 상호의존관계에 있다고 분석하였다. 제5장 지방분권의 수준이 낮은 이유(지방분권가설)에서는 지방분권의 성과 미흡과 낮은 지방분권의 지속화에 대하여 역사적 제도주의, 정책연합이론, 집단행동이론을 이용하여 가설적 이론화를 시도하였다. 이러한 진단에 따라 우리나라의 낮은 지방분권 수준을 탈피하기 위해서는 지방정부의 자치역량 강화, 중앙집권연대의 논리 극복, 지방분권연대의 응집력 강화에 역점을 두어야 한다고 강조하였다.

세 번째 파트는 차등적 지방분권 대안으로서 다섯 개의 장으로 구성하였다. 제6장 차등적 권한이양에서는 지방정부의 여건과 역량에 맞는 권한이양을 주장하면서 선진국의 차등적 권한이양 제도의 배경과 내용 그리고 성과를 바탕으로 우리나라의 도입 대안(적용대상, 기준, 적용기간)을 제시하였다. 제7장 자치특례 대안에서는 지위특례와 권한특례의 근거를 살펴보고 이를 바탕으로 광역지방정부의 자치특례 대안과 기초지방정부의 자치특례 대안(특례시, 특례군, 도서특례)을 제시하였다. 제8장 자치체제개편 대안에서는 지방분권의 강화라는 명확한 방향성 하에서 자치체제 개편을 추진해야 하고, 광역지방정부와 기초지방정부의 개편기준이 달라야 한다는 관점에서 시·군의 자율통합 대안과 시·도의 통합 대안을 모색하였다. 제9장 재정적 지방분권에서는 공동세와 고향세의 도입을 통해 지방정부의 재정권한을 강화하되 지역 간 재정격차 완화를 위한 대안으로 독일식 수평적 재정평화 제도를 검토해야 한다고 강조하였다. 제10장 지방정부의 국정참여 대안은 차등적 지방분권에 대한 협의의 장으로 활용될 수 있는데, 지방자치와 지방분권에 중대한 영향을 미치는 법률과 국가정책에 대하여 중앙과 지방이 긴밀히 협의하는 대안을 제시하였다.

마지막 네 번째 파트는 주민분권 대안으로서 두 개의 장으로 구성하였다. 제11장 대표제하의 주민분권 대안에서는 주민직접민주제(주민발의, 주민투표, 주민소환), 주민참여, 협치(숙의형 공론조사, 주민참여예산제, 주민배심원제) 등에 관한 제도의 문제점을 지적하고 개선대안을 제시하였다. 제12장 주민총회제에서는 대표제를 구성하는 대신 전체 주민들이 광장에 모여 공동체 문제를 결정하는 대안을 제시하였다. 특히 지역 소멸이 예상되는 군 지역과 주민의 일상적 접촉이 가능한 읍·면·동 단위에 있어서 주민총회제의 도입 대안을 제시하였다.

감사의 글

이 책은 여러분들의 조언과 도움 덕택에 출간되었지만, 집필의 가장 직접적인 동기는 남궁근 총장님(전 서울과기대)의 조언이었다. 총장님은 저자가 2017년 「협상의 미학」을 출간했을 당시 지방자치 전문가로서 지방자치론이나 지방분권론을 펴내야 하지 않느냐고 말씀하셨고, 그에 힘입어 이 책을 출간할 용기를 얻었다. 이달곤 장관님(전 행정안전부)은 대학원 석사과정에서부터 박사학위 취득 때까지 지방분권에 관한 지식과 통찰력을 심어주셨다. 사실 지방자치와 지방분권에 대한 기본 지식과 관점은 장관님의 가르침에 기인하였다고 해도 과언이 아닐 것이다. 김영기 교수님(경상대 명예교수)은 은사님이자 지방분권 전공자로서 더 세밀한 부분에서 조언과 질타를 아끼지 않으셨고, 특강과 공동 연구를 통해 저자를 지적으로 단련시켜 주셨다. 그리고 경북대학교 행정학부 동료 교수님들은 논문공저, 과제수행, 자체세미나 등을 통해 무한한 지적 자극을 주셨는데, 특히 정홍상 교수님은 지방분권가설에 대한 수정을 통해 본서의 질적 수준을 높이는 데 기여해 주셨다.

이 책이 완성되는 과정에서 첫 장부터 마지막 장까지 전체 내용을 꼼꼼히 읽고 구성과 논리 전개에 대하여 냉철한 지적을 아끼지 않은 KRILA(한국지방행정연구원)

의 전성만 박사에게 고마움을 표한다. 전 박사의 조언을 최대한 담지 못한 것은 저자의 능력 미흡이라고 생각한다. 또한 지난 30년 이상 우리나라의 지방분권을 위해 헌신해 온 지방분권운동 대구경북본부 이창룡 대표님도 책의 제목과 장별 구성에 대하여 고견을 주셨고, 특히 마지막 장인 주민총회제는 이 대표님의 조언에 따른 것이다. 경북대학교 교육학과 박사과정에 재학 중인 이미희 선생은 비전공자라고 한없이 겸손해 하면서도 교정에 임해서는 발군의 능력을 발휘하여 문장의 윤기를 더해 주었다. 박영사의 배근하 과장님은 교열 전문가가 아니고는 포착하기 어려운 세밀한 부분에 대한 교정을 통해 드러나지 않는 책의 품격을 높여주었다. 이처럼 여러분들이 저자가 미처 생각하지 못했던 주옥같은 조언을 주었음에도 불구하고 본서가 여전히 미흡한 것은 기획과 내용 구성을 잘못한 저자의 능력 부족 탓이라고 생각한다. 독자 여러분의 비판에 대해서는 가감 없이 받아들여 새로운 관점과 아이디어로 응답할 것을 약속한다.

우리 가족에게도 형용할 수 없는 감사를 드린다. 대학원 학생임에도 불구하고 미래를 보고 결혼을 결심한 이후 오늘의 저자가 있기까지 때로는 경제적 지원자로서 때로는 학문적 동반자로서 역할을 다해준 아내 김태명 박사에게 무한한 감사와 사랑을 보낸다. 어릴 때부터 공부하는 아빠를 두어 경제적으로 부족한 환경에서도 잘 자라준 딸 서영과 아들 구겸에게도 고마움을 전한다. 특히 서영이는 자신의 석사논문 작성으로 인해 바쁜 와중에도 책의 초안을 처음부터 끝까지 읽고 문장과 오탈자를 교정해 주었다. 마지막으로 평생 고된 농사일을 하면서 저자의 성장과 학업을 위해 헌신해 주신 큰 형님 내외분께 경의를 표하고, 빈털터리 학생임에도 불구하고 공부한다는 하나의 이유만으로 맏사위로 맞아주시고 아버지 자리까지 대신해 주신 장인어른께 감사드린다.

2020년 11월 경북대학교 연구실에서

차 례

1장 지방분권이란 무엇인가

2장 지방분권의 이론적 근거

6장 차등적 권한이양 대안

7장 자치특례를 통한 지방분권 대안

10장 지방의 국정참여 대안

11장 대표제하의 주민분권 대안

12장 주민총회제를 통한 주민분권

지방분권이란 무엇인가

CHAPTER 1

지방분권이란 무엇인가

　권력은 부자(父子) 간에도 나누지 않는다는 명제는 권력 나눔의 어려움과 동시에 나눔의 필연성을 내포하고 있다. 권력은 생사여탈을 결정하는 힘을 갖기 때문에 나누기 어렵지만, 동시에 견제 받지 않는 권력은 폭정과 부패를 가져오기 때문에 반드시 나누어야 한다는 것이다. 그래서 사람들은 오랜 역사를 통해 권력 분배를 위한 제도 마련에 부심해왔다. 이러한 권력 나누기, 이른바 분권을 지칭하는 개념은 다양하다. 분립, 분산, 지방분권, 그리고 주민분권 등이 상호 구분되지 않고 혼용되고 있다. 이 장에서는 분권과 관련된 다양한 개념을 살펴보고 지방분권의 개념을 명확히 정의하고자 한다. 아울러 지방분권의 유형을 주민분권, 행정적 지방분권, 정치적 지방분권, 재정적 지방분권, 그리고 법률적 지방분권으로 구분하고 국가형태(단방제 국가, 지역형 국가, 연방제 국가)에 따라 달라지는 지방분권의 한계에 대하여 고찰하고자 한다.

1절 ── 분권의 다차원성

1. 분권의 개념

분권이라는 용어는 1800년대 중반 프랑스 혁명에 대한 토크빌(Charles Alexis Clérel de Tocqueville)의 평가에서 처음으로 등장하였다. 프랑스 혁명은 분권에 대한 요구로 시작되었으나 결국 집권의 확대로 끝났다고 토크빌은 술회하였다(Schmidt, 2007: 10). 여기서 분권은 나눌 分(분)과 권세 權(권)이 결합된 용어로 권력이나 권한을 나눈다는 의미를 가지고 있다. 권력과 권한은 타인의 의사와 무관하게 권력자의 의지를 관철시킬 수 있는 힘(능력)을 의미한다. 자기의 의지대로 타인을 지배할 수 있는 권력과 권한의 이러한 속성 때문에 누구든 권력(권한)을 잡고자 하고, 한 번 잡은 권력(권한)을 내려놓지 않으려고 하는 것이다. 대개 권력과 권한을 구분하지 않고 사용하는 경향이 있지만, 양자는 그 속성 면에서는 유사하지만 발원 근거와 포괄 범위에서는 차이가 난다.

우선, 발원의 근거 측면에서 권력(權力)은 전통, 인간적 매력, 카리스마, 법률 등 다양한 뿌리에서 발생한다. 그에 반해 권한(權限)은 한계가 정해진 권력을 뜻하며 법률(제도)에 근거한다. 고로 권력의 남용은 드러난 부작용을 통해 확인할 수 있지만, 권한의 남용은 법률의 해석을 통해 따질 수 있는 것이다. 그 다음, 포괄 범위 면에서 권력은 공식적 법률에 규정되지 않은 내용까지 포함하지만, 권한은 법률에 근거한 내용에 한정된다. 권력을 가진 자는 법률에 근거하지 않은 명령을 내릴 수 있는데, 그에 따라야 하는 사람은 그 명령의 적법성 여부와 관계없이 수용할 수밖에 없다. 이는 권한의 경계가 불명확하기 때문이기도 하지만 권력자가 포괄적인 권한을 가지고 있어 전인격적으로 지배할 수 있기 때문이다. 이처럼 권한은 법률에 근거하며 그 한계 또한 법률에 의해 정해진 권력을 말한다.

분권은 법률과 제도에 의해 부여된 권한을 복수의 주체 간에 나누는 것을 의미한다. 분권의 영어단어 Decentralization은 De(제거)와 Centralization(집권)

이 결합된 용어로 집권의 제거 또는 탈집권의 의미를 담고 있다. 이처럼 분권
은 권한의 분배 또는 집권의 제거라는 간단한 의미를 담고 있지만 분권의 개
념에 대한 정의는 매우 다양하다. 여러 가지 정의에서 발견되는 공통점은 하
나 또는 소수에게 집중된 권한을 다수에게 나눈다는 것이다(Stanyer, 1976;
Smith, 1985; Hoggett, 1996). 다음 [그림 1-1]을 보면 집권과 반대되는 분권의
개념을 명확히 이해할 수 있다.

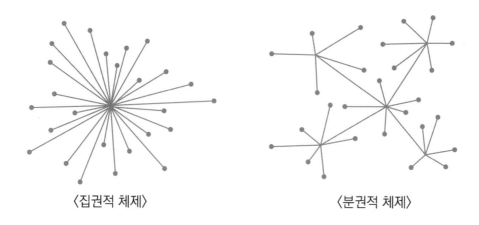

〈집권적 체제〉   〈분권적 체제〉

그림 1-1 집권과 분권의 도식적 비교

집권은 하나의 지점에 권한이 집중되어 있는 상태를 의미하는 데 반해,
분권은 여러 지점으로 권한이 분산된 상태를 의미한다. 그에 따라 집권적 체
제(centralized system)는 중앙의 통제자가 하위 기관에 대하여 직접 또는 계층
을 통해 통제하는 시스템을 의미하고, 분권적 체제(decentralized system)는 하위
기관이 상층부의 명령이 아니라 현장 정보에 따라 자율적으로 행동하는 시스
템을 의미한다. 분권적 체제의 사례로는 자율적인 개체가 서로 정보를 주고받
으면서 대규모 집단거주지를 만들어내는 개미집단을 들 수 있다. 이처럼 자율
적인 개체들이 만들어내는 집단거주지를 군집지능(swarm intelligence)이라고 하
는데, 이와 유사하게 인간사회에서도 분권적 시스템에서 자율적인 다수의 개
인들이 상호 협력과 경쟁을 통하여 집단지성(collective intelligence)을 증진시킨

다는 것이다.

국가권력의 경우 행정부에 모든 권력이 집중된 체제도 있고, 두세 개 부(府)에 권력이 분산된 체제도 있다. 입법부와 행정부의 두 개 부에 권력이 분산된 경우를 이권분립이라고 하고, 입법부, 사법부, 행정부 사이에 권력이 분산된 경우를 삼권분립이라고 한다. 국가와 시민사회 간의 관계를 생각하면, 정부에서 모든 권한을 행사하는 경우를 통치(統治)라고 하고, 정부와 시민사회가 결정권한을 공유하고 있는 경우를 협치(協治)라고 한다. 중앙-지방관계의 차원에서는 정책결정에 관한 권한이 중앙정부에 집중된 상태를 중앙집권이라고 하고, 그러한 권한이 중앙정부와 지방정부 간에 나누어진 상태를 지방분권이라고 부른다. 그리고 중앙부처를 생각해보면, 모든 권한이 최상위 지점(정점)에 집중된 상태는 집중이고, 정점과 하위 단위에 적절히 흩어져 있는 상태는 분산이다. 이처럼 분권은 입법부와 행정부 간의 관계, 정부와 시민사회 간의 관계, 중앙정부와 지방정부 간의 관계, 그리고 중앙부처 본청과 하위기관 간의 관계에서 발견되는 다양한 권한분배 상태를 지칭하는 것이라고 할 수 있다.

전통적으로 통치권 차원의 권력분립과 정부-시민사회 간의 협치에 대해서는 분권의 개념에 포함시키지 않았다(Rondinelli et al., 1984; Allen, 1990; Tausz, 2002). 론디넬리(Dennis A. Rondinelli) 외는 분권의 개념을 매우 넓게 파악하여 네 가지 형태, 즉 분산, 위임, 권한이양, 그리고 민간화로 구분하고 있고 (Rondinelli et al., 1984), 타우스(Katalin Tausz)는 기획과 자원관리에 관한 책임을 다섯 개 기관에게 이전하는 것을 분권으로 정의한다(Tausz, 2002: 9-10). 다섯 개 기관은 중앙부처의 일선기관(주민대면의 일선에서 중앙정부의 정책을 집행하는 기관이라는 점에서 일선기관으로 지칭함), 지방정부, 공공기관, 지역정부, 민간조직을 포함한다. 우리의 경우 국가균형발전 차원에서 세종시와 혁신도시의 건설을 통해 중앙부처와 공공기관을 지방으로 이전하면서 분권이라는 용어를 사용하기도 하는데, 이는 기관과 시설의 지리적 이전으로서 분권과는 다른 개념이다.

이러한 점을 고려하여 본서에서는 분권의 개념을 가장 넓게 해석하여 분립(3부 간 권력분담), 분산(중앙부처와 일선기관 간의 권한분배), 지방분권(중앙정부와 지방정부 간 권한분배), 민간화(정부와 기업 간 권한분배), 그리고 주민분권(정부와 시민사회 간 권한분배) 등을 포함하는 개념으로 정의하고자 한다.

2. 분권의 유형

분권은 권한분배의 주체를 기준으로 할 때 정부의 세 주체 간의 권력분립, 중앙부처와 하위기관 간의 분산, 중앙정부와 지방정부 간의 지방분권, 정부와 민간기관 간의 민간화, 정부와 시민사회 간의 주민분권 등을 포함하는 개념이다. 이처럼 본서에서는 분권의 개념을 가장 넓은 의미로 정의하여 분립, 분산, 지방분권, 민간화, 주민분권 등으로 구분하고자 한다. 이러한 개념에 따라 분권의 유형을 도식화하면 다음 [그림 1-2]와 같다.

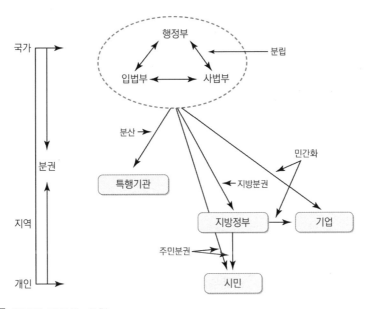

그림 1-2 분권의 다양한 유형

우선, 분립은 통치권의 분점을 통한 견제와 균형의 원리를 구현하는 개념이고, 주민분권은 정부와 시민사회 간의 권한분배를 통한 주민결정, 주민참여, 협치 등을 포함하는 개념이다. 분산은 중앙정부에서 특별지방행정기관(특행기관)으로 권한이 위임되는 것을 의미하고, 지방분권은 중앙정부에서 지방정부로 권한이 이양 또는 위임되는 것을 의미하며, 민간화는 정부에서 민간 기업으로 권한이 이양 또는 위임되는 것을 의미한다. 이러한 다양한 분권 개념을 좀 더 자세히 설명하면 다음과 같다.

1) 분립

분립(分立)의 사전적 의미는 '권력을 나누어 세우다'는 의미를 갖는다. 권력의 분립(separation of power)은 국가의 권력을 입법권, 행정권, 사법권으로 나누고 이것을 담당할 헌법상의 독립기관을 설립하는 것이다. 우리나라도 입법권(법률제정권)은 국회가, 행정권(법률집행권)은 대통령을 중심으로 한 행정부가, 그리고 사법권(법률적용권)은 법원이 행사하고 있다. 최근 들어 대통령에게 집중된 권한을 입법부로 분산하는 분권형 개헌이 논의되고 있고, 그 대안으로 제시된 이원집정부제는 대통령중심제와 내각책임제를 절충한 것이다. 즉, 내란·전쟁 등의 비상시에는 대통령이 전적으로 행정권을 행사하지만, 평상시에는 국회의 다수당 대표인 총리가 행정권을 가지고 대통령은 외교와 국방의 권한만을 행사하는 제도이다. 사실 권력의 분립은 상호 견제와 균형을 통해 권력의 남용 또는 권력의 자의적 해석을 방지하기 위한 것이지 권력의 능률적 행사를 위한 것으로 보기는 어렵다. 그에 따라 대개 분권이라고 할 때는 통치권의 분배가 아니라 그 하위 수준의 권한분배를 지칭한다.

2) 분산

분산(deconcentration)은 중앙부처와 하위기관(일선기관) 사이에 권한이 분배되는 것이다. 이 경우 주로 행정적(집행적) 권한이 위임된다는 점에서 행정적 분권이라고 한다(United Nation, 1962: 23－26; Allen, 1990: 4－5; Tomlinson, 1986: 1－2; Maddick, 1966: 23).[1] 앨런(Hubert J. B. Allen)은 분산의 개념을 동일한

---

1 행정적 분권(분산)은 행정관리에 관한 권한을 하위기관에게 위임하는 개념이라는 점에서 행정사무에 관한 결정권을 지방정부로 이양하는 행정적 지방분권과는 구분되는 개념이다.

정부부처 또는 같은 수준의 정부 내에서 독립적인 현장조직에게 정책집행에 관한 권한을 넘기는 것으로 정의한다(Allen, 1990: 4). 분산은 집중(concentration)과는 반대되는 개념으로서 중앙부처에 권한이 몰려 있으면 분산의 정도가 낮은 것이고, 하위기관에 권한이 많이 내려가 있으면 분산의 정도가 높다고 할 수 있다. 따라서 분산의 추진은 하나의 중앙부처에서 본청의 권한을 하위기관으로 넘겨주는 것이고, 분산이 높다는 것은 집중도가 낮아진 상태를 의미한다.[2]

　우리나라의 경우 중앙부처마다 특별지방행정기관(특행기관으로 약칭함)을 운영하고 있기 때문에 분산은 이들 특행기관에게 권한을 위임하는 것이라고 할 수 있다. 그에 따라 중앙부처의 자원(인력, 공직, 예산), 기능, 권한이 하위기관으로 재배치되고, 권한을 위임받은 하위기관(특행기관)은 일부 집행적 권한(자산관리권과 예산처리권 등)을 보유하게 된다. 이러한 분산은 지역조직 또는 현장 감독관의 설치와 같이 중앙권한의 지역화와 동시에 일어날 수 있다(Tausz, 2002: 21). 이는 결국 정책결정권의 실질적인 이양 없이 상관의 이름으로 행사할 수 있는 집행권한을 하위기관(일선기관)에게 위임해주는 방식이다(White, 1959). 이러한 점에서 분산의 개념은 본청의 권한을 하위기관으로 위임(delegation)하는 것에 한정된다고 할 수 있다. 다만, 최근 강조되고 있는 권한 부여와 분산은 구분되어야 한다. 권한 부여(empowerment)는 하나의 부처조직 내에서 상층부의 권한이 하층부로 넘어가는 것으로서 본청과 하위기관 사이의 권한분산과는 다른 개념이다.[3]

---

2 매딕(Henry Maddick)은 분권을 분산과 지방분권을 포함하는 것으로 규정하면서 분산은 중앙부처 수준에서 특정 기능의 수행에 관한 책임을 본청의 외곽에 설치된 하위기관(일선기관)에게 위임하는 것으로, 그리고 지방분권은 특정한 또는 잔여적 기능의 수행에 관한 권한을 공식적으로 구성된 지방정부에게 법률적으로 이양하는 것으로 정의하고 있다(Maddick, 1975).

3 분산의 개념을 중앙정부 내에서 상위계층의 권한이 하위계층으로 이전하는 것이라고 넓게 정의하는 학자도 있지만 일반적이지는 않다(Walle, 2000).

3) 지방분권

지방분권(local decentralization)은 중앙정부가 보유한 권한을 자치권을 가진 지방정부에게 이양하는 것이다.[4] 여기서 지방정부는 기초지방정부(우리나라의 시·군·구), 광역지방정부(우리나라의 시·도), 그리고 지역정부(스페인과 이탈리아의 지방정부, 영국의 스코틀랜드 등)를 포함한다. 지방분권은 기능의 수행에 관한 권한의 위임뿐만 아니라 기능 수행의 결과에 대한 책임까지 넘기는 권한이양을 포함한다. 권한이양(devolution)은 한편으로는 De(제거)와 Volution(중심 또는 소용돌이)의 결합으로서 중심(소용돌이)의 제거라는 의미를 담고 있고, 다른 한편으로는 Decentralization(분권)과 Revolution(혁명)의 결합으로서 분권혁명을 의미한다고 볼 수 있다. 이러한 측면에서 분권의 핵심은 중앙-지방 간에 이루어지는 지방분권 또는 권한이양에 있다고 할 수 있다.

지방분권의 수준은 국가유형에 따라 달라질 수 있다. 주권이 하나의 정부에 귀속된 단방제 국가, 지방분권이 헌법에 의해 보장된 지역형 국가, 그리고 주권이 여러 정부에 분산된 연방제 국가에 따라 지방분권의 수준은 상이하다. 우리나라와 일본과 같은 단방제 국가에서는 주민대표 선출을 포함한 정치적 지방분권은 보장되어 있지만 재정적 지방분권(지방세 비율 등)의 수준이 매우 낮고, 법률적 지방분권 역시 법률(또는 법령)의 범위 안에서 조례를 제정할 수 있을 뿐이다. 그러나 스페인과 이탈리아와 같은 지역형 국가에서는 지역정부가 법률제정권을 가질 정도로 높은 자치권을 보유하고 있다. 그리고 미국이나 독일과 같은 연방제 국가의 경우 주정부는 법률제정권과 더불어 헌법제정권까지 보유하고 있다.

지방분권의 방식에서도 위임과 이양이 구분될 수 있다. 권한위임은 실질적인 권한의 이양 없이 법률이나 시행령에 의해 상급기관에서 하급기관으로

---

4 지방자치법에서는 지방자치단체라는 용어를 사용하고, 지방자치론에서는 지방정부라는 용어를 더 많이 사용한다. 여기서는 지방정부와 지방자치단체의 본질적 권한과 활동이 다르지 않다는 점에 착안하여 법률의 내용을 인용할 때를 제외하고는 지방정부라는 용어를 주로 사용할 것이다.

공식적으로 권한을 맡기는 것이며, 행정에 관한 제한된 권한과 책임을 넘기는 행위를 지칭한다(Collin, 2004: 66; Meenakshisundaram, 1999: 56). 권한위임은 원래 본청에서 하위기관 사이에서 이루어지는 것이지만 중앙정부와 지방정부 사이에서도 일어난다. 권한을 위임받은 지방정부(수임기관)는 그에 관한 완전한 자율성을 가지지 못하고 여전히 중앙정부의 통제를 받게 되고 그 책임도 중앙정부에서 진다. 예컨대, 중앙정부는 국가하천관리 등과 같이 본래 국가사무이지만 처리비용을 고려하여 기관장(자치단체장)에게 맡겨 처리하는 것이 대표적인 사례이다. 이러한 사무를 기관위임사무라고 하는데, 중앙정부는 지방정부가 계약조건을 이행하지 않는다고 판단되면 해당 권한을 회수하고 대집행(代執行)할 수 있다. 2010년 낙동강 사업을 둘러싼 국토교통부(국토부)와 경상남도 간의 갈등에서 국토부는 낙동강 사업권을 경상남도로부터 회수하여 부산지방국토관리청장을 대집행자(대신집행자)로 지정한 바 있다.

그에 반해 권한이양은 중앙정부에 속하는 권한뿐 아니라 그에 따른 의무와 책임까지 지방정부에게 넘겨주는 것을 의미한다(Committee on Plan Project, 1957; Meenakshisundaram, 1999: 56에서 재인용). 중앙정부는 이양한 권한에 대해서는 책임을 면하게 되고, 이양 받은 지방정부가 자율적으로 권한을 수행하고 그에 대한 최종적인 책임 역시 지게 된다(Collin, 2004: 72). 지방하천관리, 상ㆍ하수도, 쓰레기처리 등은 지방정부에게 이양된 권한(기능)이다. 중앙정부는 해당 권한의 행사와 그에 대한 책임까지 지방정부에게 이양하였기 때문에 원칙적으로 권한의 행사과정에 관여할 수 없을 뿐만 아니라 성과 미흡이나 조건의 불이행을 이유로 회수할 수도 없다. 중남미 국가에서는 수자원, 삼림자원, 토지자원 등 천연자원에 대한 관리권을 사용자집단(user group)에게 넘겨주는 것을 권한이양이라고 지칭하는데(Meinzen－Dick & Knox, 2001), 이는 지방정부로의 권한이양(지방분권)은 지역주민과 사용자집단의 권한 강화로 이어지거나 이어져야 한다는 의미를 담고 있다고 볼 수 있다.

영국에서는 권한이양을 스코틀랜드의회와 같이 새로운 지방정부의 창설에 한정하여 사용하는 경향이 있지만 권한이양의 본래적 의미는 지방정부의 창설에 따른 대표선출권의 이양을 의미하는 정치적 지방분권(political devolu－

tion)에 한정되는 개념이 아니다. 권한이양은 자치단체장 선출권뿐만 아니라 재정권과 법률제정권을 지방정부로 이양하고, 이를 통해 주민들에게 권한을 이양하는 조치를 포함한다. 그에 따라 권한이양은 지방정부를 운영하고 있는 지방대표와 관료조직에게 권한을 이양하는 것에 그치지 않고 해당 권한으로부터 혜택을 받는 집단들이 실질적인 통제권을 행사한다는 의미를 담고 있다. 지방분권의 본질은 주민대표의 선출에 있지 않고 지방정부와 주민들에게 권한을 이양하는 것이기 때문이다. 특히 지방분권의 요체는 주민직접민주제(대표제를 보완하기 위한 주민발의, 주민투표, 주민소환, 협치)와 주민총회제(대표제를 대체하는 주민전체회의)를 통해 주민분권을 실현하는 것이다.

이러한 점에서 실질적인 지방분권은 권한이양인데, 사무(기능)와 자원에 대한 통제권이 중앙정부에서 지방정부 또는 주민으로 이동되는 것을 의미한다. 사무(기능)에 대한 통제는 정책결정, 전략수립, 기획, 우선순위결정, 그리고 프로그램의 집행에 있어서의 자율성을 포함하고, 자원(재정적 자원과 인적 자원)에 대한 통제는 자원의 창출과 획득, 통제와 소유, 그리고 이용에 대한 자율성을 의미한다. 따라서 권한이양은 천연자원의 관리권을 사용자집단에 넘겨주는 개념에 한정되지 않으며, 중앙의 권한과 책임이 지방정부로 온전히 넘어가고, 이를 통해 지역주민의 선택권과 통제권이 증대되는 것을 의미한다고 할 수 있다.

4) 민간화

민간화(privatization)는 정부의 권한을 민간 기업에게 넘기는 것이다. 민간화에는 민간위탁(contracting out)과 민영화가 포함된다(Tausz, 2002: 22-23). 민간위탁은 공공서비스의 생산을 민간 기업에게 맡기는 것으로, 최종적인 책임은 정부에게 있다. 민영화는 공공서비스의 생산뿐만 아니라 공급(규칙제정과 결정권)까지 넘겨 그에 대한 책임까지 민간 기업이 지도록 하는 것이다. 국영기업의 소유권을 민간 기업으로 넘기는 민영화가 이에 속한다. 정부는 민영화를 통해 해당 권한을 완전히 이양하고 그에 대한 책임을 면하는 경우도 있고, 민간위탁을 통해 공공서비스의 생산 권한만을 넘기고 계약조건의 이행에 대한 감독권을 갖는 경우도 있다(Meenakshisundaram, 1999: 56). 때때로 민간위탁은 아웃소싱과 혼용되고 있는데, 양자의 차이를 이해할 필요가 있다. 아웃소싱 (outsourcing)은 민간기업, NGO, 인접 지방정부 등과 같은 외부기관을 활용하는 것인 데 반해, 민간위탁은 다양한 외부기관 중에서 민간 기업을 활용하는 것이다. 따라서 민간위탁은 다양한 아웃소싱 유형 중 민간기업 활용에 한정된 다고 할 수 있다.

5) 주민분권

주민분권은 정부(중앙정부와 지방정부)의 권한을 주민(시민사회)에게 이양하거나 함께 공유하는 개념이다. 주민분권은 두 가지 방식으로 구분되는데, 하나는 대표제를 전제로 이를 보완하기 위해 주민에게 정책결정 참여권을 부여하는 것이고, 다른 하나는 대표제 대신 전체 주민이 모여서 정책을 결정하는 주민총회제를 도입하는 것이다. 주민총회제는 미국의 타운과 스위스의 코뮌 등에서 운영되고 있으나 우리나라에서는 아직 도입하지 않고 있다. 대표제를 전제로 한 주민분권에는 주민의 정책참여, 정책결정, 협치 등이 포함된다. 주민들은 정책결정에 대하여 의견을 제시할 수 있고, 주민발의, 주민투표, 그리고 주민소환 등을 통해 지역문제를 직접 결정하거나 주민의 대표를 해직할 수 있다. 아울러 정부와 주민이 정책결정권을 공유하는 협치(governance)도 이에 포함된다.

협치는 정부의 권한을 시민사회로 넘겨주는 것은 아니지만 정책결정에 관한 권한을 시민사회와 공유한다는 점에서 주민분권의 범주에 포함되는 개념이라고 할 수 있다. 2000년대 이전까지는 협치 대신 시민참여(citizen participation)라는 용어를 더 많이 사용하였다. 시민참여론에 의하면 시민들이 정책결정에 참여하는 수준은 매우 다양하다. 즉, 정보전달의 소극적 참여, 정책에 대한 의견을 주고받는 자문형 참여, 공동결정형 참여, 그리고 시민주도형 참여로 구분할 수 있다(Arnstein, 1969; Jackson, 2001; 하혜수, 2019). 시민참여 유형 중 공동결정이나 시민주도형 참여는 협치와 같은 개념이라고 할 수 있다. 따라서 협치는 시민참여의 유형에 속하지만, 모든 시민참여가 협치에 해당되지는 않을 것이다.

이상에서 살펴본 바와 같이 분권은 모든 행위주체 간의 권력분배를 의미하는 데 반해, 지방분권은 중앙정부와 지방정부 간의 권력분배를 뜻한다. 분권은 입법부·사법부·행정부 간의 권력분립, 중앙부처와 특별지방행정기관 간의 분산, 정부와 민간기업 간의 민간화, 정부와 주민 간의 주민분권, 중앙정부와 지방정부 간의 지방분권을 포함하는 개념이다. 지방분권은 분권 중에서 중앙정부와 지방정부 간의 권한분배와 지방정부와 주민 간의 권한분배(주민분권)를 포함한다고 할 수 있다. 이 때 지방분권의 개념 속에 주민분권을 포함시키는 이유는 지방분권의 당위성과 목적이 바로 주민분권에 있기 때문이다.

2절 ─ 지방분권의 구성 요소

1. 지방분권의 개념

지방분권(local decentralization)은 중앙정부의 권한(사무, 입법, 재정 등)을 자치권을 가진 지방정부(지역정부)에게 이양하는 것이다. 지방분권은 행정·재정·법률 등에 관한 결정권을 지방정부에게 이양하고, 그를 통해 대표선출과 정책결정에 관한 권한을 주민에게 이양하는 것이다. 지방분권은 일반적으로 중앙정부가 계층구조상 하위수준의 행위주체나 기관에게 권한을 이양하는 행위를 지칭한다. 이러한 점에서 지방분권은 상급정부의 권력과 자원을 지방정부로 이양하여 자치영역을 창출하는 것이다(Walle, 2002). 여기서 보충성의 원리(subsidiarity principle)가 적용되는데, 중앙정부는 지방정부에서 감당하기 어려운 일에 대해서만 보충적으로 담당해야 한다는 원칙이다.

지방분권은 중앙정부의 권한을 자치권과 자율권을 가진 지방정부에게 이양하는 것이라는 개념 정의에 기초할 때 자연히 자치권 또는 자율성과의 관계가 규명되어야 한다. 자치권과 자율성은 모두 스스로 결정할 수 있는 권한을 의미하는데, 자치권은 법적 기관 사이의 관계에 한정되지만 자율성은 다양한 기관 간의 관계에 적용될 수 있다(Pollitt, 1993). 그에 따라 중앙정부와 지방정부 간 관계에서는 자치권과 더불어 자율성의 개념이 함께 사용될 수 있다. 중앙정부의 권한을 지방정부에게 이양하면 할수록 지방정부의 자치권 또는 자율성이 증대될 것이므로 지방분권의 결과로 나타나는 것이 자치권 또는 자율성이라고 할 수 있다.

국내 학자들도 지방분권의 개념을 중앙정부의 권한이 지방정부로 이양되는 현상으로 보고 있다(박정수, 1993: 120; 배인명, 1993: 885). 권한이양으로서의 지방분권은 지방정부단위의 책임과 권한을 강화하는, 즉 중앙정부로부터 법적·재정적으로 독립된 지방정부단위를 창출 혹은 강화하는 것이다. 김익식(1990: 1377-1388)은 지방분권을 매우 다의적인 개념으로 전제한 후 코니어스(Daiana Conyers)의 정의(Conyers, 1984)와 스미스(Brian C. Smith)의 정의(Smith, 1985)를 참조하여 '중앙정부와 지방정부 간의 권한분배상태'라고 정의하고 있다.

지방분권은 중앙집권의 개념과 대비되는 것으로서 상대적인 관점에서 파악될 수 있다. 지방분권은 중앙정부의 권한이 지역정부(이탈리아·스페인의 지방정부와 영국의 스코틀랜드와 같이 법률제정권을 보유한 지방정부) 또는 지방정부로 이양되는 과정을 의미하거나 그러한 권한이양이 이루어진 결과 지방정부로 더 많은 권한이 분배된 상태를 의미한다. 그에 반해 중앙집권은 중앙-지방 간 권한분배에서 중앙정부에 더 많은 권한이 집중된 정도를 의미하거나 지방정부의 권한이 중앙정부로 이전되는 현상을 의미한다. 중앙정부의 권한이 지방으로 이양되는 현상을 지방분권이라고 하지만 지방정부의 권한이 중앙정부로 이전되는 현상을 신중앙집권이라고 한다. 과거에는 중앙정부의 권한이 집행의 효율성과 지방민주주의의 발전 그리고 지역주민에 대한 대응성 강화를 위해 지방정부로 이양되었으나 최근 들어 광역행정수요의 증가와 지방정부의 대응능력 부족에 의해 지방정부의 기능과 권한이 중앙정부로 이전되는 신중앙집권화 현상이 발생하기도 한다.

어떤 국가든 지역정부 또는 지방정부를 가지고 있지만 지방정부의 성격은 국가별로 매우 상이하다. 대체로 지방정부의 위상과 권한(자치권)은 중앙－지방 간 관계를 규정한 헌법체제, 정부 간 기능과 책임의 분배정도, 지방정부의 인력이 임명되고 충원되는 수단, 중앙정부가 지방정부를 통제하기 위해 사용하는 정치적·경제적·행정적 권력, 그리고 지방정부가 누리는 독립성에 의해 좌우된다(Heywood, 2000: 237). 그러나 한 가지 명백한 것은 중앙정부와 지방정부 중 어느 일방도 상대방 없이는 온전히 기능하기 어렵다는 점이다. 중앙정부의 존재가 전제되지 않는 국가는 국제사회에서 독립적인 행위자로 기능하기 어렵고, 반대로 국가 간 경계가 허물어지고 경쟁이 심화되는 세계화시대에 있어서 지방정부의 창의성과 혁신적 노력이 뒷받침되지 않는 국가는 경쟁력을 갖추기 어렵다. 이러한 점에서 완전한 중앙집권이나 완전한 지방분권은 생각하기 어렵고, 어느 정도의 지방분권(또는 중앙집권)이 바람직한가의 문제에 초점을 두어야 할 것이다. 전통적으로 지방분권과 중앙집권에 대한 각각의 논거는 존재하고 있지만, 최근 지방분권에 대한 강조가 이루어지고 있는 추세에 있다.

지방분권은 일반적 기능을 수행하는 지방정부에게 권한을 이양하는 형태와 특정한 기능을 수행하는 자율적 기관에게 권한을 이양하는 형태로 구분될 수 있다. 전자는 영토적 지방분권(territorial decentralization)이고 후자는 기능적 지방분권이다(Ckagnazaroff, 1993: 21－22). 우리나라의 시·도와 시·군·구는 일반적 기능을 수행하고 있는데, 이들에게 권한을 이양하는 것은 영토적 지방분권에 해당된다. 그에 반해 교육자치제의 실시를 통해 교육기능을 지방교육기관에게 이양한 사례와 향후 자치경찰제의 실시를 통해 경찰기능을 지방경찰기관에게 이양할 경우 이는 기능적 지방분권이라고 할 수 있다.

대개 분산, 지리적 분산, 그리고 지방분권이 유사한 개념으로 사용되는 경향이 있다. 전국을 관장하는 중앙부처가 입지한 서울과 중앙을 동일시하였기 때문에 서울에 입지한 기관과 시설의 지방이전을 본청(중앙부처)의 권한을 일선기관으로 위임하는 분산과 동일한 개념으로 간주하였던 것이다. 더욱이 이러한 기관과 시설의 지리적 이전을 지방분권과 동일한 개념으로 사용하는 경우도 있다. 그에 따라 일부에서는 중앙부처와 공공기관의 이전을 지방분권으로 이해하고 국가균형발전을 위해 지방분권을 확대해야 한다고 주장한다. 아래 박스는 저자가 경험한 지방분권과 지리적 분산의 개념에 대한 논쟁을 정리한 것이다.

❖ 지방분권과 지리적 분산의 개념 논쟁에 관한 에피소드

2003년 저자가 한국지방자치학회 연구위원장으로 있을 때의 경험담이다. 당시 지방자치학회는 경제학자 K교수가 중앙부처와 공공기관 이전을 포함하는 국가균형발전을 지방분권으로 이해하고 그에 관한 정책건의를 행정자치부(행자부) 장관에게 하였다는 내용을 전달받았다. 지방자치학회의 관계자(회장과 부회장 그리고 연구위원장)는 K교수에게 지방분권의 개념에 대하여 토론하자고 제의하였고, 그에 따라 행자부 장관실에서 즉석 간담회가 개최되었다. 지방자치학회는 지방분권의 핵심 내용은 중앙정부의 권한을 지방정부로 이전하는 것이므로 중앙부처와 공공기관의 이전은 그에 포함되지 않는다고 주장하였고, 그에 대하여 K교수는 중앙부처와 공공기관이 실질적인 권한을 행사하고 있으므로 이들 기관의 이전은 지방분권에 해당된다고 맞섰다. 지방자치학자들은 중앙부처와 공공기관이 권한을 행사하고 있는 것은 사실이지만 중앙부처의 이전은 서울지방에서 다른 지방으로 위치를 이동하는 시설의 물리적 이동에 불과한 것이고 중앙정부의 권한을 지방정부로 이양하는 지방분권이 아니라고 주장하였다. 그에 대하여 K교수는 서울은 중앙정부가 있는 곳이고, 특히 전통적으로 서울의 궁성 주변을 중앙정부로 인식하였으므로 중앙부처의 이전은 지방분권에 해당된다고 하였다. 그에 대하여 지방자치학자들은 전국을 관장하는 중앙부처의 권한을 지방정부로 이양하는 대신 이들 기관의 물리적 위치를 이동하는 것은 중앙정부의 권한에 아무런 변화를 초래하지 않으므로 지방분권에 해당되지 않는다고 역설하였다.

이러한 내용에서 보는 바와 같이 중앙부처와 공공기관의 이전은 시설의 물리적 분산으로 지방분권의 개념과는 거리가 멀다고 할 수 있다. 지리적 이전은 수도권에 집중된 중앙부처와 공공기관을 다른 지방으로 분산함으로써 국

가균형발전에 기여할 수 있을지언정 중앙정부의 권한이양인 지방분권으로 보기는 어렵다. 이러한 점에서 분산, 지리적 분산, 그리고 지방분권은 서로 다른 개념이라고 할 수 있다. 먼저, 분산과 지리적 분산의 차이점이다. 분산은 중앙의 본청에 있는 권한(조직과 인력 그리고 재원)을 지방소재의 하위기관(특별지방행정기관)으로 위임하는 것인 데 반해, 지리적 분산은 서울(수도권)에 있던 기관과 시설의 위치를 다른 지방으로 이전하는 것이다. 그리고 지리적 분산과 지방분권의 개념도 서로 다르다. 지리적 분산은 서울지방에 있던 중앙부처와 공공기관을 다른 지방으로 이전하는 것으로서 중앙정부의 권한에는 변화를 가져오지 않지만, 지방분권은 중앙정부의 권한을 지방정부로 이양하는 것이다.

2. 지방분권의 유형

지방분권은 중앙정부의 권한이 지방정부로 이양되는 과정과 중앙-지방 간 권력분배관계에서 지방정부에게 더 많은 권한이 배분되어 있는 상태를 포함하는 개념이라고 할 수 있다. 그렇다고 하면, 중앙정부의 어떤 권한을 지방정부 또는 주민들에게 이양해야 할 것인지에 대하여 살펴보아야 한다. 지방분권의 내용 범위에 대하여 도식화하면 [그림 1-3]과 같다.

그림에서 보는 바와 같이 첫째, 국가의 모든 권한에 대해서는 헌법과 법령에서 규정하고 있다. 이는 지방분권을 추진하기 위해서는 국가의 권한을 규정하고 있는 헌법과 법령을 잘 정비해야 한다는 것을 의미한다. 헌법에 의해 지방자치가 보장되고, 법률과 시행령에 의해 지방정부의 권한이 규정되며, 그리고 법률과 시행령에 의해 이양 또는 위임된 권한은 지방정부의 조례를 통해 결정되고 행사된다.

둘째, 지방의 영역에서 주민들은 직접 또는 대표의 선출을 통해 지역정책을 자율적으로 결정한다. 그에 따라 주민들의 직접투표를 통해 대표를 구성하고, 대표제의 간접참여를 보완하기 위해 주민발의, 주민투표, 주민소환 등과 같은 주민직접민주제를 도입하고 있다. 최근 들어서는 정부와 주민이 함께 결

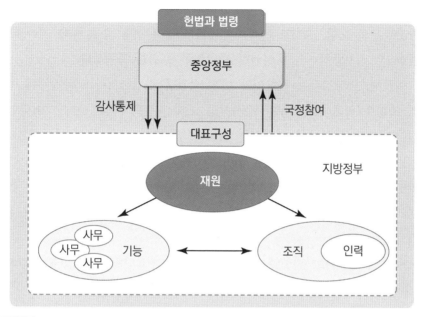

그림 1-3 지방분권의 내용 도식화

정하는 협치가 강화되고 있고, 대표를 구성하지 않고 전체 주민들이 모여 결정하는 주민총회제가 논의되고 있다.

셋째, 지방정부는 주민들에게 정책과 서비스를 제공하는 활동을 수행한다. 이러한 활동의 기본단위를 사무라고 하고, 사무의 묶음을 기능이라고 한다. 지방분권을 위해 사무와 기능의 이양을 추진하는 것도 이 때문이다. 역대 정부의 지방분권에서 사무이양에 중점을 둔 것도 인·허가 사무 등에 권한이 포함되어 있기 때문이다.

넷째, 사무와 기능을 수행할 조직과 인력이다. 이에 대한 권한은 법률과 시행령에 규정되어 있는데, 조직과 인력이 없이는 기능수행이 어려우므로 지방분권에서 매우 중요한 요소이다. 역대 정부에서 지방분권의 일환으로 총액인건비제와 기준인건비 등을 통하여 지방정부의 기구와 정원에 대한 자율성을 강화한 것도 이 때문이었다.

다섯째, 기능수행과 조직인력 운영에는 재원이 수반되므로 국세의 지방세

이양과 같은 재정권한의 이양이 필요하다. 역대정부에서 지방교육세의 신설, 지방소득세의 도입, 그리고 지방소비세의 도입과 비율 증대 등을 지속적으로 추진한 것도 지방정부의 재정권한을 강화하기 위한 조치였다.

여섯째, 중앙정부는 권한이양 이후 성과를 점검하거나 그와 관계없이 국정의 조화를 위해 지방정부를 감사하고 통제하는데, 지방분권에는 이러한 중앙정부의 감사와 통제를 완화하는 것도 포함된다.

마지막으로, 지방정부는 국가의 정책결정에 참여해야 한다. 모든 중앙의 권한을 이양할 수 없으므로 여전히 남아 있는 중앙정부의 정책 중에서 지방정부의 행정이나 재정에 중대한 영향을 미치는 정책에 대해서는 서로 협의할 필요가 있다.

이상에서 살펴본 내용에 근거할 때 지방분권은 행정적 지방분권(기능, 감사, 조직, 인사 등), 정치적 지방분권(선거, 주민투표, 국정참여 등), 재정적 지방분권(지방세 등 재원의 이양), 법률적 지방분권(법률사항의 조례이양), 그리고 주민분권(주민투표, 주민소환, 주민총회제)으로 구분할 수 있다. 이러한 지방분권은 서로 밀접한 관련성을 지닌 것으로서 행정적 지방분권은 재정적 지방분권에 영향을 미칠 수 있고, 정치적 지방분권은 행정적 지방분권과 재정적 지방분권에 영향을 미칠 수 있다. 이러한 관계를 도식화하면 [그림 1-4]와 같다.

그림에서 보는 바와 같이 가장 가운데 자리 잡은 주민분권은 주민결정, 주민참여, 협치, 주민총회제 등을 포함하며, 다른 유형의 지방분권에 의해 영향을 받고 미친다는 의미를 담고 있다. 행정적 지방분권은 사무, 기구, 정원, 감사 등에 관한 권한을 지방정부로 이양하는 것이고, 정치적 지방분권은 지방선거, 주민투표 등에 관한 권한을 지방정부로 이양하고 지방정부의 국정참여를 강화하는 것이다. 재정적 지방분권은 지방세 신설, 국고보조금, 지방채발행 승인 등에 관한 권한을 지방정부로 이양하고 국세의 이양을 증대하는 것이다. 법률적 지방분권은 자치입법(조례) 제정권을 확대하고 법률제정에 관한 권한을 지방정부로 이양하는 것이다.

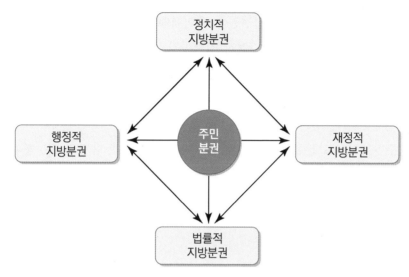

그림 1-4 지방분권의 유형 분류

1) 주민분권

주민분권은 정부의 권한이 주민에게 이양되는 현상으로 두 가지 방식으로 구분된다. 첫 번째 방식은 대표제(대의제)를 전제로 개별 사안에 대한 결정권을 주민에게 이양하는 것이다. 여기에는 주민결정, 주민참여, 협치 등이 포함된다. 주민결정은 주민발의, 주민표결, 주민소환 등 주민의 직접결정권한을 의미하며, 주민참여는 주민소송, 주민감사청구, 주민의견 제시 등 주민에 의한 정책결정 참여를 뜻한다. 그리고 협치는 주민참여예산제, 숙의형 공론조사, 주민배심원제 등 주민과 정부가 함께 정책을 결정하는 방식이다. 두 번째 방식은 대표제를 구성하는 대신 일상적인 결정권을 전체 주민에게 이양하는 것이다. 여기에는 미국의 타운과 스위스의 코뮌에 있는 주민총회제가 포함된다. 주민총회제는 투표권을 가진 전체 주민들이 광장에 모여 공동체의 정책을 정기적으로 결정하는 방식으로서 주민들이 정책결정에 관한 전권을 행사한다.

이러한 측면을 고려하여 본서는 주민분권과 정치적 지방분권을 구분하였다. 정치적 지방분권은 대표선출에 관한 권한을 주민에게 넘기는 것인 데 반해, 주민분권은 직접적 정책결정권을 주민에게 이양하는 것이다. 다시 말해, 정치적 지방분권은 주민에게 간접적 정책결정권을 이양하는 것이고, 주민분권은 주민에게 직접적 정책결정권을 이양하는 것이다. 그에 따라 주민대표 선출권(대표를 통한 간접적 지방정책결정 참여)과 지방정부의 국정참여권(대표를 통한 국가정책결정 참여)은 정치적 지방분권으로 분류하고, 주민직접민주제와 주민총회제는 주민분권으로 분류하였다. 이러한 주민분권은 다른 유형의 지방분권(정치적 지방분권, 행정적 지방분권, 재정적 지방분권, 법률적 지방분권)에 영향을 미칠 뿐만 아니라 다른 유형의 지방분권이 나아가야 할 지향점을 의미한다고 할 수 있다.

2) 행정적 지방분권

행정적 지방분권(administrative devolution)은 집행에 관한 권한을 위임하는 행정적 분권과는 다른 개념으로서 행정사무처리와 행정관리에 관한 결정권을 지방정부에게 이양하는 것이다. 여기서 행정사무처리권은 지역의 문제에 대한 해결과 주민들에 대한 서비스에 관련된 것이고, 행정관리는 주로 지방정부의 조직(기구)과 정원의 관리, 그리고 사후 감사 등에 관련된 것이다. 따라서 행정적 지방분권은 기능(사무)의 이양(행정사무 처리권의 이양), 기구와 정원에 관한 권한의 이양, 그리고 사후 감사와 통제에 관한 권한의 이양 등을 포함한다.

이에 대해 좀 더 구체적으로 설명하면 첫째, 기능은 사무들로 구성된 묶음이라고 할 수 있는데, 역대 정부에서는 사무이양, 특히 기관위임사무의 이양에 중점을 둔 바 있다. 둘째, 기구와 정원에 관한 권한은 개별승인제, 총액인건비제, 기준인건비제로의 변천을 거치면서 지방이양이 이루어졌지만 지방정부의 자율에 맡기는 영국이나 일본에 비해 권한이양의 정도는 미흡한 편이다. 우리나라는 고위직에 대한 통제가 엄격하고 기준인건비의 책정에 대한 중앙정부의 통제가 강한 편이다. 셋째, 사후 감독과 통제 권한의 이양이다. 사무와 기구·정원에 관한 권한의 이양에도 불구하고 중앙정부의 감독과 통제는 여전히 강할 수 있다. 지방자치법에 의하면 중앙정부는 지방정부의 행위에 대하여

정지, 취소, 이행명령, 대집행 등 강제적 수단이 동반되는 권력적 통제를 할 수 있는데, 대화, 협의, 조정 등과 같은 통제수단을 사용하는 방향으로 전환할 필요가 있다.

3) 정치적 지방분권

정치적 지방분권(political devolution)은 지방정부에게 정치적 권한을 이양하는 것이다. 정치적 권한은 정책결정권과 대표선출권 등에 관한 권한으로서 주민의 직·간접적 정책결정 참여를 의미한다. 그러나 여기서는 주민의 직접적 참여를 주민분권으로 분류하고 간접적 참여만 정치적 지방분권으로 분류하였다. 따라서 정치적 지방분권은 지방정부의 국가정책결정 참여(대표를 통한 주민의 간접적 국정참여)와 주민의 대표 선출권(대표를 통한 주민의 지방정책결정 참여)을 포함한다. 전자는 지방정부의 국정참여권, 즉 지방정부에게 지방자치에 중대한 영향을 미치는 국가정책에 참여할 수 있는 권한을 부여하는 것이다. 후자는 지방의 정책을 결정하는 대표의 선출권을 주민에게 부여하는 것이다.

먼저, 지방정부의 국정참여권 부여인데, 지방분권과 지방정부에게 중대한 영향을 미치는 국가정책에 대한 지방정부(또는 지방정부협의체)의 참여를 보장하는 것이다. 우리나라는 지방자치법에 지방정부 4대 협의체의 국정참여를 규정하고 있지만 여전히 지방정부협의체의 의견반영률이 높지 않고 비공식적인 간담회 수준에 머물고 있다는 지적에 따라 공식적인 회의체(중앙지방협력회의)로 전환하기 위한 시도를 하고 있다. 그 다음은 주민의 대표선출권 인정인데, 우리나라는 1995년에 자치단체장의 직선을 통해 주민들에게 정치적 결정에 참여할 수 있는 권한을 부여하였다. 이러한 대표선출에 관한 권한뿐만 아니라 그러한 권한행사에 있어서 주민들의 자유로운 선택을 담보하는 것도 중요한데, 우리의 경우 기초단위까지 정당공천제를 도입함으로써 후보자에 대한 주민의 선택범위를 제약하고 있는 실정이다. 다만 기초단위의 정당표방제 금지에 대해서는 헌법재판소의 위헌 판결이 내려진 만큼 정당공천제의 폐지를 통한 정치적 지방분권을 위해서는 위헌 문제도 해결해야 할 과제이다.

4) 재정적 지방분권

재정적 지방분권(financial devolution)은 중앙정부가 재정책임을 유지하면서 세입과 세출에 관한 권한을 지방정부에게 이양하는 것이다. 재정적 지방분권은 크게 세입분권(revenue devolution)과 세출분권(expenditure devolution)으로 구분할 수 있다. 세입분권은 지방정부의 세수입 확보에 관한 권한을 중앙정부에서 지방정부로 이양하는 것이다. 이러한 방식에는 국세를 지방세로 이양하는 조치, 지방세목의 신설과 증대, 세외수입의 확대 등을 통해 이루어진다. 세입분권 중에서 국고보조금과 지방교부세 등의 이전을 강화하는 것은 지방정부의 지출재량을 증대시키는 데 기여할 수 있지만 세입에 관한 결정권을 여전히 중앙정부가 가진다는 점에서 진정한 의미의 권한이양으로 보기 어렵다.

세출분권은 지방정부의 지출에 관한 권한을 증대시키는 조치이다. 지방정부의 지출에 관한 권한을 증대시키기 위해서는 지출수준을 높이는 조치와 지출에 관한 제약을 줄이는 방법이 포함된다. 지출수준의 증대를 위해서는 한편으로는 세입분권을 통해 지방세와 세외수입을 늘여야 하고, 다른 한편으로는 중앙정부의 재정지원 중에서도 통제가 적거나 없는 재원을 늘여야 한다. 전자의 대표적인 예는 포괄보조금(block grants)이고, 후자의 대표적인 예는 지방교부세(general revenue-sharing)이다. 여기서 포괄보조금은 개별 사업별로 보조해 주는 방식에서 탈피하여 수십 개의 사업을 묶어 그 안에서의 사업별 우선순위 결정에 관한 지방정부의 재량을 허용하는 방식이다. 그에 따라 특정보조금과 매칭보조금은 포괄보조금으로 전환돼야 한다.[5] 지방교부세는 중앙정부의 통제가 없다는 점에서 지방정부의 지출재량을 증대시킬 수 있지만 지방정부의 재정의존과 방만한 재정운용을 초래할 수도 있다. 그럼에도 불구하고 재정력이 극도로 낮은 소멸 위험군(郡) 지역의 경우 지방교부세의 필요성이 높다고 할 수 있다.

---

5 특정보조금(specific grants)은 용도를 세세히 지정해서 보조해주는 것이고, 매칭보조금(matching grant)은 일정 비율의 지방비 지출을 조건으로 보조해주는 제도이다.

5) 법률적 지방분권

법률적 지방분권(legislative devolution)은 지방정부에게 법률 제정과 개정에 관한 권한을 이양하는 것이다. 다시 말해, 법률적 지방분권은 일차적으로 지방정부에게 자치입법권(조례제정권)을 이양하고, 더 나아가 중앙정부의 법률과 동등한 효력을 가지는 기본적인 법률제정권을 이양하는 것이다. 지방정부에서 제정하는 법률은 지방정부의 문제에 관한 것으로서 그 효력도 지방정부의 관할영역에 한정된다. 따라서 중앙정부와 지방정부는 두 법률이 상호 충돌되지 않도록 주의해야 하고, 서로 충돌될 때는 헌법재판소와 같은 최고법원에서 중재하게 된다.

이러한 법률적 지방분권은 국가의 형태에 따라 그 수준이 달라진다. 연방제 국가의 주정부는 법률제정권을 보유하고 있고, 하위의 지방정부는 하위 법규인 조례를 제정할 수 있는 데 그친다. 지역형 국가는 스페인과 이탈리아 등과 같이 헌법에서 지방분권을 보장하고 있는 국가인데, 이곳의 지역정부는 법률제정권을 보유하고 있다. 한국이나 일본과 같은 단방제 국가의 지방정부는 조례제정권을 가지나 법률제정권은 보유하지 못한다. 단방국가 중 영국은 예외에 속하는데, 스코틀랜드의회가 법률제정권을 보유하고 있다(Bogdanor, 1999: 1). 영국 정부는 1997년 스코틀랜드의회의 창설에 대한 주민투표 결과에 따라 스코틀랜드 지역정부에게 법률제정권을 이양하였다.

법률적 지방분권은 연방의회와 주의회 간에 최고권력(주권)을 분리(공유)하는 방식과는 다르다. 법률제정권을 이양 받은 지방정부(지역정부)는 중앙정부와 주권을 공유하지 않는다는 점에서 연방제 국가의 주정부와는 위상에서 차이가 난다. 이러한 점에서 법률적 지방분권은 완전히 독립된 계층이 아닌 상호의존적 관계의 계층을 창출하는 것이다. 그에 따라 법률적 지방분권은 중앙정부와 지방(지역)정부 간 상호 연계장치가 존재할 때만 그 성과를 담보할 수 있다.

아래 박스는 개헌이 이슈가 되어 있던 2017년에 저자가 작성한 시론이다.

여기에서 권력분립과 다른 의미의, 지방분권에 대하여 논의하면서 법률유보주의, 조세법률주의 등에 관한 헌법 규정의 개정을 제안하고 있다.

❖ 개헌에 자치입법·재정, 국민분권 명시해야

대선을 앞둔 정치권에서 개헌론이 쏟아지고 있다. 개헌은 국가의 기본 틀을 바꾸는 중차대한 과제다. 오늘날 국민의 관심에서 멀어져 시효가 소멸된 사안들을 개정하게 된다. 그런 만큼 차기 헌법에는 대한민국의 존립 및 발전에 도움이 되는 뚜렷한 방향성을 갖고, 국민의 뜻을 올곧게 반영하며, 현재를 넘어서 미래까지 반영하는 시대정신이 담겨야 한다. 현재 개헌 논의는 권력 분권에 초점이 맞춰져 있다. 개헌의 대상과 방향은 지극히 제한적이다. 지난 3월 15일 자유한국당·국민의당·바른정당 등 3당은 '4년 중임 분권형 대통령제'를 핵심으로 하는 헌법 개정안에 합의했다. 튼실한 국가 체제를 위해서는 무릇 '씨줄'과 '날줄'을 잘 조여야 한다. 그러나 대통령·국회 간 권력 분점인 '씨줄'만 다듬으려 하고, 낡고 해진 중앙정부·지방정부 간 분권인 '날줄'에는 정치권의 관심이 전무하다시피 하다. 각 당의 대선 주자들도 지역 균형 발전이라는 이름으로 지방분권 공약의 포장은 해 놨지만 내용물을 가늠하기 어렵다.

분권은 대통령·국회 등 중앙 권력 구조의 수평적 분권, 중앙·지방 간 수직적 분권, 국가와 국민 사이 권력공유라는 3각 축으로 이뤄져야 한다. 대표적 사례로 자치입법과 자치재정에 관한 헌법 규정을 들 수 있다. 헌법 제117조는 지방정부는 '법령의 범위 안'에서 자치 법규인 조례를 제정할 수 있다고 규정하고 있다. 이 법령은 법률과 하위법인 시행령·시행규칙까지 포함한다. 즉, 지자체가 지역 여건을 반영한 조례를 만들려 해도 중앙정부의 광범위한 '행정입법'에 제약을 받게 된다. 따라서 개헌 과정에서 '법령의 범위 안'을 '법률의 범위 안'으로 수정해야만, 중앙정부의 지방정부에 대한 불필요한 간섭을 줄일 수 있다. 또 헌법 제59조는 조세의 종목과 세율을 법률로 정하도록 돼 있는데, 이는 자치재정권을 옥죄는 측면이 강하다. 지자체가 고유 권한으로 새로운 세목을 설치할 수 없다면 이는 진정한 자치를 한다고 보기 어렵다. 따라서 분권형 개헌에서는 조례로써 지방세(법정외세)를 신설할 수 있도록 권한을 보장해야 한다.

지방행정체제 개편 역시 분권형 헌법에 담아야 한다. 현재의 헌법으로는 시·도의 통합으로 새로운 거대 행정구역을 만든다 해도 그에 상응하는 폭넓은 자치권 부여가 사실상 불가능하다. 대한민국이 곧 마주하게 될 인구절벽·남북통일 시대 등을 감안하면 거대 행정구역 개편에 대해 헌법에서 규정할 필요가 있다. 이는 중앙·지방 간 수직적 권력의 배분을 위해서나 주민자치에 기초한 지역별 특색을 갖춘 균형발전을 위해서도 바람직하다. 같은 맥락에서 특별자치의 실시에 대해서도 헌법에 원칙적 규정을 두고, 그 설치 및 운영에 관한 사항은 법률로 정하게 할 필요가 있다. 다만 자치단체의 종류를 헌법에 열거하자는 주장은 신중한 검토가 필요하다. 이는 지역 여건 변화에 따른 주민의 선택을 제한할 수 있기 때문이다. 자치단체의 종류를 시·도와 시·군·자치구로 명시할 경우 인구 소멸로 인해 존립 기반이 무너진 자치단체를 폐지하기 어려울 뿐 아니라 이미 시·군이 없는 제주특별자치도와 세종특별자치시는 위헌이 되고 만다.

국민에게 권한을 넘겨주는 국민분권도 빼놓을 수 없는 사항이다. 세세한 내용을 헌법에 담을 수 없을지라도 정부가 국민의 뜻을 왜곡하거나 제대로 이행하지 않을 경우에 대한 최소한의 안전장치는 필요하다. 스위스처럼 헌법을 바꿀 수 있는 권한을 국민에게 넘겨주는 이른바 '국민개헌안 발의제' 도입도 대안이 될 수 있다. 국민 100만 명 이상 서명을 받아 개헌안을 발의하면 대통령이 국민투표에 부의하도록 헌법에 명시하는 것이다. 이런 장치야말로 "대한민국의 주권은 국민에게 있고, 모든 권력은 국민으로부터 나온다"는 헌법의 명령을 실행할 수 있다. 만 30년 만에 다시 열린 개헌의 창이 닫히기 전에 충분한 국민적 논의를 하되 지방과 국민에게 권한을 넘겨주는 지방분권과 국민분권에 더 많은 관심을 가져야 한다. 정치적 계산이 아닌 대한민국 민주주의의 100년 대계를 반영한 실질적인 분권형 개헌을 촉구한다.

〈출처: 하혜수, 서울신문, 2017.03.31, 31면〉

박스에서 보는 바와 같이 저자가 제안하는 바는 첫째, 권력분립이 아닌 지방분권을 위한 개헌에도 관심을 갖자는 것이다. 국가의 번영과 발전을 위해서는 통치권 차원의 수평적 분권뿐만 아니라 중앙과 지방 간의 수직적 분권(지방분권)도 중요하다는 것이다. 둘째, 지방분권을 위해서는 재정적 지방분권과 법률적 지방분권이 요체라는 점을 강조하고 있다. 특히 중앙권한의 지방이양을 가로막고 있는 헌법조항을 개정해야 한다는 것이다. 법령의 범위 안에서 조례를 정할 수 있도록 한 법률우위주의에 관한 헌법 조항과 조세의 종목과 세율은 법률로만 정하도록 한 조세법률주의에 관한 조항을 개정해야 한다고 주장한다. 셋째, 획기적인 지방분권을 위해서는 광역지방정부를 초월하는 지역정부의 창설이 필요하다고 주장한다. 넷째, 국민분권(주민분권)의 개념을 강조하여 조례 제·개정 청구권에 한정되어 있는 국민들의 권리를 법률제정뿐만 아니라 개헌발의도 가능하게 해야 한다고 주장한다. 다섯째, 지방분권의 기반 강화를 위해 시·군 통합과 시·도 통합 등과 같은 지방자치체제의 개편을 주장하고 있다. 그러면서도 지방자치단체의 종류를 헌법으로 명문화하는 것에 대해서는 반대하고 있다. 이는 지역소멸 등에 따른 환경변화, 국가적 필요, 그리고 주민의 선택에 의해서도 지방정부의 존폐를 결정할 수 있는 여지를 두어야 하는데, 헌법으로 규정할 경우 탄력적 대응이 어렵다는 이유 때문이다.

3. 국가형태에 따른 지방분권 수준

연방제 국가, 준연방제 국가(지역형 국가), 단방제 국가 등 국가형태에 따라 지방분권의 수준과 범위가 달라질 수 있다. 미국, 독일, 그리고 스위스 등과 같은 연방제 국가는 독자적 주권을 보유한 지역(주)이 모여 주권의 일부를 연방정부에게 이양한 국가체제이고, 그에 따라 주정부는 독자적인 주권을 향유하며 행정권, 입법권, 사법권을 보유하고 있다. 스페인과 이탈리아 등은 지방자치가 헌법에 의해 보장되는 준연방제 국가 또는 지역형 국가이고, 그에 따라 지역정부는 헌법에 의해 법률제정권을 보유하고 있다. 그에 반해 영국, 일본, 우리나라 등은 주권(통치권)이 중앙의 단일정부에게 집중되어 있는 단방제 국가이고, 그에 따라 지방정부는 법률제정권을 갖지 못하고 조례제정에 국한된 권한만을 보유하고 있다.

연방제 국가, 준연방제 국가, 그리고 단방제 국가는 지방분권의 수준에 있어서 여러 가지 차이를 가져온다는 점에서 연방제 국가의 구성 원리를 살펴볼 필요가 있다. 연방주의(federalism)는 대개 하나의 국가 내에서 영토에 근거하여 권력을 분배하는 법적·정치적 구조를 의미한다. 그러나 정치형태로서의 연방제는 별개로 구분된 두 개의 정부수준을 필요로 하며, 이들 중 어느 하나도 법률적·정치적으로 다른 정부에 종속되지 않는다. 연방제와 여타 다른 국가형태 간의 핵심적인 차이는 주권의 공유에 있다. 연방제 국가는 두 개의 정부(연방정부와 주정부)가 주권을 공유하고 있다는 점에서 지역형 국가나 단방제 국가와 다르고, 주정부가 대외적으로 독립국가의 지위를 갖지 않는다는 점에서 국가연합(confederations)과 다르다(Heywood, 2000: 241).

그렇다면 단방제 국가인 우리나라에서 최대한으로 추진할 수 있는 지방분권의 수준은 어느 정도일까? 지방분권을 행정적, 정치적, 재정적, 법률적 지방분권으로 구분하고, 이를 연방제 국가, 지역형 국가, 단방제 국가별로 나누어 살펴보면 [그림 1-5]와 같이 정리할 수 있다.

그림 1-5 국가별 지방분권의 한계

연방제 국가의 주정부는 법률제정권을 보유하고 있을 뿐만 아니라 주권의 공유를 통해 헌법적 권한까지 보유하고 있다. 연방정부는 외교권과 국방권을 가지고 대외적으로 국가를 대표하지만, 주정부는 대내적으로 국가적 지위를 가지고 법률, 헌법, 일부 국방권(주방위군)을 보유한다. 그에 비해 단방제 국가의 지방정부는 대체로 정치적 지방분권, 행정적 지방분권, 그리고 일부 재정적 지방분권을 보유하고 있다.

다만, 연방제 국가가 아니면서 헌법에서 지방자치권을 보장하고 있는 스페인과 이탈리아 등의 지역형 국가는 지역정부에게 법률제정권을 이양하고 있

다. 단방제 국가이면서 지역정부에게 법률제정권을 이양하고 있는 예외적인
나라가 영국이다. 영국의 경우 스코틀랜드 지역정부에게 법률제정권을 이양하
고 있는데, 불문헌법을 채택하고 있으므로 주민투표로써 결정하였다. 그에 따
라 스코틀랜드 지역정부는 지역의 문제에 대한 법률을 제정할 수 있고, 중앙
정부는 법률적 충돌을 미연에 방지하기 위해 노력하고 있다.

이러한 점을 고려할 때 우리나라의 지방분권 수준은 단방제 국가와 비교
해야 한다. 연방제 국가나 지역형 국가에서 보장된 법률적 지방분권은 제외하
고 행정적 지방분권과 정치적 지방분권 그리고 재정적 지방분권이 주된 관심
사가 될 것이다. 다음 박스는 우리나라의 지방분권 수준을 단방제 국가인 프
랑스나 일본과 비교한 것이다.

❖ 우리나라의 지방분권 수준: 단방제 국가와의 비교

우리나라의 지방분권 수준을 진단하기 위해서는 연방제 국가가 아니라 단방제
국가들과 비교해야 한다. 연방제 국가의 지방분권 수준은 단방제 국가에 비해 상
대적으로 높은 편이다. 주정부는 헌법, 입법권, 사법권을 가지고 있고, 국세-지방
세 비율에서도 지방세 비중이 30~40%를 차지하고 있다. 미국은 35%, 독일
30%, 스위스 40% 등이다. 그리고 스위스 등에서는 주민들이 법률안 제안권과
개헌안 발의권을 가지고 있다. 주민들은 스스로 정책을 결정할 뿐만 아니라 국가
의 통치에 관한 기본법인 헌법을 제·개정할 수 있는 권한을 가지고 있다는 것이
다. 단방제 국가(영국, 일본, 프랑스 등)와 우리나라의 지방분권 수준을 비교하면,
첫째, 영국은 최근 스코틀랜드 지역정부를 창설하여 지방세 신설권뿐만 아니라 법
률제정권, 국세조정권을 부여하고 있다. 둘째, 일본은 지방분권을 통해 기관위임사
무를 법정수탁사무로 개편하였고, 삼위일체개혁을 통해 지방세의 비중을 42%까지
높였으며, 그리고 지방자치에 중대한 영향을 미치는 국가정책에 대해서는 중앙과
지방정부가 긴밀히 협의하고 있다. 셋째, 프랑스는 22개 레지옹(region)을 13개
로 통합하여 국가의 권한을 대폭 이양하는 조치를 취하였고, 지방자치에 영향을
미치는 국가정책의 결정은 지역대표로 구성된 상원에서 담당하고 있다. 이들 국가
와 비교하면 우리나라는 첫째, 자치입법권은 법령의 범위 안에서 조례를 제정할

수 있고, 둘째, 조례로서 지방세 신설을 할 수 없으며, 지방세 비율은 24% 내외로 상대적으로 낮은 편이며, 셋째, 기관위임사무가 존재하며, 지방사무의 비중도 32.3%에 그치고 있다. 마지막으로, 중앙정부는 지방자치에 중대한 영향을 미치는 국가정책을 일방적으로 결정한다.

우리나라의 경우 자치입법권은 헌법에 의해 제약되고, 기관위임사무가 존재하며, 지방세의 비율이 낮고, 지방정부의 국정참여 수준이 낮은 편이다. 앞으로 행정적 지방분권과 정치적 지방분권은 법률의 개정으로 가능하기 때문에 상대적으로 추진이 용이하다고 생각할 수 있다. 그러나 기관위임사무의 폐지에 관한 법률과 지방정부의 국정참여를 보장한 중앙지방협력회의 설치에 관한 법률이 국회에서 자동 폐기된 사례에서 알 수 있듯이 행정적 지방분권과 정치적 지방분권의 추진도 결코 쉽지 않다.

재정적 지방분권의 경우 국세의 지방세 이양과 지방정부의 지출재량을 높이는 조치는 가능할 것이다. 그러나 지방세 신설과 같은 세입분권을 추진하기 위해서는 조세법률주의(조세의 종목과 세율은 법률로 정한다)를 규정하고 있는 헌법 제59조의 개정이 필요하므로 매우 어려운 작업이다.

법률적 지방분권의 경우에도 개헌을 전제로 할 때 불가능한 것은 아니다. 현재 헌법 제117조에 의해 지방정부는 법령의 범위 안에서 자치법규를 제정할 수 있는데, 지방정부도 법률을 제정할 수 있도록 헌법의 관련 조항을 개정하면 된다. 그러나 문재인 정부에서 제출한 개헌안에는 "법률의 범위 안에서 자치법규를 제정할 수 있다"고 되어 있는 데서 알 수 있듯이 지방정부의 법률제정권 부여는 매우 어려운 과제가 아닐 수 없다.

단방제 국가, 지역형 국가, 연방제 국가 등과 결을 달리하는 형태는 독립국가 또는 분리주의이다. 독립 국가는 다른 국가의 간섭 없이 완전한 통치권(주권)을 누리는 존재이고, 국가의 한 부분 또는 지역이 나머지 지역으로부터 분리 또는 독립되어야 한다는 신념을 의미하는 분리주의(separatism)는 주권의 분할, 즉 독립국가를 전제로 한다. 분리주의는 대내적 업무와 대외적 업무에 대한 완전한 통제권을 가진 자치적 독립국가의 창출을 의미하므로(Lancaster & Roberts, 2004: 370) 분리주의 하의 지방정부는 더 이상 중앙 또는 연방정부의 하위정부로서의 지위에 머물지 않는다. 따라서 분리주의는 연방제 국가를 초월하는 개념으로서 지방분권이 더 이상 적용될 수 없는 영역이다.

3절 ── 결론

지금까지 분권, 지방분권, 국가형태에 따른 지방분권의 수준 등에 대하여 살펴보았다. 지방분권은 이제껏 중앙정부의 판단에 의해 권한이양이 결정되는 하향적 시각(鳥瞰圖)에 초점이 맞춰져 있었다. 최근 들어 주민의 힘이 증대되면서 지방정부의 요구와 의지에 의해 권한이양의 수준이 결정되는 상향적 시각(蟲瞰圖)이 강조되고 있다. 이러한 하향식 시각에 대한 비판에서 출발한 상향적 시각에 중점을 둘 경우, 다음 두 가지 지방분권 방식에 대한 설명이 필요하다.

첫째는 보충성원리이다. 보충성원리(subsidiarity principle)는 우선 공동문제에 대한 처리권한은 대면접촉이 이루어지는 가족이나 일차집단에서 보유하고, 이들 집단의 처리능력을 벗어나는 문제에 대해서는 지역적 또는 이차적 집단에서 보충하며, 그리고 지역에서 감당할 수 없는 문제에 대해서는 포괄적 정치공동체인 국가에서 담당해야 한다는 원리이다. 이러한 보충성원리는 소극적 개념과 적극적 개념으로 구분된다(김석태, 2019: 104). 소극적 개념은 상위단위가 하위단위의 권한을 침해하지 않아야 한다는 의미이고, 적극적 개념은 상위단위가 하위단위의 능력을 보충한다는 의미이다. 이처럼 보충성원리는 중앙─지방관계에 있어서 지방정부의 역할을 중시한다는 점에서 상향식 시각의 논거가 될 수 있다.

그러나 보충성원리가 일반원칙으로서는 의미가 있을지 모르지만, 실천성을 담보하기 어렵다는 한계가 있다. 현실적으로 대다수의 기능을 공동체나 지방정부에서 담당하게 하고 문제가 있을 경우 중앙정부로 넘긴다는 것은 불가능에 가깝고, 더욱이 어느 기능과 사무를 공동체 또는 지방정부에게 맡기는 것이 적절한지 판단하기도 어려울 것이다. 그에 따라 현실적으로는 중앙정부의 권한(기능) 중에서 지방정부나 주민공동체에서 담당하는 것이 더 적절한지 따져야 하고, 공동체나 지방정부의 자치역량과 의지를 고려하여 이양 여부를 판단할 수밖에 없을 것이다. 다만 공동체나 지방정부에게 이양할 기능을 판단함에 있어서 보충성원리를 적용하여 그 범위를 확대할 수 있고, 논란이 되는 기능에 대해서는 우선적으로 지방정부에게 이양하고 감당할 수 없는 증거가 포착될 경우 지역정부나 중앙정부로 이양하게 할 수 있다는 점에서 적극적 지방분권의 원리로 삼을 수 있을 것이다.

둘째는 차등적 지방분권이다. 차등적 지방분권은 특정 권한을 모든 지방정부에 이양하는 것이 아니라 자치역량과 의지를 갖춘 지방정부에게만 이양하는 방식이다. 사실 대도시 특례에서 보는 바와 같이 기본적으로 지방분권은 차등적이고 비대칭적인 특성을 가지고 있다. 차등적 지방분권은 지방정부의 인구뿐만 아니라 재정능력, 성과, 의지 등에 기초하여 권한이양의 수준을 다양화하는 것이다. OECD 선진국의 경우 지방정부의 재정능력, 성과, 의지 등을 고려하여 권한이양의 정도를 달리함으로써 획일적 지방분권에 따른 문제점을 줄이고 있다.

이러한 차등적 지방분권은 자치역량과 의지를 고려한 맞춤형 지방분권을 통해 지방정부의 정책성과를 제고하고 주민들의 참여와 자치를 활성화할 수 있는 장점이 있다. 획일적 지방분권에서는 지방정부의 의지와 역량을 초과하는 권한이양에 따른 부작용이 있었지만 차등적 지방분권에서는 그러한 부작용을 예방할 수 있다. 또한 차등적 지방분권은 지방정부의 낮은 자치역량을 이유로 지방분권에 소극적인 중앙정부로 하여금 지방분권에 대한 적극적 태도를 갖게 만드는 지렛대(leverage)의 역할을 할 수도 있다.

차등적 지방분권에 대한 비판은 인구기준 외에 자치역량과 성과를 객관적으로 측정할 수 있는 수단이 없다는 것이다. 자치역량은 재정력을 기준으로 삼을 수 있다고 주장하지만 자립도와 자주도에 따라 지방정부별로 희비가 바뀔 수 있다. 자립도는 일반회계에서 차지하는 자체재원(지방세수입과 세외수입)의 비율을 의미하고, 자주도는 일반회계에서 차지하는 자주재원(지방세수입, 세외수입, 지방교부세수입)의 비율을 의미한다. 또한 정책성과의 경우에도 지표의 구성에 따라 달라지고 지방정부의 노력이 아닌 외생적 요인에 의해 영향을 받을 수 있다. 객관적이고 공정한 지표가 구성될 경우에도 차등적 지방분권은 문화적 요인에 의해 적용이 좌절될 수도 있다. 차등적 지방분권은 은연중에 1류 지방정부와 3류 지방정부를 만들어내기 때문에 지역정치인들의 저항에 직면할 수 있다는 것이다.

그럼에도 불구하고 감당하기 어려운 지방정부에게 과도한 권한을 부여하는 것은 권한낭비이고, 자치역량이 높은 지방정부에게 과소한 권한을 부여하는 것은 능력낭비이다. 그에 따라 재정력과 성과를 고려하되 주민들의 총의를 존중할 필요가 있다. 주민들의 총의에 의해 권한이양의 수준을 선택하도록 할 경우 주민들은 자신들의 조세부담을 포함하여 지방정부의 자치역량을 고려해 권한이양의 수준을 결정할 것으로 예상된다. 이러한 점에서 중앙정부의 판단에 의한 획일적 지방분권에서 벗어나서 지방정부의 자치역량을 고려하여 권한이양의 수준을 주민들이 결정하도록 하는 차등적 지방분권을 도입할 필요가 있다.

지방분권의 이론적 근거

지방분권의 이론적 근거

    지방분권을 정당화하는 이론적 근거는 무엇일까? 지방분권이론의 선도자인 티보우(Charles M. Tiebout)는 지방정부 간 경쟁효과를 들고, 오츠(Wallace Oates)는 작은 정부와 경제성장을 제시하며, 그리고 브레넌(Geoffrey Brennan)과 뷰캐넌(James M. Buchanan)은 정부의 과도한 권한 제한 등을 주장한다. 이러한 이론에 근거할 때 지방분권은 집단지성과 정책혁신, 주민의 참여 신장, 정책의 효율성 제고, 그리고 권력집중의 폐해방지 등에 의해 정당화된다. 그러나 반대로 지방정부 간 불균형 심화, 정책연계 부족과 지역갈등, 규모의 경제효과 저하, 그리고 지방부패의 증대 등 지방분권의 부작용 역시 주장된다. 그에 따라 지방분권을 주장하는 쪽에서는 지방분권의 긍정적인 측면을 강조하는 데 반해, 지방분권을 반대하는 쪽에서는 지방분권의 부정적 측면을 지적하면서 자치역량과 책임성이 선행되어야 한다고 주장한다. 이 장에서는 지방분권을 지지하는 이론적 근거로서 티보우 이론과 오츠 이론 등을 고찰하고, 지방분권의 지지논거와 반대논거를 자세히 살펴볼 것이다.

1절 ── 지방분권이론

1. 티보우 이론

티보우(Charles M. Tiebout)는 1956년 그의 역작 '지방지출에 관한 순수이론'을 통해 지방정부 간 경쟁과 무임승차자 문제(free rider problem)에 대한 비정치적 해법을 제시하였다(Tiebout, 1956).[1] 그는 기본적으로 지역내 지방정부들이 다양한 종류의 공공재(공공서비스)를 다양한 가격(조세율)으로 제공한다고 가정한다. 만약 개인들이 이들 서비스에 대한 상이한 선호와 지불능력을 가지고 있다면, 이들은 자신의 효용을 극대화시킬 수 있는 지방정부로 이동해 갈 것이다. 이러한 관점에서 티보우는 지방분권이 지방정부 간 경쟁을 촉진하여 자원배분의 효율성을 가져오고, 그를 통해 정부의 비대화를 억제할 수 있다고 주장하였다.

1) 이론의 기본가정

티보우 모형은 제시될 당시에는 검증되지 않은 가설이었으나 이후 오츠에 의해 검증되었으므로 이론이라고 부를 수 있을 것이다. 티보우 이론에 따르면, 다수의 지방정부는 유동적인 노동(주민)과 자본(기업)의 유치를 둘러싸고 경쟁을 벌이기 때문에 적은 비용(tax)으로 양질의 지출(service)에 힘쓰게 되고, 자연히 효율적인 서비스 공급에 이르게 된다는 것이다. 이는 주민들이 지방정부의 서비스와 조세에 대한 비교를 통해 자유롭게 이동해갈 수 있는 조건이 형성되어 있기 때문이다. 티보우 이론은 지방분권과 효율적 서비스 공급을 위한 정책적 함의를 제공하고 있는데, 다음과 같은 가설에 입각해 있다.

첫째, 주민의 이동가능성 가설이다. 이론에서는 이동가능한 소비자(mobile consumer)로 표현하고 있는데, 주민들은 자신들이 거주할 장소를 자유롭게 선택할 수 있다는 것이다. 이는 이동에 따른 비용(이사비용)이 수반되지 않으며,

---

1 Tiebout의 한글식 표기는 피셜(William A. Fischel)의 TEE−bow에 근거하여 '티보우'로 통일하기로 한다(이달곤 외, 2012: 46).

완전한 이동(집을 팔고 이사하는 것)이 보장되어 있다는 것을 의미한다.

둘째, 완전한 정보 가설로서 주민들은 자신이 살고 있는 지방정부의 정책과 서비스뿐만 아니라 이러한 서비스 제공에 수반되는 비용(조세)에 관한 완전한 정보를 알고 있다고 가정한다. 또한 인접 지방정부의 서비스 및 조세 수준에 대한 완벽한 정보를 가지고 있기 때문에 자신이 속한 지방정부의 그것과 비교할 수 있다고 가정한다.

셋째, 선택 가능한 수많은 지방정부의 존재 가설이다. 이 가설은 상이한 가격(조세)으로 서로 다른 서비스를 제공하는 다수의 지방정부가 존재한다고 주장한다. 따라서 서비스의 내용과 종류가 다를 수 있고, 동일하다고 하더라도 조세의 종류와 수준이 다를 수 있다는 것이다.

넷째, 외부효과의 부재 가설이다. 특정 지방정부의 의도하지 않은 서비스 공급이 인접 지방정부에 긍정적 또는 부정적 파급효과를 미치지 않는다는 가정이다. 실제로는 하천관리와 같이 특정 지방정부의 서비스로 인해 인접 지방정부가 의도하지 않은 편익을 누릴 수 있고 범죄와 같이 특정 지방정부의 단속강화로 인해 인접 지방정부가 의도하지 않은 불이익을 받을 수도 있지만, 티보우 이론은 이러한 외부효과가 없다고 가정한다.

다섯째, 규모의 경제효과 부재 가설로서 규모의 증대에 따라 단위당 평균 비용이 줄어드는 효과가 없다는 것이다. 이는 공공재 생산을 위한 단위당 평균비용이 불변이며, 지방공공재의 대량생산에 따른 이익이 존재하지 않는다는 것을 의미한다.

여섯째, 합리적이고 자립적인 지방정부 가설이다. 지방정부는 세금 부담을 지지 않고 지출 수요를 증대시키는 주민을 퇴출시킬 정도로 합리적이며, 자신의 세입으로 서비스 비용을 충당할 수 있을 정도로 자립적이라고 가정한다.

2) 이론의 의의

티보우 이론은 지방정부 간 경쟁을 효과적으로 설명함으로써 지방분권을 정당화하고, 이를 통해 지방분권이론으로서의 위상을 확고히 하고 있다. 첫째,

자립적이고 자치권을 가진 다수의 지방정부가 독자적인 판단에 의해 지방공공재를 공급하는 지방분권체제가 효율적이라고 주장함으로써 지방분권의 당위성을 강조하고 있다. 이는 공공재 공급은 지방분권체제가 효율적이지 못하다는 새뮤얼슨(Paul A. Samuelson)의 이론을 반박한 것이다. 티보우 이론은 공공재가 국민의 선호와 관계없이 정치적 과정을 통해 공급될 수밖에 없다는 전통적 새뮤얼슨이론은 중앙정부 차원의 순수공공재(외교, 국방 등)에만 해당되고 지방공공재(상수도, 청소, 소방 등)는 지방분권체제가 효율적이라고 주장함으로써 기존 이론의 보완 또는 발전에 기여하였다고 평가할 수 있다.

둘째, 지방정부 간 경쟁에 관한 이론의 발전에 기여하였다. 티보우 이론은 주민들이 지방정부의 서비스와 조세에 관한 완전한 정보에 기초하여 자신이 선호하는 지방정부로 이동해가는, 소위 '발에 의한 투표(vote by feet)'를 통해 지방정부 간 경쟁을 촉진할 수 있다고 강조한다. 그 이후 허쉬만(Albert O. Hirschman) 등에 의해 주민들은 이동(exit) 외에 애착심(loyalty)이나 불만제기(voice)와 같은 다양한 대안도 가지고 있다는 주장으로 발전되었다(Hirschman, 1970). 기본적으로 지방정부들은 기존의 주민과 자본을 잡아두거나 새로운 주민과 자본을 끌어들이기 위해 경쟁하게 된다는 것이다.

마지막으로, 무임승차자(free rider)에 대한 새로운 해법을 제시했다는 점에서도 의의가 있다. 기존에 무임승차자 문제는 서비스 배제나 벌과금 부과와 같은 정치적 수단에 의해서만 해결될 수 있다고 믿었는데, 티보우 이론을 통해 비정치적 해법에 의해 무임승차자 문제가 해결될 수 있다는 점이 입증되었다. 즉, 자신이 받는 서비스에 대한 정당한 대가를 지불하지 않는 무임승차자는 지방정부 간 경쟁과정에서 설 자리를 잃게 되기 때문에 비정치적 과정을 통해서도 이러한 무임승차 문제는 해소될 수 있다는 것이다.

3) 이론의 한계

티보우 이론이 지니는 여러 가지 의의에도 불구하고 이론의 현실적인 한계도 함께 지적되고 있다. 티보우 이론이 갖는 한계를 정리하면, 첫째, 기본적

가정의 비현실성이다. 먼저 외부효과(externality)의 부재 가설은 현실적으로 성립되기 어렵다. 환경오염, 소방 서비스 등에서 나타나는 바와 같이 지방정부의 행정행위가 관할구역을 초월하여 긍정적 또는 부정적 영향을 미치는 것이 현실이며, 자치구역의 개편을 통해서도 외부효과를 완전히 없앨 수는 없다. 더욱이 지방정부 간 협력, 경제적 보상, 그리고 이용자부담 등과 같은 제도적 수단들도 외부효과를 줄이는 데 기여할 뿐이다.

규모의 경제효과, 완전한 이동, 완벽한 정보 등의 가정도 비현실적이다. 규모의 경제효과를 계산하거나 이에 기초하여 최적규모를 찾아내기 어렵다고 해서 규모의 경제효과 자체를 부정할 수는 없다. 주택을 구입하지 않고 이동하는 불완전한 이동도 존재한다. 예컨대, 지방이나 강북지역에서 집을 팔지 않고 전세를 얻어 강남으로 이사하는 경우 재산세를 납부하지 않게 되고 이는 비용부담지역과 수혜지역 간의 차이에 따른 문제를 야기한다. 그리고 지방정부의 서비스와 조세에 대한 정보나 인접 지방정부와의 비교정보를 완벽하게 파악하기도 어려울 뿐만 아니라 이러한 정보가 제공된다고 하더라도 이사비용과 지가차이 등을 고려할 때 완전한 이동을 담보할 수도 없다. 다만, 완벽한 정보가 없고 이동가능성에 제약이 있다고 하더라도 교육 등의 핵심적 서비스에 대한 정보만으로도 이동이 결정될 수 있기 때문에 현실가능성이 전혀 없는 가정은 아니다.

둘째, 지역 간의 격차가 심화될 수 있다. 지방정부의 서비스와 조세에 대한 비교정보를 토대로 '발에 의한 투표'가 이루어질 수 있고, 그 결과 지방정부들은 선호가 유사한 사람들로 구성될 가능성이 높다. 따라서 지방공공재 공급의 효율성은 매우 높을 수 있으나 지역 간 격차와 이질성을 심화시킬 수 있다. 예컨대, 부유한 지역에 가난한 사람이 살면 부유층은 상대적으로 조세부담이 증대되기 때문에 떠나게 될 가능성이 높고, 이러한 과정이 연속적으로 이루어지면 소득수준이 유사한 사람들끼리 모여 살 가능성이 높다. 주민들이 소득뿐만 아니라 교육과 연령 그리고 선호에 따라 거주지를 선택할 경우 지역 간 이질성과 격차를 심화시킬 수 있다는 것이다.

우리나라의 경우 지역 간 격차 중에서도 수도권과 비수도권 간 격차가 가장 크다. 다음 박스는 수도권의 인구집중과 지방소멸에 대한 언론기사이다.

❖ 인구 과반이 수도권에

2004년 4월 고속철도(KTX)가 개통한 뒤 'KTX 발대효과'란 말이 나왔다. 지방 도시들이 1~2시간 남짓에 오갈 만큼 가까워진 서울의 흡인력에 빨려들 것이란 얘기였다. 실제로 교육, 의료, 문화 등에서 절대 우위에 있는 서울은 지방의 인력과 자원을 쭉쭉 빨아들였다. 서울 부동산만 독보적으로 가격이 오르더니 급기야 '평당 1억 원' 아파트마저 등장한 데는 지방 부호들이 서울에 투입한 자금도 상당히 기여한 것으로 알려진다.

서울, 경기, 인천 등 수도권 인구가 사상 처음 전체 인구의 50%를 돌파했다 (지난해 12월 기준). 대한민국 전체 인구 5184만 9861명 중 50.002%가 수도권에 모여 산다. 수도권 인구 비중은 1960년 20.8%에서 1980년대 35.5%, 2000년 46.3% 등으로 꾸준히 늘었다. 정부부처 세종시 이전이나 혁신도시, 공공기관 지방 이전 등을 추진하면서 2011~2015년 잠시 주춤했지만 2016년부터 다시 상승 곡선을 그렸다. 지역 균형발전 정책 효과가 크지 않고 후속대책도 나오지 않았기 때문이다.

사실 살기 좋은 곳으로 인구가 쏠리는 건 자연스러운 일이다. '자식을 낳으면 서울로 보내라'는 속담도 있다. 일자리나 문화·교육·의료 인프라가 수도권에 집중된 게 현실이다. 문제는 대도시의 치열한 경쟁 속에서 정부와 시장에 자신의 생존을 맡길 수밖에 없는 불안한 젊은이들은 아이 낳기를 꺼린다는 점이다. 도시 집중과 인구 감소, 서로 원인과 결과가 얽힌 악순환의 고리를 어디에서 끊을 수 있을까.

도쿄 등 수도권에 인구 3700만여 명이 집중된 일본에서는 2013년 한 보고서가 화제를 모았다. 민간 연구단체가 '지방소멸-도쿄일극(一極) 집중이 부른 인구 급감'이란 제하에 낸 보고서는 도쿄가 '인구의 블랙홀'이 되고 있다고 지적했다. 도쿄가 진학과 취직으로 젊은이들을 빨아들여 지방 인구 감소를 심화시킨다는 것이다. 이들은 국가적 대응책으로 지방 산업 융성과 인구 유치를 위한 방안들을 제안했고 일본 정부는 이를 담당할 '지방창생' 부처를 신설했다. 지방소멸 가능성을 가늠할 때 젊은 가임여성(20~39세)의 인구동향을 주목했고 지역마다 출산 육아가 가능한 젊은이들을 유치하기 위해 힘을 쏟고 있다.

시민단체들은 '국가비상사태'라며 정부가 균형발전을 추진할 강력한 방안을 내

놔야 한다고 목소리를 높인다. 하지만 뾰족한 해결책은 보이지 않는다. 걱정스러운 대목은 인구 정책은 시간이 오래 걸리고 생색이 나지 않는다는 점이다. 4월 총선을 앞두고 지역을 살리겠다는 공약들이 쏟아져 나올 텐데, 옥석이 가려질지 의문이다.

〈출처: 서영아, 동아일보, 2020.01.09.〉

박스의 기사에 따르면, 수도권 인구 억제 정책의 지속적인 추진에도 불구하고 2019년말 기준으로 인구 50% 이상이 수도권에 거주하고 있다. 더욱이 저출산·고령화와 맞물려 비수도권 지역의 소멸현상이 가속화되고 있다. 이러한 결과는 티보우 이론에서 말하는 지방정부의 서비스 성과에 의한 효과인지 아니면 공공부문 외에 일자리, 기회, 문화 등의 효과인지 명확하지 않다. 이러한 결과가 수도권 지방정부와 비수도권 지방정부 사이의 서비스 수준 차이에 의한 것이라면 정책노력을 통해 개선할 수 있지만, 수도권 지역이 본래 가진 매력의 효과라면 정책적 노력을 통해 단기적으로 개선하기 어려울 것이다.

중앙정부는 이미 30여 년 전부터 수도권 집중의 심각성을 인식하고 수도권에 대하여 공장입지규제와 상수원보호규제 등 각종 억제책을 도입하였고, 지방으로 이전하는 기업에 대한 지원정책도 시행하고 있다. 또한 참여정부에서는 행정도시와 혁신도시의 건설을 통해 중앙행정기관과 공공기관을 이전하는 등 국가균형발전을 위한 특단의 조치도 취하였다. 그럼에도 불구하고 지방의 인구가 수도권으로 흡입되는 추세는 계속되고 있다는 사실은 지방정부의 서비스 수준이 아닌 지역 자체의 매력에 기인된 측면이 강하다는 사실을 암시한다.

셋째, 지방정부의 자립도가 매우 낮다는 점이다. 대다수 지방정부는 서비스생산에 투입되는 재원을 자체적으로 조달하기 어렵고, 지방교부세와 중앙정부의 보조금에 의존하고 있다. 특히 인구가 감소하고 노령인구가 많은 과소지역의 경우 이러한 재정의존도는 극심한 편이다. 이러한 상황에서 지방정부는 재정력의 부족으로 인해 서비스 수준을 높일 수 있는 여력이 낮고, 더욱이 지방정부의 재원 부족에 대해서는 중앙정부가 재원을 보조해 주기 때문에 지방정부 간 서비스 가격 차이도 크지 않다. 따라서 자체재원이 부족한 지역에 거주하는 주민들은 서비스의 진정한 비용을 인식하지 못하는 재정착각(fiscal illusion)에 빠지게 된다. 이 때문에 지역주민들은 서비스수준과 가격수준을 제대로 비교하기 어렵고, 효율적인 지방정부로의 이동 역시 어렵게 된다.

❖ 재정착각(fiscal illusion)

　공공선택론에서 재정착각(fiscal illusion)은 납세자들이 정부지출의 규모를 정확하게 인식하지 못하는 재정환각 현상을 말한다. 재정착각은 정부의 세입이 투명하지 못하거나 납세자에 의해 충분히 인식되지 못할 때 발생하며, 그 결과 정부의 비용은 실제보다 낮게 인식된다. 예컨대, 소비세를 내는 납세자는 자기가 부담하는 조세의 진정한 몫을 제대로 인식하지 못하여 공공재의 비용을 저렴하게 인식하는 착각에 빠진다는 것이다. 따라서 납세자들이 잠재적 또는 비가시적 세수에 의한 정부지출로부터 편익을 얻기 때문에 정부지출에 대한 주민의 욕구는 증대되고, 이는 정치인들에게 정부규모의 확대 유인을 제공한다.

　재정착각을 지방재정에 적용하면, 지방의 납세자가 자신이 부담하는 지방세의 진정한 몫을 제대로 인식하지 못하여 지방공공재의 비용을 저렴하게 인식하는 착각에 빠지는 현상이다. 일반적으로 지방정부는 지방세, 세외수입, 지방교부세, 국고보조금, 지방채 등 다양한 재원을 활용하고 있는데, 재정력이 낮은 대다수 지방정부는 지방세보다는 지방교부세와 국고보조금에 과도하게 의존한다. 이러한 상황에서 주민들은 자신이 부담하는 지방세 부담에 기초하여 지방공공서비스의 비용을 낮은 것으로 인식한다는 것이다. 만약 주민들이 지방세분만 아니라 국세 수입에 의한 지방교부세와 국고보조금을 고려한다면 지방서비스의 비용을 더 높게 인식하게 될 것이다.

　　티보우 이론은 비현실적 가정 등의 약점에도 불구하고 지방정부 간 경쟁 촉진과 주민의 선택 등의 지방분권에 유용한 함의를 제공하고 있다. 이론의 적용과 관련해서 이러한 유용성을 최대한 활용하기 위해서는 다음과 같은 점들을 유의해야 할 것이다. 첫째, 지방정부의 자립성을 제고하기 위한 조치가

필요하다. 지방정부 간 경쟁촉진과 효율적 운용을 확보하기 위해서는 지방공
공재 생산에 투입되는 재원을 최대한 지방세 수입으로 충당하도록 해야 한다.
그래야 조세가격의 차이를 가져올 수 있고, 서비스비용의 절감과 서비스 질의
제고를 위한 지방정부 간 경쟁을 촉진시킬 수 있다. 둘째, 자치구역의 개편에
있어서 지방정부의 자립성을 고려하되 선택의 범위를 지나치게 제약하는 것은
경계해야 할 것이다. 시·군 통합을 통한 자족성 강화도 필요하지만 지나친 숫
자 축소는 주민들의 선택 범위를 좁힐 수 있고, 지역의 특성에 맞는 차별적 발
전을 저해할 수 있기 때문이다.

2. 오츠 이론과 B&B 모델

1) 이론의 내용

오츠(Wallace E. Oates)는 지방분권이론에서 재정분권이 더 작고 효율적인
정부(공공부문)의 실현에 기여할 수 있다고 역설한다(Oates, 1972; 1993). 오츠가
1972년에 제시한 지방분권이론(decentralization theorem)에 따르면,[2] 재정분권은
자원배분의 효율성을 제고하고, 더 작고 생산적인 공공부문을 통해 경제성장
에 기여한다는 것이다. 또한 재정분권과 경제성장 간의 관계에 관한 연구에서
재정분권이 경제적 효율성을 제고한다는 이론적 명제는 시간과 환경에 따라
동태적으로 변하는 현실에서도 유효하다고 주장하였다. 지역 또는 지방의 차이
를 고려한 사회기반시설과 사회복지에 대한 지출은 이러한 차이를 고려하지 않
은 중앙정책에 비해 경제발전에 더 효과적일 수 있다는 것이다.

오츠의 주장에 따르면, 주민들은 국가 수준에서 이루어지는 정책결정보다
지방정부 수준에서 이루어지는 정책결정에 대해 보다 높은 통제권을 가질 수
있다. 따라서 재정에 관한 결정권이 지방정부로 이양될수록 주민들의 선호에

---

2 여기서 정리(定理)는 이미 진리라고 증명된 일반적 명제, 즉 공리(公理)를 기초로 하여 증명
된 일정한 이론적 명제를 의미한다. 엄밀히 말해, 이론보다 낮은 단계에 있는 명제이지만 여
기서는 이론이라고 표현하고자 한다.

부합하는 서비스 제공이 가능하고, 이를 통해 보다 효율적인 지방정부의 운영이 가능하다는 것이다. 오츠의 주장이 의미하는 바는 재정분권이 효율적인 공공지출에 기여한다는 것인데, 지방정부는 납세자의 선호에 대한 더 나은 지식에 기초하여 납세자의 요구와 선호에 맞는 지출을 선택하기 때문이다. 오츠는 이러한 인과관계는 현실의 동태적 상황에서도 그대로 적용되기 때문에 지방정부의 지출이 경제성장에 더 기여할 수 있다고 주장한다.

브레넌(Geoffrey Brennan)과 뷰캐넌(James M. Buchanan)은 리바이어던 모델(간단히 B&B 모델로 약칭함)에서 조세수입의 극대화를 통해 시민들을 착취하는 독점적 존재로 중앙정부를 묘사하고 있다(Brennan & Buchanan, 1980).3 따라서 중앙정부의 독점적 지위로 인해 정부규모가 증대되는 상황에서 재정분권의 추진은 지방정부 간 경쟁의 촉진을 통해 정부규모의 증가를 억제하고, 나아가 낮은 조세율과 공공재의 효율적 생산을 가져올 수 있다는 것이다. B&B 모델에 따르면, 모든 권한이 집중된 중앙정부(구성이나 내용이 하나라는 의미에서 monolithic 또는 단일체라고 함)는 재정수입을 극대화하는 괴물(리바이어던)같은 존재로서 헌법에 의해서만 제약을 받는데, 이 때문에 재정분권을 통해 정부의 과도한 조세권을 제한해야 한다는 것이다. 더욱이 이동가능한 개인들은 '발에 의한 투표'를 통해 재정편익의 극대화를 추구함으로써 지방정부 간 경쟁을 자극할 수 있다. 이러한 경쟁은 지방정부의 과도한 조세부과권을 제약하고, 지방공공서비스의 효율적 생산과 공급을 촉진하며, 정부부문의 성장을 제어한다는 것이다.

요컨대, 오츠 이론과 B&B 모델에 따르면, 조세와 지출 측면의 지방분권은 자원배분의 효율성을 증대시키고 경제성장에 기여한다는 것이다. 만약 중앙정부가 과세권을 가지고 있는 경우라면, 중앙정부의 수입을 극대화하는 수준에서 세율이 결정되지만 개별 지방정부가 독립적인 과세권을 보유하는 경우에는 지방정부 간 경쟁에 의해 세율을 낮추는 효과가 발생하게 된다는 것이다

---

3 여기서 리바이어던(Leviathan)은 성경에 나오는 영생불멸의 바다 속 괴물인데, 이들은 국가를 이 동물에 비유하였다. 중앙정부는 국민들을 착취하고 세금을 과도하게 징수하며 국민의 자유를 억압하는 존재라는 것이다.

(홍근석·김종순, 2012: 108). 더욱이 정책과정에 있어서 경쟁적 요소의 도입은 정부의 대응성을 제고할 수 있고, 지방분권은 지방공직자에 대한 민주적 선출과 함께 정부활동의 책임성을 증대시킬 수 있다.

2) 이론의 의의

오츠 이론과 B&B 모델 등으로 대변되는 재정연방주의(fiscal federalism)의 가장 큰 의의는 지방분권이 자원배분의 효율성과 경제성장에 기여한다는 것이다.[4] 먼저, 지방분권이 자원배분의 효율성을 가져온다는 것인데, 공공재의 고유한 공간적 특성(spatial characteristics)이 그것을 가능하게 한다는 것이다(Tanzi, 1996: 298). 예컨대, 국방의 편익은 국가전체에 미치고, 교통의 편익은 광역지방정부에 미치며, 거리청소의 편익은 공동체(기초지방정부)에 한정된다. 이러한 상이한 공간단위는 공공재를 위한 상이한 선호를 형성하기 때문에 공공재의 파급범위에 맞게, 기능 담당 정부(중앙정부 또는 지방정부)가 결정되어야 한다는 것이다.

중앙정부는 공공재의 공간적 특성을 고려할 수 없고 주민선호의 다양성에 대한 정보를 파악하기 어렵기 때문에 모든 주민에게 획일적인 방식으로 공공재를 공급할 수밖에 없는데, 이러한 일률적 접근(one-size-fits-all approach)으로는 시민들에게 최적의 공공서비스를 제공하기 어렵다. 그러나 지방정부는 시민들의 선호에 대한 정확한 정보를 가질 수 있기 때문에 그들의 복지를 극대화할 수 있고, 파레토 효율 수준(Pareto-efficient level)을 달성할 수 있다. 여기서 파레토 효율은 한 사람의 후생(복지, 효용)을 증가시키기 위해서는 다른 사람의 후생을 그만큼 감소시켜야 하는 이른바 가장 효율적인 자원배분상태를 말한다.

그 다음, 재정분권이 직·간접적 경제성장에 기여한다는 것이다. 직접적 효과는 재정분권이 지방정부의 지출 증대를 통해 소득증대와 그에 상응하는

---

[4] 재정연방주의(fiscal federalism)는 연방정부, 주정부, 지방정부 간 관계에 관한 이론으로서 중앙집권 또는 지방분권에 더 적합한 기능과 수단이 무엇인가에 관한 이론이다.

경제성장을 가져온다는 것이다(Martinez-Vazquez & McNab, 2003: 1604). 재정분권이 단기적으로는 과잉 복지에 지출하는 대중영합주의(populism) 정책을 초래할 수 있지만, 중장기적으로는 지방정부 간 경쟁과 정책혁신을 통해 고학력의 노동력과 효율적인 교통수단에 대한 투자를 증대시켜 경제성장에 기여할 수 있다는 주장이다.

경제성장에 대한 재정분권의 간접적 효과는 효율성 제고를 통해서이다(Martinez-Vazquez & McNab, 2003: 1603-1607). 지방분권에 의한 지방정부의 지출 증대는 소비자 효율성(consumer efficiency) 또는 배분적 효율성을 제고한다. 지방정부 수준에서 동일한 재원의 지출은 주민의 복지 증대에 더 기여하므로 재정분권이 효율성 제고에 기여하고, 그를 통해 경제성장에 간접적인 영향을 미친다는 것이다. 지방정부는 유권자의 선호와 욕구를 식별하는 데 익숙하고, 이들의 욕구에 맞게 지출정책을 탄력적으로 수정할 수 있기 때문이다. 예컨대, 지방정부는 주민이 교육과 위생에 대한 지출을 선호할 경우 그에 따르지만, 중앙정부는 국방에 더 지출하는 경향이 있다는 것이다.

3) 이론의 평가

오츠 이론과 B&B 모델은 재정분권이 작은 정부, 경제성장, 과세권의 제한 등을 가져온다고 본다. 재정분권이 지방정부 간 경쟁과 정책실험을 촉진하여 효율적인 정부와 경제성장에 기여한다는 것이다. 이들 이론에 따르면, 지방정부는 독점적인 중앙정부와는 달리 여타의 지방정부들과 경쟁하는 과정에서 자원배분의 효율성을 제고하고, 정책실험(policy experiment)의 시도를 통해 효과적이고 혁신적인 대안을 모색할 수 있다. 오츠 이론과 B&B 모형의 이러한 장점에도 불구하고 현실에서는 실현되기 어렵다는 비판도 제기된다(Tanzi, 1996: 300-304).

첫째, 재정분권은 지방민주주의가 작동하지 않을 경우 자원배분의 효율성을 담보하지 못한다는 비판이다. 주민의 직접결정과 대표자를 통한 간접결정이 보장되는 지방민주주의의 작동 여부에 따라 자원배분의 효율성이 좌우된다는 것이다. 지방정부가 주민의 선호를 파악하고 이를 실질적으로 반영한 정책을 추진하는 것은 지방민주주의 때문이다. 중앙정부도 하위기관(특행기관)을 통해 지방의 선호와 서비스 수요를 파악할 수 있지만, 주민의 다수의사에 의해 영향을 받지 않는 중앙관료들은 자신의 권력을 증대시키기 위해 지방수요를 왜곡시킬 가능성이 높다. 따라서 지방민주주의가 작동하지 않는다면 재정분권은 자원배분의 효율성과 경제성장에 기여하지 못한다는 것이다.

둘째, 지방수준에서 부패가 더 심각할 수 있다. 지방공무원과 시민들은 지역공동체에서 서로 밀접한 관계를 가지기 때문에 접촉성(contiguity)에 의해 부패가 유발될 수 있다. 더욱이 접촉성은 관계의 전인격성을 초래하고, 전인격적인 관계는 적정한 거리의 관계(arm's length relationship)를 해칠 수 있으며, 그에 따라 재정분권은 지방부패를 증대시켜 정부의 효율성과 경제성장에 부정적 영향을 미칠 수 있다는 것이다. 실제로 지방수준에서 발생하는 인사, 건설, 인·허가 등을 둘러싼 부정부패 중에서 상당수는 지방분권에 의한 영향이라고 할 수 있다.

셋째, 자치구역 개편의 어려움도 이론의 논리를 약화시킨다. 지방정부의 규모는 역사적·문화적 요인에 의해 영향을 받기 때문에 환경변화에 적합한 자치구역 개편이 쉽지 않고, 그에 따라 서비스의 편익을 고려한 공간적 특성을 갖출 수 없다. 다시 말해, 비용과 편익의 완전한 일치를 위한 자치구역을 구축하기 어렵고, 이는 서비스의 범위가 하나의 자치구역을 넘어서는 외부효과를 유발함으로써 자원배분의 효율성을 저하시킬 수 있다. 최근 시·군 통합 정책의 대대적인 추진에도 불구하고 창원시와 청주시 외에 그 성과가 미흡한 것도 자치구역 개편의 어려움을 대변해 준다.

마지막으로, 재정관리제도의 부족도 이론의 근거를 약화시킬 수 있다. 지방분권은 예산제도, 회계제도, 그리고 재정예측 능력이 구비될 때 자원배분의 효율성을 도모할 수 있는데, 지방정부는 주민참여예산제, 복식부기, 그리고 중기재정계획의 도입에도 불구하고 재정관리의 투명성과 효율성 그리고 예측성 확보에 어려움을 겪고 있다.

2절 ── 지방분권의 논거

1. 지방분권의 지지논거

1) 집단지성과 정책혁신

지방분권을 정당화하는 중요한 논거는 집단지성을 촉진한다는 것이다. 집단지성(collective intelligence)은 다수의 개체들이 서로 협력 또는 경쟁을 통해 얻게 되는 집단적 능력을 의미한다.5 소수의 우수한 개체나 전문가의 능력보다 다양성과 독립성을 가진 집단의 통합된 지성이 올바른 결론을 도출한다는 것이다. 예를 들어, 개별 곤충의 지능은 미미하지만 이들이 이룬 무리는 대단한 군집지능(swarm intelligence)을 창출하는 것과 유사한 원리이다. 이러한 집단지성이 발현될 수 있는 조건으로는 다양성, 독립성, 분권성, 그리고 결집성 등이 거론된다(Surowiecki, 2018: 33–34). 즉, 상이한 시각에서 문제에 접근하는 인지적 다양성(cognitive diversity), 다른 집단구성원의 의견에 좌우되지 않는 사고의 독립성(independence of thought), 문제에 대한 결정권이 집중되지 않는 분권화(decentralization), 그리고 다수의 의견이 하나로 합쳐지는 결집성(aggregation)을 갖춰야 한다는 것이다.

이러한 점에서 지방분권은 지방정부의 다양성을 증대시키고, 이를 통해 집단지성을 창출하는 데 기여할 것이다. 생태계, 사회집단, 대규모집단, 그리고 정치체제를 막론하고 분권화된 체제에서 다양성이 증대된다(Norman, 1999). 다양성의 개념은 차이의 분포나 상이한 종류의 특성 등으로 정의할 수 있지만(Jackson et al., 1995; De Wit & Greer, 2008; 김문주·윤정구, 2011; Foldy, 2004; 노종호, 2009), 공통적으로는 대규모 집단, 인구, 구조 등에 의해 공유되지 않는 개인의 고유한 특성이라고 할 수 있다. 지방분권은 지방정부의 개성과 자율성을

---

5 집단지성은 집단사고(group think)와는 다른 개념이다. 집단사고는 유사성과 응집성이 높은 집단에서 나타나는 의사결정을 위한 사고인데, 이 과정에서 반대 정보를 차단하거나 문제점을 고려하지 않고서 만장일치를 추구하는 사고경향을 의미한다. 이는 동일한 집단구성원 간에 의사결정이 일어날 때 반대되는 정보를 고려하기 어려운 사고 과정에서 발생한다.

강화하고, 다수 지방정부들의 협력 또는 경쟁을 촉진하여 개별 지방정부 수준의 능력을 초월하는 집단지능의 창출에 기여한다는 것이다.

또한 지방분권은 지방정부의 정책혁신을 촉진하고, 다양하고 독립적인 시민들의 활발한 정책참여를 통해 시민지성의 창출에 기여한다. 그에 반해 계층제의 정점에 권력이 집중된 중앙집권체제에서는 집단지성의 전제조건인 독립성과 다양성 그리고 분권성을 갖추기 어렵다. 중앙정부가 정책을 결정하고 지방정부는 단순 집행하는 중앙집권체제에서 정책실험은 무수한 시행착오를 거쳐야 하고, 광범위한 지역에 걸친 실험에 따른 높은 비용을 지불해야 한다. 중앙집권은 정책실험의 실패에 따른 경제적 비용 외에도 국민들의 불편을 가중시켜 정책실험과 혁신의 장애요인으로 작용할 수 있다는 것이다.

❖ 집단지성 실험

프린스턴 대학교 경제학자인 블라인더(Alan S. Blinder)와 연방준비은행 부행장인 모건(John Morgan)은 학생들을 대상으로 두 가지 실험을 진행하였다. 첫 번째 실험은 학생들에게 동일 수의 푸른색 공과 붉은색 공이 들어 있는 항아리를 제공하고 경제상황의 변화에 따라 공을 꺼내도록 요구하였다. 신속하고 올바른 결정에 대한 프리미엄을 주기 위해 학생들은 공을 꺼낼 때마다 페널티를 부여받았다. 학생들은 개인토론으로 시작하여 집단토론, 개인토론, 집단토론의 순서로 자유토론에 참여하였다. 그 결과 집단의 결정이 더 신속하고 더 정확했으며, 심지어 가장 뛰어난 개인보다 우수한 성과를 산출하였다. 두 번째 실험은 더 도전적으로 학생들에게 중앙은행의 역할을 수행하도록 하였다. 학생들은 인플레이션과 실업률의 변화에 대응하여 이자율을 결정하도록 요구받았다. 이 실험의 목적은 학생들이 경기 침체 또는 회복 시기를 감지하고 그에 대응하여 올바른 이자율을 결정할 수 있는지 알아보기 위한 것이었다. 그 결과 집단은 이자율을 잘못된 방향으로 결정한 개인들보다 더 나은 의사결정을 내렸고, 개인들만큼 신속한 결정을 내렸다. 더 충격적인 것은 집단 내의 가장 현명한 개인의 성과와 집단의 성과 사이에는 상관관계가 없었다는 사실이다. 이는 집단이 현명한 개인에게 의지하지 않았다는 점을 암시해 준다. 이상의 집단지성에 대한 실험들은 두 가지 시사점을 제시한다. 첫째, 집단의사결정은 비효율적인 것이 아니라는 것이다. 숙의는 매우 유용하고, 심지어

> 비용이 한계편익을 초과할 때도 필요하다는 것이다. 둘째, 집단은 의사결정에 참여
> 해야 한다는 것이다. 조직이 팀을 만들어 자문 목적으로 사용한다면 집단의 진정
> 한 이점인 집단지혜(collective wisdom)를 활용할 수 없다는 것이다.
>
> 〈출처: Surowiecki, 2005: 189-191.〉

위 박스에서 보는 바와 같이 집단의 결정이 개인의 결정보다 신속하고 정
확하며, 심지어 환경변화에 맞는 올바른 대응이었다는 것이다. 현명한 개인과
집단을 비교하더라도 집단의 결정이 더 우수하다는 사실을 보여주고 있다. 이
러한 실험은 다수의 자율적인 개인들로 구성된 집단은 개인의 지식을 초월하
는 집단지성을 만들어낼 수 있음을 시사해준다. 또한 집단토론은 시간이 걸리
고 비효율적이라는 전통적인 관점에 대해서도 비판적인 시각을 제공한다. 쟁
점 정책에 대한 집단적 토의와 숙의과정은 에너지와 시간 소요 비용을 능가하
는 편익을 창출할 수 있다는 것이다. 특히 집단은 자문보다는 의사결정에 참
여할 때 집단지성 또는 집단지혜를 더 촉진한다는 실험 결과에서 자치권을 가
진 지방정부의 가치를 확인할 수 있다.

2) 주민의 정책참여 신장

지방분권은 주민의 정책참여를 촉진하여 지방민주주의 발전에 기여할 수
있다. 민주주의는 다양한 의미를 포함하고 있으나 논자에 따라 대중의 지배,
평등한 시민권, 시민의 자유, 복수정당제, 자유시장경제, 다수결원리, 최대한의
정치참여, 개방사회 중 어느 한 부분을 강조하는 경향이 있다(Beetham, 2005:
10). 그러나 하나의 공통된 사실은 정치권력의 평등한 분배, 대중의 참여, 그리
고 공익추구 등을 핵심 내용으로 포함한다는 점이다.

지방분권은 중앙-지방정부 간 및 정부-시민사회 간 정치권력의 분배를
포함하고 있으므로 민주주의의 핵심 요소에 해당된다는 점은 분명하다. 지방
분권이 중앙집권보다 우월한 것은 그것이 시민들과 가까이 있다는 점과 정치
사회화 기능을 촉진한다는 점이다(Ckagnazaroff, 1993: 3). 지방분권은 권력을 시

민의 근접거리에 있는 지방정부로 옮겨 통제와 감시를 증대시킴으로써 민주화에 기여할 것이다. 또한 지방분권은 주민의 생활과 이해관계에 직결된 문제에 대해서는 지방정부로 하여금 결정하게 함으로써 주민의 적극적인 관심과 참여를 유도할 수 있다. 주민들은 자신의 이해관계에 직결된 문제를 자신과 가까운 거리에 있는 지방정부에서 담당할 경우 정치적 효능감을 갖게 된다는 것이다.

이러한 논리에 따라 지방분권은 지방정부의 정책결정과정에 주민의 다수 의견을 반영시키고, 이를 통해 주민의 자치의식을 고양시켜 평범한 시민인 민초(民草)들이 정책결정에 적극적으로 참여하는 풀뿌리민주주의(grassroots democracy)를 발전시킬 수 있다는 것이다. 일부에서는 주민참여율의 저조, 소수 주민의 참여 등을 이유로 지방분권과 지방민주주의 발전과의 관계를 부정하지만, 지방분권은 다수 주민의 의사에 의한 정책결정을 가능하게 함으로써 지방정부의 민주적인 운영을 보장한다.

민주주의의 역사에 대한 고찰은 지방분권과 지방민주주의의 관련성을 보다 분명하게 보여준다. 그리스에서 발견되는 초기의 민주주의는 도시국가에서 집단적 토의와 정책결정 기제를 개발한 소위 지방민주주의라고 할 수 있다. 당시의 민주주의는 물리적 근접성, 직접참여, 그리고 참여자의 개인적 인식 등 지방적 특성을 중시하였다. 이후 18세기 들어 민주주의의 가치가 재발견되고 근대국가의 요구에 맞게 수정되었을 때도 밀(John Stuart Mill)과 루소(Jean-Jacques Rousseou)는 시민권, 참여, 그리고 집단적 의사결정 등과 같은 지방적 규범에 주목하였다(Kirchner & Christiansen, 1999: 6). 이러한 측면에서 지방민주주의의 핵심적 구성요소인 직접참여와 집단토론 등은 지방분권을 통해 촉진할 수 있다는 점에서 지방분권과 지방민주주의는 불가분의 관계를 갖는다고 할 수 있다.

또한 지방분권은 정치지도자와 시민들에게 정치적 결정과정을 이해하고 연습할 수 있는 풍부한 기회를 제공함으로써 정치교육적 기능을 수행한다(Allen, 1990: 19-20). 시민들은 민주주의적 정치체제를 위해 필요한 일정한 태도, 기법, 그리고 지식을 터득해야 하는데, 지방분권은 지방정부의 자치권을 강화하여 주민의 민주적 태도와 지식을 증진시킨다는 점에서 민주주의 학교로 간주된다(Tausz, 2002: 15). 특히 지방분권은 관료화된 정책결정에서 탈피하여 인간적인 접촉과 대면적 의사전달을 강조하는 정책결정을 통해 시민들의 자치의식과 정책참여를 신장함으로써 주민의, 주민에 의한, 주민을 위한 풀뿌리민주주의 구현에 기여할 수 있다.

3) 정책의 효율성 제고

지방분권은 정책의 효율성을 높일 수 있다. 지방분권은 의사소통의 혼잡감소, 예상하지 못한 문제에 대한 신속한 대응, 서비스 전달능력 제고, 그리고 정보와 지방여건의 개선 등을 통해 정책의 효율성과 효과성을 증대시킬 수 있다. 지방분권은 시장원리에 따른 지방정부 간 경쟁원리 도입, 최하위 단위 정부에게 조세 및 지출에 관한 자율권을 부여하는 재정원리의 구현을 통해 정책의 효율성을 높일 수 있다. 지방분권은 지방의 특성을 무시한 중앙정부의 획일적인 정책을 지양하고 지역의 경제적 특성(지방의 특수상황)과 사회적 여건(지방의 관습과 전통)을 고려한 정책의 개발과 추진을 가능하게 한다(Allen, 1990: 17). 다시 말해, 지방분권은 지역특성에 맞는 정책의 개발과 서비스의 추진 등 주민의 선호를 효과적으로 반영함으로써 정부의 효율성을 제고할 수 있다.

지방분권을 통해 자치권이 확보된 다수 지방정부의 존재는 선의의 경쟁을 통해 공공자원의 효율적 사용에 기여할 수 있다. 우리나라의 경우 지방자치제의 실시를 계기로 중앙정부의 권한이 지방정부로 이양되고 있는데, 선심성 사업의 증대나 지역이기주의 등의 부정적인 측면도 지적되고 있지만 한 가지 특징적인 현상은 지역의 특성에 맞는 혁신사업을 발굴하고, 주민들의 요구에 부합하는 정책 쪽으로 무게 중심을 옮겨가고 있다는 점이다. 지방정부는 중앙정부의 정책을 단순 집행하던 과거의 관행에서 탈피하여 지방의 특성을 반영하여 관광, 생태농업, 친환경, 특수작물, 문화 등 다양한 정책으로 방향을 돌리고 있다. 이러한 현상이 완성된 형태는 아닐지라도 지방분권이 진행되면서 지방정부들은 지역의 특성을 고려하고 주민들의 요구와 선호에 부합하는 정책의 개발과 추진에 관심을 두게 된다는 것이다.

지방분권은 주민들과 더 가까운 곳에 정부를 위치시키고, 시민들의 요구에 대한 정책결정자의 대응성을 촉진하며, 그리고 주민의 선호와 공공정책과의 부합성을 제고할 것이다(Wolman, 1990: 32). 우리나라에서 주민들은 자신이 선호하는 서비스를 제공하는 지방정부로 이동하고 있다는 경험적인 증거는 미약하지만 수도권과 서울 강남의 인구집중은 지방서비스와 생활조건이 잘 갖춰진 지역으로의 이동가능성을 시사해준다. 앞으로 지방분권이 강화되어 주민들의 삶에 영향을 미치는 사안에 대한 지방정부의 권한이 증대될 경우 주민들은 자신이 부담하는 지방세와 수혜 받는 편익에 대하여 관심을 갖게 될 것이고, 이는 주민들의 이동에도 영향을 미칠 것으로 생각된다.

티보우(Charles M. Tiebout)의 '발에 의한 투표(voting by feet)'에 따르면, 주민들과 기업들(자본)은 지방정부의 조세와 서비스에 대한 충분한 정보를 제공받을 경우 자신들이 부담하는 세금과 받게 되는 편익을 비교 형량하여 가장 선호되는 '조세 – 편익의 조합'을 제공하는 지방정부를 선택하게 된다고 한다(Tiebout, 1956). 이러한 상황에 직면한 지방정부는 자본과 사람의 유치를 위하여 가장 저렴한 비용으로 공공서비스를 제공하는 효율적인 운영방법을 모색하게 될 것이며, 그에 따라 자신의 지역에 있는 자원을 최대한 활용하고, 중앙정부에서 간과한 지역의 특성과 장점을 발견하게 될 것이다. 따라서 권한이 중앙정부에 집중된 경우보다 지방정부로 이양되어 분산될 때 정부의 효율성은 높아진다는 것이다.

4) 권력집중의 폐해방지

지방분권은 권력의 집중에 따른 폐해를 예방하고 국민의 자유를 신장시키는 데 기여할 것이다. 개별적인 지방정부의 힘은 미약하여 국가의 통치력에 대항하기 어렵지만 지방정부의 집합적인 의견은 중앙의 지도자에 의한 권력남용에 대한 억제력을 발휘할 수 있다(Allen, 1990: 21). 권력은 부패하는 경향이 있고 절대 권력은 절대 부패한다는 액턴(John Emerich Edward Dalberg Acton)의 경고에서 보듯 중앙정부에 집중된 권력은 남용될 가능성이 높고, 국민의 자유를 억압할 수 있다. 중앙정부 차원에서 삼권분립이 이루어지듯 지방분권이 추진되면 중앙정부와 지방정부 간에 견제와 균형의 원리가 작동되어 주민의 자유와 권리 확보에 유리할 것이다.

사실 연방제 국가를 거론하지 않더라도 단방제 국가에서도 영국의 경우처럼 법률권을 가진 지역정부(스코틀랜드의회)의 창설과 같은 획기적 지방분권의 추진은 중앙정부의 전횡과 권력남용을 견제할 수 있다. 지방정부는 지방분권을 통해 중앙정부의 지배력에 대항할 수 있으므로 정치권력에 대한 다중적 견제와 균형이 이루어질 것이다(Tausz, 2002: 15). 지방분권을 통한 지방정부의 자율성 강화는 중앙정부와 대등한 권력행사로까지 연결되지는 않을지라도 중앙정부의 일방적인 권력행사를 견제할 수 있고, 중앙-지방정부 간의 수평적이고 협력적인 관계 형성을 촉진할 것이다.

지방분권은 중앙-지방 간 권력의 적정한 분배를 통하여 지방의 잠재적 갈등을 완화하고, 국가 분열적 요구와 소요사태를 억제하여 개인의 자유에 대한 억압 가능성을 미연에 방지하며, 그리고 정부의 안정적 운영에도 기여할 수 있다. 영국의 경우처럼 민족과 문화가 다른 여러 지역으로 구성되어 있는 경우 지방분권을 위한 압력들이 더 이상 간과될 수 없는 단계에 도달한다면 중앙에 집중된 권력의 지방이양을 통해서만 일체성을 유지할 수 있을 것이다(Lancaster & Roberts, 2004: 370). 우리나라의 경우에도 지방분권에 대한 국민적 압력이 폭력적 행동, 중앙정부의 통제, 지역주의운동 등의 악순환적인 흐름으로 이어져 개인의 자유와 정권의 안정적 운영을 위협하는 수준에 이른다면 지방분권의 추진이 정치적 정당성 확보와 정권의 안정화에 기여할 것이다.

일반적으로 지방분권은 국가경쟁력의 강화에 기여한다고 주장된다. 그러나 지방분권과 국가경쟁력의 관계에 관한 논거를 살펴보면 다음과 같이 두 가지 측면을 동시에 갖고 있다.

❖ 지방분권과 국가경쟁력의 관계

지방분권은 일반적으로 국가경쟁력을 강화하는 데 기여한다고 주장된다. 그에 따라 OECD 국가를 중심으로 지방정부의 통합을 통한 권한이양에 중점을 두고 있다. 그러나 일반적인 주장과는 달리 지방분권과 국가경쟁력 사이의 관계에 대해서는 긍정적 관계와 부정적 관계가 동시에 주장되고 있다. 지방분권과 국가경쟁력 간 긍정적 관계의 논거는 첫째, 세계화시대에 있어서 지방정부는 국가 간 경쟁의 중심주체로서 기능하므로 지방정부로의 권한이양은 국가경쟁력 제고에 기여한다는 것이다. 세계화시대에 있어서는 지방정부가 국가를 대신하여 새로운 경쟁주체로 부상하고 있고, 특히 인적 자본과 다양한 기능이 집중된 대도시와 광역경제권은 이미 국가를 대신하는 새로운 경쟁 주체로서 세계무대에 등장하고 있다(Ohmae, 1995; 이동우 외, 2003). 둘째, 지방분권은 정부의 효율적 운영과 관련된 국가경쟁력의 제고에 기여한다. 지방정부는 지역주민의 요구를 보다 정확하게 파악할 수 있고, 이를 정책에 신속하고 즉각적으로 반영할 수 있는 위치에 있다(Boadway, 2001; Oates, 1972; Tiebout, 1956). 셋째, 지방정부로의 권한이양은 경제자유도 측면의 국가경쟁력 제고에 기여할 수 있다. 세계화시대에 있어서는 다국적 기업의 빈번한 입지이동이 이루어지고 있는데, 입지결정은 특정 국가에 대한 관심이 아니라 해당 국가 내의 특정 지역에 대한 관심으로 나타난다(Garrett and Rodden, 2000). 다국적 기업들은 입지결정에 있어서 입지할 지역 또는 지방정부의 권한과 정책, 특히 규제완화, 기업하기 좋은 환경조성, 우수한 인적 자원확보 용이, 기업에 대한 적극적인 지원정책 등을 중시한다. 국가 간 경쟁이 심화되는 상황에서 국가의 번영과 발전은 국력뿐만 아니라 지방정부의 창의력과 혁신노력이 요구되고, 특히 그 국가를 대표하는 대도시(지방정부)의 투자매력과 경쟁력에 의해 좌우된다는 것이다.

지방분권과 국가경쟁력 간 부정적인 관계의 논거는 첫째, 지방분권은 지방정부의 경제정책권한을 강화하고 중앙정부의 지방통제력을 약화시켜 거시경제적 안정성을 해칠 수 있다(Litvack, et.al, 2002). 46개 국가를 대상으로 재정분권화와 경제성장 간의 관계에 관한 연구에서 재정분권화는 경제성장에 부정적 영향을 미치는 것으로 나타났다(Davoodi & Zou, 1998). 둘째, 정부효율성 측면에서도 지방분권은 정부의 대응성과 책임성을 강화할 수 있지만(Paytas, 2001), 지방정부별 기구와 인력의 증대를 초래하여 효율성을 해칠 수 있다. 지방분권화를 통하여 부패와 부조리, 권한남용, 책임성 저하 등의 부정적 측면이 지적되기도 한다. 지방분권화가 진행될 경우에도 효율성 저하, 정부규모의 증대, 인플레이션, 외부효과 등이 초래될 수 있다는 주장도 있다(World Bank, 1998; Fukasaku and De Mello, 1998; Shah, 1997). 셋째, 지역 간 격차해소 및 소외계층에 대한 중앙정부의 재배분기능이 약화될 경우 지방분권은 형평성의 저하를 초래할 수 있다(Litvack et al., 2002; Allen, 1990). 지방분권의 추진은 지방의 자치권과 자율성을 제고시키고, 이는 지방정부의 독립성을 강화시켜 국가 전체의 통합성을 약화시킬 수 있다. 권력이 분산되면 국가의 통합성과 강점을 약화시키는 원심력의 발현공간을 만들고, 이를 통해 국가해체의 요인이 생겨 국가체제를 불안정하게 할 수 있다(Kothari, 1999: 48). 지방분권은 지방의 자치권과 자율성을 제고시키고, 이는 지방정부의 독립성을 강화시켜 국가 전체의 통합성을 저하시킬 수 있다는 것이다.

〈출처: 하혜수, 2009: 4-5.〉

위 박스는 지방분권이 국가경쟁력에 기여하는지에 대한 찬반 논거를 정리한 것이다. 지방분권이 국가경쟁력에 기여한다는 논거는 첫째, 세계화 시대에는 지방정부에 의해 국가경쟁력이 좌우되는데, 지방분권을 통한 지방정부의 권한 강화는 국가경쟁력에 기여한다는 것이다. 둘째, 지방정부는 주민의 선호와 욕구를 정확히 반영함으로써 효율성을 높여 국가경쟁력에 기여한다. 셋째, 다국적 기업은 입지결정에 있어서 기업친화정책을 중시하는데, 규제완화와 기업지원 관련 지방정부의 권한 강화는 국가경쟁력에 기여한다.

그에 반해 지방분권이 국가경쟁력에 부정적 영향을 미친다는 논거는 첫째, 지방분권은 지방정책에 중앙정부의 통제력을 약화시켜 거시경제의 안정성을 해칠 수 있다. 둘째, 지방분권은 지방부패와 권한남용 그리고 책임성 저하를 초래할 수 있다. 셋째, 지방분권은 지역격차 해소 및 중앙정부의 재분배 정책을 약화시켜 국가경쟁력을 약화시킬 수 있다. 이러한 측면을 고려할 때 지방분권은 국가경쟁력에 긍정적 영향과 부정적 영향을 동시에 미치기 때문에 부정적 측면을 줄이고 긍정적 측면을 극대화하는 노력이 필요하고, 더 나아가 주어진 상황에서 어느 측면을 더 중시할 것이냐에 관심을 집중해야 할 것이다.

2. 지방분권의 반대논거

1) 지방정부 간 불균형 심화

지방분권은 중앙정부의 형평성 확보기능을 약화시켜 지방정부 간 불균형을 심화시킬 수 있다. 상대적으로 부유한 지방정부는 중앙으로부터 이양된 권한을 이용하는 데 있어서 보다 유리한 조건에 있기 때문에 지방분권은 사회적·지역적 불균형을 심화시킬 수 있다는 것이다(Allen, 1990: 11). 일반적으로 서비스수요와 재정능력은 반대 방향으로 달리는 경향이 있는데, 가장 높은 서비스수요를 가진 지방정부는 가장 낮은 세수 확보 능력을 갖는다는 것이다. 이러한 상황에서 지방분권의 추진은 지방정부의 독자적 정책추진 능력을 증대시키지만 중앙정부의 재정형평화 기능을 약화시켜 지역 간 격차를 심화시킬 수 있다.

지방분권은 한편으로는 지방정부의 지역특성에 맞는 정책의 개발과 추진을 장려하여 정책의 성과를 제고하고 지역주민들에게 보다 저렴한 비용으로 양질의 서비스를 제공한다는 장점도 있지만, 다른 한편으로는 지역이 가진 자원(인적, 물적 자원)과 능력(경제, 재정능력)에 따라 그 성과와 서비스 질이 달라지는 문제를 초래할 수도 있다. 이는 지방정부 스스로 바꿀 수 없는 여건에 의해 생긴 빈부의 격차에 더하여 지방분권으로 인한 재정격차까지 유발시켜 지방정부 간 불균형을 더욱 심화시킬 수 있다.

지방분권은 정치의 근간이 되는 근본적인 원칙을 허물 수 있다는 비판도 있다. 즉, 지방분권은 개인의 편익과 부담이 지리적 특성(geography)이 아닌 수요(need)에 근거해야 한다는 기본 원칙에 위배된다는 것이다. 예컨대, 영국의 스코틀랜드의회 창설사례에서 보는 바와 같이 지방분권은 스코틀랜드 지역의 정책적 우선권을 인정함으로써 행정수요가 아닌 지리적 특성에 따른 서비스 차이를 초래하였다(Bogdanor, 2003: 234-235). 그에 따라 지방분권이 추진될수록 주민들은 그들이 살고 있는 지역에 따라 상이한 수준의 서비스를 받게 되는 문제가 발생한다는 것이다. 우리나라의 경우에도 국세 이양은 조세기반이 상이한 지방정부 간 재정격차를 심화시키고, 그로 인해 주민들의 서비스 격차를 초래한다는 우려가 제기되고 있다.

공공서비스의 평등한 공급이 바람직한 가치라면 지방분권은 부적절할 수도 있다(Wolman, 1990: 36). 지방분권을 추진하면서도 중앙정부의 보조금을 통해 지방정부 간 격차를 완화할 수 있지만 기존의 자원과 재정력에 의한 차이를 근본적으로 해소하지는 못할 것이다. 지역경쟁력을 좌우하는 핵심적 요소인 고급 인적 자원이 특정 지역에 집중되어 있을 경우 지방분권은 지역 간 격차를 심화시킬 수 있다. 예컨대, 영국의 경우 고급 인적 자원(highly qualified manpower)이 런던을 중심으로(반경 100~120마일) 잉글랜드 남부지역에 편중되어 있는 문제점이 발견되고 있다(Green Paper, 1982: 14). 우리나라의 경우에도 서울, 경기도 등 수도권에 인적 자원이 집중되어 있는 상황에서 지방분권의 추진은 지역 간 격차를 더욱 심화시킬 수 있다는 것이다.

2) 정책연계 부족과 정책갈등 심화

지방분권은 중앙－지방 간 정책연계를 어렵게 하고 정책갈등을 심화시킬 수 있다. 지방분권은 대개 중앙정부에 기획기능을 남기고 집행기능을 지방정부에 이양하는 작업이다. 이 경우 중앙정부(기획기능)와 지방정부(집행기능)간 기능적 연계가 부족하여 정책이 표류하거나 실패하는 경우가 생길 수 있다. 지방분권이 상당 부분 추진된 영국의 경우 중앙－지방 간 정책연계를 강화하기 위하여 중앙－지방 파트너십 회의(CLPM: central－local partnership meeting)를 운영하고 있다(Bogdanor, 2003: 236). 우리나라의 경우에도 2019년 지방자치법 전부개정안을 제출하면서 중앙정부 관계자(대통령과 장관)와 지방정부 대표(시·도지사)가 지방자치에 중대한 영향을 미치는 법률과 정책에 대하여 협의하기 위해 중앙지방협력회의의 설치를 시도한 바 있다. 지방분권에 따른 중앙－지방 간 정책연계 부족을 보완하기 위한 조치라고 할 수 있다.

또한 지방분권은 국책사업의 집행과정에서 나타나는 바와 같이 지역의 이익만을 우선시하는 지역이기주의를 강화시켜 중앙－지방 간의 갈등 및 지방정부 간 갈등을 심화시킬 수 있다. 지방정부의 자율성이 강화되면 될수록 자신의 관할구역에서 이루어지는 중앙정책에 대한 지방정부의 발언권이 강화되고, 이는 중앙정부와 지방정부 간 갈등과 마찰로 이어질 수 있다. 또한 지방정부 간에도 긍정적인 경쟁뿐만 아니라 부정적인 갈등이 증대될 수도 있다. 지방정부들은 관할구역 내에 한정되는 자율권을 가지고 있기 때문에 자기의 관할구역을 벗어나는 외부효과에 대해서는 큰 관심을 보이지 않는 이기적 행태를 보인다.

지방분권이 정책갈등과 지역이기주의를 유발하는 데 있어서 지방엘리트들의 행태도 조절변수로 작용한다. 지방의 토지소유자와 상공인 등 지방엘리트들이 지방의원으로 진출하는 경우가 많은데, 이들은 지방정치에서 자신의 이익을 보호하는 데 우선적인 관심을 가질 수 있다.6 더욱이 지방정부의 정책결정자나 공직자들은 지방엘리트의 이익에 반하는 정책을 추진하려는 의지 역시 강력하지 못하다(Allen, 1990: 11-12). 이들 요인들이 결합되어 지방분권이 강화될수록 정부 간 갈등과 지역이기주의적 행태가 심화될 수 있다.

3) 규모의 경제효과 저하

규모의 경제효과 저하는 지방분권의 강력한 반대 논거 중 하나이다. 규모의 경제(EoS: Economies of Scale)는 규모에 따른 경제성, 즉 규모가 커질수록 단위당 비용이 줄어드는 현상을 지칭한다. 기업단위에서 상품의 생산량이 두 배로 증가할 때 생산비용이 두 배보다 덜 증가하는 경우를 규모의 경제라고 하고, 생산량이 두 배로 증가할 때 생산비용이 두 배 이상으로 증가하는 경우를 규모의 불경제(diseconomies of scale)라고 한다. 이를 공공부문에 적용하면 공공재의 생산량이 늘어나면서 공공재의 생산비용이 감소하는 현상을 규모의 경제효과라고 할 수 있다.

지방분권은 도로, 하천, 쓰레기 등과 같은 공공재의 생산에 관한 권한을 지방정부로 이양하는 것이다. 그에 따라 지방정부의 생산은 연방정부(중앙정부)나 주정부(지역정부)에서 대규모로 생산할 때와 비교하면 단위당 비용이 높

---

6 우리나라의 경우 지방의원의 겸직이 금지되어 있어 이전에 가졌던 기업을 포기해야 한다. 그러나 실제로는 간접적으로 자신의 기업에 대한 관여가 이루어질 수 있고, 그에 따라 지방의원의 사익추구가 가능하다.

아질 수 있다. 이는 규모의 경제효과와 범위의 경제효과로 설명할 수 있다. 첫째, 규모의 경제효과 측면을 살펴보자면 특정한 서비스(예컨대, 쓰레기) 처리 권한을 작은 단위의 지방정부에게 분산시킬 경우 각 지방정부가 처리하는 생산량은 줄어들고 단위당 생산비는 늘어나게 되어 규모의 경제효과가 저하된다. 둘째, 범위의 경제효과(economies of scope) 측면으로는 지방정부가 여러 공공재를 함께 생산할 때 각 공공재를 다른 지방정부가 각각 생산할 때보다 평균비용이 줄어들게 되는 현상이다. 따라서 연방정부 또는 주정부에서 보다 다양하고 포괄적인 공공재를 생산할 때 총무, 기획, 인사 등에 관한 공통경비를 절약할 수 있어 단위당 평균 비용은 감소할 것이다.

규모의 경제효과는 집적경제(集積經濟) 또는 집적이익으로 설명할 수 있는데, 집적경제(economies of concentration)는 어떤 지역에 산업이나 인구가 집중되면 분업이 가능하고, 노동력과 소비시장이 형성되며, 사회기반시설이 마련되어 투자효율이 개선되는 효과를 말한다. 이는 도시 전체의 총생산규모가 커짐에 따라 비용이 감소되는 도시화경제(urbanization economics) 현상을 말하는데, 도시 전체의 규모가 커질수록 그 혜택이 도시 전체의 모든 기업에게 돌아가기 때문에 나타난다. 이를 원용하면 지방정부의 규모가 커질수록 해당 지방정부에서 담당하는 공공재 생산량이 늘어날 뿐만 아니라 연관 일자리, 우수인재, 조세기반, 그리고 위탁 가능한 민간기관 등이 형성되어 공공재의 생산비용이 감소될 수 있다는 것이다.

요컨대, 공공서비스의 산출량이 늘어남에 따라 평균비용이 감소하기 때문에 작은 지방정부로 공공재 생산을 분산시키는 지방분권은 규모의 경제효과를 저하시킬 수 있다. 또한 지방분권은 연방정부(중앙정부) 또는 주정부(지역정부)에서 다양한 종류의 공공재 생산을 담당함으로써 얻게 되는 범위의 경제효과를 낮출 수도 있다. 아울러 외부효과의 내부화를 위해서도 지방분권보다는 중앙집권이 적절할 수 있다. 중앙정부는 지방정부 간에 발생하는 외부효과(환경오염이나 범죄 등)를 처리하고, 국가적 네트워크(정보통신)에 기초한 자연독점을 효과적으로 규제하기 때문이다.

4) 지방부패의 증대

지방분권은 지방부패를 증대시킬 수 있다는 문제점도 지적되고 있다. 지방분권은 지방엘리트와 지역주민의 접근성을 제고하여 부패(corruption)와 정실주의를 초래하여 정부의 질을 떨어뜨린다는 것이다(Breuss and Eller, 2004: 39). 이러한 주장을 뒷받침하는 현상은 인 · 허가, 건설, 인사 등과 관련한 선출직 단체장의 수뢰(受賂), 즉 뇌물수수다. 또한 지방의원들이 전직 대표로 있었던 기관이나 친인척 기관을 위해 각종 이권사업에 개입하는 현상도 지방분권의 부패 가능성을 알려 준다.

지방분권과 부패 사이의 경험적 연구에서는 일관된 결과가 나오지 않는다. 재정분권이 부패에 미치는 유의미한 관계를 발견하지 못한 연구도 있고(Treisman, 2000), 재정분권이 부패에 유의미한 부의 효과를 가진다는 연구도 있다(Fisman and Gatti, 2000). 그럼에도 불구하고 지방수준에서 부패가 더 심각할 수 있다는 주장은 설득력을 얻고 있다(Tanzi, 1996: 301). 지방공무원과 시민들은 지역공동체에서 서로 밀접한 관계를 가지기 때문에 접촉성(contiguity)에 의해 부패가 증대된다는 주장이다. 더욱이 접촉성은 관계의 전인격성을 초래하고, 전인격적 관계는 적정한 거리의 관계(arm's length relationship)를 해칠 수 있다는 것이다.

이전재원의 끈끈이효과(flypaper effect)와 기채자율권 강화에 의한 연성예산제약(soft budget constraints)도 지방정부의 도덕적 해이를 초래할 수 있다고 한다(조기현 · 서정섭, 2003: 106). 중앙정부에서 제공되는 이전재원은 용도가 특정되지 않을 경우에도 주민들의 소득증대에 기여하기보다는 지방관료의 영향력 증대에 기여하는 공공부문의 지출에 고착되는 이른바 '끈끈이효과'를 보인다는 것이다. 그리고 재정적 권한의 이양과 기채자율성 증대는 예산운용의 제약을 완화하는 이른바 연성예산제약을 초래하여 지방정부의 팽창과 방만한 예산운용으로 연결될 수 있다는 것이다.

❖ 끈끈이효과, 연성예산제약, 자중손실

끈끈이효과(flypaper effect): 이는 중앙정부가 지방정부에게 지급한 보조금이 감세 재원으로 쓰이지 않고 공공재 공급에 사용되는 현상을 말한다. 공공재정분야에서 나온 개념으로 지방정부에 대한 정부보조금이 동일한 크기의 지방소득 증가보다 더 높은 지방공공지출을 증가시키는 효과이다. 지방정부에 대한 국고보조금이 시민의 소득보다 더 큰 공공지출을 유발할 때 파리가 끈끈이에 달라붙듯 재원이 지정된 부문에 지출되었다고 한다.

〈출처: 위키피디어〉

연성예산제약(soft budget constraints): 이는 원래 동유럽의 사회주의 기업들이 사후 협상을 통해 정부로부터 적자부분을 보충 받을 수 있었기 때문에 예산제약이 엄격하지 않았던 현상을 지칭하였다(Kornai, 1979). 정부 간 관계에서도 이러한 연성예산제약의 개념이 적용될 수 있다. 지방정부가 재정적 곤란에 처할 경우 중앙정부가 반드시 상당한 재정지원을 할 것이라고 확신한다면, 지방정부는 예산운용에서 엄격한 제약을 받지 않을 것이고 기회주의적 행태를 보일 수 있다. 이러한 현상을 연성예산제약이라고 한다.

〈출처: 행정학 용어사전〉

자중손실(deadweight loss): 이는 경쟁의 제한으로 인한 시장의 실패에 따라 발생하는 자원배분의 효율성 상실을 말한다. 자중은 원래 차량 자체의 중량이란 뜻으로서, 아무 것도 싣지 않아도 그 무게는 나가게 되므로 총 운반가능 중량에서 빠져야 되는 무게가 된다. 경제학에서는 자중손실의 원인을 다음 두 가지로 구분한다. 첫째, 독점에 의한 자중손실이다. 어떤 재화가 독점시장에서 공급될 경우 소비자는 완전경쟁시장과 비교하여 더 적은 소비자 잉여를 누리게 되고, 독점기업은 소비자의 후생 손실을 대가로 더 큰 독점이윤을 누리게 된다. 그런데 소비자의 희생된 잉여만큼 독점기업의 독점이윤이 증가하는 것이 아니라 그 중 일부가 손실되는데, 이를 자중손실(사회적 후생의 순손실)이라고 한다. 둘째, 정부 개입에 의한 자중손실이다. 정부 개입으로 인한 자중손실은 보통 조세에서 대표적으로 나타나며 이러한 자중손실을 초과부담이라고 한다. 조세의 초과부담은 '조세로 인해 정부로 이전된 구매력보다 높은 납세자의 구매력 상실분'이라고 할 수 있다. 조세로 인한 납세자의 구매력 상실분 전부가 정부로 이전되지 않고 그 중 일부만이 이전되는데 이처럼 정부로 이전된 구매력보다 높은 납세자의 구매력 상실분을 초과부담 혹은 자중손실이라고 한다.

〈출처: 지식백과〉

3절 ── 결론

본 장에서는 지방분권을 떠받치고 있는 이론과 장단점을 고찰하였다. 어떤 현상이든 밝은 면과 어두운 면이 있듯이 지방분권 역시 긍정적인 면과 부정적인 면을 동시에 가지고 있다. 지방분권 지지론자들은 밝은 면을 우선시하고, 반대론자들은 어두운 면을 강조한다. 그러나 1990년대 이후 지방분권은 세계적 추세가 되고 있고, 특히 OECD 선진국에서는 국가발전과 국가경쟁력 강화 차원에서 지방분권에 접근하고 있다. 이러한 지방분권에 대한 지지는 규범적 측면과 기능적 측면으로 구분할 수 있을 것이다. 김병준은 지방자치의 실시 이유를 기능론적 관점과 규범론적 관점으로 구분하여 설명하고 있다(김병준, 2005: 25 – 26). 기능론적 관점에서는 지방자치가 과도한 중앙집권의 폐해를 줄이는 등 긍정적 기능이 더 많다고 주장하고 있고, 규범론적 관점에서는 지방자치의 기능(기여도)과 관계없이 지방자치 그 자체가 인간사회의 가장 바람직한 정치·행정체제라고 강조하고 있다. 이러한 견해를 원용하여 지방분권에 대한 지지 이유를 규범론적 관점과 기능론적 관점으로 구분하고자 한다.

규범론적 관점에서 지방분권은 자율성과 자결주의에 기초해 있다. 본래부터 인간은 자신의 문제를 스스로 결정해야 하는 자율적 존재이다. 그와 마찬가지로 지방정부는 지역의 문제를 자율적으로 결정해야 하는 '지방자결주의'를 따라야 한다는 것이다. 이러한 점에서 지방분권은 주민자치의 존립의 근간으로서, 지방분권 없이는 온전한 의미에서의 주민자결을 이루기 어렵다(이승종,

2005: 362 – 363). 스위스 경제학자 프라이(Bruno S. Frey)는 지방분권과 직접민주주의가 잘된 국가일수록 국민행복지수가 높다고 주장한다(유정식 외, 2015: 29; 이기우, 2018: 100). 이러한 측면에서 지방분권은 주민의 자율성과 자기결정성을 근간으로 하는 지방민주주의의 구현에 있어서 필수불가결한 요소라고 할 수 있다.

기능론적 관점에서 첫째, 지방분권은 주민의 권력강화에 기여한다. 지방분권은 지방정부에게 행정적·정치적·재정적·법률적 권한을 이양하는 것이고, 궁극적으로는 주민에게 권력을 넘겨주는 것이다. 지방정부에게 권력을 이양하는 지방분권은 주민의 참여, 결정, 통제의 가능성이 열려 있는 지방정부로 권력을 옮기는 것이자, 주민들이 직접 또는 대표자를 통하여 지역문제를 결정하도록 만드는 조치이다. 최근 들어 중앙정부의 권한이양에 더하여 주민발의, 주민투표, 주민소환제의 문턱을 낮추는 데 역점을 두고 있는 것도 이 때문이다. 그리고 지방정부 차원에서도 공론조사, 원탁회의, 주민배심원제 등을 통해 지방정책결정에 주민들을 참여시키거나 주민들과 공동으로 결정하는 협치를 강화하고 있는 것도 지방분권의 궁극적 도달점이 주민의 권력 강화라는 사실을 말해 준다.

둘째, 지방분권은 중앙 – 지방의 공생과 상생에 기여한다. 지방분권을 통한 지방의 자립은 지역의 경쟁력에 그치지 않고 국가 전체의 번영으로 연결된다. 재정분권론자들은 국가를 영생불멸의 바다 속 괴물인 리바이어던에 비유하였다. 그들에 따르면 중앙정부는 국민들을 착취하고 세금을 과도하게 징수하며 국민의 자유를 억압하는 존재이다. 이러한 점에서 지방분권은 정부에 대한 주민들의 통제력을 높여 국가권력의 폐해를 예방할 수 있다. 또한 지방분권은 자중손실(deadweight loss)을 줄일 수 있다. 경제학에서는 자중손실을 독점과 정부개입으로 인한 시장실패에 따른 비효율성 또는 초과부담이라고 한다. 지방분권은 중앙정부의 권력독점과 그에 따른 정부실패를 예방하고, 지방정부 간 경쟁촉진을 통해 재원배분의 효율성을 제고하며, 그리고 현장의 정보와 주민선호를 손쉽게 파악하여 이러한 자중손실을 줄일 수 있다. 더욱이 지방분권은 중앙정부로 하여금 의사결정부담을 경감시켜 국방, 외교, 금융 등에 집중하도록 만들고, 지방정부로 하여금 현장, 주민접촉, 심리(정서) 등이 수반되는 문제에 창조적으로 대응하게 할 것이다.

지방분권의 추진성과 분석

CHAPTER 3

지방분권의 추진성과 분석

    역대 정부에서 추진한 지방분권의 추진성과는 얼마나 될까? 기대한 성과를 거둔 것과 그렇지 못한 것을 따져볼 필요가 있다. 지방분권의 추진성과를 확인하기 위해서는 지방분권의 유형과 추진 기간을 고려해야 한다. 지방분권의 유형은 행정적 지방분권(사무이양, 기구정원, 특별지방행정기관), 정치적 지방분권(대표선출, 국정참여), 주민분권(주민결정, 주민참여, 협치), 재정적 지방분권, 법률적 지방분권으로 구분할 수 있다. 추진 기간의 설정은 다소 예민한데, 우리나라에서 지방자치가 시작된 것은 1952년부터이지만 본격적인 실시는 1991년부터이기 때문이다. 1991년 지방의회 구성을 통해 주민의 대표 선출(정치적 지방분권)이 시작되었고, 사무이양(행정적 지방분권)은 1998년 국민의 정부에서부터 시작되었다. 따라서 국민의 정부에서부터 문재인 정부까지의 기간 동안 추진된 지방분권의 성과를 살펴보고자 한다.

1절 ─ *서론*

우리나라의 지방분권은 지방자치제의 도입을 통해 실현되었다. 지방자치제는 지방자치 여건이 성숙되지 않은 상황에서 자유당의 집권연장이라는 정치적 목적을 위해 1952년에 도입되어 1959년까지 실시되었다. 그 후 1991년과 1995년 두 차례에 걸친 지방선거에 의해 30여 년간 중단되었던 지방자치제가 다시 실시되었고, 그에 따라 주민대표의 선출(정치적 지방분권), 사무의 이양과 위임(행정적 지방분권), 그리고 조례 제정(법률적 지방분권)이 이루어졌다. 문민정부는 정치적 지방분권에 성공한 후 사무이양(행정적 지방분권)을 추진하였으나 눈에 띄는 성과를 거두지 못하였다.

행정적 지방분권의 실질적인 추진은 국민의 정부에서 시작되었다고 할 수 있다. 김대중 정부는 지방이양을 100대 국정과제로 선정하여 국가사무와 지방사무의 전수조사를 실시하는 등 중앙행정권한의 지방이양을 위한 기반 마련 및 지방분권의 분위기를 조성하였다(소순창, 2011: 50). 그러나 지방분권에 대한 대전환은 참여정부에서 시작되었다고 할 수 있다. 참여정부는 지방분권과 국가균형발전을 양대 국정지표로 삼을 정도로 국가정책의 중심 기조를 지방분권에 두었다. 이후 이명박 정부, 박근혜 정부, 그리고 문재인 정부에서도 지방분권을 추진하였으나 참여정부의 틀을 크게 벗어나지 못하였다고 할 수 있다.

지방분권의 추진에 있어서 기본 축은 전담기구와 지방분권 과제라고 할 수 있다. 전담기구는 지방분권의 계획을 수립하고, 지방분권 과제를 선정하며, 추진전략을 마련하기 때문에 지방분권에 있어서 중요한 역할을 수행한다. 지방분권 과제는 추진해야 할 분야와 사업에 해당되므로 대통령 임기 동안의 노력과 성과를 결정짓는 중요한 요소가 될 수 있다. 먼저, 역대 정부는 그 명칭과 역할이 상이한 전담기구를 설치·운영하였다. 문민정부와 국민의 정부는 사무이양에 한정된 기구를 설치하였으나 참여정부는 지방이양추진위원회에 더하여 정부혁신지방분권위원회를 신설하였다. 그 이후 정부에서도 전담기구의 명칭은 조금씩 달랐지만 기능이양 외에 지방분권을 전담하는 기구를 설치

하였다. 문민정부에서부터 문재인 정부에 이르기까지 역대 정부의 지방분권
전담기구를 고찰하면 다음과 같다.

표 3-1 역대 정부의 지방분권 전담기구

구분	전담기구	소속	법정 여부
문민정부 (1993~1998년)	지방합동심의회	총무처	비법정기구
국민의 정부 (1998~2003년)	지방이양추진위원회	대통령	법정기구
참여정부 (2003~2008년)	지방이양추진위원회 정부혁신지방분권위원회	대통령	법정기구
이명박 정부 (2008~2013년)	지방분권촉진위원회 지방행정체제개편위원회	대통령	법정기구
박근혜 정부 (2013~2017년)	지방자치발전위원회	대통령	법정기구
문재인 정부 (2017~2022년)	자치분권위원회	대통령	법정기구

[표 3-1]에서 보는 바와 같이 국민의 정부까지는 기능이양에 중점을 둔
기구를 두고 있었으나 참여정부에서 지방이양추진위원회와 정부혁신지방분권
위원회로 이원화시켰다. 이명박 정부는 지방이양추진위원회를 지방분권촉진위
원회에 통합시키고, 지방행정체제개편위원회를 추가 설치하였다. 박근혜 정부
는 지방분권촉진위원회와 지방행정체제개편위원회를 통합하여 지방자치발전
위원회를 설치하였고, 문재인 정부는 자치분권위원회로 그 명칭을 변경하였
다. 이러한 점에서 역대 정부의 지방분권 전담기구는 참여정부에서 그 원형이
갖추어졌고, 이후 기구의 통합이 이루어지고 그 명칭과 기능이 조금씩 변화되
었다고 할 수 있다.

역대 정부는 지방분권 과제를 선정하여 추진하였는데, 지방분권 과제에
대한 체계적 관리는 참여정부에서부터 시작되었다고 할 수 있다. 참여정부는
2003년 7월 지방분권의 비전과 방향 그리고 일정을 담은 지방분권추진로드맵

을 발표하면서 지방분권 7대 과제와 20대 중점 과제를 제시하였다. 참여정부
의 지방분권 과제를 지방분권 유형에 맞게 정리하면 [표 3-2]와 같다.

표 3-2 참여정부의 지방분권 과제

구분	과제	세부 과제
행정적 지방분권	사무이양	· 지방분권 추진기반 강화(기관위임사무 정비 등) · 중앙권한의 획기적 지방이양(지방일괄이양법 제정 등)
	조직인사	· 지방정부 내부혁신 및 공무원 역량 강화 · 인사제도 개선
	자치권 강화	· 제주특별자치도 추진　　· 지방교육자치제도 개선 · 지방자치경찰제 도입　　· 특별지방행정기관 정비
정치적 지방분권	대표선출	· 지방의정 활성화(지방의회 의결권 강화) · 지방선거제도 개선(정당공천제 개선)
	국정참여	· 중앙-지방 간 협력체제 강화
주민분권	주민결정	· 지방정부에 대한 민주적 통제체제(주민투표제, 주민소환제)
	주민참여	· 다양한 주민참정제 도입
	협치	· 시민사회 활성화 기반 강화
재정적 지방분권	지방세	· 지방세정제도 개선(지방세 신세원 확대 등)
	재정조정	· 지방재정 자율성 강화(국고보조금 정비, 지방양여금 개선) · 지방재정력 확충 및 불균형 완화(지방교부세 법정률 상향 　조정)
	재정책임	· 지방재정 운영의 투명성, 건전성 강화(복식부기제도 도입)
법률적 지방분권	자치입법	· 지방자치권 강화(자치입법권 확대)
자치역량	내부역량	· 지방정부 내부혁신 및 공무원 역량 강화 · 지방정부 평가제도 개선
	외부역량	· 지방정부 간 협력체제 강화 · 정부 간 분쟁조정 기능 강화

　표에서 보는 바와 같이 행정적 지방분권은 사무이양, 조직인사, 자치권
강화 등으로 구분할 수 있고, 정치적 지방분권은 대표선출(선거제도)과 국정참
여로 구분되며, 주민분권은 주민결정과 주민참여 그리고 협치로 구분된다. 재
정적 지방분권은 지방세, 재정조정, 재정책임으로 구분되며, 법률적 지방분권
은 자치입법권 확대로 정리될 수 있다. 지방정부 평가제도 개선과 지방정부

간 협력체계 등은 자치역량으로 분류할 수 있다. 대다수의 지방분권 과제는
제1장에서 분류한 지방분권 유형에 부합되며, 자치역량은 지방분권을 위한 기
반으로 해석할 수 있을 것이다.

이러한 참여정부의 지방분권 과제는 이후 이명박 정부, 박근혜 정부, 그
리고 문재인 정부 등으로 이어지면서 과제의 수와 내용이 조금씩 달라졌으나
근간은 크게 바뀌지 않았다. 역대 정부의 지방분권 과제 및 그 변화를 비교 정
리하면 [표 3-3]과 같다.

표 3-3 역대 정부의 지방분권 과제 비교

구분		이명박 정부	박근혜 정부	문재인 정부
행정적 지방분권	사무 이양	· 사무체계 개선 · 중앙행정권한의 지방이양	· 자치사무와 국가사무의 구분체계 정비 · 중앙권한 및 사무의 지방이양	· 중앙-지방 사무 재배분 · 중앙권한의 기능중심 포괄이양
	조직 인사	-	· 자치단체 기관구성 형태 다양화	· 자치단체 형태 다양화 · 자치조직권 강화/책임성 · 지방인사제도 자율성 및 투명성 확보
	자치권 강화	· 교육자치제 개선 · 자치경찰제 도입 · 특행기관 기능 조정	· 대도시특례제도 개선 · 교육자치와 지방자치의 연계·통합노력 · 자치경찰제 도입 · 특행기관 정비	· 대도시 특례 확대 · 제주·세종형 자치분권 모델 구현 · 교육자치 강화 및 지자체와 연계·협력 · 광역단위 자치경찰제 도입 · 특별지방행정기관 정비
정치적 지방분권	지방 선거	· 지방의원의 전문성·자율성 강화 · 지방선거제도 개선	· 지방의회 활성화 및 책임성 제고 · 지방선거제도 개선	· 지방의회 인사권 독립 및 의정활동정보 공개 · 지방선거제도 개선 방안
	국정 참여	· 정부 및 자치단체 간 협력체제 강화	·국가와 지자체 간 협력체제 정비	· 중앙-지방협력기구 설치

주민분권	주민 결정	· 주민직접참여 제도 보완	· 주민직접참여제도 개선	· 조례 주민직접발안제 도입 · 주민소환 요건 합리화 · 주민투표 청구대상 확대
	주민 참여	· 자원봉사활동 장려·지원	–	· 주민참여권 보장 · 주민감사청구 요건 강화
	협치	–	–	· 숙의기반 주민참여제 도입 · 주민참여예산제도 확대
재정적 지방분권	지방세	· 국세와 지방세 의 합리적 조정	–	· 국세·지방세 구조개선 · 지방세입 확충기반 강화 · 고향사랑 기부제 도입
	재정 조정	· 지방교부세 제도 개선	· 지방재정 확충 및 건전성 강화	· 지방교부세 형평기능 확대 · 국고보조사업 개편 · 지역상생발전기금 확대 및 합리적 개편 · 지방재정의 자율성 제고
	재정 책임	· 지방재정의 투명성·건전성 제고	–	· 지방재정정보 공개 및 접근성 확대
법률적 지방분권	자치 입법	· 자치입법권 확대	–	· 자치분권법령 사전협의 제 도입
자치역량	내부 역량	· 지방공무원 인사 교류 확대 · 지방자치단체 진단·평가	–	· 지방공무원 전문성 강화 · 자치분권형 평가체제 구축
	외부 역량	· 특별자치단체 제도 도입· 활용 · 분쟁조정기능 강화·지방 분권 홍보 및 공감대 확대	· 지자체 간 행정협력 체제 정비	· 자치단체 간 협력활성화 지원

체제 개편	· 지방행정체제 개편	· 도 지위·기능 재정립 · 시·군·구 통합 및 　특례 · 자치구의 개편 · 자치구역경계 조정 · 소규모 읍·면·동 　통합	· 지방행정체제 개편방안 　모색 · 주민자치회 대표성 　제고 및 활성화

　이명박 정부와 박근혜 정부는 참여정부의 기본 틀을 유지하면서 일부 과제를 추가 또는 제외한 것으로 나타난다. 이명박 정부는 5대 분야 20대 과제를 제시하였는데, 참여정부의 지방분권 과제와 비교할 때 일부 과제의 명칭과 표현이 바뀌었을 뿐 그 내용은 유사하다. 다만 지방세정제도 개선이 제외되고 지방행정체제(지방자치체제) 정비와 지방분권 홍보 및 공감대 확대가 추가된 것이 다르다. 박근혜 정부는 핵심과제 8개, 일반과제 10개, 미래과제 2개 등 20개의 지방분권 과제를 제시하였다(지방자치백서, 2017: 84). 이전의 정부와 비교하면 국세·지방세 조정과 자치입법권 확대 등의 과제가 제외되고 대신 자치단체 기관구성 다양화와 지방행정체제 개편 관련 5개 과제가 추가되었다.

　문재인 정부는 6대 전략 33개 지방분권 과제를 제시한 점이 특징이다. 첫째, 주민분권 중 주민결정, 주민참여, 협치 등에 관한 과제를 추가하고 있다. 주민결정과 관련하여 주민발의, 주민투표, 주민소환 등 참여정부에서 도입된 직접민주주의 3종 세트의 제도적 문턱을 낮추는 데 중점을 두고 있다. 아울러 다른 정부에서 시도되지 않은 협치 관련 과제로서 주민참여예산제도 확대와 숙의기반의 주민참여방식을 강조하고 있다. 둘째, 행정적 지방분권을 위해 지방인사제도 자율성 및 투명성 확보, 기능중심 포괄이양, 자치분권 사전협의제 등에 역점을 두고 있다. 셋째, 재정적 지방분권을 위해 국세·지방세 구조개선과 지방교부세 개선에 더하여 고향사랑 기부제 도입, 국고보조사업 개편, 지역상생발전기금 확대 등을 제시하고 있다.

　이상의 결과를 종합하면, 이명박 정부는 지방분권에 관심을 두었지만 광역경제권 추진이나 시·군통합 과제에 비해 우선순위가 낮았다고 할 수 있다.

주요 지방분권 추진성과로는 대도시특례 강화와 지방소비세 도입을 들 수 있다. 박근혜 정부도 지방분권 과제 측면에서는 참여정부나 이명박 정부와 유사하게 추진하였으나 지방분권에 대한 관심은 상대적으로 낮았고, 눈에 띄는 성과는 지방소득세 독립세화를 들 수 있다. 문재인 정부는 협치(주민분권)와 국세이양에 역점을 두고 있는데, 주요 성과로는 지방소비세 비율의 21% 인상, 숙의형 공론조사 제도 도입, 그리고 지방일괄이양법의 제정 등을 들 수 있다.

2절 ── 지방분권의 추진성과

1. 행정적 지방분권

행정적 지방분권은 지방행정에 관한 권한의 이양을 의미하며, 사무이양, 기구·정원, 특별지방행정기관의 이관을 포함한다. 사무이양은 1991년 정치적 지방분권 이후 가장 역점을 둔 분야이고, 기구·정원은 사무수행에 필요한 조직과 인력에 관한 사항으로서 지방정부에서 관심이 높은 분야이다. 또한 특별지방행정기관은 지방국토관리청, 지방환경관리청, 지방노동청 등 국가정책의 집행을 담당하는 하위기관(일선기관)이므로 행정적 지방분권에서 중요하게 고려되는 분야이다.

1) 사무이양

국가사무의 지방이양을 위한 노력은 1986년 12월 국무총리 산하에 「지방자치제실시연구위원회」를 설치하면서 시작되었고, 1991년 지방의회의 구성과 함께 구체화되었다. 체계적인 지방이양을 위해 1991년 국무총리 훈령에 근거하여 총무처에 「지방이양합동심의회」를 설치하고 1991년부터 1998년까지 8년 동안 2,008건의 사무를 이양 확정하고 그 중 1,639건(81.62%)을 지방정부로 이양 완료하였다(행정자치부, 2015: 6). 그 당시의 사무이양은 중앙정부 주도, 실적

위주의 단편적 접근, 그리고 법적 지원 장치의 미흡이라는 문제점에 직면하였다. 그에 따라 1999년 지방이양을 제도적으로 뒷받침하기 위하여 중앙행정권한의 지방이양촉진 등에 관한 법률(이양촉진법)을 제정하고, 그에 근거하여 1999년 8월 대통령 소속의 「지방이양추진위원회」를 설치하여 본격적인 사무이양을 추진하였다. 역대 정부에서 추진한 사무이양의 성과를 살펴보면 다음 [표 3-4]와 같다.

표 3-4 역대정부의 사무이양 추진성과

시기	이양확정	이양완료	미이양
합계	4,787	3,114(65.05%)	1,708
이전 정부(1991~1998)	2,008	1,639	369
국민의 정부(1998~2002)	612	610	2
참여정부(2003~2007)	902	831	106
이명박 정부(2008~2012)	1,265	34	1,231

출처: 지방이양추진위원회(2008: 381); 지방분권촉진위원회(2013).

표에서 보는 바와 같이 1991년부터 2012년까지 4,787건의 국가사무를 자치사무로 이양하는 것으로 확정하였고, 이 중 3,114건(65.05%)을 이양 완료하였다.[1] 국민의 정부 이전에는 8년 동안 2,008건 중 1,639건(81.62%)을 이양 완료하였고, 국민의 정부에서는 612건 이양 확정에 610건(99.67%)을 이양 완료하였다. 참여정부에서는 902건 중 831건(92.13%)을 이양 완료하였고, 이명박 정부에서는 1,265건 중 34건(2.69%)을 이양 완료하였다. 정권별로 보면, 지방분권을 국정지표로 삼아 의욕적으로 추진한 참여정부에서 이양 완료 실적이 높은 것을 알 수 있다. 이명박 정부에서는 이양 확정한 사무에 비해 이양 완료한 실적이 매우 낮게 나타났다. 그 이유로는 첫째, 이전까지 이양 가능한 사무들이 상당 부분 이양 완료되었고, 둘째, 이양 확정과 이양 완료의 시차에 기인한 것으로서 이양 완료된 통계치가 다음 정권으로 이월되었기 때문으로 볼 수 있다.

---

1 이양 확정에서 이양 완료를 뺀 수치가 미이양과 다른 것은 참여정부에서와 같이 정권이 바뀌면서 일부 중복 계상된 데 연유하는 것이다.

역대 정부는 국가사무의 지방이양에 더하여 사무구분체계를 개선하기 위해 노력하였다. 사무구분체계는 기본적으로 국가사무와 지방사무로 구분되는데, 지방정부는 지방의 고유사무(지방사무 또는 자치사무)와 국가위임사무(국가사무 중에서 중앙정부가 위임한 사무)를 처리하며 국가위임사무에는 단체위임사무와 기관위임사무가 포함된다. 따라서 사무구분체계의 개선 성과를 살펴보기 위해서는 먼저 자치사무, 단체위임사무, 그리고 기관위임사무의 차이를 이해할 필요가 있다.

표 3-5 자치사무, 단체위임사무, 기관위임사무의 비교

구분	자치사무	단체위임사무	기관위임사무
정의	· 주민복리 등 지자체의 자기책임 하에 처리하는 고유사무	· 법령에 의해 자치단체에 위임된 사무	· 법령에 의해 자치단체장에 위임된 사무
법적 근거	· 지방자치법 제9조 제1항 지자체는 그 관할구역의 자치사무를 … 처리한다.	· 지방자치법 제9조 제1항 지자체는 법령에 의해 지자체에 속하는 사무를 … 처리한다.	· 지방자치법 제102조 시·도와 시·군·구에서 시행하는 국가사무는 … 시·도지사와 시·군·구청장에게 위임하여 행한다.
경비 부담	· 지방비 + 장려적 국가 보조금	· 지방비 + 국가부담금	· 전액 국가부담
의회 관여	· 가능	· 가능(조례제정권 포함)	· 불가능(국회가 감사하기로 한 사항 외 가능)
국가 감독	· 소극적 위법성 감독 – 조언·권고·자료 요구 – 위법한 명령 시정 – 보고·위법사항 감사 – 재의요구 지시, 제소	· 포괄적 합목적성 감사 (소극적·교정적 감독)	· 포괄적 합목적성 감독 (예방적·교정적 감독) – 지도감독 – 직무이행명령, 대집행 – 취소·정지
규정 형식	· 시·도지사는 …을 하여야 한다.	· 시·도에 …을 위임한다.	· 시·도지사에게 …을 위임한다.
사례	· 오물처리, 예방접종, 도서관, 학교급식 등	· 지방세, 공과금 징수 등	· 선거, 주민등록, 경찰, 지적, 인구조사, 하천관리 등

출처: 행정자치부, 2015: 61.

표에서 보는 바와 같이 자치사무는 지방정부가 주민복지 등을 위해 자기 책임 하에 처리하는 고유사무이고, 중앙정부의 장려적 보조금을 지원받지만 원칙적으로 자기 비용(지방비)으로 처리한다. 그에 따라 국가의 감독도 조언, 권고, 자료요구, 위법사항 감사 등 소극적 위법성에 한정된다. 단체위임사무는 국가와 지방정부의 공동적 이해관계가 있는 사무로서 법령에 의해 지방정부 (자치단체)에게 위임된 사무이다. 사무처리에 소요되는 경비는 지방비와 국가 부담금에 의해 충당되며, 국가의 포괄적 합목적성 감독을 받지만 소극적·교 정적 측면에 한정된다. 이와 달리 기관위임사무는 국가사무이지만 처리의 효 율성 때문에 법령에 의해 자치단체장(기관장)에게 위임된 사무이다. 기관위임사 무에 대해서는 지방의회의 조례 제정이 불가능하고, 처리 경비도 전액 국가부담 이며, 그리고 국가로부터 예방적·교정적 성격의 감독을 받는다. 이러한 성격 차이 때문에 기관위임사무의 폐지 및 개선의 필요성이 꾸준히 제기되고 있다.

정부는 2008년부터 국가와 지방 간 수직적 관계를 완화하고 지방정부의 자율성을 제고하기 위해 사무구분체계 개선 및 기관위임사무의 폐지를 추진하 였다(행정자치부, 2015: 13 – 14). 즉, 2009년 5월 사무구분체계를 국가사무와 자 치사무로 구분하고, 기관위임사무를 폐지하는 대신 법정수임사무의 도입을 추 진하였다. 이는 1995년 기관위임사무를 폐지하는 대신 법정수탁사무를 신설한 일본의 사례를 참고한 것이다. 일본의 사례에서 눈길을 사로잡는 것은 국가의 사무를 법률(령)에 근거를 두고 지방정부에게 맡겨 처리하되 위(委)가 아닌 수 (受)를 사용하고 임(任)이 아닌 탁(託)을 사용하였다는 점이다.[2] 일본의 법정수 탁사무는 법률(령)에 근거를 두고, 지방정부에 대한 중앙정부의 포괄적인 감독 권을 인정하지 않으며, 지방의회의 조례 제정과 감사권을 인정하며, 특히 기관 위임사무의 수를 대폭 줄인다는 점에서 새로운 유형의 사무라고 할 수 있다

---

2 위임은 수직적인 관계에 있는 상급 기관이 하급 기관에 맡기는 것을 의미하고, 위탁은 수평 적인 관계에 있는 기관이 다른 기관에게 맡겨 처리하는 것을 의미한다. 그에 따라 수탁이라 는 용어의 사용은 중앙정부와 지방정부를 수평적인 대등한 관계로 인식하고, 사무를 받는 지 방정부의 입장을 고려한 것으로 사료된다. 우리나라는 수탁이 아닌 수임이라는 용어를 사용한 것에 비추어볼 때 중앙—지방 관계를 여전히 수직적인 관계로 인식하는 것 같다.

(권영주, 2009).

그에 따라 행정안전부는 2011년 법정수임사무 설치에 관한 내용을 담은 지방자치법 개정안을 국회에 제출하였으나 제18대 국회회기 종료로 자동 폐기되었다. 행정안전부는 2012년 9월 국회에 정부입법으로 다시 제출하였으나 법정수임사무가 기관위임사무와 기본적인 개념, 지도감독의 범위 등에서 근본적인 차이가 없다는 국회의 의견 때문에 상임위원회(안전행정위원회)를 통과하지 못하였다.

표 3-6 기관위임사무와 법정수임사무의 비교

구분	기관위임사무	법정수임사무
개념	· 법령 등에 의하여 국가 또는 상급 자치단체가 자치단체장에게 위임하는 사무	· 법령 등에 의하여 국가 또는 상급 자치단체로부터 자치단체가 수임하여 처리하는 사무
법령규정형식	· 시·도지사에게 위임 · 시장·군수·구청장에게 위임	· 시·도의 법정수임사무로 처리 · 시·군·구의 법정수임사무로 처리
사무의 신설	· 중앙행정기관의 법령 제·개정에 의한 일방적 신설 가능	· 지방자치법시행령에 법정수임사무 목록을 명시하여 중앙행정기관의 일방적 증설 방지 ※ 개별법령과 지방자치법시행령에 동시 규정
지방의회 관여	· 관여 불가	· 관여 허용 · 조례 제정 및 행정감사(조사) 가능
국가의 감독	· 포괄적 지휘·감독 가능	· 감독수단 법정주의(법령에 규정된 감독수단만 허용)
국가-지방의 관계	· 상하관계(기관위임사무 처리시 자치단체는 국가의 하부행정기관)	· 상대적 대등협력관계
경비부담	· 전액 국가부담 원칙	· 전액 국가부담 원칙

출처: 행정자치부, 2015: 14.

표에서 보는 바와 같이 법정수임사무는 지방의회의 관여, 국가감독, 그리고 정부 간 관계 등에서 기관위임사무와 차이가 있다. 법정수임사무는 자치단체장에게 위임된 사무가 아닌 법령에 의해 자치단체가 수임한 사무이고, 지방의회가 조례를 제정할 수 있으며, 국가의 감독도 법령에 규정된 수단에 한정되며, 중앙-지방의 관계도 상대적 대등협력관계를 전제로 하고 있다. 또한 기관위임사무는 중앙정부의 법령 제·개정에 의해 신설이 가능하지만, 법정수임사무는 중앙정부의 일방적 증설이 금지된다. 이러한 법정수임사무의 특성을 고려할 때 사무체계개편에 실패한 것은 아쉬운 대목이다.

역대 정부는 사무이양의 방식에 대한 개혁도 단행하였다. 중앙사무는 도시계획, 주택, 복지, 항만 등 개별 법령에 근거하고 있으므로 해당 사무의 이양을 위해서는 그 사무를 규정한 개별 법률 조항을 일일이 개정해야 하는 어려움이 있었다. 그래서 2004년 참여정부에서는 관련 법률을 한꺼번에 개정하여 이양하는 지방일괄이양법을 시도하였으나 실패하였다. 즉, 2004년 11월 13개 부처 49개 법률 227개 사무를 담은 지방일괄이양법을 국회사무처 의안과에 제출하였으나 국회법상 상임위의 소관주의 위배를 이유로 접수가 거부되었다. 2014년 지방자치발전위원회는 2000~2012년까지 이양 확정 후 법률개정이 이루어지지 않은 633개 사무를 담은 지방일괄이양법안을 제출하였으나 국회에 설치된 지방자치발전특별위원회에 법안심사권이 부여되지 않아 이 역시 무산되었다(행정자치부, 2015: 15). 이러한 우여곡절을 거쳐 문재인 정부에서 2020년 1월 지방일괄이양법이 통과되었다. 이를 통해 2021년부터 16개 부처 소관 46개 법률에 근거한 400여 개 중앙권한과 사무를 지방정부에게 한꺼번에 넘길 수 있게 되었다.

❖ 지방일괄이양법 통과

전국의 35개 항만 개발과 초과이익개발부담금 부과 등 중앙정부의 400여 개 업무가 지방정부의 권한으로 넘어간다. 관련 법률 제정안은 2019년 9일 국회 본회의를 통과했으며, 2021년 1월부터 시행된다. 2019년 10일 행정안전부와 자치분권위원회는 지방정부의 권한 확대를 내용으로 한 '중앙행정권한 및 사무 등의 지방 일괄 이양을 위한 물가 안정에 관한 법률 등 46개 법률 일부 개정을 위한 법률안'(이하 지방이양일괄법)이 9일 국회 본회의를 통과했다고 밝혔다. 이번에 16개 부처와 관련된 46개 법률이 개정됐고, 이에 따라 400여 개 중앙정부 사무가 지방정부로 넘겨진다. 제정된 법률은 1년의 행정, 재정적 준비 기간을 거쳐 2021년부터 시행된다. 정부는 지방분권을 강화하기 위해 46개 관련 법률을 묶어 동시에 개정하는 법률 제정을 추진해왔다. 중앙정부의 권한을 지방정부로 넘기는 방안은 노무현 정부 시절부터 추진됐으나, 우여곡절을 거쳐 16년 만에 관련 법률이 제정됐다.

주요 내용을 보면, 해양수산부가 권한을 가진 전국 60개 항만 가운데 태안항, 통영항 등 17개 무역항과 진도항, 대천항 등 18개 연안항 등 35개 항만의 개발과 운영 권한이 지방정부로 넘어간다. 또 지역의 개발 사업으로 발생하는 초과이익에 대한 개발부담금 부과 사무와 보건복지부의 외국인 환자 유치 의료기관의 등록 사무도 광역 시·도로 넘어간다. 이들 권한이 지방정부로 넘어가면 업무 처리가 빨라지고, 지방정부의 자치 수준도 더 높아질 것으로 기대된다.

〈출처: 한겨레, 2020.01.10.〉

지방일괄이양법의 정확한 명칭은 중앙행정권한 및 사무 등의 지방 일괄 이양을 위한 물가 안정에 관한 법률 등 46개 법률 일부 개정을 위한 법률이다. 이 글에서 보는 바와 같이 물가안정에 관한 사무는 물가안정법에 근거해 있고, 지방관리항 항만시설 개발과 운영에 관한 사무는 항만법, 개발사업으로 인해 발생하는 초과이익에 대한 개발부담금 부과는 개발이익환수에 관한 법률, 그리고 외국인환자 유치 의료기관의 등록은 의료 해외진출 및 외국인환자 유치지원에 관한 법률에 근거해 있다.

따라서 해당 사무를 이양하기 위해서는 각 사무를 규정하고 있는 개별 법률을 하나하나 개정해야 하지만, 지방일괄이양법의 제정을 통해 각 개별법의 순차적 개정 없이 한꺼번에 여러 가지 사무를 이양할 수 있게 되었다. 다시 말해, 46개 법률의 일괄적 개정에 따라 400여 개의 사무를 한꺼번에 이양할 수 있게 된 것이다. 무엇보다 중요한 의미를 갖는 것은 앞으로도 2차 지방일괄이양법과 3차 지방일괄이양법의 제정을 통해 다수의 사무를 일괄 이양할 수 있는 교두보를 마련하였다는 점이다.

사무이양의 성과는 국가사무를 자치사무로 이양한 숫자도 중요하지만 보다 더 중요한 것은 전체 사무 중에서 차지하는 지방사무의 비율을 높이는 것이다. 이러한 점에서 국가사무와 지방사무의 비율 변화를 살펴보면 [표 3-7]과 같다.

표 3-7 국가사무와 지방사무의 비율 변화

구분	계	국가사무	지방사무
1992~1993년	15,744	13,664(86.6%)	2,110(13.4%)
1994년	15,774	11,744(75.0%)	4,030(25.0%)
2002년	41,603	30,240(73.0%)	11,363(27.0%)
2007년	41,603	27,833(66.9%)	13,770(33.1%)
2009년	44,640	30,325(71.7%)	11,991(28.3%)
2013년	46,005	31,161(67.7%)	14,844(32.3%)

출처: 행정자치부(2015: 4-6); 지방분권촉진위원회(2013: 21).

　　표에서 보는 바와 같이 지방이양을 지속적으로 추진한 결과 국가사무와 지방사무의 비율이 조금씩 개선되고 있다. 그러나 의욕적인 노력에 비해서는 지방사무의 비율변화가 매우 더디고 저조한 것으로 나타났다. 1992~1993년까지 지방자치단체장 선거를 앞두고 중앙－지방 간 권한과 책임을 구분하기 위해 3,169개 법령을 대상으로 사무현황을 조사한 결과 15,744개 중 국가사무 13,664개(86.6%), 지방사무 2,110개(13.4%)로 나타났다. 이후 1994년 25%였던 지방사무 비율은 2002년 27%로 개선되었다. 여기서 1994년 이전과 2002년 이후의 사무수가 크게 다른 것은 조사기준의 상이성 때문이다. 즉, 1994년 이전에는 행정조직법의 직제에 의한 사무분장을 중심으로 조사하였고, 2002년부터는 법령의 조항에 규정된 사무를 조사하였다.

　　2007년 지방사무 비율은 33.1%로 개선되었으나 2009년에는 다시 28.3%로 감소하였다. 참여정부의 대대적인 사무이양 추진과 뒤이은 이명박 정부의 노력에도 불구하고 지방사무의 비율이 감소한 것은 국가사무의 신설 때문으로 해석할 수 있다. 2013년 조사에서 지방사무의 비율이 다소 개선되었으나 그 폭은 5퍼센트 포인트(27%에서 32.3%로 개선)에 그쳤다. 지방사무의 비율이 하루아침에 개선되기를 기대할 수는 없을지라도 무려 20년 가까운 기간 동안의 지속적인 노력을 고려할 때 매우 낮은 것으로 평가된다.

2) 기구 · 정원

행정적 지방분권에 있어서 사무이양 못지않게 중요한 사항은 지방정부의 기구 · 정원에 관한 권한을 확대하는 것이다. 중앙정부는 1995년 자치단체장이 직선되기 이전까지 개별승인제(기준정원제)를 통하여 지방정부의 기구 · 정원을 엄격히 통제하였다. 즉, 내무부장관의 개별적 승인에 의해 지방정부별로 기준정원을 책정하였기 때문에 지방정부의 자율성은 거의 없었다고 할 수 있다. 1995년 자치단체장의 직선을 계기로 총정원제를 채택하였는데, 개별승인제보다는 개선되었으나 여전히 중앙정부의 통제가 강하였다. 총정원제는 인구 · 면적 · 행정동 수 등에 근거하여 지방정부별 총정원을 산정하고, 총정원의 범위 안에서 정원을 책정하고 관리하였다. 이러한 지방정부의 정원제도 변화과정을 정리하면 [표 3−8]과 같다.

표 3-8 지방정부의 기구 · 정원제도 변천과정

기간	제도명칭	주요 내용
문민정부 이전	개별승인제 (기준정원제)	· 내무부장관의 개별적 승인(개별승인에 의한 기준 정원 책정
문민정부	총정원제(1995년)	· 인구와 면적 등을 고려한 지자체별 총정원 산정 · 총정원 범위 안에서 정원 책정 및 관리
	표준정원제(1997년)	· 총정원 산정 변수의 다양화(결산액 등 포함) · 표준정원에 추가되는 보정정원 적용 · 시 · 도 4급 이상과 시 · 군 · 구 5급 이상 자율설치
국민의 정부	개별승인제(1998년) 표준정원제(2003년)	· IMF로 인한 구조조정을 위해 개별승인제 부활 · 구조조정 마무리 이후 표준정원제로 회귀
참여정부	총액인건비제(2007년)	· 총액인건비 범위 안에서 자율적 정원관리
이명박 정부	총액인건비제(2008년)	· 금융위기 극복을 위해 총액인건비제 중단 · 총액인건비와 기준인력(총정원) 상한제 도입
박근혜 정부	기준인건비제(2014년)	· 인건비총액에서 자율운영범위 제시 · 재정여건에 따라 1~3% 자율범위 부여

출처: 행정자치부, 2015: 36에서 정리.

지방정부의 기구·정원에 대한 중앙정부의 통제가 다소 완화된 것은 1997
년부터라고 할 수 있다. 중앙정부는 자치단체장 직선(1995년) 이후 지방행정여
건이 크게 변함에 따라 총정원제를 표준정원제로 전환하였다. 표준정원제는
도농통합시와 일반시를 구분하고, 그동안 적용했던 인구·면적·기관수에 더
하여 최근 6년간의 변화추세와 일반회계 총결산액 등을 추가하여 좀 더 객관
적인 표준산식을 개발하고 그에 근거하여 기구와 정원을 책정하는 방식이다.
그에 따라 지방정부는 객관적인 표준정원산식의 범위 안에서 기구·정원을 자
율적으로 결정할 수 있게 되어 중앙의 권한이 일부 이양되는 효과를 거두었다
고 할 수 있다.

이후 IMF 외환위기로 인해 지방정부의 기구·정원에 관한 중앙정부의 통
제는 다시 강화되었다. 행정자치부는 1998년 재정위기에 대응한 구조조정을
추진하기 위해 표준정원제를 중단하고 개별승인제로 회귀하였다(행정자치부,
2015: 36-38). 재정위기 극복 이후 2003년부터 소방공무원을 포함하여 새로운
표준정원산식을 개발하면서 지방정부의 자율성은 다소 늘어났다. 이 제도는
표준정원의 운용주기를 3년으로 하고, 현실적인 행정수요 변화를 반영하기 위
해 보정정원을 인정하였다. 그에 따라 부득이한 사유가 있으면 표준정원을 초
과하여 보정정원까지는 인정하고, 보정정원의 초과분에 대해서는 행정자치부
장관의 승인을 받도록 하였다.

이러한 과정을 거쳐 기구·정원에 대한 지방정부의 자율성이 점차 늘어났
으나 중앙정부는 여전히 기구설치와 공무원 정원에 대한 직접적인 통제권을
가지고 있었다. 그에 따라 2007년부터 총액인건비제를 도입하여 기구·정원에
대한 직접적인 통제방식에서 간접적인 통제방식으로 전환하였다. 이 제도의
도입에 따라 지방정부는 책정된 총액인건비 범위 안에서는 자율적으로 기구와
정원을 둘 수 있게 되었다. 중앙정부는 기구·정원에 대한 직접적 통제를 폐지
하는 대신 정원 관련 조례안 제출 시 추가인건비를 의회에 보고하고 입법예고
를 통해 주민에게도 알리도록 함으로써 지방의회와 주민의 통제를 강화하였다.
2008년 금융위기에 따른 공공부문의 구조조정 필요성에 의해 총액인건비제가
잠정 중단되었으나 이후 다시 총액인건비제와 기준인력 상한제가 도입되었다.

❖ 총액인건비제에 관한 토론 에피소드

총액인건비제는 2006년에 시범실시를 통해 2007년부터 본격적으로 실시되었다. 자치단체의 기구 · 정원에 관한 중앙정부의 통제 완화를 주장해온 한국지방자치학회에서는 총액인건비제만 도입되면 지방정부의 조직 · 인사 자율성이 획기적으로 증대될 것으로 기대하였다. 2004년 저자가 한국지방자치학회 연구위원장으로 있을 때 회장과 임원진(간단히 자치학회)은 행정자치부의 공무원들(간단히 행자부)과 회의를 통해 총액인건비제의 내용에 대하여 논의한 적이 있었다. 당시 회의에서 그동안 지방정부의 무분별한 조직과 인력 증설 우려를 이유로 반대해왔던 행자부는 총액인건비제 도입에 대하여 긍정적인 태도를 보였다. 자치학회는 무늬만의 총액인건비제가 아닌 실질적인 제도 도입을 요구하였다. 즉, 공무원의 직급에 대한 통제를 폐지해야 한다고 주장하였다. 행자부는 정원에 대한 통제는 폐지하되 기구와 직급에 대한 통제는 유지해야 한다고 맞섰다. 행자부는 기구에 대한 통제를 없애면 국장급 등 고위직 기구가 남설(濫設)될 수 있다고 우려하였다. 자치학회는 총액인건비 범위 안에서 정원을 책정하기 때문에 고위직 기구를 설치하면 그만큼 기구와 정원이 줄어들 수밖에 없어 지방정부별 자율통제가 이루어질 것이라고 반박하였다. 그에 대하여 행자부는 기구와 정원의 전체적 축소에도 불구하고 고위직 기구의 남설이 우려되고, 그에 따라 대민접촉 공무원보다는 결재담당 공무원의 비율 증대를 초래할 수 있다고 주장하였다. 자치학회는 단기적으로 고위직 남설이 초래될 수 있지만 기구 · 정원 공시제 등을 통해 지방의회와 주민들이 다른 지방정부의 기구 · 정원과 비교할 수 있게 하면 지방정부의 자기정화기능이 작동할 것이라고 주장하였다. 행자부는 그럼에도 불구하고 지방정부의 자율통제를 담보하기 어렵고, 문제가 될 경우 모든 비난은 행자부에게 쏟아질 것이라고 우려하였다. 결국 시범실시를 통해 확정된 총액인건비제는 지방정부의 정원에 대해서는 인건비총액의 범위 안에서 자율적으로 정하되, 고위직(광역지자체는 국장급, 기초지자체는 과장급) 기구에 대해서는 승인을 받도록 하였다. 즉, 행자부는 광역지자체의 실 · 국과 기초지자체의 과 · 담당관에 대해서는 시행령(지방자치단체의 행정기구와 정원기준에 관한 규정)으로 설치범위를 제한하였다.

사실 그 당시 자치학계는 총액인건비제가 도입되면 기구·정원에 대한 지방정부의 자율성이 크게 개선될 것으로 기대하고 있었다. 그러나 두 가지 맹점이 존재하였는데, 하나는 고위직 기구에 대한 통제의 지속이고, 그 다음은 기존의 인건비성 예산에 근거한 총액인건비의 책정이었다. 그에 따라 기구(고위직) 설치에 대한 자율성은 제한적이었고, 총액인건비의 탄력적 책정이 어려워 지방정부의 행정수요에 맞는 정원조정이 곤란하였다. 다시 말해, 총액인건비제의 도입으로 지방정부의 기구·정원에 대한 직접적인 통제는 완화되었으나 행정수요 변화에 탄력적으로 대응하지 못하는 문제가 발생하였다. 즉, 단기간의 급격한 행정수요 변화로 인해 기구·정원의 추가수요가 발생하더라도 책정된 총액인건비 범위 안에서만 조정할 수밖에 없었다.

이러한 문제에 대응하기 위해 2014년부터 기준인건비제를 도입하였다. 기준인건비제는 총액인건비제의 실시와 동시에 지방정부의 자율운영범위를 인정하였다. 즉, 기존 제도상 연간 단위(연 1회)의 기준인력 조정으로는 현안수요에 대한 대처가 곤란하였으므로 지방정부가 정원을 탄력적으로 운영할 수 있는 범위를 기본적으로 1%를 부여하고 재정여건에 따라 3%까지 허용하였다. 이를 통해 행정수요 변화에 대한 탄력적 대응과 지방정부의 자율성 제고를 동시에 도모할 수 있었다고 평가할 수 있다. 그럼에도 불구하고 기구·정원에 대한 통제를 지방정부의 자율에 맡기고 있는 영국과 일본에 비해서는 여전히 미흡한 수준이다.

3) 특행기관의 정비

역대 정부는 특행기관의 이관을 위해서도 지속적으로 노력해 왔다. 특행기관은 국토관리, 환경관리, 중소기업지원 등 국책사업의 효율적 집행을 위해 설치한 중앙정부의 하위기관(일선기관)이므로 이들 기관의 이양은 중앙의 사무, 조직, 인력, 예산을 이양하는 효과를 갖는다. 특행기관의 이관은 국민의 정부에서부터 거론되었으나 본격적인 시작은 참여정부 때부터라고 할 수 있다. 1998년 2월에 출범한 김대중 정부는 중앙기능의 지방 및 민간 이양 방침을 정하였으나 지방이양이 아닌 행정의 효율화를 위한 조직개편의 측면이 강하였다.

2003년에 출범한 참여정부는 지방분권로드맵을 통해 특행기관의 정비를 주요 지방분권 과제에 포함시키고 지방분권특별법에도 명시적으로 규정하였다. 이를 실천하기 위해 6개 분야(중소기업, 해양수산, 국도·하천, 노동, 식·의약품, 환경)를 이양 대상으로 설정하였다. 그러나 가시적인 성과를 거두지 못하고 제주도에 한정하여 7개 특행기관(지방국토관리청, 지방중소기업청, 지방해양수산청, 보훈지청, 환경출장소, 노동지청, 지방노동위원회)을 일괄 이양하였다(지방분권촉진위원회, 2012: 382−410).

전국적 차원의 특행기관 이관은 이명박 정부에서 구체적인 성과를 거두었다. 2008년 이명박 정부는 특행기관의 정비를 핵심 국정과제로 선정하고, 지방분권촉진에 관한 특별법에 의해 설치된 지방분권촉진위원회의 제3, 4실무위원회에서 구체적인 실행방안을 마련하였다. 이에 따라 1단계 지방이양 대상인 3개 분야(국도·하천, 해양항만, 식·의약품)의 집행기능을 지방정부로 이양하였다. 즉, 업무성격·이관효과·지자체 능력 등을 고려하여 단계적 이양을 추진하면서 1단계로 3개 분야의 시설관리, 인·허가, 지도·단속 등 집행적 기능을 우선 이관하고, 2단계로 5개 분야(노동, 보훈, 산림, 중소기업, 환경)에 대해서는 선 기능·인력 효율화 및 규제합리화, 후 단계적 이관을 결정하였다. 1단계 이양에 따라 관련 법률의 개정, 208명의 인력 이관, 그리고 광역·지역특별회계의 예산 편성을 통한 재원이양 등도 이루어졌다.

하지만 2단계 특행기관의 정비는 기대한 성과를 거두지 못하였다. 주된 이유는 제주도 특행기관의 부정적 경험이 존재하였고, 가외성과 효과성에 대한 의견 차이 등이 있었기 때문이다. 그에 따라 보훈과 산림은 현행 존치, 환경과 고용 그리고 중소기업은 단계적 위임 또는 이양으로 결정되었다. 당초 거창하게 추진하였던 계획에 비하면 초라한 성적이 아닐 수 없었다. 그럼에도 불구하고 중앙−지방 간 유기적인 정책연계를 고려하면 특행기관의 무조건적 지방이양보다는 비효율적이고 불필요한 특행기관의 기능에 대한 재검토 기회를 가졌다는 점에서 의의를 찾을 수 있을 것이다.

2. 정치적 지방분권

정치적 지방분권은 넓은 의미에서 지방선거(대표선출), 국정참여, 그리고 주민참여 등을 포함하지만, 좁은 의미에서는 지방선거(주민대표 선출)에 한정되는 측면이 강하다. 본서는 주민의 직접참여는 주민분권으로 분류하고, 대표를 통한 간접적 정책결정은 정치적 지방분권으로 구분하였다. 그에 따라 주민결정, 주민참여, 협치, 주민총회제 등은 주민분권에 포함되고, 지방선거(대표선출을 통한 간접적 지방정책결정 참여)와 국정참여(주민대표를 통한 국가정책 참여)는 정치적 지방분권에 포함될 것이다. 이러한 논거는 후기(Liesbet Hooghe) 등의 논문에서 찾을 수 있는데, 그들은 지방의원과 자치단체장의 주민선출 방식에 근거하여 정치적 지방분권을 측정하고 있다(Hooghe et al., 2010). 따라서 정치적 지방분권의 추진성과는 지방선거(대표선출)와 지방정부의 국정참여를 중심으로 살펴보고자 한다.

1) 지방선거(대표선출)

지방선거(대표선출)에 관한 사항은 대부분 법률에 규정되어 있어 조례로써 정할 수 있는 것은 거의 없다고 해도 과언이 아니다. 선거구, 의원정수, 선거운동, 후보자 공천 등에 있어서 주민들이 결정할 수 있는 사항은 별로 없다. 우리나라는 1952년~1959년까지 주민들의 지방대표 선출권을 보장하였으나 1961년 군사쿠데타를 계기로 지방자치제가 중단되었다. 1991년 지방의회 구성과 1995년 자치단체장 선거를 계기로 주민의 대표 선출권이 다시 부여된 이후 지금까지 지속되고 있다.

지방선거에 있어서 정당공천제의 채택은 주민의 권한을 제약하는 요인이 되고 있다. 정당에서 전략공천이라는 이름으로 민심과는 무관한 후보를 내세우고 있어 주민들의 선택을 제약할 수 있고, 더욱이 현직의 자치단체장과 지방의원들은 차기 공천 때문에 정책결정에 있어서 정당의 강력한 영향을 받게 된다. 여야는 총선이나 지방선거 때마다 정당공천제 폐지나 개선을 공약으로 제시하였고, 역대 정부에서도 지방선거제도 개선을 지방분권 과제로 포함시켰으나 정당공천제는 폐지되지 않았다. 정당공천제 폐지 공약은 정부나 정치권의 의지와 노력으로 간주될 수 있지만, 이를 위한 실질적인 조치는 부족하였다고 할 수 있다.

정당공천제의 변천과정을 보면, 1991년부터 현재까지 다소의 변화가 있었다. 1991년 지방선거에서는 광역지방의원의 경우 정당추천 규정에 근거하여 정당공천을 실시하였고, 기초지방의원의 경우 명확한 규정이 없이 정당공천제를 실시하였다. 1995년 지방선거에서는 공직선거법의 개정을 통해 자치단체장과 광역지방의원에 대해서는 정당공천제를 실시하고, 기초지방의원에 대해서는 정당공천과 정당표방을 금지하였다. 이러한 점을 고려할 때 중앙정부는 정당공천제의 폐해를 인식하고 이를 개선하고자 노력하였다고 평가할 수 있다.

2003년 헌법재판소에서 "정당표방을 금지하는 것이 과잉금지원칙에 위배하여 후보자의 정치적 표현의 자유를 과도하게 침해한다"는 결정을 내렸고, 그에 따라 2006년 지방선거부터 다시 기초지방의원에 대해서도 정당공천제를 채택하였다. 정부와 정치권에서는 정당표방 금지에 대한 헌재판결을 이유로 정당공천제의 폐지가 불가하다고 프레임화하고 있다. 한 가지 개선된 점은 정당공천방식에 대한 개선노력이라고 할 수 있다. 여야 정당은 전략공천과 같은 하향식 공천을 줄이고 주민참여경선제 등 상향식 공천을 늘여가고 있다. 이러한 점에서 지방선거에 있어서 정당공천제는 개선되지 않았으나 공천방식에 있어서 주민의 권한을 확대해가고 있다고 할 수 있다.

2) 지방정부의 국정참여

지방정부와 지방정부협의회의 국정참여도 정치적 지방분권에서 중요한 과제이다. 지방자치법과 지방자치분권 및 지방행정체제개편 특별법(지방분권특별법)에는 지방 4대 협의체와 전체 연합체의 국가정책결정 참여를 명문화하고 있다. 먼저 지방자치법(제165조)은 "지방자치단체 4대 협의체와 전체 연합체가 지방자치에 직접적인 영향을 미치는 법령 등에 관한 의견을 행정안전부장관을 통해 중앙행정기관의 장에게 통보할 수 있다"고 규정하고 있다. 그리고 지방분권특별법(제17조)은 "국가는 지방자치단체와의 상호협력관계를 공고히 하기 위하여 지방 4대 협의체의 운영을 적극 지원하여야 하며, 협의체와 관련 지방자치단체의 의견이 국정에 적극 반영될 수 있도록 해야 한다"고 규정하고 있다. 그에 따라 지방분권이나 지방자치에 중대한 영향을 미치는 국가정책에 대하여 지방 4대 협의체와 협의할 수 있는 구조를 마련하고 있다. 즉, 대통령과 지방 4대 협의체, 특히 대한민국 시도지사협의회가 비공식 간담회를 개최하여 지방분권 이슈에 대한 협의를 진행하고 있다.

그러나 1999년 지방자치법의 개정으로 처음 도입된 지방 4대 협의체는 상호 대등한 수준에서 협의하는 것이 아니라 지방 4대 협의체에서 건의하면 중앙정부가 반영 여부를 판단하는 방식이다. 이러한 문제점을 인식하고 문재인 정부는 2018년 10월 30일 지방자치법 전부개정안을 국회에 제출하면서 중앙지방협력회의 설치 및 운영에 관한 내용을 포함시켰다. 그에 따르면, 대통령이 의장이 되고 공동부의장은 국무총리와 시도지사협의회장이 되며 중앙정부와 지방정부 대표가 대등한 입장에서 지방분권 등에 대하여 상호 협의한다는 것이다. 아직 도입되지는 않았으나 이는 긍정적인 시도이고, 설치된다면 지방분권과 지방자치에 중대한 영향을 미치는 국가정책에 대한 상호 협의 및 공동결정이 정착될 것으로 사료된다.

3. 주민분권

주민분권은 정부의 권한을 주민에게 이양하는 것이므로 원칙적으로 주민의 대표선출권을 포함한다. 그러나 최근 대표선출을 통한 주민의 정책결정 참여(대의민주주의)가 아닌 주민의 직접결정 참여가 강조되고 있으므로 정치적 지방분권의 핵심 내용인 대표선출은 주민분권에서 제외하는 것이 타당할 것이다. 따라서 주민분권은 주민직접결정, 주민참여, 그리고 협치를 중심으로 살펴보고자 한다.

첫째, 지역문제에 대한 주민의 결정권은 직접민주주의의 3종 세트라고 할

수 있는 주민발의제, 주민투표제, 주민소환제가 도입되면서 강화되었다고 할
수 있다. 주민발의제는 주민에게 법률과 조례를 발의할 수 있는 권한을 부여
하는 제도로서 2000년에 지방자치법의 개정을 통해 도입되었다. 선진국의 경
우 주민들이 법률 제·개정안을 발의하고 결정할 수 있지만(김영기, 2011), 우리
나라는 법률이 아닌 조례발의에 국한하며 그것도 직접 발의가 아닌 청구에 그
치고 있다. 즉, 주민이 조례 제·개정안을 지방의회에 제출할 수 있는 것이 아
니라 자치단체장에게 청구할 수 있는 권한이다.

주민투표제 또는 주민표결제(referendum)는 지방정부의 주요 정책 사안에
대하여 주민들이 표결하여 결정하는 제도로서 2003년에 법률이 제정되고
2004년부터 도입되었다. 그에 따라 주민들은 지방세 인상과 같이 자신들에게
부담을 초래하는 정책이나 자치구역의 통폐합과 같은 쟁점에 대하여 투표로
결정할 수 있다. 주민소환제는 주민들이 지방정부의 행정처분이나 결정에 심
각한 문제점이 있다고 판단할 경우, 자치단체장과 지방의원을 소환하여 해직
할 수 있는 제도로서 2006년에 법률이 제정되고 2007년부터 시행되었다. 그에
따라 주민은 자치단체의 장 및 지방의회의원(비례대표 지방의회의원은 제외한다)의
독단적 행정운영과 비리 등에 대해서는 소환투표를 통해 해직시킬 수 있다.

둘째, 주민참여제도는 주민의 정책결정과정에 다양한 의견을 제시함으로
써 지방정책에 영향을 미칠 수 있는 제도이다. 이러한 주민참여제도는 자문위
원회, 도시계획위원회, 반상회, 민원모니터제, 주민옴부즈만제 등으로 다양하
지만, 점차 주민의 감시와 통제가 강조되는 추세를 반영하여 주민소송제와 주
민감사청구제 등이 추가적으로 도입되었다(이달곤 외, 2011: 103-104). 주민감사
청구제는 1999년 8월에 도입되었는데, 행정기관이나 공직자의 위법·부당한
조치나 행위로 인하여 주민들의 불편이 가중될 경우 또는 주민의 손실과 피해
를 초래한 경우 주민이 감사를 청구하여 시정을 요구하는 제도이다. 주민소송
제는 2005년 1월에 주민감사청구제를 보완하기 위해 도입되었으며, 소정의 기
간(60일) 내에 감사를 끝내지 않은 경우, 감사결과 또는 조치요구에 불복하는
경우, 그리고 자치단체장이 이행하지 않거나 이행에 불복하는 경우 주민이 소
송할 수 있는 제도이다.

  셋째, 지방정부와 주민의 공동결정을 의미하는 협치제도는 주민참여예산
제, 숙의형 공론조사, 그리고 주민배심원제 등을 포함한다. 주민참여예산제는
2015년에 도입되었고, 지방재정법에 근거를 두고 있다. 지방재정법 제39조에
예산편성 등 예산과정의 주민참여와 주민참여예산기구의 설치를 규정하면서
기구의 구성·운영과 그밖에 필요한 사항은 지방정부의 조례로 정하도록 하였
다. 숙의형 공론조사는 2007년에 제정된 공공기관의 갈등예방과 해결에 관한
규정(시행령)에 근거를 두고 있고, 2018년 신고리 5, 6호기 건설재개에 대하여
처음 도입된 후 다양한 지방정책분야에서 활용되고 있다.

  이러한 제도적 장치는 주민의 정치적 영향력을 증대하기 위한 충분조건
이 아니라 필요조건에 불과하다. 가장 우선적으로 주민이 이러한 제도를 적극
적으로 활용할 수 있도록 제도적 문턱을 낮추어야 한다. 주민투표제는 유권자
의 3분의 1 이상 투표참여 요건 때문에 투표함을 열어보지 못하는 경우가 대
다수이다. 주민소환제 역시 발의요건(유권자의 10% 서명)과 소환요건(3분의 이상
투표 참여에 과반수 찬성)이 까다롭기 때문에 2007~2019년까지 주민소환의 대
상이 되었던 10명의 지방의원과 자치단체장 중 해직된 경우는 지방의원이 2명
이고 자치단체장은 전무하다.[3] 주민참여예산제는 주민이 예산과정에 참여하는
방식이지만 그야말로 의견 제시에 그치는 경우가 많고, 다수 지방정부에서 주
민편성 예산분을 할애하고 있으나 그 비율이 매우 낮은 편이다. 또한 숙의형
공론조사 등을 활용하고 있지만 지방정부와 주민이 공동으로 결정하는 협치
시스템은 여전히 미흡한 편이다.

---

3 지금까지 주민소환이 추진된 사례로는 하남시장(2007.7.23.), 하남시의원 3명(2007.10.10.),
  제주특별자치도지사(2009.6.29.), 과천시장(2011.9.8.), 구례군수(2012.1.2.), 그리고 삼척시
  장(2012.8.1.) 등이고 이 중에서 하남시의원 2명만 해직되었다(행정자치부·한국지방행정연
  구원, 2015: 565). 이후 2019년 포항시의원 2명에 대한 주민소환이 추진되었으나 투표참여
  율 부족으로 무산되었다.

4. 재정적 지방분권

재정적 지방분권은 재정수입과 지출에 관한 권한과 책임을 지방정부로 이양하는 것을 포함한다. 재정수입에 관한 권한의 이양은 세입분권이라고 하고, 재정지출에 관한 권한의 이양은 세출분권이라고 한다. 세입(歲入)은 회계연도(1년)의 수입이라는 의미이고, 조세에 의한 세수입(稅收入), 사용료·수수료에 의한 세외수입, 그리고 국고보조금에 의한 의존수입 등으로 구분된다. 세출(歲出)은 회계연도의 지출이라는 의미이다. 재정적 지방분권에서는 세출분권보다 세입분권을 더 중시하고, 그것도 세외수입보다는 세수입 증대에 중점을 두고 있다. 그에 따라 재정적 지방분권을 추진하는 중앙정부나 재정적 지방분권을 요구하는 다수의 지방정부 모두 국세의 지방세 이양을 통한 지방세 비율의 인상에 대하여 관심을 갖는다.

현재 세입구조 측면에서 국세 대 지방세의 비율은 8:2를 유지하고 있는데, 1995년 지방자치단체장 직선 이후 20년 이상 그 틀을 크게 벗어나지 못하고 있다. 그에 따라 재정적 지방분권에서는 국세 대 지방세의 비율을 개선하는 데 주력하고 있다고 해도 과언이 아니다. 김대중 정부는 2001년 국세의 지방세 이양을 추진하면서 지방교육세와 주행세의 세율을 인상하였고, 참여정부는 2004년 지방세인 주행세율을 11.5%에서 17.5%로 인상하였다. 이명박 정부는 2010년 국세인 부가가치세의 5%를 지방소비세로 전환하였다(손희준, 2011: 11). 박근혜 정부는 2014년 취득세의 50% 감면을 단행하면서 그로 인한 지방세 수입 감소분을 보전해 주기 위해 지방소비세의 비율을 5%에서 11%로 인상하였다. 문재인 정부에서는 2020년 지방소비세를 21%로 인상하였다.

지방소득세의 도입 역시 국세의 지방세 이양 성과로 볼 수 있다. 2010년 이명박 정부는 기존의 소득분 주민세(법인세 또는 소득세를 납부하는 경우 그 10%를 추가로 납부하는 세금)와 종업원분 사업소세(일정 인원 이상의 종업원이 있는 경우 지급하는 급여에 대하여 납부하는 세금)를 통합하여 지방소득세를 신설하였다. 이후 2014년 박근혜 정부는 지방소득세의 징수방식을 부가세에서 독립세로 전환하였다. 즉, 기존의 종업원분 지방소득세를 주민세 종업원분으로 편입하고,

기존의 소득세·법인세에 10%를 부가하여 징수하던 지방소득세를 별도의 세율로 부과하는 독립세로 전환하였다. 그에 따라 지방정부는 개인 소득세의 최고 4.2%까지, 법인 소득세의 최고 2.5%까지 지방소득세를 부과·징수할 수 있게 되었다.

역대 정부의 노력에도 불구하고 국세를 지방세로 이양한 성과는 저조한 편이다. 국세의 지방세 이양 성과가 낮은 이유는 첫째, 중앙정부 관료의 소극적 태도이다. 중앙부처와 관료들은 국세의 이양에 따른 권력의 감소를 우려하여 반대하거나 소극적인 태도를 취하였다. 둘째, 재정력이 낮은 지방정부도 국세의 지방세 이양에 반대하였다. 국세의 이양은 내국세[4]의 19.24%에 해당하는 지방교부세의 재원감소로 연결되어 지방교부세에 의존하는 재정력이 낮은 지방정부의 저항에 직면하였다. 그에 따라 역대 정부에서는 국세의 지방세 이양 못지않게 지방교부세의 인상을 추진한 바 있다. 지방교부세는 2000년 내국세의 15%로 결정한 후 2004년까지 유지하였으나 2005년 19.13%로 인상하고 2006년에 다시 19.24%로 인상하였다. 셋째, 국세의 지방세 이양은 조세기반의 불균형으로 인해 빈익빈부익부 현상을 초래하고 이는 지방정부 간 재정격차를 심화시킬 수 있다. 지방정부 간 재정격차 심화는 국세의 지방세 이양에 대한 정치적 수용성을 떨어뜨렸던 것이다.

이러한 이유들로 인해 국세의 지방세 이양 실적은 저조하고, 그에 따라 국세 대 지방세의 비율은 8:2의 구조에서 벗어나지 못하고 있다. 우리나라의 지방세 비율은 1997년 20.8%였으나 1998년 20.2%, 1999년 19.4%, 2000년 18.0%, 2001년 21.8% 등으로 변화하였다. 최근 5년간의 국세와 지방세 비율이 다소 개선되었으나 지방세 비율은 여전히 22%~24% 사이를 맴돌고 있다. 국세와 지방세 비율은 2014년 76.9:23.1에서 2015년 75.4:24.6으로 약간 개선되었으나 2016년부터 다시 악화되어 2018년에는 77.7:22.3으로 후퇴하는 양상

---

4 내국세는 원칙적으로 관세를 제외한 국세를 말하지만, 국세 중에서도 지방교부세법 제4조 제1항에 의해 목적세(방위세와 교육세 등)와 종합부동산세 그리고 담배에 부과하는 특별소비세 총액의 20%는 제외되고, 다른 법률에 의해 특별회계의 재원으로 사용되는 세목의 해당 금액도 제외된다.

을 보였다. 우리나라의 지방자치를 2할 자치라고 비판하는 것도 이러한 지방세 비율에 근거한 것이다. 문재인 정부는 2020년 지방소비세의 비율을 부가가치세의 21%로 인상하여 국세 대 지방세의 비율을 75.5:24.5로 만들었다.

5. 법률적 지방분권

법률적 지방분권은 법률제정에 관한 권한, 즉 입법권을 지방정부로 이양하는 것을 포함한다. 여기서의 법률은 헌법 – 법률 – 명령 – 조례 – 규칙의 법체계에서 두 번째의 법률에 한정되는 것은 아니고 법률을 포함한다고 보아야 할 것이다. 현재 우리나라 지방정부의 입법권은 헌법과 지방자치법에 규정되어 있다. 헌법 제117조 제1항에 지방자치단체는 주민의 복리에 관한 사무를 처리하고 재산을 관리하며, '법령의 범위 안'에서 자치에 관한 법규를 제정할 수 있다고 규정하고 있다. 지방자치법 제22조에 의하면 지방자치단체는 '법령의 범위 안'에서 그 사무에 관하여 조례를 제정할 수 있다. 다만 주민의 권리 제한 또는 의무 부과에 관한 사항이나 벌칙을 정할 때에는 법률의 위임이 있어야 한다고 규정하고 있다.

이러한 규정은 우리나라 지방정부의 자치입법권을 제약하는 요인으로 지적되고 있다. 법률이 아닌 법령의 범위 안에서 조례를 제정할 수 있고, 그것도 권리제한이나 벌칙에 대해서는 법률에서 위임하지 않는 한 조례를 제정할 수 없기 때문이다. 지방자치가 헌법으로 보장된 지역형 국가(스페인, 이탈리아 등)는 지역정부에게 법률제정권을 부여하고 있고, 우리나라와 같은 단방제 국가인 영국도 스코틀랜드 지역정부에게 지역문제에 관한 법률제정권을 부여하고 있다. 심지어 일본의 경우에도 법령이 아닌 '법률'의 범위 안에서 조례를 제정할 수 있다고 규정하고 있다.

❖ 법률유보주의

법률유보주의는 국민의 권리를 제한하거나 의무를 부과하는 사항은 반드시 국회의 의결을 거친 법률로써 규정해야 한다는 원칙이다. 이 원칙은 원래 법률의 근거 없이 행정권을 발동할 수 없음을 뜻하였으나 반대로 법률에 의하는 한 개인의 자유와 권리를 제한·침해할 수 있다는 형식적 의미로 해석되는 일도 있다.

첫째, 헌법상의 법률 유보란 국민의 기본적 권리와 의무는 국회에서 제정되는 법률에 의하지 않고는 제한 또는 부과되지 않는다는 근대 입헌주의의 기본원리의 하나로서 법치주의를 의미한다. 예컨대, 한국 헌법에서 여러 가지 기본적 권리·의무를 예시적으로 규정·보장하면서 "…법률에 의하지 아니하고는 …를 제한받지 아니 한다"고 규정한 것은 바로 이러한 법률의 유보를 의미하는 것이다. 법률로 규정하는 경우에도 무제한이 아니며 그 한계가 있다. 즉, "국민의 자유와 권리를 제한하는 법률의 제정은 국가안전보장·질서유지 또는 공공복리를 위하여 필요한 경우에 한하며, 제한하는 경우에도 자유와 권리의 본질적인 내용을 침해할 수 없다"고 그 한계를 규정하고 있다.

둘째, 행정법상의 법률의 유보란 근대 법치주의에 의거한 법치행정의 주요 내용으로서 행정권의 발동은 법률의 근거가 있어야 한다는 원칙이다. 이는 헌법에 규정된 법치주의를 행정법 영역에 구체화한 것으로서 행정권의 자의적(恣意的) 발동에 의한 국민의 자유와 권리의 침해를 방지하려는 데에 그 취지가 있다.

셋째, 지방자치법상의 법률유보란 주민의 권리 제한이나 의무 부과에 관한 조례를 제정할 때는 법률의 위임이 있어야 한다는 원칙이다. 지방자치법 제22조 단서에서는 주민의 권리 제한 또는 의무 부과에 관한 사항이나 벌칙을 정할 때는 법률의 위임이 있어야 한다고 규정하고 있다. 이 규정은 헌법 제37조 제1항(지방정부가 그 사무에 관하여 법령의 범위 안에서 자치에 관한 규정을 제정할 수 있다)의 규정보다 제약이 강하다. 행정권의 자의적 발동에 의한 국민의 자유와 권리 침해를 방지하려는 취지에서 도입된 원칙이 조례 제정에 있어서는 지방정부의 자율성을 과도하게 제약하는 측면이 있는 것이다.

〈출처: 두산백과〉

　　우리나라에서 법률적 지방분권을 제약하는 요인은 법률유보주의라는 단어로 요약할 수 있다. 법률유보는 법률로만 규정해야 한다는 원칙이다. 유보(留保)의 사전적인 의미는 두 가지를 포함한다. 첫째, 어떤 일을 당장 처리하지 아니하고 나중으로 미루어 둔다는 보류의 의미이다. 둘째, 일정한 권리나 의무 따위를 미루어 두거나 보존하는 일이다. 법률유보주의에서 유보는 후자의 의미로서 일정한 권리나 의무에 관한 규정을 법률에 미룬다는 것이다. 그에 따라 국민의 권리 제한이나 의무 부과에 관한 사항은 법률로만 규정할 수 있고 하위법인 조례로는 규정할 수 없다. 그에 따라 지방정부의 조례로써 주민의 권리 제한이나 의무 부과에 관한 사항을 규정할 때는 법률의 위임이 있어야 하는 것은 당연하다.

　　역대 정부에서 지방정부의 자치입법권을 확대하기 위해 노력하지 않았던 것은 아니다. 참여정부 때부터 자치입법권 강화는 지방분권의 핵심 과제에 포함되었고, 이명박 정부와 박근혜 정부도 자치입법권의 확대를 지방분권 과제에 포함시켰다. 주로 '법령의 범위'가 아닌 '법률의 범위'로 개선하는 대안과 법률의 위임이 없더라도 조례로써 권리 제한 또는 의무 부과에 관한 사항이나 벌칙을 정하도록 개선하는 대안에 중점을 두었다. 그러나 어떤 정권에서도 이러한 대안은 구체적인 결실을 보지 못하였을 뿐만 아니라 심도 있는 논의조차 이루어지지 않았다.

　　법령을 법률로 바꾸기 위해서는 헌법 제117조 제1항을 개정해야 하고, 법률의 위임 없이 권리 제한과 벌칙을 정하도록 하기 위해서는 헌법 제37조 제2항을 개정해야 하기 때문에 매우 어려운 과제임에는 틀림없다.[5] 문재인 정부는 개헌안을 제출하면서 "지방의회는 '법률에 위반되지 않는 범위'에서 국민의 자치와 복리에 필요한 사항에 관하여 조례를 제정할 수 있다. 다만 권리를 제한하거나 의무를 부과하는 경우 법률의 위임이 있어야 한다"는 내용을 제시하였으나 국회에서 통과되지 못하였다. 비록 실현은 되지 않았으나 조례제정권

---

5 헌법 제37조 제2항에는 국민의 모든 자유와 권리는 국가 안전보장, 질서유지 또는 공공복리를 위하여 필요한 경우에 한하여 법률로써 제한할 수 있으며, 제한하는 경우에도 자유와 권리의 본질적인 내용을 침해할 수 없다고 규정하고 있다.

을 '법령' 아닌 '법률'에 위반되지 않는 범위로 확대하려고 시도한 노력은 인정
된다.

3절 ── 결론

지방분권의 추진순서를 보면, 정치적 지방분권에서 시작하여 행정적 지방
분권과 재정적 지방분권 그리고 주민분권 등으로 이어졌다고 할 수 있다. 역
대정부에서 가장 역점을 두고 추진한 지방분권은 사무이양과 기구·정원 그리
고 특행기관의 이양을 포함하는 행정적 지방분권이라고 할 수 있다. 그에 반
해 재정적 지방분권과 주민분권은 상대적으로 관심이 덜하였고, 법률적 지방
분권은 추진노력이 거의 없었다고 할 수 있다. 재정적 지방분권의 추진성과가
저조한 것은 국세이양에 대한 저항도 있었지만 지역 간 조세기반의 차이로 인
해 지방정부 간 합의에 실패하였기 때문이기도 하였다. 주민분권의 경우 주민
직접결정과 협치 등에 있어서 일부 추진성과가 발견된다. 법률적 지방분권은
헌법개정이 필요한 부분이기도 하지만 기본적으로 정부의 정책의지가 부족하
였다고 평가할 수 있다.

첫째, 역대 정부는 사무이양, 기구·정원, 특행기관 이양 등 행정적 지방
분권에 상대적으로 높은 관심을 보였다. 그에 따라 지방사무의 비중이 일부
개선되었고, 총액인건비제 및 기준인건비제 도입, 3개 분야 특행기관의 이양,
지방일괄이양법의 제정 등의 가시적인 성과를 거두었다. 그러나 사무체계의
개선(법정수임사무의 도입)에 실패하였고, 지방사무의 비율(32.3%) 개선이 매우
더디며, 기구·정원제도와 관련하여 고위직 기구설치에 관한 통제가 여전하다.

둘째, 정치적 지방분권은 1991년과 1995년 두 차례에 걸친 지방선거에 의
해 그 제도적 기반이 구축되었다. 그러나 지방선거에 있어서 공천방식의 일부
개선에도 불구하고 정당공천제가 견고하게 유지되고 있다. 이는 후보자에 대

한 주민의 선택권을 제약할 뿐만 아니라 차기 공천을 의식하는 지방의원과 자치단체장의 정책적 자율성을 제약할 수 있다. 지방자치와 지방재정에 중대한 영향을 미치는 법률과 국가정책의 결정과정에 대한 지방정부의 참여는 추진성과가 미흡한 편이다. 대통령과 시·도지사가 지방자치에 중대한 영향을 미치는 법률의 제·개정에 대하여 협의하는 중앙지방협력회의의 설치를 추진하고 있으나 실현 여부는 미지수다.

셋째, 주민분권은 주민직접결정제도, 즉 주민발의, 주민투표, 주민소환제를 도입하였으나 제도의 문턱이 너무 높아 활용 실적이 저조하다. 지방정부와 주민 간 협치제도인 주민참여예산제와 숙의형 공론조사 등에 관한 법률적 기반을 마련하고 일부 정책을 중심으로 도입하고 있으나 여전히 주민의 의견 반영률이 높지 않고, 지방정부와 주민들이 대등한 입장에서 공동으로 결정하는 수준에는 미치지 못하고 있다. 그리고 대표제를 구성하지 않고 전체 주민들이 모여 정책을 결정하는 주민총회제에 대해서는 검토조차 되지 않고 있다.

넷째, 재정적 지방분권은 지방교육세와 주행세의 세율 인상, 지방소비세 도입 및 비율 개선, 지방소득세의 도입 등의 성과에도 불구하고 지방세의 비율은 여전히 낮은 편이다. 특히 지방정부 간 세원분포가 불균등한 상황에서 국세의 지방세 이양은 지방 간 재정격차를 심화시킬 수 있어 지방교부세를 확대하는 결과를 초래하기도 하였다. 공동세 제도 도입 및 확대에 있어서 지방의 재정력을 충분히 고려한 차등분배가 이루어지지 못한 결과이다.

마지막으로, 법률적 지방분권, 특히 자치입법권의 확대는 역대 정부의 지방분권 과제에 단골 메뉴로 등장했지만 실질적인 개선 성과는 가장 미흡하다. 이는 헌법에 규정된 법률유보주의에 기인한다. 그러나 헌법의 개정 없이 도입할 수 있는 '조례에 의한 벌칙 강화 조항'에 대한 개선조차 이루어지지 않은 것은 중앙정부의 의지 부족을 엿볼 수 있는 부분이다.

중앙-지방 관계 진단

CHAPTER 4

중앙-지방 관계 진단

중앙－지방 관계는 추운 겨울에 두 마리 고슴도치의 관계에 비유할 수 있다. 고슴도치들은 서로의 체온을 느끼기 위해 너무 가까이 가면 상대의 가시로부터 상처를 입게 되고, 너무 멀리 떨어지면 혹독한 추위에 떨어야 한다. 중앙－지방 관계도 이와 유사하게 너무 멀지도 가깝지도 않은 거리(arm's length)를 유지해야 한다. 중앙정부는 국가정책의 추진을 위해 지방의 정치적 자원과 현지 실정에 맞는 정보 자원을 가진 지방정부에 의존해야 하는 데 반해, 지방정부는 정책기획 및 재정적 자원을 위해 중앙정부에 의존해야 한다. 중앙－지방 관계에 관한 이론은 지방정부를 중앙정부의 대리인으로 간주하는 수직적 통제관계, 지방정부가 중앙정부로부터 독립된 수평적 대등관계, 그리고 중앙과 지방이 서로 의존하는 관계 등 세 가지 유형으로 분류하고 있다. 이 장에서는 중앙－지방 관계이론에 근거하여 우리나라의 중앙－지방 관계를 진단하고자 한다.*

---

* 이 장은 한국지방자치학회보에 게재된 하혜수·전성만(2019)의 논문을 바탕으로 내용을 수정하고 사례를 추가하여 다시 작성하였음을 밝힌다.

1절 ── 중앙-지방 관계 이론

중앙-지방 관계 또는 정부 간 관계에 관한 이론모형은 중앙-지방정부 간 관계를 핵심으로 하며, 대체로 양자 간의 관계를 내포관계, 독립관계, 상호의존관계로 구분하고 있다. 중앙-지방 관계에 관한 이론은 연방제 국가를 대상으로 한 분류와 단방제 국가를 대상으로 한 분류로 구분해볼 수 있다. 여기서는 중앙-지방 관계의 개념을 살펴보고, 중앙-지방 관계에 관한 이론모형과 더불어 실제로 연방제 국가(미국) 및 단방제 국가(영국)의 역사 속에서 나타났던 다양한 정부 간 관계모형에 대하여 살펴볼 것이다.

1. 중앙-지방 관계의 개념

중앙-지방 관계는 글자 그대로 중앙정부와 지방정부 간의 권력관계를 의미한다. 연방제 국가나 단방제 국가를 불문하고 중앙-지방정부 간 관계는 국정운영에 있어서 중요한 관심사가 되어 왔다. 중앙정부와 지방정부 간의 적절한 권한 및 역할 분담이 정책의 성과는 물론 정부의 성공과 실패를 좌우하기 때문이다. 중앙정부와 지방정부는 국가를 구성하고 있는 양대 축으로서 서로 갈등하거나 어느 한쪽의 역할이 미흡할 경우 국가체제는 충분한 역량을 발휘하기 어렵고 국정성과와 국가경쟁력의 확보에 어려움이 있을 것이다. 이러한 중앙-지방 관계는 정부 간 관계와 동의어로 사용되지만 엄밀히 말해 연방주의, 정부 간 관계, 그리고 정부 간 관리 등과는 구분된다(Wright, 1990: 171-173). 연방주의는 연방-주정부, 주정부 간의 관계에 한정되지만 정부 간 관계는 연방-주-지방, 주-지방, 연방-지방, 지방정부 간 관계를 포함하고 정부 간 관리는 정부 간 관계에 더하여 공-사관계도 포함한다는 것이다.[1] 따라서 정부 간 관계는 중앙-지방정부 간 관계뿐만 아니라 지방정부

---

[1] 라이트(Deil S. Wright)는 관계의 주체 외에도 다섯 가지 차이점을 제시하고 있다. 첫째, 권한관계 측면에서 연방주의는 연방정부우위(national supremacy)에 기초하고 있고, 정부 간

상호 간의 관계까지 포함하는 개념으로 볼 수 있고, 정부 간 관리는 정부 간 관계에 더하여 정부-시민사회 간 협치(governance)까지 포함하는 개념이라고 할 수 있다.

중앙-지방정부 관계, 정부 간 관계, 정부 간 관리를 개념적으로 구분할 수 있지만 중앙-지방정부 관계는 불가피하게 기업과 시민사회까지 포함할 수밖에 없다는 점에서 보면 그 의미는 크게 다르지 않을 것이다. 따라서 세 가지 개념 중 어떤 개념을 사용하든 중앙과 지방정부 간 권한배분이 중요한 관심사가 되지 않을 수 없다.2 정부 간 관계든 정부 간 관리든 핵심적인 요소는 중앙정부와 지방정부에 있고, 중앙-지방정부 관계 또한 변화된 행정환경에서는 지방정부 상호 간 관계와 정부-시민사회 간 관계를 포함하거나 고려할 수밖에 없으므로 반드시 구분할 필요가 있는 경우를 제외하고는 이 세 가지 개념을 교환적으로 사용하고자 한다. 만약 정책결정 권한이 중앙정부에 집중된다면 정부와 시민사회 간의 연계와 협치가 곤란하고, 현장의 특성과 수요자의 이해관계를 충분히 반영하기 어려울 것이다. 그 결과 정책의 완성도가 떨어지고 정책의 성과를 확보하기 어렵게 된다. 반대로 정책결정권이 지방정부에게 과도하게 이양된다면 정부와 시민사회 간 협치는 강화되겠지만 정책의 과오용을 초래하고 국정의 통합성, 보편성, 그리고 균형성이 훼손될 수 있다.

관계는 미약한 계층제(비대칭적 권력관계)에 기초해 있으며, 정부 간 관리는 비계층적 네트워크에 기초해 있다. 둘째, 갈등해결의 수단 측면에서 연방주의는 법률과 사법부 및 선거이고, 정부 간 관계는 시장과 게임 및 연합이며, 정부 간 관리는 협상과 조정 및 거래이다. 셋째, 추구 가치 측면에서 연방주의는 목적과 미션이고, 정부 간 관계는 상대의 관점에 대한 이해이며, 정부 간 관리는 성과물과 프로그램 결과이다. 넷째, 정치적 수준 측면에서 연방주의는 고도의 정치성(정파성)을 띠고 있고, 정부 간 관계는 정책결정(조정)에 초점을 두며, 정부 간 관리는 정책집행(문제해결)을 강조한다. 다섯째, 주요 행위자 측면에서 연방주의는 선출직 정치인이고, 정부 간 관계는 일반행정가이며, 정부 간 관리는 프로그램 관리자(정책전문가)이다(Wright, 1990: 171-173).

2 래핀(Martin Laffin)은 중앙-지방정부 관계에 대하여 중앙부처와 지방정부 간 직접적인 관계뿐만 아니라 중앙수준, 지방수준, 전국적 차원의 비정부 행위자를 포함한 행위자들 간의 상호작용 관계를 포함한다고 주장한다(Laffin, 2009: 22).

2. 연방제 국가의 중앙-지방 관계론

연방제 국가의 중앙 – 지방 관계에 관한 대표적인 모형으로는 라이트(Deil S. Wright)의 분류를 들 수 있다. 그는 연방정부, 주정부, 지방정부의 관계를 분리권한모형, 내포권한모형, 중첩권한모형으로 구분하고 있다(Wright, 1978). 첫째, 분리권한모형(separated – authority model)은 연방정부와 주정부가 동등한 권한을 가지고 있고 지방정부는 주정부에 소속되는 관계를 지칭한다. 이 모형은 연방정부와 주정부는 독자적인 사무와 대등한 권한을 가진 독립적인 존재로서 상호 협력하거나 의존할 필요성이 거의 없다는 점을 강조한다. 둘째, 내포권한모형(inclusive – authority model)은 주정부가 연방정부에 종속되고 지방정부는 주정부에 종속되는 관계를 지칭한다. 이 모형에서 정부 간 관계는 수직적인 지배복종관계로서 하급정부(주정부와 지방정부)는 상급정부에서 결정된 정책을 단순히 집행하는 대리인의 지위를 갖는다. 셋째, 중첩권한모형(overlapping – authority model)은 연방정부, 주정부, 그리고 지방정부가 각기 독자성과 자율성을 보유하면서 상호의존적인 관계를 유지한다는 것이다. 즉, 세 정부 모두 고유의 권한을 가지고 있고, 배타적인 권한을 행사하는 영역이 크지 않다는 점을 강조한다.

연방제 국가의 정부 간 관계에 관한 논문에서 미국의 연방 – 주정부 관계를 규정하는 이론모형은 무수히 많다. 그 중에서 특징적인 모형을 고찰하면 다음 네 가지 정도로 압축할 수 있다. 첫째, 이원연방제(dual federalism) 또는 다층케이크 모형(layer cake model)이다. 이 모형에 따르면, 연방정부와 주정부는 각자 명확히 구분된 권한 및 기능 영역을 가지고 있으므로 정부 간 조정의 필요성은 거의 없다. 각 정부는 자신의 핵심적 활동에 대하여 자율성을 누리므로 다른 정부의 권한에 대하여 의식할 필요가 없다는 것이다(Grodzins, 1966; Entwistle et al., 2014: 311). 이원연방제 또는 다층케이크 모델의 논거는 계층간 명확한 기능배분(계층간 기능공유와 충돌은 생각할 수 없음), 각 정부의 포괄적 권한 보유(일반적 기능을 수행하는 지방정부), 그리고 정부 간 제로섬 관계(한 계층수준의 권력 증대는 다른 계층수준의 비례적 권력 감소를 수반함) 등이다(Entwistle et al.,

2014: 312). 이러한 연방제는 두 개의 독립된 정부가 양립하고 있다는 점에서 이원연방제라고 부르고, 계층의 경계가 뚜렷한 케이크처럼 연방과 주정부가 서로 독립된 영역을 구축하고 있다는 점에서 다층케이크 연방제로 지칭된다.

둘째, 협력적 연방제 모형(cooperative federalism) 또는 마블케이크 모형(marble cake model)이다. 협력적 연방제는 연방과 주정부 간 기능과 책임의 분리보다는 공유를 강조한다(Conlan, 2017: 173; Elazar, 1964: 279). 이 모형에 따르면, 연방정부는 추상적 정책목표의 설정에 정통하나 정책집행에 필요한 현장지식은 부족하고, 지방정부는 맥락적이고 정치적인 지식에는 정통하지만 목표달성을 위한 비전이 부족하므로(Conlan, 2017: 176; Derthick, 2001: 138-161) 두 정부의 협력이 필요하다는 것이다. 마블케이크 모형에서도 협력적 연방제와 유사하게 어떤 정부(연방 또는 주정부)도 배타적 권한을 행사하지 못한다고 전제한다(Grozins, 1966: 4; Entwistle et al., 2014: 311). 따라서 협력적 연방제와 마블케이크 모형은 그 명칭에서 다소 차이가 나지만 공통적으로 연방과 주정부의 상호의존성을 강조한다.

셋째, 상호의존성을 전제하면서도 연방정부 우위를 강조하는 정부 간 관계 모형이다. 이는 역사 속에서 목책(木柵) 연방제 또는 창조적 연방제로 등장한다(Thompson, 2013). 목책 연방제(picket fence federalism)는 부처별 보조사업(말뚝)을 중심으로 연방과 주정부가 상호의존적 관계를 형성하며, 그 속에서 연방정부가 우위적 통제력을 갖는다고 주장한다.[3] 창조적 연방제(creative fed-eralism)도 연방-주정부 관계에서 연방정부의 관여와 통제를 강조한다. 그러나 정부 간 관계 이론에서는 창조적 연방제보다는 목책 연방제가 더 많이 사용되고 있다. 그 명칭이 무엇이든 연방정부 우위의 모형은 정부 간 보조금 프로그램의 형성에 있어서 연방과 주정부 관료제의 역할을 중시하는데, 특히 보조사업을 통한 연방정부의 통제를 강조한다(Thompson & Burke, 2008: 38). 또한 연방보조금 프로그램의 집행에 있어서 연방정부, 주정부, 지방정부 수준의 직

---

3 워커(D. B. Walker)는 목책 연방제를 죽책 연방제(bamboo fence federalism)로 대체할 것을 제안하였는데, 이는 정치바람에 휠지언정 꺾이지는 않는 연방보조금 담당 공무원의 특성을 적절히 반영한다는 것이다(Walker, 2000).

업관료 연합의 역할을 중시한다(Beer, 1978: 17-18). 이러한 관료집단은 의원 및 이익집단과 긴밀하게 협력한다는 점에서 일종의 철의 삼각(iron triangle)에 비유될 수도 있다.[4]

　　넷째, 최근에 강조되는 모형으로 양극화 연방제 또는 집행부 연방제이다. 양극화 모형(polarized federalism)은 연방정부와 주정부 간 정당 차이가 정부 간 관계를 좌우하는 핵심 요소라고 주장한다(Conlan, 2017: 177-178). 연방과 주정부 간 정파적 양극화, 즉 연방정부의 집권당과 주정부의 정당이 상이할 경우 연방과 주정부 간에 정책 갈등이 발생하고 정책집행의 실패로 연결된다는 것이다. 예컨대, 공화당 주(red states)와 민주당 주(blue states)는 연방의회의 정파적 차이를 반영하여 각기 다른 정책의제를 개발한다는 것이다(Conlan, 2017: 182). 집행부 연방제(EF: Executive Federalism)는 연방과 주정부 관계에 있어서 선출직 고위관료, 특히 주지사, 시장, 시정관리관의 역할을 강조한다.[5] 양극화 연방제와 집행부 연방제는 공통적으로 정무직, 즉 정무를 담당하는 임명직 공무원(대통령에 의해 임명된 장차관 등) 및 선출직 공무원(주지사, 시장 등)의 리더십을 강조한다.

---

4 목책 연방제의 문제점으로는 첫째, 지사와 그들의 고위관료에 비해 전문관료들의 자율성이 과도하고, 둘째, 행정의 효율성과 효과성의 약화를 초래한다는 것이다. 즉, 보조금 프로그램마다 관료, SOP, 보고조건 등을 포함하고 있으므로 보조금의 양산은 조정의 문제와 번잡한 절차(red tape)를 초래한다는 것이다(Thompson, 2013: 5).

5 집행부 연방제는 다음 세 가지 특징을 포함하고 있다. 첫째, 보조금 프로그램에 관한 정책결정권이 주 및 연방정부의 집행부로 이동하였다. 둘째, 보조금 프로그램은 목책 연방제 모형의 자율적 관료나 철의 삼각(iron triangles)보다는 정무직 공무원(political executives)에 의해 지배된다. EF는 기관장과 임명직 관료가 새로운 법률 없이 프로그램의 관리, 범위, 기준을 바꿀 수 있는 새로운 정부 간 관계를 보여준다. 셋째, 정부 간 동태적 관계에 있어서 행정관리수단, 즉 프로그램 면책(program waiver)의 중요성을 강조한다.

❖ 다양한 중앙-지방관계 이론모형

이원연방제(dual federalism): **연방정부와 주정부는 엄격히 분리된 권한을 바탕으로 대등한 관계를 갖는다는 모형이다.** 이는 다층케이크 모형으로 설명할 수 있는데, 경계의 구분이 명확한 여러 겹의 케이크와 같이 연방정부와 주정부의 권한 사이에 그 경계가 명확하다는 것이다. 이는 Wright의 분리권한 모형에 가깝다.

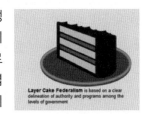

Layer Cake Federalism is based on a clear delineation of authority and programs among the levels of government

협력적 연방제(cooperative federalism): **연방정부와 주정부는 상호 중첩적인 권한을 보유하고 있기 때문에 서로 협력적인 관계를 유지한다는 모형이다.** 이는 마블케이크 모형으로 설명할 수 있는데, 대리석 무늬의 케이크처럼 연방정부와 주정부 간의 권한경계가 모호하며 상호 중첩적이고 협력적인 영역이 존재한다는 것이다. Wright의 중첩권한 모형에 가깝다.

Marble Cake Federalism is based on a pragmatic mixing of authority and programs among the national, state, and local governments.

목책 연방제(picket fence federalism): **연방정부와 주정부가 상호의존적 활동을 전개하면서도 연방정부가 국고보조금을 바탕으로 우위적 관계를 갖는다는 모형이다.** 이는 마치 연방정부의 분야별 보조사업(말뚝)이 마치 경계(울타리)를 이루고 있는 것처럼 보인다고 하여 이름 붙여진 것이다. 창조적 연방제도 이와 유사한데, 여기서 창조적이라는 의미는 연방정부의 필요에 의해 주정부에 관여할 수 있다는 새로운(창조적) 논리를 포함하고 있다는 의미이다.

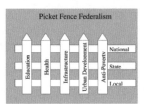

양극화 연방제(polarized federalism): 연방정부와 주정부는 정파적 요소에 의해 양극단적인 관계를 가진다는 모형이다. 이는 민주당이 장악한 연방정부는 민주당 지배의 주정부와는 협력적 관계를 갖지만, 반대로 공화당 지배의 주정부와는 갈등적 관계를 가진다는 것이다. 양극화 연방제는 집행부의 역할과 정무직 공무원의 역할을 강조한다는 점에서 집행부 연방제와 유사하다.

〈글 출처: 하혜수 · 전성만, 2019; 그림 출처: Google 이미지〉

3. 단방제 국가의 중앙-지방 관계론

단방제 국가모형으로는 엘콕(Howard Elcock)의 모형과 로즈(R.A.W Rhodes)의 모형을 들 수 있다. 엘콕은 중앙–지방 관계를 대리인모형, 동반자모형, 상호의존모형으로 구분하고 있다(Elcock, 1994). 첫째, 대리인모형은 중앙–지방 간 일방적, 지시적, 수직적 관계를 묘사하며, 지방정부는 중앙정부의 정책을 단순히 집행하는 대리인으로서 자원이나 능력 면에서 중앙정부에 일방적으로 의존한다는 것이다. 둘째, 동반자모형은 중앙과 지방이 국정의 파트너로서 서로 동등한 권한과 의무를 지는 관계를 갖는다고 묘사한다. 지방정부는 권한과 자원(인적 자원과 재원) 면에서 중앙정부와 대등한 지위를 누리고 있으며, 중앙의 통제에 대해서도 수용 여부를 독자적으로 결정한다는 것이다. 셋째, 상호의존모형은 중앙과 지방이 서로 독자적인 권한을 가지고 있지만 어느 한쪽이 지배적인 지위를 누리지 못하고 서로 협력하고 의존하는 관계를 형성한다고 주장한다.

로즈는 중앙과 지방정부가 권력과 자원을 중심으로 전략적 상호의존관계를 갖는다고 주장한다(Rhodes, 1999). 이 모형에 따르면, 중앙–지방 관계는 권한뿐만 아니라 자원에 의해서도 좌우된다는 것이다. 중앙정부에서 더 많은 권한을 가지고 있는 경우에도 정책추진을 위해서는 지방정부가 가진 정치적 · 재정적 · 정보적 자원에 의존해야 하므로 중앙과 지방은 상호 의존적인 관계를 유지할 수밖에 없다는 것이다. 따라서 중앙–지방의 관계는 권력과 자원을 중심으로 교환하고 협상하는 전략적 의존관계를 갖는다고 주장한다.

　단방제 국가의 정부 간 관계에 관한 논문에서 영국의 중앙－지방정부 관계를 규정하는 이론모형은 다음 세 가지로 구분할 수 있다. 첫째, 중앙정부 우위의 관계 모형이다. 이 모형은 국가와 지방에서 수행하는 기능적 특성 때문에 중앙정부가 우위를 가질 수밖에 없다고 주장한다(안용식 외, 2001: 393－394). 즉, 국가는 광역행정의 주체이고, 핵심적 역할을 수행하며, 최종적 책임주체이지만 지방은 제한적 기능을 수행하고 있다는 것이다. 중앙정부의 지배적 권력을 인정하는 강한 중앙 관점과 비대칭적 권력모형도 중앙정부 우위의 관계를 대변하고 있다(Marsh, 2008; Laffin, 2013). 강한 중앙 관점에 의하면, 중앙정부는 제도적 분화과정에서 우월적 지위를 갖기 때문에 직접적 통제력은 줄어들더라도 효과적인 통제력을 확보할 수 있다는 것이다(Davies, 2002; Bache, 2003). 비대칭적 권력모형(asymmetric power model)에서도 중앙정부는 여전히 지배적인 행위자이고, 네트워크보다는 계층제와 관료제에 의존하며, 그리고 중앙정부 우위의 비대칭적인 관계를 유지한다는 것이다.

　둘째, 지방정부 우위의 관계 모형이다. 이 모형은 중앙－지방 관계에서 지방정부의 주도적·적극적 역할을 강조한다. 지방정부 우위 모형 중에서 대표적인 '약한 중앙 관점'은 파편화(fragmentation)와 공동화(hollowing out) 과정이 중앙정부의 권력을 약화시켜 그들로 하여금 새로운 정책수단을 사용하게 함으로써 지방우위의 관계가 초래되었다고 주장한다(Entwistle et al., 2014: 898). 즉, 국가는 방향 잡기 및 규제 능력의 결여에 대응하여 촉진, 협의, 협상의 수단에 의존하게 되었다는 것이다(Rhodes, 1996: 665). 이러한 관점에 따르면, 지방정부는 중앙정부의 지시에 따라 움직이는 존재가 아니라 중앙의 정책부재나 소극적인 태도에 대응하여 새로운 정책을 개발하는 주도적인 역할을 수행하는 존재라는 것이다.

　셋째, 중앙과 지방정부 간 대등한 관계 모형이다. 대표적으로 중앙 또는 지방정부의 우위가 아닌 서로 대등한 관계를 갖는다는 파트너십 모형(partnership model)을 들 수 있다. 이 모형에 따르면, 지방정부는 우월적 지위는 아니지만 정책추진에 관한 상당한 정치적 자율성을 부여받기 때문에 중앙정부와 대등한 권한을 가진 존재이다(Midwinter, 2009: 66). 중앙－지방－시민사회 간 관계에 관한 다층적 거버넌스 모형(multi－governance model)도 정부의 공동화 과정에서 중앙정부의 권한이 상대적으로 더 약화되었다고 주장한다(Laffin, 2009: 24). 다시 말해, 다층적 거버넌스 모형은 유럽연합 및 하위정부의 책임성 증대로 인해 중앙정부와 지방정부가 서로 대등한 관계를 갖게 되었다고 주장한다. 요컨대, 거버넌스 모형은 정부의 권한 약화를 통해 정부－시민사회의 협치를 강조하지만, 중앙－지방 관계에서는 중앙정부의 상대적 권한 약화를 초래하여 중앙－지방 간에 대등한 관계로의 전환이 이루어졌다고 설명하고 있다.[6]

2절 ── 우리나라 중앙-지방 관계 진단

1. 중앙-지방 관계의 분석기준

중앙－지방 관계의 분석 기준을 마련하기 위해서는 기존 연구와 이론에서 강조하는 지표를 활용할 수 있다. 우선, 국내연구에서 가장 일반적으로 사용되는 지표는 사무배분, 지방재정, 중앙통제, 그리고 인사 등이다(심익섭, 2010; 오재일, 1993). 사무배분은 고유사무와 국가위임사무의 비율을 포함하고,

---

6 약한 정부 및 이를 통한 중앙정부의 권한 약화는 다음 네 가지 이유로 설명될 수 있다(Rhodes, 2007). 첫째, 정부 바깥에 있는 행위자의 적극성으로 인해 중앙정부는 정책 목표를 달성할 능력을 상실하였다. 둘째, 중앙과 지방정부는 정책네트워크의 수많은 행위자 중 하나에 불과하며, 정책네트워크의 행위자들은 자기조직적 특성으로 인해 중앙정부의 조정을 거부한다. 셋째, 정책결과는 의회에서 뿐만 아니라 중앙정부의 바깥에서도 생성된다. 넷째, 정부 바깥의 네트워크는 정부의 조정을 거부하고 스스로 정책을 개발하고 환경을 창출하기 때문에 중앙부처는 더 이상 정책네트워크의 지렛대가 될 수 없다. 이러한 이유로 국가의 전통적인 권력기반은 크게 약화되었고, 국가는 강제적 수단에 의존하는 대신 집단적 이익을 표명하고 추구할 수 있는 대안적 전략을 모색할 수밖에 없다는 것이다.

중앙통제는 권력적 관여와 기술적·전문적 지원을 포함하며, 재정적 측면은 지방정부의 과세 자주권과 중앙의 재정통제를 포함하며, 인사는 중앙정부의 지방인사 통제와 중앙-지방 간 인사교류를 포함한다. 그에 더하여 법률적 시각과 분권화 정도가 제시되기도 한다(원구환, 2004). 법률적 시각은 자치입법의 수준 및 정도를 의미하고, 분권화의 정도는 기능 자율성, 조직 자율성, 그리고 재정 자율성을 포함한다.

국외연구에서 사용되는 지표는 행정적 측면과 정치적 측면으로 구분될 수 있다(村松岐夫, 1988). 행정적 측면은 기관위임사무, 국고보조금, 낙하산인사 등을 포함하고, 정치적 측면은 선거와 국회의원 역할을 포함한다. 제도적 장치와 조정양식으로 구분하는 연구도 있다(Entwistle et al., 2016). 제도적 장치는 협의제도, 감사제도, 보조금제도, 성과관리제도 등을 포함하고, 조정양식은 파트너십, 정책지원, 협상, 외교 등을 포함한다. 또한 권력적 측면과 자원의 측면으로 구분하는 연구도 있다(Rhodes, 1999). 권력적 측면은 행정적 권력과 정치적 권력을 포함하고, 자원 측면은 계층제적 자원, 제도적 자원, 인적 자원, 재정적 자원, 정보적 자원 등을 포함한다.

이러한 연구에 기초하여 중앙-지방 관계의 진단을 위한 지표를 도출하면 첫째, 권력 측면과 자원 측면의 구분이다. 중앙-지방 관계에 관한 대다수 이론모형은 권력이나 권한 측면에 초점을 두어왔다. 그러나 이러한 경향과 달리 권력뿐만 아니라 자원에 초점을 둔 모형도 제시되었다(Rhodes, 1999). 중앙과 지방이 가진 자원은 정치적 자원, 헌법적·법률적 자원, 계층제적 자원, 재정적 자원, 정보적 자원 등으로 구분할 수 있다. 중앙-지방 관계를 구조(structures)와 능력(capacities)에 더하여 자원(resources)을 추가한 연구도 있다(Marquardt, 2017: 231-232). 여기서 자원은 경성 권력자원(hard power resources)과 연성 권력자원(soft power resources)으로 구분된다.

둘째, 구조적 측면과 행태적 측면의 구분이다. 구조적 측면은 중앙-지방 간 관계구조로서 주로 중앙-지방 관계를 규정하는 제도와 규정을 의미한다. 그에 반해 행태적 측면은 이러한 제도적 구조 하에서 중앙-지방 간에 이루어지는 관계의 실제, 즉 소통과 상호작용 행태를 의미한다. 제도적 장치와 조정양식의 구분도 이와 유사하다(Entwistle et al., 2016: 902-903). 여기서 제도적 장치는 협의제도, 감사제도, 보조금제도, 성과관리제도 등을 포함하고, 조정양식은 시장, 계층제, 협상, 그리고 설득으로 구분된다(Scharpf, 1994: 28; Bell et al., 2010).

셋째, 행정적 측면과 정치적 측면으로 구분할 수 있다. 행정적 측면에는 사무(기관위임사무), 인사(낙하산인사), 그리고 재정(국고보조금) 등이 포함되고, 정치적 측면에는 선거와 지역구 국회의원의 역할 등이 포함된다. 중앙-지방 관계이론 중 집행부 연방제나 양극화 연방제는 정치적 측면에 초점을 두고 있다. 특히 집행부 연방제는 기술관료 대신 정무직 공무원의 역할을 중시한다(Thompson & Burke, 2008: 38-39).

이상의 논의를 바탕으로 우리나라의 중앙-지방 관계를 분석하기 위한 준거기준을 정리하면 [표 4-1]과 같이 크게 권력적 측면과 자원적 측면으로 구분할 수 있고, 권력적 측면은 다시 제도(구조) 측면과 조정양식 측면으로 구분할 수 있다.

표 4-1 중앙-지방 관계의 분석을 위한 기준

권력 측면					자원 측면
제도(구조)		조정양식			
행정제도	정치제도	계층제적 조정	협상적 조정	설득적 조정	
· 사무제도 · 재정제도 · 협의제도 · 기구·정원 · 감사·통제	· 정당의 역할 · 자치단체장과 지방의원의 영향력	· 지시, 명령, 강압조치	· 협의, 협상, 네트워크	· 홍보, 사회적 마케팅, 선호조정	· 정치적 자원 · 인적 자원 · 재정적 자원 · 정보적 자원

표에서 보는 바와 같이 권력 측면과 자원 측면으로 구분하고, 권력 측면은 다시 제도적 측면과 조정양식으로 구분할 수 있으며, 제도(구조)는 행정제도와 정치제도로 구분할 수 있다. 행정제도(구조)는 사무구분제도, 재정제도, 협의제도, 기구·정원제도, 감사·평가제도 등을 포함하고, 정치제도(구조)는

자치입법, 정당의 역할과 선출직 공무원(자치단체장과 지방의원)의 영향력 등을 포함한다.[7] 조정양식은 계층제적 조정, 협상적 조정, 설득적 조정 등으로 구분하고, 자원측면은 정치적 자원, 인적 자원, 재정적 자원, 정보적 자원 등으로 구분할 수 있다.

2. 중앙-지방 관계 분석

1) 제도(구조): 행정제도

중앙–지방 관계를 가름하는 행정제도는 첫째, 사무구분제도이다. 우리나라의 사무체계는 국가사무와 자치사무로 구분하고, 국가사무는 기관위임사무와 단체위임사무로 구분하고 있다. 단체위임사무는 국가와 지방정부의 공동이익에 관련된 사무로서 중앙의 통제가 크지 않다. 그에 비해 기관위임사무는 국가의 사무이지만 처리의 편의와 효율성을 위해 자치단체장(기관장)에게 위임한 사무이다. 따라서 사무처리를 위한 지침 하달, 처리과정과 결과 보고, 성과에 대한 합목적적 감사 등 중앙정부의 통제가 매우 높은 사무이다.

우리나라는 여전히 중앙정부의 강력한 통제를 내포하는 기관위임사무제를 유지하고 있다. 행정안전부는 2011년 일본의 기관위임사무 폐지(법정수탁사무로 개편) 사례를 참고하여 기관위임사무를 법정수임사무로 개편하려고 시도하였으나 관련 법률이 국회에서 무산되었다. 한 가지 긍정적인 사실은 자치사무의 비율이 점점 증대되고 있다는 사실이다. 이는 기관위임사무의 비율이 상대적으로 줄어든다는 의미이므로 지방정부의 자율성이 증대되었다고 할 수 있다. 우리나라 자치사무의 비율은 자치단체장 직선제도 시행 직전 연도인 1994년에 25%이던 것이 1996년 26%, 2002년 27%, 2009년 28.3%으로 증가하다가 2013년에는 32.3%가 되었다(행정자치부·한국지방행정연구원, 2015). 가장 최근에 조사한 2013년 기준 국가 전체사무 46,005건 가운데 지방사무는 15,862건이

---

7 법률적 지방분권에 속하는 자치입법은 정치제도와 행정제도로 구분할 때 국회와 지방의회의 역할을 더 많이 포함하고 있는 내용적 측면을 고려하여 정치제도로 분류하였다.

며, 자치사무는 14,844건이다.

둘째, 재정제도이다. 중앙−지방 간 재정제도는 여전히 중앙집권적 성향이 강하다고 할 수 있다. 우선, 지방세 신설에 대한 엄격한 제약을 유지하고 있는 점이 그러한 이유가 될 수 있는데, 지방세 신설 권한은 헌법의 조세법률주의에 의해 제약받기 때문에 헌법 개정이 이루어지지 않는 한 개선되기 어렵다. 그 다음으로, 지방채 발행에 대한 승인제도를 들 수 있다. 지방채 승인제는 지방정부의 재정파탄을 미연에 방지할 수 있다는 점에서 이해되는 측면이 있지만, 일반채와 수익채 등에 대한 구분 없이 일괄적 승인제를 유지하고 있다는 점에서 지방정부의 재정적 자율성을 과도하게 제약하고 있다. 아울러 중앙정부는 언제든지 지방세에 영향을 줄 수 있는 감면제도를 운영하고 있다. 지난 2011년에도 중앙정부는 주택경기 활성화 차원에서 취득세 50% 감면을 단행하였고(동아일보, 2011년 3월 25일), 지방정부의 반발이 거세지자 지방소비세 인상으로 전액 보전한 바 있다.

지방정부의 재정자율성에 대한 실질적인 제약은 중앙정부의 이전재원에 있다고 할 수 있다. 지방교부세는 용도에 제한이 없으므로 지방정부의 자율성을 제약하지 않지만 국고보조금제, 특히 지출용도를 세세하게 정해주는 특정보조금(specific grants)은 중앙정부의 통제력을 높이는 대신 지방정부의 자율성을 크게 제약한다. 지방정부의 세입총액 중에서 중앙정부로부터의 보조금이 차지하는 비율을 보면, OECD 30개 국가 중에서 한국은 57.8%로서 영국 등을 제외한 다수의 선진국들보다 높은 수준을 보이고 있다(하혜수 외, 2014: 40). 그 가운데서 특정보조금의 비율은 2000년 35.7%에서 2010년 33.5%로 약간 감소하고 있으나 여전히 그 비율이 낮지 않다. 2009년부터 국가균형발전사업을 중심으로 지방정부의 재량을 보장하는 포괄보조금제를 도입하였으나 전체 국고보조금에서 차지하는 비율은 매우 낮은 실정이다.

셋째, 협의제도이다. 지방자치제 실시 이후 중앙−지방정부 간 관계가 수평적으로 변화됨에 따라 중앙−지방 간 협의·조정 제도들이 여러 법률에 규정되어 있다. 대표적으로 지방자치법과 사회보장기본법에 규정된 협의제도를 들 수 있다. 먼저 지방자치법(제167조)에는 중앙행정기관의 장과 자치단체장이

사무를 처리할 때 의견을 달리할 경우 이를 협의·조정하기 위하여 국무총리 소속으로 행정협의조정위원회를 두도록 규정하고 있다. 그 다음으로 사회보장 기본법 제26조 제1항에는 중앙행정기관의 장과 지방자치단체장은 사회보장제 도를 신설하거나 변경할 경우 신설 또는 변경의 타당성, 기존 제도와의 관계, 사회보장 전달체계에 미치는 영향 및 운영방안 등에 대하여 보건복지부장관과 협의해야 한다고 규정하고 있다. 동조 제2항에는 이러한 협의가 이루어지지 않을 경우 사회보장위원회가 이를 조정하도록 규정하고 있다. 이처럼 제도의 실질적 운영과는 별개로 대등한 관계에서 협의할 수 있는 제도적 장치가 마련 되어 있는 것이다.

넷째, 기구·정원제도이다. 기구와 정원을 둘러싼 중앙－지방 관계, 즉 중 앙정부가 지방정부의 기구와 정원에 관여할 수 있는 제도는 「지방자치단체의 행정기구와 정원기준 등에 관한 규정」과 동 규정 시행규칙 및 지방자치단체 조직관리지침 등에 규정되어 있다. 기구와 정원에 관한 제도의 역사를 보면, 점진적으로 중앙정부의 통제력이 줄어들고 지방정부의 자율성이 증대되는 방 향으로 발전해가고 있다고 볼 수 있다. 지방정부의 기구·정원제도는 1987년 까지 「개별승인제」를 채택하였으나 1988년 제8차 「지방자치법개정」에 따라 「기준정원제」가 도입되었고, 1994년 「표준정원제」로 전환되었으며, 2007년 「총액인건비제」가 도입되었다(하혜수·양덕순, 2007). 이후 2014년부터는 「기준 인건비제」를 도입하여 기준인건비 내에서 정원관리의 자율화를 도모하는 동 시에 현안수요 대응을 위해 추가적으로 1~3%의 자율적 운영범위를 허용하고 있다.

우리와 같은 단방제 국가인 일본의 제도와 비교해서는 여전히 중앙정부의 관여 폭이 넓다고 볼 수 있지만 상당히 개선된 것은 분명하다. 일본은 기구· 정원에 관한 규정을 두고 있으나, 기구설치에 대해서는 가급적 지방정부의 자 율관리를 허용하고 있다(하동현 외, 2011: 290－293). 즉, 중앙정부에서 기구설치 에 관한 표준모델을 제시하고 있으나 조례에 의해 자율적으로 설치하고 그 결 과만 총무대신에게 신고하도록 하고 있다.

다섯째, 감사·통제 제도이다. 중앙정부는 지방정부에 대하여 종합적인 감사권을 가지고 있다. 지방정부는 국회로부터 국정감사를 받고, 감사원으로부터 정기감사와 직무감찰을 받으며, 각 중앙부처로부터 소관 사항에 대하여 감사를 받는다. 또한 행정안전부장관은 지방정부의 자치사무에 관하여 보고를 받거나 서류·장부 또는 회계를 감사할 수 있다. 이러한 감사뿐만 아니라 시정명령, 취소·정지, 그리고 대집행 등과 같은 권력적 통제권이 지방자치법에 규정되어 있다.

중앙정부의 통제 제도를 구체적으로 살펴보면, 지방정부 간 분쟁에 대한 중앙정부의 직권조정 및 조정 이행명령제(지방자치법 제148조), 자치사무의 법령위반 및 공익 침해에 대한 서면 시정명령과 취소·정지권(지방자치법 제169조), 그리고 국가위임사무에 대한 이행명령제 및 대집행권(지방자치법 제170조)이 규정되어 있다. 아울러 지방의회의 의결이 법령에 위반되거나 공익을 현저히 해친다고 판단되면 주무부장관은 자치단체장으로 하여금 재의를 요구하게 할 수 있다. 또한 재의결된 사항이 법령에 위반된다고 판단됨에도 불구하고 자치단체장이 소를 제기하지 않으면 주무부장관은 자치단체장에게 제소를 지시하거나 직접 제소 및 집행정지결정을 신청할 수 있다. 이러한 감사 및 통제 제도를 보면, 우리나라 중앙-지방 관계는 여전히 '중앙정부 우위'의 관계에 있다고 할 수 있다.

중앙정부의 감독과 통제는 평상시 중앙-지방 관계에서는 크게 부각되지 않으나 4대강 사업, 사드 배치, 그리고 누리사업 등과 같은 국책사업의 추진을 둘러싼 정부 간 갈등에서는 현저하게 드러날 수 있다. 중앙정부의 통제 및 감독을 구체적으로 살펴보기 위해 4대강 사업을 둘러싼 국토부와 경남도의 갈등 사례를 살펴보고자 한다.

❖ 4대강 사업을 통해 본 중앙-지방 관계

4대강 사업은 이명박 정부(2008.2-2013.2)에서 수질개선, 가뭄·홍수 예방을 목표로 22조 2000억원이 투입된 사업이다. 2008년 12월 사업 추진이 발표되고 2009년 2월 4대강 살리기 기획단이 구성되면서 본격적으로 추진되었다. 이후 2010년 4월 지방선거에서 당선된 충남·충북도지사(민주당 소속)와 경남도지사(무소속)가 4대강 사업에 대한 재검토 의견을 제시하면서 중앙정부와 갈등을 빚게 되었다. 2010년 8월 충남도지사와 충북도지사는 원칙적 찬성 입장으로 선회하였으나 경남도지사는 마지막까지 적극적으로 반대하였다. 경상남도는 2010년 7월 27일 4대강 사업의 저지를 위한 '4대강 사업 대책 및 낙동강 살리기 특별위원회'를 발족하면서 반대 의견을 분명히 하였다. 경상남도의 반대 이유는 보 설치와 과도한 준설로 인한 도민의 피해 및 자연생태계의 훼손이었다. 그에 따라 경상남도는 4대강 사업 논의를 위한 '낙동강사업 조정협의회' 구성을 국토부에 제안하였으나 국토부는 여러 차례 협의하였는데 무슨 협의회가 필요하냐며 경남도의 제안을 일축하였다. 이러한 상황에서 경남도의회(한라당 소속이 다수)와 기초지방정부(창원, 창녕, 밀양 등)는 4대강 사업을 찬성하면서 경남도와 상반된 입장을 취하였다. 이후 2010년 11월 8일 정부(국토부)와 경남도는 밀양(낙동강 15공구 현장 사무실)에서 만나 해결책을 모색하였으나 기존의 입장차만 확인하였다. 국토부는 낙동강사업의 전체 공정률(31.1%)에 비해 경남지역 13개 공구의 평균 공정률이 16.8%에 그치고 있고, 일부 구간(7~10공구)은 1.6%로 매우 저조한 실정이라며 새로운 조치의 필요성을 제기하였다. 국토부는 11월 15일 경남도가 중앙정부를 대신하여 사업을 추진해온 낙동강 13개 공구의 공사를 정상적으로 추진하지 않아 '이행 거절'을 사유로 대행협약을 해제한다고 통보하였다. 그에 따라 경남도가 대행해온 낙동강 13개 공구[6~15공구, 47공구(남강), 48공구(황강), 섬진강 2공구 등]는 부산국토관리청에서 대집행하게 되었다. 이러한 국토부의 조치에 대하여 경남도는 의도적인 이행 거절이 아니라 문화재 조사 및 보상조치로 인한 지연이라며 소송을 제기하였다. 경남도는 낙동강의 유지·보수 권한은 시·도에 있다는 하천법 제27조의 규정을 들어 사업권의 회수는 경남도의 권한을 침해한 것이라며 헌법재판소에 권한쟁의심판을 청구하였다. 2011년 9월 헌법재판소에서 중앙정부의 사업권 회수가 경상남도의 권한침해에 해당되지 않는다고 판결하면서 갈등이 일단락되었다.

〈출처: 언론기사〉

　　국토부와 지방정부 간 갈등은 외견상으로는 정치적 이유에 의한 것으로 보이는데, 당시 야당 소속의 충남·충북도지사 및 무소속의 경남도지사가 4대 강 사업에 반대 의견을 제기하면서 대립이 시작되었기 때문이다. 그러나 국토부와 경남도 간의 대립은 도민의 안전과 환경 훼손이라는 실질적인 이슈를 둘러싸고 전개되었다. 경남도는 조정협의회 구성을 제안하면서 준설과 보(洑) 설치에 따른 주민 피해 및 환경 훼손에 대하여 긴밀한 협의가 필요하다고 요구하였다. 이 사례에서는 중앙정부에서 사용한 통제수단에 대하여 관심을 가질 필요가 있다. 국토부는 경상남도가 담당한 13개 공구의 성과 미흡을 이유로 사업권을 회수하고, 부산국토관리청에서 대신 집행하도록 하였다. 중앙정부의 대집행에 대하여 지방정부는 헌법재판소에 권한쟁의심판을 청구하였다.

　　중앙정부의 입장에서는 지방자치법에 규정된 대집행을 활용하였으므로 합법적인 조치를 취하였다고 할 수 있다. 그러나 소통과 협의를 통해 해결할 수 있었음에도 불구하고 이러한 노력을 충분히 시도하지 않은 것은 문제점으로 지적될 수 있다. 결론적으로 4대강 사업을 둘러싼 갈등에서 중앙정부는 협의와 조정보다는 권한 회수와 대집행 등의 권력적 통제수단에 의존하였다. 그에 따라 4대강 사업의 추진에 관한 한 우리나라의 중앙-지방 관계는 수평적인 관계나 상호의존관계보다는 여전히 수직적 통제관계에 가깝다고 할 수 있다.

2) 제도(구조): 정치제도

　　정치제도(구조)는 자치입법, 정당의 역할, 선출직 공무원(자치단체장과 지방의원)의 역할을 통해 살펴볼 수 있다. 첫째, 자치입법인데, 지방정부의 자치입법권은 헌법에 의해 제약받고 있으므로 지방정부는 법령의 범위 안에서만 자치에 관한 규정을 제정할 수 있다(헌법 제117조 제1항). 그에 따라 법률뿐만 아니라 시행령으로써 자치입법권을 제한할 수 있으므로 중앙정부의 권한은 매우 높다고 할 수 있다. 둘째, 정당의 역할인데, 우리나라는 지방선거에 있어서 정당공천제를 유지하고 있으므로 지방정부, 특히 자치단체장과 지방의원에 대한 정당의 영향력은 대단히 높다고 할 수 있다. 1991년 지방의회의 부활 당시에는 기초단위 지방의원에 대해서는 정당공천제를 배제하고 기초단체장, 광역의원, 광역단체장에 대해서만 정당공천제를 적용하였으나 2006년부터 기초의원까지 정당공천제를 도입하였다.

셋째, 지방의회와 자치단체장 등 선출직 공무원의 영향력이다. 이들 선출직들은 전국적 조직을 결성하여 집합적 의견을 제시할 수 있으므로 중앙정부에 상당한 영향력을 행사할 수 있다. 현재 지방자치법에서는 시군구의회의장협의회, 시장군수구청장협의회, 시도의회의장협의회, 시도지사협의회 결성과 의견 제출에 관하여 규정하고 있다. 그러나 중앙-지방 간 상호 협의가 아닌 연합의 일방적 정책 건의에 그치고 있고, 중앙정부의 반영이나 수용을 압박할 수 있는 제도적 규정은 미흡한 실정이다. 그에 따라 이들이 제안한 의견들이 중앙정부에서 수용되는 비율은 매우 낮은 편이다.

참고로 지방자치단체 4대 협의체 중 대한민국 시도지사협의회가 중앙정부에게 제출한 의견의 반영도를 살펴보면, 지방정부의 의견에 대한 중앙정부의 인식과 태도를 파악할 수 있을 것이다. 2005년부터 2019년까지 중앙정부에 건의한 481건 중에서 수용된 건수는 일부수용을 포함하여 204건으로 42.4%에 그치고 있다. 수용곤란은 156건(32.4%)이고, 장기검토는 106건(22.0%)이며, 심지어 미회신도 15건(3.1%)에 이르고 있다.

3) 조정양식

조정양식은 중앙정부가 중앙-지방 간 정책갈등을 조정하는 방식, 즉 갈등해결을 위한 형식과 수단에 관한 것이다. 이러한 조정양식은 크게 계층제적 조정, 협상적 조정, 그리고 설득적 조정으로 구분할 수 있다. 계층제적 조정은 지시, 명령, 강제, 이행명령, 사법수단 등을 포함하고, 협상적 조정은 대화, 간담회, 협의 등을 포함하며, 그리고 설득적 조정은 홍보, 유인, 선호 조정 등을 포함한다. 지방자치제 실시 이후 지방정부의 자율성이 증대되고, 주민들의 자치의식이 강화되면서 중앙-지방정부 관계는 계층제적 지시복종관계에서 수평적인 협의관계로 전환되고 있다. 그에 따라 계층적 우위관계에 기초한 지시, 명령, 강압적 수단 등이 많이 줄어든 대신, 대화하고 협의하는 조정양식에 의존하는 정도가 높아지고 있다. 예컨대, 지방자치에 영향을 주는 재정적 조치와 지방분권에 있어서 지방정부의 의견을 청취하는 일은 보편화되고 있다. 그러나 중앙－지방 간 의견이 첨예하게 대립하는 갈등상황에서는 여전히 협상적·설득적 조정양식보다는 강압적·계층제적 조정양식에 의존하고 있다.

중앙정부가 사용한 조정양식을 고찰하기 위해 1995년 자치단체장 직선 이후 중앙정부의 국책사업 추진과 관련된 갈등 중 대표적인 여섯 가지 사례를 중심으로 조정양식을 고찰하고자 한다.[8] 선정된 갈등사례로는 방폐장 입지 갈등(차성수·민은주, 2006; 김경동·심익섭, 2016), 4대강 사업을 둘러싼 국토부－경남도 간 갈등(윤태웅·임승빈, 2012; 조혜승, 2011), 동남권 신공항 입지를 둘러싼 국토부－동남권 지방정부 간 갈등(이윤수, 2017), 청년수당을 둘러싼 복지부－서울시 간 갈등(신현두·박순종, 2018), 누리과정을 둘러싼 갈등(김철회, 2017; 주희진·임다희, 2016; 박정수, 2016; 정민석·김동선, 2015), 성주 사드배치 갈등(손정민, 2017) 등이다. 중앙－지방 간 여섯 개 갈등사례에서 나타난 주요 조정양식을 비교하면 [표 4－2]와 같다.

표 4-2 중앙-지방 간 갈등에서 나타난 조정양식

구분	기간	조정양식	결과
방폐장 입지 갈등(중앙-지방정부)	1989~ 2006	· 2004년 이전: 중앙정부의 일방적 결정 · 2004년 이후: 주민투표, 간담회·설명회	· 경제지원 강화: 3천억 + 알파 · 고준위와 중저준위 방폐장의 분리 · 주민투표: 절차적 민주성

---

8 갈등의 지속기간, 언론보도, 대중적 인지 등의 측면을 고려하면, 방폐장 입지 갈등, 고압송전탑 갈등, 천성산터널 공사 갈등, 광역쓰레기처리장 설치 갈등, 제주해군기지 건설 갈등, 국립서울병원 이전 갈등, 새만금 경계설정 갈등, 평택·당진 경계 갈등, 사드 배치 갈등, 무상복지 갈등, 누리과정 갈등, 원전주변지역 이전 갈등, 4대강 사업 갈등, 취득세 감면 갈등, 동남권 신공항 갈등, 취수원 이전 갈등 등을 들 수 있다.

4대강 사업 갈등 (국토부-경남도)	2009~ 2011	· 중앙의 권력적 통제, 형식적 간담회 개최 · 지방의 투쟁적 참여, 사법적 수단에 호소	· 사업권 회수(국토부) · 대법원과 헌법재판소에 제소(경남도)
동남권신공항 갈등 (중앙-지방정부)	2007~ 2016	· 중앙의 일방 결정, 백지화 · 지방의 저항적 참여: 시위, 결의대회, 기자회견	· 2011년 백지화 · 2016년 김해공항 확장
청년수당 갈등 (복지부-서울시)	2015~ 2017	· 2016년 이전: 시정명령, 직권취소, 교부세 삭감 · 2016년 이후: 상호 협의	· 협의와 조정에 의한 해결
누리과정 갈등 (중앙-지방교육청)	2014~ 2016	· 중앙의 일방적 결정, 강압(재정부담)과 경고 · 지방의 저항적 참여: 반발과 예산편성 거부	· 국회에서 특별회계 신설
사드 배치 갈등 (국방부-성주군)	2016~ 2017	· 중앙의 일방적 발표, 사후 대화와 간담회 개최 · 지방의 저항적 참여: 시위, 반대, 투쟁위 구성	· 입지 이전, 경제적 보상

표에서 보는 바와 같이 1980년대부터 시작하여 2000년대를 거쳐 2010년대에 이르기까지 중앙-지방 갈등에 있어서 중앙정부는 지방정부를 협의와 협상의 파트너로 생각하지 않고 일방적으로 정책을 결정하고 추진한 것으로 나타났다. 중앙정부는 부지선정 발표, 부동의, 사업권 회수, 백지화 등과 같은 일방적 조치의 틀에서 벗어나지 못하고 있다. 지방정부들은 이러한 중앙의 일방적 정책결정에 대하여 시위, 결의대회 등의 저항적 참여나 대법원 제소·헌재 권한쟁의심판과 같은 사법적 수단에 의지하는 행태를 취하였다. 또한 중앙정부는 시정명령, 직권취소, 교부세 삭감, 강압적 조치와 경고 등 권력적 통제 방식에 의존하였고, 일부 간담회를 개최하였으나 입장을 전달하는 형식적 수준에 그치고 있음을 알 수 있다.

그러나 예외적이지만 중앙정부의 일방적인 조치가 아닌 대화와 타협 그리고 절차적 민주성을 바탕으로 해결한 사례도 존재한다. 예컨대, 다음 박스에서 정리한 방폐장 입지를 둘러싼 갈등사례를 들 수 있다.

❖ 방폐장 입지를 둘러싼 중앙-지방관계

   방폐장의 부지선정을 둘러싼 중앙-지방 간 갈등은 1980년대 중반부터 시작되었다. 중앙정부는 1986년부터 1989년까지 울진, 영덕, 영일 등을 대상으로 방폐장 예정지를 비밀리에 타진하였으나 조사 관련 정보가 알려지면서 정책추진이 좌초되었다. 1990년 원자력 제2연구소의 부지를 확보한 후 인근에 저준위 방폐장 부지를 선정하는 것으로 정책방침을 선회하였으나 여전히 중앙정부의 일방적인 추진으로 인해 지방정부와 주민의 격렬한 반대에 시달렸다. 1991~1992년 중앙정부는 안면도를 대상으로 추진한 정책실패를 토대로 정부의 일방적 추진에서 지방정부와 주민의 의견을 수렴하는 방식을 결합하여 후보지 선정과정에서 용역을 시행하고 부지유치공모를 실시하였다. 1994년 중앙정부는 굴업도 방폐장 지정고시와 철회를 거쳐 사업자와 안전규제기관의 분리를 전제로 방폐장 정책체계를 제정립하였으나 여전히 고준위와 중ㆍ저준위를 분리하지 않았고 중앙정부 주도의 방식에서 벗어나지 못하였다. 2000년대 들어 중앙정부는 전국 46개 임해지역의 지방정부를 대상으로 유치공모를 실시하면서 지역지원금을 6배 늘려 3,000억원을 약속하였다. 이러한 과정에서 2003년 7월에 부안군수가 위도에 방폐장을 유치한다고 발표하면서 부안주민항쟁이 발생하였고, 2004년 시민단체 주도의 주민투표에 의해 72%의 투표율에 91.8%의 반대로 부안방폐장 설치는 백지화되었다. 2004년에 원자력안전위원회에서 중ㆍ저준위와 고준위 방폐장 폐기물의 분리처분 방침이 확정되고, 2005년에는 방폐장 지원 특별법이 통과되면서 주민투표와 보상정책이 제도화되었다. 그에 따라 중앙정부는 주민투표에 부의하여 가장 높은 찬성률을 보이는 지역을 선정하기로 결정하였고, 군산, 경주, 포항, 영덕의 네 개 지방정부가 유치 신청을 하였다. 2005년 11월 2일 주민투표 결과 경주 70.8% 투표에 89.5% 찬성, 포항 47.7% 투표에 67.5% 찬성, 군산 70.2% 투표에 84.4% 찬성, 그리고 영덕 80.2% 투표에 79.3% 찬성을 보여 찬성률이 가장 높은 경주지역이 최종 입지로 결정되면서 관련 갈등이 일단락되었다.

〈출처: 차성수ㆍ민은주, 2006: 44-60에서 발췌 정리〉

   박스에서 보는 바와 같이 방폐장 갈등은 오랜 기간 동안 시행착오를 거치는 과정에서 성찰과 학습을 통해 간담회ㆍ설명회를 활용하고 최종적으로 주민투표로써 입지를 결정하면서 해결되었다. 또한 중앙정부는 지방정부와 주민의 동의를 얻기 위해 절차적 민주성 확보, 경제지원 강화, 그리고 위험 수준의 완화(고준위 방폐장과 중·저준위 방폐장의 분리) 등과 같은 조치를 취하였다(김경동·심익섭, 2016: 115-116). 이는 지방정부와 주민의 극렬한 저항에 직면하여 사업 추진이 불투명한 상황에서 취해진 불가피한 선택으로 해석된다. 다시 말해, 중앙정부는 더 이상 미룰 수 없는 방폐장 입지 결정을 성사시키기 위해 주민투표를 채택할 수밖에 없었고, 이러한 투표방식에 대한 지방정부와 주민들의 수용을 확보하기 위해 경제적 지원과 위험 감소 대안을 추가할 수밖에 없었다고 할 수 있다.

서울시의 청년수당 관련 갈등 역시 우여곡절을 겪었으나 결국 상호 협의를 통해 해결하였다는 점에서 다른 갈등사례와 차이가 난다. 그러나 초기 단계에서는 사회보장기본법에 규정된 협의와 조정을 적절히 활용하지 못하였다. 즉, 보건복지부와 서울시는 정파적 요인(집권당과 서울시장의 당적 차이)에 의해 법적으로 보장된 협의를 충분히 활용하지 못하였고, 보건복지부의 권력적 조치(교부세 삭감, 이행명령, 직권취소 등)와 서울시의 사법적 맞대응으로 갈등이 지속되었다(김태환, 2016: 39-42). 결국 국정농단 등의 정치적 환경이 변하면서 보건복지부와 서울시는 상호 소송을 취하하고, 법적으로 규정된 협의를 성실히 이행할 수 있었으며, 그에 따라 정책갈등도 해소되었다.

이러한 점에서 중앙정부는 대다수 갈등에 대하여 계층제적 조정양식에 의존하고 있음을 알 수 있다. 중앙-지방 간 갈등사례 중에서 방폐장 갈등사례에서만 지방정부와 주민의 의견이 반영되고 주민투표에 의해 입지가 결정되었으며, 다른 갈등사례에서는 협의와 협상과 같은 수평적 조정양식이 활용되지 못하였다. 청년수당 갈등의 경우 초기 단계에서는 정치적 요인 때문에 법적으로 보장된 협의와 조정을 활용하지 못하였으나 이후 정권 교체 등을 계기로 협의·조정이 이루어졌다. 나머지 네 가지 갈등 사례의 경우 중앙정부는 지시, 이행명령, 대집행 등과 같은 계층제적 조정양식을 사용하고, 지방정부는 사법적 수단에 의존하였다.

또한 중앙정부는 대화, 토론, 협의와 같은 협상적 조정양식뿐만 아니라 설득적 조정양식을 거의 활용하지 않았다. 설득적 조정은 홍보, 인센티브 등을 통해 지방정부와 주민의 선호체계를 바꾸는 방식을 말하는데, 이러한 양식에 대해서는 아직까지 인식이 형성되지 않았다고 할 수 있다. 다만, 방폐장 갈등에서 경제적 인센티브 제공, 절차적 민주성 확보, 그리고 위험 감소 조치를 통하여 지방정부와 주민의 인식을 전환하는 등의 설득적 조정양식이 일부 활용되었다. 그러나 전체적으로 중앙정부는 일방적 결정과 발표 때문에 부정적 인식이 형성되어 있는 상황에서 사후적으로 대화와 협의를 통해 설득하려고 시도하였으나 실효성을 확보할 수 없었고, 결국 설득적 조정과 협상적 조정보다는 명령과 직권취소 그리고 소송 등에 의존할 수밖에 없었다고 할 수 있다.

4) 자원 측면

자원 측면은 정치적 자원, 인적 자원, 재정적 자원, 정보적 자원으로 구분하여 살펴볼 수 있다. 첫째, 정치적 자원은 주민의 지지에 기초한 정치적 영향력이라고 할 수 있다. 이러한 정치적 자원은 대중의 직접적 지지에서 비롯되기 때문에 유권자와 직접적 접촉관계에 있는 자치단체장과 지방의원들이 가장 큰 정치적 자원을 가진다고 할 수 있다. 지방의원은 1991년부터 주민들의 직접선거에 의해 선출되었고, 자치단체장은 1995년부터 직접선거에 의해 선출되어 지금까지 그 기조가 유지되고 있다. 정당공천제에 의해 자치단체장과 지방의원의 정치적 영향력이 감소되고 있지만 자치단체장 선거에서 무소속 당선자가 배출되면서 지역에 따라서는 자치단체장의 정치적 영향력이 국회의원에 비견되기도 한다.[9] 행정부와 비교하면, 임명직 장관이 수장으로 있는 중앙부처보다는 직선 단체장이 수장으로 있는 지방정부가 더 큰 정치적 자원을 가지고 있고, 광역단위보다는 직접적 접촉관계에 있는 기초단위 지방정부가 상대적으로 더 큰 정치적 자원을 가지고 있다고 할 수 있다.

둘째, 인적 자원은 공무원의 수와 자질에 의한 영향력이라고 할 수 있다.

---

9 참고로 지난 2018년의 지방선거에서 무소속 광역단체장은 1명이고, 기초단체장의 경우 226개 중 15명이 무소속 당선자로 나타났다(http://www.nec.go.kr).

전체 공무원(교육공무원 포함) 대비 지방공무원 비율은 2002년 35.4%, 2005년 36.9%, 2007년 35.73%, 2009년 34.86%로 감소하였으나 이후 꾸준히 증가하여 2017년 36.53%를 차지하고 있다(kosis 국가통계포털). 2007년부터 2009년까지는 전체 공무원 수가 감소하는 가운데 지방공무원의 감소폭이 더 커져 지방공무원의 상대적 비율이 감소하였다고 할 수 있다. 또한 OECD 선진국의 비율과 비교하면, 2005년도 기준으로 한국의 지방공무원 비율은 36.9%로 21개 국가 중에서 4번째로 낮은 수준이다. 1995년 대비 2005년의 지방공무원 비율 변화를 살펴보면, OECD 17개 국가 중에서 지방정부 공무원의 비율이 증가한 국가는 11개 국가이고, 감소한 국가는 한국을 포함하여 6개 국가이다. 더욱이 인적 자원 중에서도 고도의 전문성과 기획능력을 가진 고급인력의 경우 중앙정부가 더 많이 보유하고 있다.[10] 중앙-지방 간 인사교류를 통해 일부 고시출신 고급 인재들을 교환하고 있지만 기본적으로 고급 인재들은 중앙정부에 집중되어 있다고 할 수 있다.

셋째, 재정적 자원은 재정수입의 양과 자주성에 의한 영향력이라고 할 수 있다. 중앙-지방 간 재정자원의 보유측면은 세입과 세출의 두 가지 측면에서 살펴볼 수 있다. 먼저 일반정부의 총세입에서 지방정부의 세입이 차지하는 비율은 2015년 기준 34.27%로 OECD 30개 국가 중에서 6위를 차지한다. 미국과 독일에 비해서는 낮으나 여타 선진국에 비해서는 높은 편이다(OECD, 2017). 지방정부 세입 중에서 지방세가 차지하는 비율은 2016년 기준 22.7%로서 OECD 30개 국가 중에서 14위로 OECD 평균보다 약간 낮은 수준이다(한국조세연구원, 2017). 이러한 측면에서 우리나라 지방정부의 재정자원, 특히 지방세 비율은 중앙정부에 비해 상대적으로 열악할 뿐만 아니라 OECD 선진국과 비교해도 낮은 수준이다.

넷째, 정보적 자원은 정보의 양과 수준에 의한 영향력이라고 할 수 있다. 국정운영과 정책추진에 필요한 정보자원의 경우 지방정부보다 중앙정부에서 우위를 가진다고 할 수 있다. 중앙정부에서는 인구, 지역, 재원, 그리고 경제

---

10 참고로 2013년 기준 고위공무원단의 경우 중앙부처는 613명을 보유하고 있으나 지방정부는 40명을 보유하는 데 불과하다(http://kosis.kr/index.do).

등에 관한 통계자료를 통합적으로 관리하고 있고, 고도의 전문적이고 기술적인 지식을 확보하고 있다. 비근한 예로 중앙부처는 경제인문사회연구회 소관 26개 연구기관(KDI와 조세재정연구원 등)과 국가과학기술연구회 소속 25개 연구기관(KIST와 한국생명과학연구원 등)을 보유하고 있으나 지방정부는 16개 시·도 연구원을 보유하고 있는 데 불과하다(http://www.nrc.re.kr). 지방정부는 해당 지역에 대한 세부적이고 특색 있는 정보를 보유하고 있지만 자료의 충분성이나 전문성 측면에서는 부족한 실정이다. 다만 국가정책의 집행 성과를 확보하기 위해서는 전문적, 기술적, 기획적 정보뿐만 아니라 정책집행 현장의 특수한 정보를 활용해야 하기 때문에 중앙정부는 일정 정도 지방정부의 정보에 의존할 수밖에 없을 것이다.

지금까지 살펴본 우리나라 중앙-지방정부 간 관계를 제도(구조), 조정양식, 그리고 자원으로 구분하여 요약 정리하면 [표 4-3]과 같다.

표 4-3 우리나라 중앙-지방정부 관계 진단 결과

구분			중앙-지방관계의 현황	중앙-지방관계의 특징
권력 측면: 제도 (구조)	행정 제도	사무	· 기관위임사무 존재 · 자치사무 비중 개선	· 중앙우위의 관계: 기관위임사무, 특정보조금, 권력적 통제 · 지방정부의 자율성 개선: 자치사무 비중, 기구·정원, 협의·조정제도 등
		재정	· 강한 재정통제 · 특정보조금의 높은 비중	
		협의	· 협의·조정제도 존재	
		기구· 정원	· 기구·정원 제약 여전 · 지방의 자율성 개선 추세	
		감사· 통제	· 중복적 종합감사 · 권력적 통제에 의존	
	정치 제도	자치입법	· 법령에 의한 자치입법권 제약	· 중앙우위의 관계
		정당	· 기초단위까지 정당공천제 유지	
		선출직	· 단체장과 의장협의회 제도화 · 의견 수용에 관한 규정 미흡	
권력 측면: 조정 양식	계층제적		· 계층제적 조정에 의존: 지시, 명령, 취소 등	· 중앙우위의 관계: 계층제적 조정양식
	협상적		· 협상적 조정 미활용 · 협의·조정 활용 미흡	

	설득적	· 설득적 조정에 대한 인식 부족 · 사후 설득으로 실효성 미흡	
자원 측면	정치적 자원	· 상호 대등 또는 지방 우위	· 중앙우위의 관계: 재정자 원, 정보자원 · 지방정부의 자원 증대: 정치 자원, 인적 자원
	인적 자원	· 중앙 우위, 점진적 개선	
	재정적 자원	· 중앙 우위, 개선 정도 미흡	
	정보적 자원	· 중앙우위: 통계자료, 전문정보 · 지방우위: 현지 집행정보	

　표에서 보는 바와 같이 우리나라 중앙－지방정부 관계는 첫째, 권력 측면 중 제도(구조)에서는 여전히 중앙정부 우위의 관계에 있지만 지방정부의 자율성이 신장되고 있어 중앙지배적 관계가 아니라 중앙정부 우위의 상호의존관계에 있다고 할 수 있다. 행정제도와 정치제도를 비교하면, 행정제도는 정치제도에 비하여 지방정부의 자율성이 상대적으로 높다고 할 수 있다. 정치제도는 자치입법권의 제약이 심하고, 정당공천제를 통한 중앙정부의 통제가 강하며, 자치단체장연합회 및 지방의회의장연합회의 의견이 적극적으로 반영될 수 있는 장치가 미흡한 수준이다. 그에 반해 행정제도는 기관위임사무, 특정보조금, 감사제도, 권력적 통제제도 등이 존재하지만, 자치사무의 비중 증대, 협의·조정에 관한 규정 확대, 기구·정원에 관한 자율성 증대 등이 이루어지고 있어 지방정부의 권력이 점점 증대되고 있다고 볼 수 있다.

　둘째, 권력 측면 중 조정양식, 즉 제도적 규정에 기초한 중앙－지방 간 상호작용 행태에서는 여전히 중앙우위의 관계를 가진다고 할 수 있다. 중앙정부는 지시, 명령, 직권취소, 사업권 회수 등과 같은 권력적 조정양식에 의존하고 있고, 대화, 협의, 조정 등과 같은 협상적 조정양식은 거의 활용하지 못하고 있다. 더욱이 제도적으로 규정된 협의와 조정에 대해서도 정치적 요인(중앙정권과 자치단체장의 정당 차이)에 의해 활용하지 못하는 것으로 나타났다. 또한 경제적 인센티브와 인식의 전환을 통해 정책에 대한 수용성을 확보하는 설득적 조정에 대해서는 활용수준이 낮을 뿐만 아니라 그에 대한 인식 자체가 미흡한 실정이다. 중앙정부는 정책의 일방적 결정과 발표 이후 사후적으로 대화와 설득을 시도하였으나 실효성을 확보하지 못한 것으로 나타났다.

　　셋째, 자원 측면에서는 재정적 자원과 전문적 자원 면에서 중앙우위의 상
호의존관계에 있지만, 인적 자원(36.5%)에서 개선이 이루어지고 있고 정치적
자원 측면에서 상호 대등성 또는 지방우위성이 나타나고 있다. 자치단체장과
지방의원들은 주민에 의해 선출되므로 유권자와의 직접적 접촉관계를 통해 대
중적 지지를 확보할 수 있다는 측면에서 중앙정부와 대등하거나 오히려 더 우
위적 관계를 가질 수 있다. 그리고 지방정부는 전문인력과 재정자원, 통계자료
와 기획정보가 미흡하지만 현지 집행정보에 있어서 우위를 점하고 있다. 그러
나 이러한 자원 측면은 제도(구조)나 조정양식에 비하여 중앙 – 지방 관계에 상
대적으로 미약한 영향을 미친다. 지방정부는 정치적 자원을 일정 정도 보유하
고 있음에도 불구하고 전국연합체의 의견 반영도(42.4%) 등에 비추어볼 때 낮
은 정치적 영향력을 가질 뿐만 아니라 중앙정부의 권력적 통제를 줄이는 데
기여하지 못하고 있다. 다시 말해, 중앙정부는 국가정책의 성과를 위해 지방정
부의 자원에 의존해야 한다는 점에서 자원 측면이 중앙 – 지방 관계에 영향을
미치는 요소임에는 분명하지만, 권력중심의 한국적 문화 때문에 제도(구조)와
갈등조정양식 등에 비해 상대적 영향력이 미흡한 것으로 볼 수 있다.

3절 ── 결론

　　지금까지 중앙 – 지방 관계에 관한 이론과 선행연구에 기초하여 우리나라
의 중앙 – 지방 관계를 진단하였다. 우리나라의 중앙 – 지방정부 관계는 수평적
이라고 보기 어렵고, 전반적으로 중앙우위의 특성을 가지고 있다고 할 수 있
다. 첫째, 권력 측면 중 행정제도는 사무·재정(행정제도 1)과 기구·정원 및 협
의제도(행정제도 2)로 구분할 수 있다. 행정제도 1의 경우 국가사무의 비율
(2013년 기준 67.7%), 국세수입(2020년 기준 75.5%), 그리고 감사제도 등을 고려하
면 중앙정부에서 70% 이상의 권력을 가지고 있다고 할 수 있다. 아울러 이러

한 제도의 운영에 있어서도 중앙정부는 강력한 통제력을 행사하고 있다. 즉, 기관위임사무에 대한 취소·정지, 국고보조금에 대한 통제, 지방채 발행 승인, 적발중심의 합법성 감사 등은 지방정부의 자율성을 크게 제약하고 있다. 행정제도 2는 중앙정부에서 상당히 높은 수준의 권력을 가지고 있으나 기구·정원제의 발전(기준인건비제)과 협의제도의 법제화 등에서 보는 바와 같이 지방정부의 권한이 점차 강화되고 있다.

권력 측면 중 정치제도는 자치입법권에 대한 제약이 매우 크고, 기초단위까지 정당공천제가 채택되고 있으며, 지방정부 4대 협의체의 의견반영도가 낮다는 점에서 중앙정부에서 강력한 권력을 가진다고 할 수 있다. 다만 정당공천제 운영에서 전략공천의 비율이 줄고 상향식 공천이 시행되고 있고, 중앙지방협력회의의 설치에 관한 법률이 제출되었다. 따라서 권력 측면 중 행정제도는 다소 높은 '중앙우위의 상호의존관계'에 있고 정치제도는 매우 높은 '중앙우위의 상호의존관계'에 있다고 할 수 있다.

둘째, 조정양식은 협상과 설득보다는 계층제적·권력적 조정에 의존하는 것으로 나타났다. 국책사업을 둘러싼 중앙-지방 갈등에서 중앙정부는 협의·조정 제도의 존재에도 불구하고 강압적·권력적 조정수단을 사용하였다. 중앙정부는 지방정부의 협의 요구에 대해서도 시정명령, 지방교부세 삭감, 사업권 회수, 대집행 등과 같은 조정수단에 의존하였다. 따라서 조정양식 측면의 중앙-지방 관계는 중앙정부의 영향력이 강하고 권력적·계층제적 조정양식에 의존하는 등의 매우 높은 '중앙우위의 상호의존관계'에 있다고 할 수 있다.

셋째, 자원의 경우 재정적·정보적 자원(자원 1)과 정치적·인사적 자원(자원 2)으로 구분할 수 있다. 자원 1의 측면에서 지방정부가 현장의 정보를 가지고 있지만 중앙정부는 고도의 전문적·기획적 정보와 재정적 자원에서 우위를 누리고 있다. 그에 반해, 자원 2의 측면에서 주민들과 직접적 접촉관계에 있는 지방정부는 지방 인력의 비중이 증대되면서 그 지위가 개선되고 있다. 그에 따라 자원 측면에서 중앙-지방 관계는 다소 높은 '중앙우위의 상호의존관계'와 '대등적 상호의존관계'의 경계에 위치한다고 할 수 있다.

이상에서 분석한 결과를 종합적으로 고려할 때 우리나라의 중앙-지방

관계는 자원 측면에서 지방정부의 권한수준이 점차 증대되고 있고 행정제도 (기구·정원과 협의제도)에서 중앙정부의 권력이 감소되고 있지만, 정치제도와 조정양식 측면에서 여전히 중앙정부의 권력수준이 높고 계층제적 통제수단에의 의존도가 높다고 할 수 있다. 그에 따라 우리나라의 중앙－지방 관계는 중앙정부의 권력이 상대적으로 높은 가운데 정책의 성과 제고를 위해 지방정부의 협조를 필요로 하는 '중앙우위의 상호의존관계'에 머물러 있다고 할 수 있다. 이러한 중앙우위의 관계에 기여하는 정도는 조정양식, 정치제도, 행정제도 1(사무, 재정, 감사)의 순서를 따른다고 할 수 있다.

앞으로 중앙－지방 관계를 상호 대등한 의존관계로 개선하기 위해서는 우선, 중앙정부가 지시하고 명령하는 권력적·계층제적 조정양식에서 벗어나 상호수평적 관계에서 대화하고 협의하는 협상적 조정양식과 인식 틀의 개선을 통해 수용성을 제고하는 설득적 조정양식의 비중을 높여가야 할 것이다. 그 다음, 정치제도에서 자치입법권 강화, 정당공천제 개선, 중앙지방협력회의 설치 등을 통해 지방정부의 자율성을 제고하고, 지방분권에 관한 중요한 국가정책의 결정에 있어서는 중앙과 지방이 대등한 지위에서 협의할 수 있도록 해야 할 것이다. 아울러 행정제도 중에서는 기관위임사무의 개선(법정수임사무화), 재정권한의 이양(국세이양과 국고보조금 개선), 그리고 감사제도의 개선(성과중심의 정책감사)이 이루어져야 할 것이다.

마지막으로, 중앙－지방 관계가 중앙우위에서 대등한 상호의존을 거쳐 지방우위의 관계로 전환되기 위해서는 지방정부의 권한과 자원이 강화될 필요가 있다. 중앙정부에 집중된 권한과 자원의 이양을 위해서는 중앙정부의 의지와 지방의 자치역량이 함께 요구되는데, 지방정부는 중앙정부의 권한이양 처분을 기다리는 전략에서 탈피하여 보다 적극적인 역할을 수행해야 한다. 지방정부는 주어진 권한 범위 안에서 성과를 제고하는 역할과 더불어 중앙정부의 권한 영역에 대하여 주도적인 역할을 수행해야 할 것이다. 실제로 지방정부가 중앙정부의 소극적인 권한영역에 대하여 주도적인 역할을 수행하여 성공을 거둔 적이 있는데, 대표적으로 경기도의 주도적 역할에 의한 접경지역지원법 통과 사례를 들 수 있다.

❖ 지방정부의 접경지역지원법 추진 에피소드

저자가 경기연구원에 재직할 당시 지방정부의 주도적 노력을 통해 접경지역지원 법안을 만들고 추진하였던 경험담이다. 접경지역지원법은 국경을 접하고 있는 지 역의 낙후성에 대한 국가차원의 지원을 규정한 법률인데, 중앙정부는 1996년과 1997년 두 차례에 걸쳐 국회통과를 추진하였으나 중앙부처와 환경단체의 반대로 무산되었다. 즉, 1996년은 대통령의 공약에 따라 정부입법으로 제출되었고, 1997년은 국회의원 188명의 공동발의에 따라 의원입법으로 제출되었다. 그 이후 중앙부처나 국회차원에서는 법률 제정이 적극적으로 추진되지 않고 있는 상황이었 다. 이러한 상황에서 1998년 경기도지사는 접경지역지원법을 제정하겠다며 경기 연구원에서 필요한 논리와 법률안 초안을 작성하라고 요청하였다. 도지사의 요청 을 받은 경기연구원 박사들(저자 포함)은 지방정부에게는 법률제출권이 없을 뿐만 아니라 중앙정부에서도 실패한 법률을 경기도에서 추진하겠다는 것은 무리라고 판 단하였다. 그러나 도지사는 경기도 북부지역(접경지역 포함)의 발전방안에 관한 용 역과제를 경기연구원에 의뢰하였고, 저자는 접경지역지원법 초안의 작성을 담당하 였다. 1999년 3월 경기연구원은 중앙정부에서 실패하였던 법률안을 검토하여 경 기도의 수정법률안을 작성하였다. 경기도지사는 용역과제 최종보고회에서 법률안 에 대한 심층검토를 제안하였고, 그에 따라 용인의 한화콘도에서 연구진과 경기도 간부진(지사, 부지사, 실·국장) 간의 간담회가 개최되었다. 난상토론으로 진행된 간담회에서 경기도 건설국장은 법률안의 실질적 내용이 부족하다고 지적하였고, 그에 대하여 저자는 중앙부처와 다른 시·도의 반대를 고려할 때 최소한의 내용에 한정해야 한다고 주장하였다. 토론의 정리에 나선 도지사는 중앙정부에서도 실패 한 경험을 고려할 때 법률의 통과에 방점을 두고 이후 개정하는 전략으로 나아가 야 한다고 결론을 내렸다. 그리고 지사는 국토부, 기재부, 환경부, 국방부 등 반대 하는 중앙부처를 만나 협의하고, 법률전문가와 미니 워크숍을 개최하라고 주문하 였다. 그에 따라 연구진은 1999년 6월 중앙부처와 협의과정을 통해 반대가 극심 한 조문은 제외하고, 협의를 통해 의견접근이 이루어진 조문은 부분적으로 수정하 였다. 또한 1999년 7월 법률전문가들과의 회의를 통해 수정법률안의 내용과 추진 전략을 가다듬었다. 1999년 7월 경기도·인천시·강원도는 접경지역 특별대책팀 3차 회의를 개최하여 수정법률안의 초안에 대한 합의를 도출하여 단일안을 마련하 였다. 접경지역지원법 통과의 마지막 과제는 환경단체의 반대를 극복하는 것이었다. 환경단체는 개발중심의 접경지역지원법이 통과되면 DMZ의 생태보고가 사라진다며 격렬하게 반대하였는데, 그에 대해서는 환경단체 대표들에게 접경지역의 실태를 보여주면서 훼손된 생태자원의 복원을 위해서라도 법률의 제정이 필요하다고 설득하였다. 이러한 과정을 통하여 1999년 10월 27일 접경지역지원법이 의원입법으로 발의되어 10월 29일 상임위원회(행정자치위원회)에 회부되었다. 1999년 12월 6일부터 행정자치위원회 법안심사소위원회의 축조심의와 법사위원회의 자구수정을 거쳐 12월 16일 본회의에서 의결되었다.

박스에서 보는 바와 같이 접경지역지원법은 중앙정부에서 추진하였으나 실패한 후 더 이상의 대응이 없었던 사안이었다. 그에 따라 경기도 등 세 개 시·도는 중앙정부의 노력이 미진하거나 소극적인 정책에 대하여 주도적으로 노력하여 중앙정부의 정책추진을 보충하였다. 특히 세 개 시·도는 중앙정부의 실패 요인, 특히 기재부, 국방부, 환경부 등의 반대 이유를 면밀히 분석하여 대응논리를 개발하고 법률안을 수정하여 통과시킬 수 있었다. 법률 제정의 필요성에 대해서는 독일 사례를 참조하여 국경의 설치로 인해 반세기 이상 감수해온 고통에 대한 보상 차원에서 접근하고, 환경부와 환경단체의 반대를 극복하기 위해서는 현장 견학을 실시하여 보존 필요 지역과 개발 필요 지역으로 구분하는 전략을 사용하였다. 또한 경기도는 인천시와 강원도 등 이해관계가 있는 지방정부와 공동 대응하여 정치적 실현가능성을 제고하였다. 이 사례에서 보는 바와 같이 지방정부는 한편으로는 중앙정부에 대한 권한이양과 통제완화를 요구하면서 다른 한편으로는 주도적 노력을 통해 중앙정부의 정책결정에 영향을 미침으로써 중앙－지방 관계를 전환해 갈 수 있을 것이다.

지방분권가설:
우리의 지방분권 수준은 왜 낮은가

CHAPTER 5

지방분권가설:
우리의 지방분권 수준은 왜 낮은가

　　1995년 정치적 지방분권을 시작한 이래 문재인 정부에 이르기까지 25년 이상 지방분권을 추진하였음에도 불구하고 지방분권의 수준이 낮은 이유는 무엇인가? 신제도주의(역사적 제도주의)에서는 중앙집권적 유산 때문에 지방분권의 추진이 더디거나 중앙집권의 경로에서 탈출하지 못한다고 진단한다. 정책연합이론에서는 지방분권 반대 카르텔이 형성되어 지방분권의 추진을 가로막기 때문이라고 설명한다. 집단행동이론은 지방정부 간 이해관계의 상충으로 인해 지방분권을 위한 공동행동에 실패하기 때문이라고 설명한다. 이 장에서는 신제도주의, 정책연합이론, 그리고 집단행동이론에 의해 지방분권의 수준이 낮은 이유를 분석하고, 이를 바탕으로 우리나라의 낮은 지방분권 수준에 관한 가설을 제시하며, 낮은 지방분권의 함정에서 벗어나기 위한 정책 대안을 모색하고자 한다.

1절 — 지방분권 수준이 낮은 이유

우리나라는 1991년과 1995년을 계기로 지방자치제를 재실시하면서 지방
의원과 단체장의 선출권한을 주민에게 이양하는 정치적 지방분권을 단행하였
다. 그와 더불어 행정적 지방분권, 재정적 지방분권, 그리고 주민분권의 측면
에서도 일정한 성과를 시현하였다. 행정적 지방분권의 경우 1991년부터 2012
년까지 3,114건의 국가사무를 자치사무로 이양하고, 2007년 총액인건비제의
도입을 통해 기구·정원 관련 권한을 지방정부로 이양하였다. 재정적 지방분
권의 경우 지방교육세, 지방소비세, 그리고 지방소득세의 도입을 통해 지방세
의 인상과 국세의 이양을 추진하였다. 주민분권의 경우에도 주민투표제, 주민
소환제, 그리고 숙의형 공론조사 등을 통해 주민결정, 주민참여, 협치 등을 강
화하였다.

이러한 노력에도 불구하고 우리나라의 지방분권 수준은 매우 낮은 편이
고 그 개선 정도 역시 더딘 편이다. 지방사무 비율은 1994년 25%에서 2002년
27% 및 2007년 33.1%로 높아졌으나 2009년 28.3%로 다시 감소하였다가
2013년 32.3%로 다소 개선되었다. 지난 20년 이상 역점을 두고 추진한 성과
치고는 개선의 정도가 낮다고 할 수 있다. 지방세의 비율은 1997년 20.8%에서
2000년 18.0%로 감소하였다가 2015년 24.6%로 개선되었으나 2020년 지방소
비세의 비율 증가에도 불구하고 24.5%에 그치고 있다. 2015년 기준 OECD 선
진국의 지방세 비율과 비교하면 비연방제 국가의 평균인 16%보다는 높지만
연방제 국가의 평균인 35.3%보다 낮은 수준이다. 정치적 지방분권 중에서 지
방정부의 국정참여와 정당추천제 등에서는 눈에 띄는 변화가 없고, 법률적 지
방분권은 헌법의 법률유보주의에 막혀 진전이 전무한 실정이다. 또한 주민분
권의 경우 주민투표제와 주민소환제의 도입은 성과로 인정되지만 대상의 제한
과 엄격한 표결요건 등 제도의 문턱이 높아 활용성과가 저조한 편이다.

25년 이상 지속적인 지방분권의 추진에도 불구하고 지방분권의 성과가
저조하고 그에 따라 낮은 지방분권 수준을 면하지 못하고 있는 이유가 무엇인

가. 여기서는 신제도주의, 정책연합이론, 그리고 집단행동이론에 의해 지방분권의 수준이 낮은 이유를 분석하고자 한다. 지방분권은 중앙집권의 전통과 제도에 의해 영향을 받는다는 점에서 신제도주의 중 역사적 제도주의를 고찰하고, 지방분권에 반대 또는 찬성하는 세력들의 연합이 형성되고 있다는 관점에서 정책연합이론을 고찰하며, 그리고 지방분권에 대한 지방정부의 이해관계가 다를 수 있다는 점에서 집단행동의 딜레마 이론을 살펴볼 것이다.

1. 신제도주의 관점

1) 신제도주의: 역사적 제도주의

신제도주의는 신(新)과 제도주의(制度主義)가 결합된 것으로서 정치나 정책 분석에 있어서 제도의 역할을 중시한 제도주의에 대한 수정판이다. 신제도주의와 제도주의의 가장 큰 차이는 제도의 범위에 있다. 제도주의는 법률과 조직 등의 공식적인 제도에 초점을 둔 반면, 신제도주의는 공식적 제도뿐만 아니라 문화와 관습 등과 같은 비공식적 제도에도 관심을 가진다. 신제도주의 중 역사적 제도주의는 제도의 경로의존성(path dependence)에 기초해 있다. 경로의존성이란 제도의 진행 경로는 이전의 경로에 의존한다는 것이다. 다시 말해, 이전의 우연적 사건 중 결정적 계기(critical juncture), 즉 여러 개 대안 중에서 하나를 선택하는 순간에서 특정한 제도의 경로가 선택되면 이후의 경로는 결정론적 패턴을 갖는다는 것이다(Pierson, 2004; Pierson, 2000; Sewell, 1996; Mahoney, 2000; 하혜수 · 양덕순, 2007).[1]

제도의 경로의존성에 기초한 역사적 제도주의는 제도의 혁명적 변화보다는 기존 제도의 유지와 점진적 변화를 설명하는 데 유용하다. 이러한 경로의존성은 제도 변화의 속도와 방향이라는 두 가지 측면에서 살펴볼 수 있다(하혜

---

1 결정적 계기는 여러 가지 다양한 요소 또는 사건이 시간과 공간을 가로질러 함께 모이는 교차점(conjuncture), 즉 두 개 이상의 순열이 겹치는 전환점으로서 제도변화의 출발점이다 (Wilford, 1994).

수·양덕순, 2007).

첫째, 제도변화의 속도 측면인데, 제도변화는 갑작스럽고 급진적으로 이루어지기보다는 장기간에 걸친 안정적 변화 또는 점진적 변화를 거친다는 것이다. 제도는 특정 종류의 변화를 거부하거나 적절한 행동기준을 개발함으로써 스스로 유지해가기 때문이다(March & Olsen, 1989). 그에 따라 제도는 변화요구에 직면하여 준비된 방식에 따라 대응하며, 시행착오에 의한 학습과정을 통해 점진적으로 진화한다는 것이다.

둘째, 제도변화의 방향 측면인데, 제도는 이전의 경로에 의존적이어서 새로운 경로나 궤적을 선택할 수 없다는 것이다. 제도는 일단 한 번 형성되면 혁명적 변화가 없는 한 스스로 유지되는 관성을 갖기 때문이다. 국가들 간 제도의 차이가 발생하는 근본 이유도 이러한 제도의 경로의존성 때문이다. 크래스너(Stephen D. Krasner)의 단절적 균형은 경로의존성의 논리에 근거해 있는 대표적인 주장이다(Krasner, 1984). 그에 따르면, 제도는 일정 기간 균형을 유지하지만 혁명에 의해 단절되고 이후 다시 새로운 균형을 유지하는 이른바 단절적 균형(punctuated equilibrium)을 거친다는 것이다.

제도의 변화에서 경로의존성이 발생하는 이유는 자기강화기제 때문이다. 자기강화기제(self-reinforcing mechanism)는 제도 스스로 강화되는 특성을 의미하는데, 그 때문에 기존 경로에서 이탈한 새로운 경로의 선택이 어렵게 된다(Powell, 1991: 197).[2] 자기강화기제는 정의 환류(positive feedback)에 의한 경제학의 수확체증과 동일한 개념으로서 일정한 제도적 패턴의 형성과 장기적 복제를 특징으로 한다(Pierson, 2004; Arthur, 1994). 일단 채택된 제도의 패턴은 지속화를 통해 편익의 증대를 가져오기 때문에 시간이 경과함에 따라 그 패턴을 바꾸기 어렵고, 보다 효율적인 새로운 대안이 나타나더라도 기존 제도를 따르게 된다는 것이다. 이러한 자기강화기제는 여러 가지 요인에 의해 발생하지만, 매몰비용, 학습효과, 네트워크 효과, 조정효과, 행태적 속박 등이 주요 원인으로 지적된다(Arthur, 1994).

---

2 제도는 스스로 역사적 순간과 조건을 초월하는 규칙, 루틴, 그리고 형식 속에 역사적 경험을 내재화시키기 때문이다(Dimitrakopoulos, 2001: 407).

우선, 매몰비용(sunk cost)으로서 특정 경로가 형성된 상황에서는 경로 이탈에 따른 비용이 크기 때문에 해당 경로의 이탈이 어렵게 된다는 것이다 (Greener, 2005: 62). 일단 특정 노선이 선택될 경우 이를 되돌리는 데에 따른 비용이 너무 크기 때문에 다른 대안이 존재하는 상황에서도 이전의 궤적을 따른다는 것이다(Levi, 1997: 28). 그에 따라 특정한 제도에 대규모 자원과 에너지를 투입한 행위자들은 새로운 제도의 채택 시 예상되는 매몰비용(고정비용)을 고려하여 그 제도를 지속시키려는 유인을 갖게 된다.

둘째, 학습효과(learning effects)로서 특정 경로에 따르는 제도 내의 행위자들은 시간이 경과하면서 그 제도에 익숙하고 정통하게 되면서 다른 제도의 경로를 비효율적이라고 인식한다는 것이다. 즉, 특정 제도에 따르는 행위자들은 시간의 경과에 따라 특정 제도의 경로와 내용을 학습하게 되어 다른 경로의 선택에 부담을 느끼게 된다는 것이다.

셋째, 네트워크 효과는 더 많은 사람들이 동일한 경로를 채택하면 그에 대한 이득이 증대되는 현상이다. 특정 제도에 연결된 행위자들이 많아지면 개인들은 네트워크의 효과에 의해 더 큰 편익을 얻게 되어 기존의 경로가 지속된다는 것이다.

넷째, 조정효과(coordination effects)는 다양한 행위자들이 특정 경로를 선택할 때 상호작용 활동에 의해 이득이 증대되기 때문에 해당 경로가 유지되는 현상이다. 이는 적응적 기대(adaptive expectations)에 의해 설명되는데, 행위자들은 다른 행위자도 특정 대안을 채택할 것이라고 기대할 때 특정 경로의 유지를 선택한다는 것이다(Deeg, 2001: 9-10).

다섯째, 행태적 속박(behavioral lock-in)은 행위자의 습관으로 인해 특정 제도의 경로에서 벗어나지 못하는 현상이다. 다시 말해, 행위자들은 습관, 조직학습, 그리고 문화 등에 의해 선택과 행동이 구속되어 효율적인 제도를 선택하지 못한다는 것이다. 이러한 학습과 습관뿐만 아니라 제도적 압력, 권력과 통제의 유지성향, 현상유지적 관성 등도 행태적 속박에 영향을 미치는 변수들이다(Barnes et al., 2004: 372-373).

요컨대, 역사적 제도주의는 매몰비용, 학습효과, 네트워크 효과, 조정효과, 행태적 속박 등에 의한 자기강화기제 때문에 경로의존성이 유발되고, 그 결과 특정 제도가 유지된다는 것이다. 그러나 자기강화기제는 제도의 급격한 변화나 새로운 경로의 채택을 설명하지 못하는 단점을 드러낸다. 이러한 단점을 보완하기 위해 크래스너(Stephen D. Krasner)는 단절적 균형의 개념을 제시하여 제도의 급격한 변화는 전쟁, 혁명, 외적 충격 등에 의해 이루어진다고 주장한다(Krasner, 1984). 이러한 외적 충격뿐만 아니라 대안적 경로를 보여주는 역할모델, 가외의 제도적 대응목록, 영역 간 경험의 이전, 유일최선의 대안 출현 등에 의해서도 경로이탈이 이루어질 수 있다는 주장도 있다(Crouch & Farrel, 2002; Mey-Stamer, 1998). 그럼에도 불구하고 역사적 제도주의에 따르면, 제도는 전쟁과 혁명이 없는 한 자기강화기제에 의해 점진적으로 변하며, 기존의 경로와 궤적에서 크게 벗어나지 않는다는 것이다.

2) 역사적 제도주의에 의한 '설명

우리나라에서 낮은 지방분권 수준을 벗어나지 못하는 이유는 중앙집권적 제도의 관성과 자기강화기제가 지방분권 제도의 선택을 제약했기 때문이라고 할 수 있다. 중앙집권을 유지 또는 강화하는 제도의 경로가 지속되는 상황에서 지방분권을 추진하는 새로운 제도의 채택은 비용과 불편을 초래한다는 것이다. 대표적인 예로 행정적 지방분권 중 기관위임사무의 폐지를 들 수 있다. 기관위임사무는 국가사무 중에서 자치단체장에게 위임한 사무인데, 역대 정부에서는 2008년부터 사무구분체계를 개선하면서 기관위임사무의 폐지를 추진하였다(행정자치부, 2015: 13-14).

그러나 중앙정부는 기관위임사무에 익숙하였고, 그 사무의 유지로부터 편익을 얻고 있었으며, 사무의 폐지가 중앙집권의 감소로 이어질 수 있다고 인식함으로써 기관위임사무의 폐지에 소극적이었다. 특히 국회는 기관위임사무와 법정수임사무의 명백한 차이에도 불구하고 근본적인 차이가 없다는 이유를 들어 근거 법률의 제정에 반대하였다.[3] 중앙정부는 기관위임사무의 폐지는 중

---

3 법정수임사무는 지방의회관여, 국가감독, 그리고 정부 간 관계 등에서 기관위임사무와 차이

앙정부의 권한 감소뿐만 아니라 자치단체장의 조례제정권과 지방의회의 자율성 그리고 주민의 참여에 영향을 미치기 때문에 집권적 제도의 근본적인 변화를 초래할 수 있는 사안으로 간주하여 기존 제도를 그대로 존속시킨 것으로 해석할 수 있다.

행정적 지방분권 중 지방정부의 기구·정원제도 개혁에서도 제도적 관성과 잠재적 비용으로 인한 경로의존성이 발현되었다고 할 수 있다(하혜수·양덕순, 2007). 예컨대, 기존 표준정원제도의 잔재가 새로운 총액인건비제도의 선택을 제약하였는데, 이는 총액인건비의 산정에 있어서 지역의 여건과 인력운영 현실에 대한 부분적 보정에도 불구하고 지난해 인건비에 기초하도록 설계되어 있었기 때문이다. 그에 따라 표준정원제 하에서 승인해준 공무원의 수가 총액인건비의 결정에 영향을 미쳤는데, 이전 단계에서 결정한 제도의 잔재가 이후의 새로운 제도 선택을 제약한 것으로 해석할 수 있다(하혜수·양덕순, 2007).

이러한 점에서 총액인건비제가 기존 제도의 잔재에서 완전히 탈피하지 못한 것은 지방정부의 적정 공무원 수를 도출하기 어렵다는 현실적 한계에 기인하기 보다는 갑작스러운 제도 변화에 따른 기득권의 상실, 지방정부의 저항과 반발, 그리고 중앙부처의 정치적 부담 등이 결합된 결과로 보인다(하혜수·양덕순, 2007: 144-147). 총액인건비제를 도입한 목적과 취지는 총액인건비 범위 안에서 지방정부의 기구와 정원을 자율적으로 결정하도록 함으로써 지방정부의 기구 설치에 대한 중앙의 통제를 줄이고 지방정부의 자치조직권을 강화하는 것이었다. 그럼에도 불구하고 고위직 기구설치(광역의 국단위, 기초의 과단위)에 대한 중앙의 통제를 남겨둔 것은 지방정부의 자치역량에 대한 불신과 중앙집권적 신념의 지속화에 기인한 것으로 볼 수 있다. 중앙공무원들은 지방자치제 초기부터 지방정부의 자치역량과 자기통제능력에 대하여 불신하는 사

가 있다. 법정수임사무는 자치단체장에게 위임된 사무가 아닌 법령에 의해 자치단체가 수임한 사무이고, 지방의회가 조례를 제정할 수 있으며, 국가의 감독도 법령에 규정된 수단에 한정되며, 중앙-지방의 관계도 상대적 대등협력관계를 전제로 하고 있다. 특히 기관위임사무는 중앙정부의 법령 제·개정에 의해 신설이 가능하지만, 법정수임사무는 중앙정부의 일방적 증설이 금지된다(행정자치부, 2015: 14).

고를 가지고 있었고, 이러한 사고가 자기강화기제를 통하여 불식되지 않고 지속 또는 확대되고 있다고 해석할 수 있다.

　재정적 지방분권 중 국세의 지방세 이양에서도 집권제도의 관성, 중앙관료의 권력유지성향, 그리고 중앙정부의 통제관성이 작용하였다고 할 수 있다. 중앙정치인과 관료들은 지방분권 추진의 전제조건으로 자치역량의 강화를 주장하면서 국세의 지방세 이양에 소극적이거나 반대하는 입장이다. 또한 기획재정부(기재부)는 지방소비세 도입에서 보는 바와 같이 국세의 이양 등에 대해 매우 소극적이다. 이명박 정부에서는 국세인 부가가치세의 10%를 지방소비세로 전환하려고 계획하였으나 기획재정부의 반대에 직면하여 5%로 축소한 바 있다(내일신문, 2008.10.7.).[4]

　지방세의 비중과 지방교부세의 비중에 대한 장기적 변화를 보면 재정분권에 대한 중앙정부의 태도를 읽을 수 있다. 국세-지방세 비율을 보면, 1992년에 21.2%이던 것이 2019년에 23.1%로 나타나 거의 변하지 않은 것으로 나타났다(국세청, 1998; 2003; 2008). 2020년에 지방소비세를 부가가치세의 21%로 인상함으로써 국세 대 지방세의 비율은 75.5:24.5로 개선되었다. 지방세 비율이 연도별로 약간의 변화는 있었지만 18~24% 사이를 유지하고 있는 점에 비추어 볼 때 지방자치제 실시 및 지방분권의 추진에도 불구하고 지방세 비중은 크게 개선되지 않았다고 할 수 있다. 그에 반해 지방교부세는 1969년 내국세 총액의 16%, 1982년 내국세의 13.27%, 2000년 15%, 2004년 18.3%, 2005년 19.13%, 2006년 19.24% 등으로 증액되었다. 이러한 과정을 볼 때 중앙정부는 자체재원인 지방세의 증액보다는 의존재원인 지방교부세의 증액에 역점을 두었다고 할 수 있다.

---

4 당시 기재부와 협의과정에 참여했던 행정안전부(행안부) 공무원들은 기획재정부(기재부) 공무원들이 5%의 지방소비세 도입에 대해서도 매우 저항적이었다고 회고하였다.

2. 정책연합이론의 관점

1) 정책연합이론

정책연합이론은 유사한 신념과 가치를 공유하고 있는 정책행위자들이 연합을 형성하여 자신들이 유리한 방향으로 정책의 변화를 지지하거나 저지시킨다는 이론이다. 정책옹호연합이론(ACF: Advocacy Coalition Framework)은 유사한 신념을 공유하는 정책행위자들이 연합을 형성하여 자신들의 신념을 정책화하기 위해 대립 · 갈등 · 경쟁하는 과정에서 정책이 변동된다고 주장한다.5 정책연합이론에 근거할 때 정책찬성연합과 정책반대연합이 대립하고 경쟁하는 상황을 생각할 수 있다. 정책연합이론의 주요 내용을 살펴보면 정책연합, 신념체계의 계층화, 정책중개자, 정책학습, 그리고 외부환경요인 등으로 요약된다(Sabatier, 1988; 남궁근, 2017: 513−520; 양승일, 2005; 백승기, 2008).

첫째, 정책연합이론은 분석 단위를 개별 정책행위자가 아니라 정책연합, 즉 정책행위자로 구성된 정책하위체제로 채택한다. 정책하위체제는 정책이슈에 적극적으로 관심을 갖는 행위자들로 구성되며, 중앙정부, 지방정부, NGO, 이익집단, 그리고 기업집단을 포함한다. 이들 정책하위체제 내에는 정책신념을 공유하는 정책연합들이 존재하며, 이들 연합들은 자신들의 신념을 정책화하기 위해 노력한다.

둘째, 정책연합이론은 정책연합의 신념체계가 계층화되어 있다고 가정한다. 즉, 최상위의 근본적 신념, 중간 수준의 정책신념, 그리고 가장 낮은 수준의 부차적 신념으로 구성되어 있다는 것이다(Sabatier, 1988: 145). 여기서 근본적 신념(deep core beliefs)은 규범적 · 존재론적 성격을 가진 것으로서 인간의 본성, 궁극적 가치에 대한 우선순위(자유, 안보, 건강 등), 분배적 정의기준 등이다. 정책신념(policy core beliefs)은 근본적 신념의 달성을 위한 전략에 관한 것으로서 정부와 시장의 역할, 권력분배, 정책지향(환경보존 vs. 경제발전), 정책수

---

5 ACF는 국내 논문에서 옹호연합이론으로 번역되고 있지만, 여기서 정책연합은 각기 자신들의 주장을 옹호하기 때문에 굳이 옹호라는 단어를 붙이지 않고 그냥 정책연합이라는 용어를 사용할 것이다.

단에 관한 시각(강제, 유인, 설득), 정책참여에 대한 시각(시민참여 vs. 전문가참여), 사회의 문제해결 능력(제로섬 vs. 상생해결, 기술낙관론 vs. 비관론) 등을 포함한다. 부차적 신념(secondary beliefs)은 정책신념의 구현에 필요한 수단적 의사결정과 정보수집에 관한 것으로서 수단적 의사결정(행정규칙, 예산배분, 법규해석)과 프로그램 성과에 관한 정보수집 등을 포함한다.

셋째, 정책연합이론은 정책중개자(policy broker)가 정책연합들의 갈등상황에 개입하여 절충안을 제시하는 역할을 한다고 강조한다. 기본적으로 정책연합들은 자신들의 신념체계를 정책화하기 위해 다양한 전략과 자원을 동원한다. 그러나 이들 정책연합들은 상충되거나 양립 불가능한 목표와 전략을 추구하기 때문에 극심한 대립과 갈등에 빠질 수 있는데, 정치인과 관료 그리고 시민단체 등의 정책중개자가 합리적인 절충안을 제시하여 갈등을 조정하고 중재한다는 것이다. 정책중개자에 의해 제시된 절충안이 채택되면 정책은 결정되고 집행되며, 정책산출과 정책영향이 발생한다.

넷째, 정책연합이론은 정책연합의 신념체계가 정책학습(policy-oriented learning)에 의해 수정될 수 있다고 주장한다(남궁근, 2017: 518-519). 즉, 정책연합들은 정책지향 학습을 통하여 신념체계를 강화하거나 수정할 수 있고, 정책방향이나 전략을 바꿀 수도 있다는 것이다. 정책지향 학습을 통한 신념체계의 수정은 부차적 신념에 한정되며, 근본적인 신념을 변화시키기는 어렵다.

다섯째, 정책연합들은 두 가지 유형의 외부요인에 의해 영향을 받는다고 한다. 하나는 상대적으로 안정적인 요인으로서 정책문제 영역(또는 재화)의 기본 속성, 자연자원의 배분상태, 사회문화적 가치와 사회구조, 헌법(법률)구조 등이 포함된다. 이들 요인들은 정책하위체제 구성원들의 자원과 신념체계에 영향을 미치고, 실현가능한 대안의 범위를 제약한다. 다른 하나는 상대적으로 가변적이고 동태적인 요인으로서 사회경제적 조건의 변화, 여론의 변화, 통치연합의 변화, 다른 하위체제로부터의 정책결정 등이 포함된다. 정책하위체제의 행위자들은 이러한 가변적인 요인들에 대응하여 자신들의 근본적 신념과 이해관계를 관철시키기 위해 노력한다.

2) 정책연합이론에 의한 설명

지방분권의 추진에 있어서 정책연합은 지방분권연합과 중앙집권연합으로 구분할 수 있다. 지방분권연합은 지방정부·지방정부연합·분권시민단체·지방분권 전문가 등이고, 중앙집권연합은 기재부·국회·중앙부처·집권시민단체·재정 전문가 등이다. 이러한 지방분권연합과 중앙집권연합의 신념체계, 외부환경요인, 정책중개자, 그리고 정책연합의 전략과 자원 등을 고찰하면 지방분권의 성과 부진과 낮은 지방분권 수준의 원인을 규명할 수 있을 것이다.

첫째, 지방분권연합의 근본적 신념은 민주성(지방민주주의)에 바탕을 두고 있고, 정책신념으로는 자치권과 주민참여를 지지하며, 부차적 신념으로 '선 지방분권 후 보완'에 근거하고 있다고 할 수 있다. 그에 반해 중앙집권연합은 근본적 신념으로 효율성(규모의 경제)에 기대고 있고, 정책신념으로 책임성과 전문가 참여를 강조하며, 부차적 신념으로 '선 자치역량 후 지방분권'에 근거해 있다.

둘째, 정책연합의 신념과 정책선택에 영향을 미치는 외부요인 중 상대적으로 안정적인 요인은 중앙집권구조(문제영역의 기본 속성), 인구와 재원의 불평등성(자연자원의 배분상태), 계층주의와 권위주의(사회문화적 가치와 사회구조), 지방분권을 제약하는 헌법과 법률(헌법구조) 등이고, 상대적으로 가변적인 요인은 지방소멸·세계화·주민직접참여(사회경제적 조건의 변화), 좁은 국토와 지방정부 불신(여론의 변화), 세종시·혁신도시 건설 등이다.

셋째, 정책중개자의 존재와 역할이다. 국회와 행정안전부(행안부) 그리고 시민단체 등이 정책중개자 역할을 수행해야 하지만, 국회는 기본적으로 지방분권을 권력약화로 인식하는 경향이 강하고, 행안부는 지방정부에 대한 통제자이면서 여타 다른 중앙부처(기재부와 국토교통부 등)의 대항자로서 중개자 역할이 어려운 상황이며, 시민단체는 지방분권 반대 단체와 찬성 단체로 나누어져 있어 중립적인 관점에서 중재하기 어려운 상황이다.

넷째, 전략과 자원에 있어서 지방분권연합은 동원가능한 자원이 상대적으로 부족하며, 주로 지방분권의 당위성과 공론화에 의존한다. 그에 반해 중앙집권연합은 동원가능한 자원이 상대적으로 우월하며, 주로 자치역량의 부족으로 인한 비효율과 부패를 부각시키는 전략을 사용한다.

다섯째, 정책학습은 지방분권에 대한 세미나 등이 간헐적으로 이루어지고 있으나 빈도나 내용 면에서 정책연합의 부차적 신념을 바꾸기에는 역부족이다. 특히 경제정의실천시민연합(경실련)과 지방분권운동본부 등 시민단체의 세미나는 재원동원의 어려움으로 인해 그 빈도가 낮고, 중앙부처의 세미나는 지방정부와 주민으로부터 진정성을 의심 받고 있으며, 지방정부의 세미나는 언론과 주민의 관심을 크게 받지 못하여 의제설정 능력이 낮은 편이다.

표 5-1 정책연합이론의 적용결과

구분		지방분권연합	중앙집권연합
신념체계	근본적 신념	민주성	효율성
	정책신념	자치권, 주민참여	책임성, 전문가 참여
	부차적 신념	선 지방분권 후 보완	선 자치역량 후 지방분권
안정적 요인	문제영역의 기본속성	중앙집권구조	
	자연자원의 배분상태	인구와 재원의 불평등성	
	사회문화적 가치와 사회구조	계층주의, 권위주의	
	헌법구조	지방분권을 제약하는 헌법규정과 지방자치법	
가변적 요인	사회경제조건의 변화	지방소멸, 세계화, 주민의 직접참여	
	여론의 변화	좁은 국토에 의한 중앙집권 지지, 지방불신	
	다른 하위체제의 정책결정	세종시와 혁신도시 건설	
자원과 전략		· 자원에서 상대적 열위 · 지방분권 당위성과 공론화	· 자원에서 상대적 우위 · 지방역량 부족과 부패 홍보
정책지향 학습		세미나, 지역공청회 등	

지방분권연합과 중앙집권연합은 부차적 신념 외에는 단기적으로 수정하기 어려운 근본적 신념과 정책신념을 가지고 있다. 또한 이들은 주민의 직접 참여와 같은 일부 가변적 환경요인을 제외하면 재원의 불평등과 권위주의 문화 등과 같은 안정적 환경요인에 의해 영향을 받고 있다. 이러한 상황에서 중앙집권연합이 상대적으로 우월한 자원을 가지고 지방정부의 자치역량과 책임성 부족을 집중적으로 부각시키는 전략을 펴기 때문에 낮은 지방분권의 수준에서 벗어나지 못한 것으로 볼 수 있다. 다시 말해, 중앙집권연합은 중앙부처, 국회, 그리고 이익집단 등이라고 할 수 있는데, 이러한 세력들의 체계적인 반대 때문에 낮은 지방분권 수준에 빠져 있다고 해석할 수 있다. 중앙부처 중에서 행안부는 양면적인 태도를 보이는데, 한편으로는 지방분권 관련 법률의 제·개정안을 국회에 제출하여 통과를 위해 노력하고, 다른 한편으로는 지방정부의 기구·정원 관련 권한의 이양에 대하여 자치역량의 부족을 이유로 반대하거나 소극적인 태도를 취한다.

중앙부처 중에서 지방분권에 가장 크게 반대하는 부처는 기재부라고 할 수 있다. 기재부는 주로 재정적 지방분권에 대하여 반대하는 입장인데, 재원의 지방이양은 기재부의 통합적 재정 관리를 곤란하게 할 뿐만 아니라 지방정부의 낮은 자치역량 때문에 재정성과 및 책임성 확보가 어려울 것이라고 우려한다. 실제로 역대 정부에서 추진한 재정적 지방분권은 기재부의 강력한 반대에 직면하였는데, 그에 따라 대통령의 강력한 의지의 천명에도 불구하고 국세의 지방세 이양은 계획대로 추진되지 못하였다(뉴스1, 2015.4.28.; 조선비즈, 2017.11.1.).

국세의 지방세 이양 중 가장 가시적인 성과는 지방소비세의 신설이라고 할 수 있는데, 국세인 부가가치세의 일정 비율을 지방정부로 이양한 것이다. 이명박 정부에서 부가가치세의 10%를 지방소비세로 이양할 계획이었으나 기재부의 반대로 무산되고 결국 5%로 결정되었다(내일신문, 2008.10.7.). 특히 2010년에 지방소비세(부가가치세의 5%)를 도입할 때 행안부와 지방정부는 5%에서 시작하여 20%까지 단계적으로 인상하는 대안에 합의하였다고 주장하였으나 기재부는 그러한 사실이 없다고 반박하였다(뉴스1, 2013.7.20.). 결국 2013년에 취득세의 50% 인하로 인한 지방세수 감소분을 보충하기 위해 지방소비세를 5%에서 11%로 인상하는 데 그쳤다(조세일보, 2013.10.8.). 이후 박근혜 정부에서 부가가치세의 비율을 16%로 인상하려고 시도하였으나 그 역시 기재부의 반대로 무산되었다(뉴스1, 2015.4.28.).

　　이러한 상황은 오늘날에도 크게 바뀌지 않았다. 문재인 정부는 국세 대 지방세의 비중을 8:2에서 7:3으로 개선하기 위하여 지방소비세를 16%로 인상하려고 하였으나 기재부는 세수 부족과 재정상황의 악화를 이유로 반대하였다(조선비즈, 2017.11.1.). 기재부는 행안부와 지방정부의 지방소비세 인상에 대하여 지방교부세의 감축을 주장하기도 하였다. 즉, 지방소비세의 비율 인상은 국세 수입의 부족을 초래하고 이는 지방교부세의 축소로 나타날 수밖에 없다는 것이다. 이처럼 지방소비세의 비율 인상에 대한 기재부의 지속적인 반대에 직면하여 문재인 정부는 2019년에야 지방소비세의 비율을 15%로 인상하였고, 공약사항인 21% 인상은 집권 3년차인 2020년에 달성하였다.6

　　기재부 다음으로 지방분권에 반대하는 강력한 집단은 국회이다. 국회는 지역별, 정당별, 그리고 가치관에 따라 지방분권에 대한 태도가 다양하지만 자신의 이해관계에 밀접하게 관련된 이슈, 즉 법률적 지방분권이나 정당공천제 폐지 등에 대해서는 반대하는 경향이 강하다. 그에 따라 지방분권 이슈가 대통령의 공약이나 국민들의 요구에 의해 정책의제로 채택된 경우에도 국회에서 정책결정이 되지 않는, 즉 정책의제가 결정의제로 전환되지 못하는 경우가 빈번하다.7 예를 들면, 기관위임사무 폐지, 재정분권, 그리고 지방자치법 전면개정 등은 대통령의 공약사항으로 자치분권위원회에서 심의·의결하여 관련 법률을 국회에 보냈으나 국회에서 반대하거나 소극적으로 대응하여 결정의제가 되지 못하였고, 더욱이 지방분권을 가로막고 있는 헌법조항의 수정을 포함한 개헌안은 권력구조 개편에 대한 국회의 우려와 반대 때문에 제대로 된 논의조

---

6 다만 수도권 지방정부에서 징수된 지방소비세수의 35%를 지역상생기금으로 10년간 출연하기로 한 점은 긍정적이다(뉴스1, 2019.12.27.).

7 정책의 창(policy window) 이론에 따르면, 문제와 정책 그리고 정치라는 독자적인 흐름이 이루어지는 상황에서 정권교체, 우연한 사건, 정책선도자의 노력 등에 의해 정책의 창이 열리고 그에 따라 정책의제가 채택되거나 결정의제가 된다고 한다(Kingdon, 1997).

차 이루어지지 않았다.

이렇게 볼 때 지방분권, 그 중에서도 핵심적인 사항은 기재부와 국회 등과 같은 중앙집권연합의 체계적인 저항에 의해 추진되지 못했다고 할 수 있다. 일본에서 도입된 기관위임사무의 폐지는 국회에서 봉쇄되었고, 국세의 지방세 이양은 기재부의 저항에 직면하여 성사되지 못하였다. 지방선거의 정당 공천제 폐지는 지방정부와 시민단체 그리고 자치학자들의 체계적인 노력에도 불구하고 국회의 무관심으로 정부의제 또는 결정의제의 문턱을 넘지 못하였다. 일본에서 시행되고 있는 중앙-지방 간 협력회의에 관한 법률도 일부 의원들이 제출하였으나 통과되지 않았고, 문재인 정부 들어 대통령과 시·도지사들이 대등한 입장에서 협의하는 중앙지방협력회의의 설치를 시도하였으나 관련 법률은 20대 국회 임기만료로 자동 폐기되었다. 따라서 지방분권은 지방정부, 시민단체, 자치전문가로 이루어진 지방분권연합의 노력에도 불구하고 기재부, 국회, 이익집단으로 이루어진 중앙집권연합의 저항에 직면하여 기대한 성과를 거두지 못하였다고 할 수 있다. 향후 국민들이 지방분권의 성과를 체감하고, 적극적인 관심과 지지를 보내지 않는 한 이러한 구도는 지속될 가능성이 높다.

3. 집단행동이론의 관점

1) 집단행동의 딜레마 이론

집단행동의 딜레마 이론(collective action dilemma)은 모든 개인이 협력하면 더 좋은 결과를 얻지만 상충되는 이해관계로 인해 그렇게 하지 못하고 집단행동에 실패하는 현상을 설명한다(Olsen, 1965). 여기서 집단행동이란 집단 구성원들이 자신의 지위를 개선하고 공동 목적을 달성하기 위해 함께 취하는 협력적 행동을 말한다. 딜레마는 두 가지 대안 중에서 어느 쪽도 선택하지 못하는 상황을 의미하는데, 그에 따라 집단행동의 실패가 초래된다. 집단행동이론에 따르면, 공공재 생산에 참여하는 다수 개인들의 합리적인 선택은 무임승차 유인 때문에 공공선을 위한 집단행동을 만들어내지 못한다는 것이다. 이는 공공재의 특성인 비배제성과 비경합성 때문이다. 비경합성은 한 사람에 의한 소비가 다른 사람의 소비에 의해 영향을 받지 않는 특성이고, 비배제성은 재화에 대한 대가를 지불하지 않는 사람을 재화의 편익에서 제외하지 못하는 특성이다. 따라서 무임승차자 문제(free-rider problem)로 알려진 공공재의 비배제성이 집단행동의 딜레마를 유발한다는 것이다.

올슨(Mancur Olsen)은 「집단행동의 논리(The Logic of Collective Action)」라는 저서에서 집중된 편익(concentrated interest)과 확산된 비용(diffuse interest)에 관한 이론을 제시하였다. 그의 핵심적 주장은 대규모 집단일수록 무임승차 문제 때문에 집중된 소수의 이익이 과잉 대표되고 확산된 다수의 이익이 무시된다는 것이다. 집단행동의 딜레마로 알려진 올슨의 주장은 다음 두 가지의 통념을 반박한다(Olsen, 1965).

첫째, 집단의 모든 구성원이 공통의 이해관계를 가지고 있다면 그들은 집단행동을 취할 것이라는 통념에 대한 비판이다. 그는 이러한 통념과 달리 공공재를 생산하는 조직은 구성원의 무임승차 유인 때문에 집단행동에 실패할수 있다고 주장한다. 즉, 공공재의 비배제성과 비경합성 때문에 집단행동 참여에 대한 선택적 유인이 없다면 집단규모가 클수록 집단행동의 가능성은 감소한다는 것이다. 그리하여 공통의 이해관계를 가지고 있는 경우에도 대규모 집단의 구성원들은 집단행동에 참여할 가능성이 줄어들게 된다(정연정, 2002: 74).

둘째, 민주주의는 다수가 소수를 억압하고 착취한다는 통념에 대한 비판이다. 그는 이러한 다수지배의 통념과 달리 집중된 소수의 이익이 넓게 확산된 다수의 이익을 억압할 수 있다고 주장한다. 확산된 다수의 이익구조 상황에서는 무임승차자가 늘어나 집단행동의 도출이 어려워지기 때문이다.

집단행동의 딜레마 이론은 모두에게 이익이 되는 집단행동에 불참하는 개인에게 비용을 부담시키지 못하는 상황을 설명한다. 이러한 집단행동의 딜레마는 죄수의 딜레마(prisoner's dilemma), 집단행동의 문제, 무임승차자 문제, 그리고 공유지의 비극(tragedy of the commons) 등을 포함하고 있으며 '고양이 목에 방울 달기'에 비유할 수 있다. 이는 공공재 공급에 있어서 개인의 합리적 선택으로 인해 자원을 많이 가진 자가 자원을 적게 가진 자보다 부담을 더 많이 지게 되는 상황을 초래한다. 자원을 적게 가진 사람은 무임승차 전략 외에 선택의 여지가 없는 상황에서 공공재 공급에 기여하지 않으면서 편익을 얻으려고 시도하기 때문이다.

2) 집단행동의 딜레마 이론에 의한 설명

우리나라의 낮은 지방분권 수준은 집단행동의 딜레마 이론에 의해서도 설명될 수 있다. 집단행동의 딜레마 이론에 따르면, 모든 지방정부는 지방분권(중앙정부의 권한이양)을 원하지만 서로 다른 이해관계 때문에 지방분권에 대한 집단행동에 실패하여 기대한 성과를 거두지 못한다는 것이다. 이는 지방분권의 추진방식에서 비롯되는 측면이 강하다. 특정 사무(기능)나 권한에 대한 지방이양이 결정되면 모든 지방정부에게 해당 권한을 이양하는 '획일적 지방분권'은 지역맞춤형 정책추진을 저해함으로써 지방정부의 응집력을 떨어뜨리고, 더 나아가 일부 지방정부는 지방분권을 위해 시간과 비용을 지불하지 않게 되는 무임승차자 문제도 야기할 수 있다.

특히 개별 지방정부들이 지방분권에 적극적으로 나서지 않는 상황에서 다수의 지방정부들은 지방분권을 위한 주도적 노력에 수반되는 비용과 부담 때문에 단합된 행동을 취하지 않을 것이다. 이러한 지방정부의 집단행동 실패와 그로 인한 지방분권연대의 응집력 부족은 중앙정부로 하여금 지방분권을 소극적으로 추진하게 만드는 빌미를 제공할 수 있다. 그러나 집단행동의 딜레마 양상은 지방분권의 사안별로 다소 다를 것으로 판단된다.

첫째, 정치적 지방분권, 특히 정당공천제 폐지의 경우 특정 지방정부가 주도적인 노력을 기울일 경우 손해는 집중되지만 폐지에 따른 편익은 분산되기 때문에 어느 지방정부도 적극적인 행동을 취하지 않을 것이다. 개별 자치단체장이나 지방의원들도 성공에 대한 보상보다 실패에 따른 비용을 더 크게 인식하기 때문에 주도적으로 나서기 어렵다. 정당공천제의 폐지에 따른 혜택은 모든 자치단체장과 지방의원들이 받지만 폐지 주장으로 인한 비용과 부담은 특정 개인들에게 집중되기 때문에 무임승차자가 생길 수 있고, 그에 따라 어느 누구도 적극적으로 나서지 않는 집단행동의 딜레마에 빠질 수 있다는 것이다.

둘째, 재정적 지방분권 중에서 국세이양은 지방정부별로 상반되는 결과를 가져오기 때문에 결집된 행동을 기대하기 어려울 것이다. 조세기반이 튼튼한 부유한 지방정부는 국세의 지방세 이양을 적극적으로 지지하는 데 반해, 조세기반이 취약한 가난한 지방정부는 국세의 지방세 이양보다는 지방교부세의 증액을 지지할 것이다. 더욱이 지방정부 중에서 수적으로 더 많은 가난한 지방정부는 국세의 지방세 이양이 내국세 수입의 19.24%를 재원으로 하는 지방교부세의 축소를 초래하기 때문에 국세의 이양에 대하여 적극적으로 반대할 것이다. 이처럼 재정적 지방분권에서는 개별 지방정부의 무임승차 문제가 아니라 세원 분포의 불균형에 따른 집단간 이해관계의 상충 때문에 집단행동에 실패할 것이다.[8]

셋째, 행정적 지방분권의 경우에도 지방정부의 상충되는 이해관계 때문에 집단행동의 실패가 나타날 수 있다. 사무의 지방이양이나 특행기관의 기능이양 여부에 대한 지방정부의 의견조사에서 재정력과 지역여건의 차이에 따라 지지가 달라지는 점을 확인할 수 있다. 예컨대, 항만기능의 지방이양에 대하여 항만을 끼고 있는 지방정부는 적극적으로 지지하는 데 반하여 항만이 없거나 아주 미미한 지방정부는 관심이 없거나 소극적인 태도를 보인다. 또한 재정력이 약한 지방정부는 사무와 함께 인력과 재원도 이양하는 포괄적 이양을 주장하는 데 반하여 재정력이 튼튼한 경기도 등에서는 재원이양이 없더라도 지역경제와 지역계획 기능의 대폭적인 이양을 주장한다. 이러한 지방정부의 상충되는 요구는 중앙정부의 소극적인 지방분권 추진에 대한 면죄부를 주고 있는 실정이다.

---

8 인구 100만 대도시는 사무이양과 국세이양을 포함하여 특례시를 요구하고, 인구 50만 이상 대도시는 사무이양 특례 강화를 요구하며, 인구가 줄고 재정력이 약한 군지역은 재정지원특례가 포함된 특례군을 요구하고 있다.

4. 지방분권가설 도출

1991년 지방의회의 구성과 1995년 자치단체장의 직선 이후 김영삼 정부에서부터 문재인 정부에 이르기까지 지속적인 지방분권의 추진 노력에도 불구하고 지방분권의 성과가 크지 않고, 그에 따라 낮은 지방분권 수준을 유지하고 있는 이유에 대하여 신제도주의(중앙집권의 유산), 정책연합이론(중앙집권연합의 지방분권 저지), 그리고 집단행동이론(지방정부에 의한 집단행동 실패 및 지방분권연대의 결집력 부족)으로 설명하였다. 이 세 가지 이론을 종합하여 우리나라의 낮은 지방분권 수준을 설명하기 위한 가설을 구성하고자 시도하였다. 아직은 검증되지 않은 가설적 수준이지만 낮은 지방분권 수준을 설명하는 데 유용할 것으로 사료된다. 지방분권의 추진 미흡과 낮은 지방분권 수준을 설명하기 위한 가설을 도식화하면 [그림 5−1]과 같다.

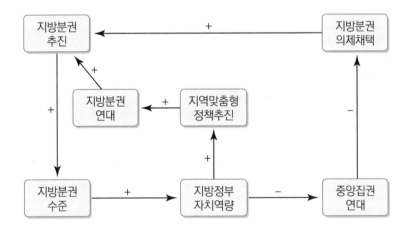

그림 5-1 지방분권가설 도식화

그림에서 보는 바와 같이 하나의 가설적 경로에서 지방분권 수준은 지방분권 추진에 의해 좌우되는데, 지방분권 수준이 높으면 높을수록 지방정부의 자치역량 강화에 정(+)의 영향을 미치고, 지방정부의 자치역량이 강화되면 될수록 중앙집권연대에는 부의 영향을 미치며, 중앙집권연대는 지방분권 의제의 채택에 부(−)의 영향을 미치며, 지방분권 의제의 채택은 지방분권의 추진에 정(+)의 영향을 미치는 구조이다. 또 다른 가설적 경로는 지방분권 수준은 지방정부의 자치역량에 정(+)의 영향을 미치고, 자치역량 강화는 지역맞춤형 정책에 정(+)의 영향을 미치며, 자치역량 강화는 지방분권연대에 정(+)의 영향을 미치는 구조이다. 이러한 두 가지 가설적 경로에 따라 우리나라의 낮은 지방분권 수준이 지속화되는 이유를 설명할 수 있다.

첫 번째 가설은 지방분권 수준 → 지방정부의 자치역량 → 중앙집권연대 → 지방분권 의제채택 → 지방분권 추진으로 연결되는 명제이다. 이 가설에 따르면 지방분권의 추진 미흡에 의한 낮은 지방분권 수준은 지방정부의 자치역량 저하를 초래하고, 자치역량의 저하는 중앙집권연대를 강화시켜 지방분권 의제의 채택률을 낮춤으로써 지방분권 추진을 저해하는 악순환 구조가 지속된다는 것이다. 이러한 악순환의 출발에 해당되는 지방분권 추진 미흡에 작용하는 핵심 요인은 중앙집권적 제도와 관행이라고 할 수 있다. 중앙집권적 제도와 관행이 자기강화기제를 일으켜 지방분권 개혁의 추진을 더디게 하고 낮은 지방분권 수준을 초래할 수 있다는 것이다. 그리고 낮은 지방분권 수준은 지방정부의 자치역량 약화를 초래하는데, 이러한 자치역량의 약화는 중앙집권연대의 논리를 강화시켜 지방분권 의제의 채택비율을 낮추어 지방분권 추진을 저해한다는 것이다. 다시 말해, 지방정치인, 지방정부, 매스컴, NGO의 요구에 따라 지방분권 공약이 대대적으로 제시되지만 지방정부의 자치역량 부족이 국회, 중앙부처(기재부), 그리고 보수언론 등으로 대변되는 중앙집권연대의 반대 논리와 무의사결정(non decision−making)에 영향을 미쳐 지방분권 의제의 채택률을 떨어뜨린다는 것이다. 실제로 중앙부처는 지방정부의 자치역량 부족을 이유로 과감한 지방분권에 소극적인 행태를 보이고 있다.

선행연구에서도 이러한 가설을 뒷받침하는 논리를 발견할 수 있다. 우선, 지방정부의 자치역량 저하를 지방분권의 저해요인으로 지적하는 연구들이다(이기우, 2007; 하혜수, 2005). 이들 연구들에 따르면 자치역량의 저하가 지방분권의 추진을 저해하고, 그로 인한 낮은 지방분권 수준이 지방정부의 자치역량 저하를 초래한다고 볼 수 있다. 그리고 지방정부의 자치역량은 주민의 자치역량과 자치의식을 포함하는데, 시민사회의 지방분권의식 저하(안성호, 2014)와 주민의 참여·협치 부족(이정만, 2012)을 제시한 연구들도 낮은 지방분권 수준의 원인으로 지방정부의 자치역량 저하를 지적한 것으로 볼 수 있다. 그 다음, 지방분권의 저해요인으로 중앙집권연대의 힘을 지적하는 연구들이다. 이승종(2005)은 정치권의 협력 부족을, 안성호(2014)는 국회의 저항과 고위관료의 소극적 태도를, 이정만(2012)은 중앙관료 ─ 정치인 ─ 기업인의 철의 삼각연합을 지적하고 있다.

두 번째 가설은 지방분권 수준 → 지방정부의 자치역량 → 지역맞춤형 정책 추진 → 지방분권연대 → 지방분권 추진으로 연결되는 명제이다. 이 가설에 따르면, 낮은 지방분권 수준은 지방정부의 자치역량의 저하를 초래하고, 이는 지역맞춤형 정책 추진에 부정적 영향을 미쳐 지방분권연대의 응집력을 약화시켜 지방분권의 추진을 저해한다는 것이다. 특히 지방정부 간 자치역량이 상이한 상황에서 모든 지방정부에게 유사한 수준의 권한을 이양하는 '획일적 권한이양'은 지역맞춤형 정책 추진의 약화를 초래할 수 있고, 이는 지방정부의 집단행동의 실패, 즉 지방분권연대의 응집력을 약화시켜 지방분권의 추진을 저해한다는 것이다. 다시 말해, 낮은 지방분권 수준은 지방정부의 자치역량 저하를 초래할 뿐만 아니라 지방정부의 자치역량과 여건을 고려하지 않은 획일적 지방분권의 추진은 지역맞춤형 정책 추진 및 주민체감형 성과 제고를 저해하고, 그에 따라 지방정부의 의견 충돌과 무임승차를 유발하여 집단행동의 실패로 이어질 수 있다는 것이다.

지방분권에 관한 선행연구에서도 이러한 가설적 주장을 뒷받침해주는 논리가 발견된다. 이기우(2007)는 지방분권의 저해요인으로 지방분권세력의 분열을 지적하였고, 이승종(2005)은 지방분권 요구집단의 분열을 제시하였다. 육동일(2017)과 하혜수(2005)도 자치역량에 맞는 차등적 지방분권의 추진이 필요하다는 점을 강조하였는데, 획일적 지방분권에 따른 지방정부의 집단행동 실패 가능성을 지적한 것으로 사료된다. 실제로 중앙정부는 지역맞춤형 지방분권을 천명하고 있지만 한 번도 시행한 바가 없고, 인구 100만 대도시에 대한 특례시 추진 관련 법률도 20대 국회 임기만료로 자동 폐기된 바 있다.

2절 ── 낮은 지방분권 탈출 대안

지방분권의 추진성과 미흡을 해결하기 위한 대안으로는 여러 가지가 필요하겠지만 우선적으로 낮은 지방분권의 함정 탈출, 지방분권반대연합이 제시하는 논리에 대한 대응, 그리고 지방정부 간 집단행동을 유도할 수 있는 대안 (지방분권연대의 응집력 강화) 등이 필요할 것이다. 전체적으로 낮은 지방분권의 함정을 탈출하기 위해서는 지방정부의 자치역량을 높이고, 헌법개정을 통해 지방분권에 걸림돌로 작용하는 헌법조항을 수정해야 할 것이다. 지방분권반대연합의 논리에 대응하기 위해서는 지방정부의 자치역량 제고와 지방분권 강화가 필요할 것이다. 지방정부의 집단행동을 촉진하기 위해서는 차등적 지방분권의 추진, 자치특례제도 강화, 지방분권의 기반조성 등이 필요할 것이다. 특히 지방분권의 기반조성을 위해서는 시·군 통합과 시·도 통합 등 지방분권형 지방자치체제의 개편까지 검토해야 할 것이다.

1. 지방분권 개헌

지방분권 관련 헌법 조항의 개정은 중앙집권의 유산을 탈피하고 지방분권 반대연합의 논리를 극복하기 위해 필요할 것이다. 사실 지방분권 추진의 근본적인 한계는 헌법 관련 조항에 있다고 해도 과언이 아니다. 헌법의 규정에 따르면, 지방정부의 자치입법권은 법률이 아닌 법령(법률과 시행령)의 범위 안에서만 행사할 수 있다. 헌법의 개정이 없다면 법률적 지방분권, 즉 자치입법권의 이양은 법령을 초월하여 추진하기 어렵다. 재정적 지방분권에 있어서도 헌법은 법률로써만 조세의 종목과 세율을 정하도록 하고 있기 때문에 그 한계가 명백하다. 그에 따라 개헌이 없는 한 지방세의 신설과 세율에 관한 권한은 지방정부에게 이양할 수 없다. 지방분권의 폭을 넓이기 위해서는 지방분권의 한계를 정하고 있는 헌법관련 규정을 손질해야 하는 것이다.

지방분권의 추진에 있어서 그 수준을 현저히 저해하는 헌법 규정은 제37

조, 제58조, 제117조라고 할 수 있다. 헌법 제37조는 국민의 권리 제한에 대하여 필요한 경우 법률로써 제한할 수 있다고 규정하고 있다. 이는 법률에 의해서만 제한할 수 있도록 제한을 걸어두었다는 의미에서 법률유보주의라고 한다. 그에 따라 법률의 위임이 없다면 지방정부는 주민의 권리 제한에 관한 조례를 제정할 수 없다. 그 다음 헌법 제59조에는 조세의 종목과 세율은 법률로 정한다고 규정하고 있다. 이는 법률로써만 조세를 신설할 수 있다는 의미에서 조세법률주의라고 한다. 이러한 조세법률주의에 의해 지방정부는 조례로써 새로운 세목을 설치할 수 없고, 법률이 아닌 조례로써 신설하는 지방세, 이른바 법정외세는 위헌이 된다. 또한 헌법 제117조 제1항은 법령의 범위 안에서 조례를 제정할 수 있다고 규정하고 있다. 그에 따라 조례제정은 법률뿐만 아니라 대통령이 정하는 시행령에 의해서도 제약받는다. 그리고 동조 제2항에는 자치단체의 종류는 법률로 정할 수 있다고 규정하고 있다. 법률 또는 법령이 우선 적용된다는 의미에서 법률우선주의 또는 법령우선주의라고 한다.

　현재 법률유보주의, 조세법률주의, 그리고 법률우선주의는 지방분권의 추진을 가로막는 3대 독소원리라고 할 수 있다. 이러한 헌법 규정을 개정하지 않는 한 재정적 지방분권과 법률적 지방분권을 포함하는 획기적인 지방분권의 추진은 불가능하다. 사실 일본만 해도 법령이 아닌 법률의 범위 안에서 자치에 관한 법규(조례)를 제정할 수 있다고 규정하고 있는데, 우리나라의 경우 자치입법권을 지나치게 제약하고 있다고 할 수 있다. 또한 일본은 조례에 의한 지방세 신설을 허용하고 있지만, 우리나라는 조례에 의한 지방세 신설을 인정하지 않고 있다. 문재인 정부는 연방제에 준하는 지방분권을 추진하겠다는 공약을 제시하였는데, 자치입법권과 자치재정권의 확대가 핵심 내용이다. 이러한 공약을 실현하기 위해서는 우선적으로 헌법에 규정된 법률유보주의와 조세법률주의를 개정해야 할 것이다.

❖ 지방분권에 관한 헌법조항

◇ 법률유보주의관련 조항
헌법 제37조 ① 국민의 자유와 권리는 헌법에 열거되지 아니한 이유로 경시되지 아니한다. ② 국민의 모든 자유와 권리는 국가안전보장·질서유지 또는 공공복리를 위하여 필요한 경우에 한하여 법률로써 제한할 수 있으며, 제한하는 경우에도 자유와 권리의 본질적인 내용을 침해할 수 없다.

◇ 조세법률주의관련 조항
헌법 제59조 조세의 종목과 세율은 법률로 정한다.

◇ 법률우선주의관련 조항
헌법 제117조 ① 지방자치단체는 주민의 복리에 관한 사무를 처리하고 재산을 관리하며, 법령의 범위 안에서 자치에 관한 규정을 제정할 수 있다. ② 지방자치단체의 종류는 법률로 정한다.

❖ 대통령 개헌안에 '지방분권국가 지향' … 자치권 대폭 강화

문재인 대통령이 발의한 개헌안에 지방정부 권한과 주민 참여를 확대하는 방안이 담겼다. 지방정부 구성에 자주권을 부여하고, 자치행정·자치입법·자치재정권을 크게 강화해 자치분권 국가를 지향한다는 점을 분명히 했다. 청와대는 21일 오전 이런 내용을 골자로 하는 대통령 개헌안의 지방자치와 지방분권 강화 관련 사항을 발표했다. …중략… 이에 따라 개헌안에는 ▲ 지방정부 권한의 획기적 확대 ▲ 주민참여 확대 ▲ 지방분권 관련 조항의 신속한 시행 등 3가지 핵심 내용이 포함됐다. 개헌안에는 자치와 분권을 강화하는 내용의 전문 개정에 더해 제1조 제3항에 '대한민국은 지방분권국가를 지향한다'는 조항을 추가해 대한민국 국가운영의 기본방향이 지방분권에 있음을 분명히 했다.

또 지방자치단체를 '지방정부'로 지방자치단체의 집행기관을 '지방행정부'로 명칭을 변경하고, 지방정부가 스스로 적합한 조직을 구성할 수 있도록 지방의회와 지방행정부의 조직구성과 운영에 관한 구체적 내용을 지방정부가 정할 수 있게 함으로써 지방정부 구성에 자주권을 부여했다. 자치권이 실질적으로 보장될 수 있게 국가와 지방정부 간, 지방정부 상호 간 사무의 배분은 주민에게 가까운 지방정부가 우선하는 원칙에 따라 법률로 정하도록 함으로써 자치행정권을 강화했다.

지방정부의 자치입법권이 더욱 폭넓게 보장되도록 현재의 '법령의 범위 안에서' 조례를 제정할 수 있도록 하던 것을 '법률에 위반되지 않는 범위에서' 조례로 제정할 수 있도록 했다. 다만 주민의 권리를 제한하거나 의무를 부과하는 사항은 법률의 위임이 있는 경우에만 조례로 정할 수 있도록 해 주민 기본권이 침해되지 않도록 했다. '누리과정 사태'와 같이 정책시행과 재원조달의 불일치로 인해 중앙정부와 지자체가 서로 재정부담을 떠넘기는 사태 등을 해결하기 위해 '자치사무 수행에 필요한 경비는 지방정부가, 국가 또는 다른 지방정부 위임사무 집행에 필요한 비용은 국가 또는 다른 지방정부가 부담'하는 내용의 규정을 신설했다.

'지방세 조례주의'를 도입해 '법률에 위반되지 않는 범위에서' 자치세의 종목과 세율·징수 방법 등에 관한 조례를 정할 수 있도록 했다. 아울러 실질적 지방민주주의 실현을 위해 지방정부의 자치권이 주민에게서 나온다는 것을 명시하고, 주민이 지방정부를 조직하고 운영하는 데 참여할 권리를 가진다는 점도 명확히 했다. 또한, 주민들이 직접 지방정부의 부패와 독주를 견제할 수 있도록 법률상 권리였던 주민발안·주민투표·주민소환 제도를 규정했다. 이와 함께 국가자치분권회의를 신설하고 입법과정에서 지방의 의견이 반영될 수 있게 지방자치와 관련된 법률안에 대해서는 국회의장이 지방정부에 그 법률안을 통보하고 지방정부가 이에 대해 의견을 제시할 수 있게 했다.

〈출처: 연합뉴스, 2018.03.21.〉

위 박스 속의 내용은 문재인 정부에서 2018년 3월 국회에 제출한 개헌안의 주요 내용이다. 주요 특징을 보면, 첫째, 지방분권국가를 천명하고 있다. 즉, 헌법 제1조 제3항에 대한민국은 지방분권국가를 지향한다고 규정하였다. 이는 국가 전체적으로 지방분권에 방점을 둔다는 상징적 의미를 담고 있다.

둘째, 재정적 지방분권을 규정하고 있다. 지방세 조례주의를 도입하여 지방정부의 자치재정권을 확대하였다. 지방정부는 법률에 위반되지 않는 범위에서 조례로써 자치세의 종목과 세율·징수 방법 등을 정할 수 있도록 하였다. 이 경우 지방정부 간 재정격차를 시정하기 위한 조치가 보완되어야 할 것이다. 국세의 이양과 조례에 의한 지방세 신설권은 지방정부 간 재정격차에 대한 수평적 조정장치가 강구될 때만 실질적 효력을 가질 수 있기 때문이다.

셋째, 지방정부의 자치입법권에 대한 규정은 미흡한 측면이 있다. 현재의 '법령의 범위 안에서' 조례를 제정할 수 있도록 하던 것을 '법률에 위반되지 않는 범위에서' 조례로 제정할 수 있도록 규정함으로써 시행령에 의한 조례 제약은 완화하였다. 그러나 주민의 권리를 제한하거나 의무를 부과하는 사항에 대해서는 여전히 법률의 위임이 있는 경우에만 조례로 정할 수 있도록 하여 법률유보주의에서 탈피하지 못하고 있다.

넷째, 주민분권에 대한 명문화된 규정을 두었다. 지방민주주의 실현을 위해 지방정부의 자치권이 주민에게서 나온다는 것을 명시하고, 주민이 지방정부를 조직하고 운영하는 데 참여할 권리를 가진다는 점을 명확히 하였다. 아울러 주민들이 직접 지방정부의 부패와 독주를 견제할 수 있도록 법률상 권리였던 주민발안·주민투표·주민소환 제도를 헌법으로 규정하였다. 이러한 규정은 헌법에 의해 정부의 권한을 주민들에게 넘기거나 주민들과 공유하려는 의지를 구현한 것으로 평가할 수 있다.

2. 차등적 지방분권의 추진

지방분권가설 중 하나는 낮은 지방분권 수준이 지방정부의 자치역량 저하를 통해 지역맞춤형 정책을 곤란하게 하고, 이는 지방분권연대의 응집력을 약화시켜 지방분권의 추진을 저하시킨다는 것이다. 특히 지방분권연대의 응집력 약화와 지방정부의 집단행동 실패를 초래하는 지역맞춤형 정책의 부족은 지방정부의 역량과 특성을 고려하지 않은 획일적 지방분권 방식에서 비롯되는 측면이 강하다. 그에 따라 지방분권연대의 응집력과 지방정부의 집단행동을 강화하여 지방분권의 추진 성과를 높이기 위해서는 획일적 지방분권에서 차등적 지방분권으로 전환해야 할 것이다. 현재 대도시 특례(인구 50만 이상 및 인구 100만 이상 대도시 특례)와 시·군 통합 특례를 통하여 차등적 지방분권을 추진하고 있고, 수도에 의한 특례(서울시)와 지방자치체제의 특수성에 의한 특례(제주도와 세종시)를 인정하고 있으나 차등 및 특례의 범위가 매우 제한적이고, 자치역량에 의한 것이라고 보기 어렵다.

차등적 지방분권을 확대하기 위해서는 인구에 기초한 차등적 지방분권에 더하여 지방정부의 정책성과, 자치의지, 그리고 재정력 등에 근거한 차등적 지방분권을 추진해야 한다. 인구가 줄고 재정력이 부족하여 소멸위기에 처해 있는 지방정부는 주민총의에 따라 자치권의 축소를 원할 수 있는 반면, 재정력이 튼튼한 대도시는 특별한 지위를 요구할 수도 있다. 이러한 의지와 요구를 반영하여 자치권을 다르게 부여하는 차등적 지방분권을 추진하고, 지방정부의 기관구성을 다양화할 필요가 있다. 아울러 기본적인 생활수준을 유지하기 어려운 도서 지방정부에 대해서는 재정지원 특례를 강화해야 할 것이다.

특히 재정적 지방분권에 있어서 지방정부의 재정력에 기초한 차등적 지방분권을 도입해야 한다. 재정력이 튼튼한 대도시에 대해서는 국세의 지방세 이양을 추진하고, 재정력이 취약한 농촌 지방정부에 대해서는 지방교부세를 확대하는 이원적 전략(two-track strategy)을 검토해야 한다. 또한 재정적 지방분권의 강화는 필연적으로 지역 간 재정격차를 심화시키므로 독일과 오스트리아 등에서 도입하고 있는 수평적 재정형평화 장치를 강화해야 할 것이다. 국세의 지방세 이양이나 공동세 제도의 도입에 있어서 이러한 수평적 장치를 마련하지 않는다면 지방정부 간 의견 상충으로 합의(집단행동) 도출에 성공하지 못할 뿐만 아니라 국가 전체적으로 상생대안의 창출에도 실패할 것이다. 문재인 정부는 2019년 국세 대 지방세 비율을 7:3으로 만들기 위해 부가가치세의 21%를 지방소비세로 인상하였다. 그러나 재정력이 상대적으로 빈약한 지방정부에 대한 조정장치(가중치 조정, 지방교부세 보정)가 없다면 이러한 국세의 지방세 이양 역시 한계에 부딪힐 것이다.

3. 자치역량 제고와 주민분권 강화

지방분권반대연합의 논리에 대한 대응과 중앙집권 유산의 지속에 대한 대응을 위해 지방정부의 자치역량 제고와 지방분권의 강화가 필요하다. 지방정부의 역량을 강화하는 것은 낮은 지방분권의 함정에서 탈출하기 위한 방법이며, 그와 동시에 지방분권에 대한 중앙정부의 반대를 극복할 수 있는 논리가 될 수 있다. 지방정부의 자치역량을 높이기 위한 첩경은 지방정부의 정책성과를 제고하는 것이다. 지방정부가 주민의 요구에 능동적으로 대응하고, 지역문제에 대한 해결능력을 증진할 경우 중앙정부의 신뢰와 주민의 지지를 동시에 얻을 수 있다. 이를 통해 지방분권에 반대하는 중앙집권연대의 논리를 약화시킬 수 있고, 더 나아가 차등적 지방분권의 추진 기반을 강화할 수 있을 것이다.

지방정부의 자치역량에는 지방의회의 능력과 권한도 포함된다. 지방의회가 집행부의 권한남용과 비효율을 통제하여 지방정부의 책임성이 확보될 경우 지방자치의 기본 취지가 구현될 뿐만 아니라 중앙정부의 적극적인 관심을 유도할 수 있기 때문이다. 이러한 관점에서 지방의원 정책보좌관제의 도입은 지방의회의 자치역량 제고와 효과적인 집행부 견제를 위해 필요한 조치이다. 국회와 중앙부처에서는 지방의원 보좌관의 개인비서화를 우려하고 있지만 이는 임용절차에 관한 규정을 두어 해결할 수 있다. 기관대립형을 택하고 있는 선진국의 대다수 대도시들도 지방의원의 정책보좌관제를 도입하고 있다. 우리나라의 국회의원은 8명의 보좌관을 두고 있지만 지방의원은 전무한데, 이는 지방자치의 미래를 위해서나 지방분권의 추진을 위해서나 시급히 해결해야 할 사안이다.

중앙집권연대의 논리를 극복하기 위해서는 궁극적으로 주민에게 권한을 이양하는 주민분권을 확대해야 한다. 지방분권에 대한 주민들의 강력한 지지가 있다면 기재부와 국회 등의 중앙집권연대는 지방분권에 대하여 강력하게 반대하지 못할 것이다. 주민분권을 강화하기 위해서는 한편으로는 대표제 하에서 주민직접참여제(주민발의, 주민투표, 주민소환)의 제도적 문턱을 낮추고 지방정부와 주민들이 공동결정하는 협치제 운영을 확대해야 하며, 다른 한편으로는 대표제를 구성하지 않고 전체 주민들이 광장에 모여 결정하는 주민총회제를 도입해야 할 것이다. 이러한 주민분권을 통해 지방분권의 추진 근거를 튼튼히 하고, 주민들의 자치의식과 자치역량을 제고할 수 있다.

4. 지방분권의 기반조성

지방분권의 기반을 조성하는 것도 낮은 지방분권 수준에서 탈출하기 위한 대안이 될 수 있다. 지방분권, 특히 차등적 지방분권의 추진은 불가피하게 지방정부 간 격차를 심화시킬 수 있다. 이러한 문제에 대응하기 위해서는 생활권이 유사한 시·군의 통합을 통해 자립적인 지방정부를 만들 필요가 있다. 지방정부의 통합이 지역격차를 근본적으로 없애지는 못하지만 일정 수준 줄일 수 있고, 더 나아가 자치역량의 제고를 통한 지방분권의 기반 강화에 기여할 것이다. 물론 주민의 의사와 정서를 고려하지 않고 모든 지방정부를 인위적으로 통합하는 것은 지방자치 정신에 맞지 않을 뿐만 아니라 국가적으로도 바람직하지 않을 것이다. 따라서 지방정부와 주민들의 자율적 의사에 따라 통합을 희망할 경우 행·재정적 불이익을 줄이고 재정적 특례를 제공해야 할 것이다.

사실 획기적인 지방분권을 위해서는 시·도의 통합이 더 필요할지도 모른다. 오마에(Kenichi Ohmae, 1995)는 국제경쟁력을 발휘하기 위한 최적의 지방정부는 인구 500만 명에서 2,000만 명이라고 주장하였다. 세계화시대에서 외국기업을 유치하기 위해서는 매력적인 소비시장, 국제공항, 그리고 항만 등을 갖춰야 하는데, 최소한 인구 500만 명은 넘어야 한다는 것이다. 북유럽의 강소국이 대체로 500만 명에서 1,500만 명의 규모를 유지하고 있다는 사실도 이러한 주장에 힘을 더한다. 프랑스, 일본 등 선진국은 지방정부의 규모 재편에 박차를 가하고 있는데, 프랑스는 22개 레지옹(region)을 13개로 통합하였고 일본은 47개의 도·도·부·현을 12~13개 도주정부로의 개편을 시도하였다. 최근 들어 일본의 오사카부(大阪府)와 오사키시(大阪市)는 통합을 통해 동경에 대항하는 제2의 수도를 건설하려는 야심찬 계획을 추진하고 있다.

우리나라의 경우에도 시·도를 통합하여 도주정부 또는 초광역정부로 개편해야 한다는 주장이 있었다. 가장 최근에는 대구와 경북을 통합하여 대구경북특별자치도로 만들고, 지방분권(행·재정 특례)을 강화하자는 주장도 제기되고 있다. 대구시장과 경북도지사가 의견 일치를 보이고 있는 점은 실현가능성을 더하고 있다. 아래 박스는 대구·경북의 통합에 관한 기사이다.

❖ 대구·경북 독립 선언

이철우 경북도지사가 그날, 그렇게 썼을 때만 해도 그게 정확히 어떤 의미를 담고 있는지 짐작한 이는 아마 아무도 없었을 성싶다. 언론이 관심을 안 가지니 당연히 장삼이사(張三李四)가 관심 둘 리 만무했을 터. 경북호 선장을 맡은 지 3개월 만인 2018년 10월 2일, 일일 대구시장직을 수행하기 위해 대구시청을 찾은 이 도지사가 방명록에 묘한 글을 남긴다. '대구경북 한 나라처럼'. 앞서 4개월 전, 6·13지방선거를 하루 앞두고 대구 신매시장을 찾아 권영진 당시 대구시장 후보와 함께 합동유세를 하면서 대구와 경북이 함께할 수 있도록 힘을 모아 달라고 호소한 이후 두 번째 공식 천명한 '한 나라처럼'이다.

대구경북 한 뿌리, 혹은 상생 정도로만 비치던 그의 '한 나라처럼'은 그로부터 1년 6개월이 흐른 지금, 단순한 수사(修辭)를 넘어 '대구경북 행정통합'이라는 다소 도발적인 담론으로 구체화하고 있다. 신라가 삼국을 통일했듯 대구경북이 뭉쳐 보수우파가 정권을 쟁취해야 한다는 패권론적 색깔 선동이 마치 낡은 왕조의 유물처럼 느껴지긴 하나, 대구경북 인구 510만 명이면 싱가포르나 북유럽 국가처럼 운영할 수 있다는 주장에선 사실상 '대구경북 독립'을 위한 결기가 느껴져 반갑다. 블랙홀처럼 빨아들이는 수도권 집중화 현상이 지방소멸이라는 전대미문의 위기를 부르고 있고, 지방이 그토록 목매고 있건만 해결책으로 제시된 분권(分權)은 문재인 정부 들어와서도 여전히 기약하기 힘들어진 형국이니 판을 뒤집지 않을 수 있겠는가.

이 도지사가 그토록 갈망하는 관문(關門) 성격의 대구경북통합신공항 건설 역시 '한 나라처럼'과 맥이 닿아 있다. 그는 1950년대 서울과 맞먹는 인구(대구 포함) 규모를 자랑하던 경북이 현재 경쟁력이 약화된 것은 제대로 된 공항이 없기 때문이라고 진단한다. 결국 행정통합을 하고 새로운 관문공항이 들어서면 안보를 제외한 모든 면에서 서울공화국으로부터 독립할 수 있는 기반이 마련될 것이란 발상이 '한 나라처럼'의 기저에 깔려 있다. 문제는 수도권론자들이 그렇게 가도록 놔둘 리 없다는 점이다. '반란' 수준의 행정통합을 꾀해야 하는 이유다. 대구경북 행정통합은 '건국' 수준으로 준비해야 한다.

헌법은 대한민국 국민이면 누구나, 어디서나 평등한 정치·경제·사회·문화적 삶의 기회를 향유할 권리를 가진다고 규정하고 있다. 또 국민생활의 균등한 향상을 기하고 균형 있는 국민경제의 유지와 국토 균형의 형성에 관한 국가의 책무를 규정하고 있다. 현실은 어떤가. 과연 대구경북이 '서인경(서울·인천·경기)'과 같은 균등한 삶의 기회를 누리고 있는가. 수도권 중심의 위헌적 정치·경제 행위가 다반사로 벌어지고 있지만, 현재의 판에서 지방이 할 수 있는 일이라곤 없다. 고작 지방끼리 뺏고 뺏기는 예산 전쟁만 있을 뿐이다. 그래서 말이다. 행정통합을 통해 대구경북을 하나로 만들고 그렇게 만든 대구경북을 나라처럼 운영해 보자는 것, 그건 독립선언이어야 한다. 자주행정·자주경제·자주외교를 통해 수도권 일극주의를 깨는 절박한 생존 몸부림이어야 한다.

본디 하나는 둘이 되고 또 셋이 된다. 그런가 하면 여럿은 다시 하나를 지향한다. 자연이 그렇고 역사가 그렇다. 통합이 태생적으로 분열을 배태(胚胎)하듯 분열은 통합이라는 회귀본능을 갖고 있다. 대구경북에 통합 담론이 거세게 몰아치고 있다. 대구경북뿐 아니라 안동예천, 대구경산, 대구구미까지 통합론이 대두되고 있다. 하지만 이 모든 통합론은 '지방식민지시대'라는 처참한 현실 인식 하에 접근해야 한다. '지방의 논리'(1991년) 저자 호소카와 모리히로와 이와쿠니 데쓴도의 말처럼 지방에서 반란을 일으킬 시간이 됐다.

〈출처: 변종현, 영남일보, 2020.01.30.〉

위 박스에서 보는 바와 같이 첫째, 시·도지사가 통합에 찬성하고 있다. 중앙정부에서 통합을 추진하더라도 시·도지사가 반대하면 시작도 해보지 못한다는 점을 고려할 때 통합에 대한 시·도지사의 원칙적 찬성은 매우 긍정적인 신호로 볼 수 있다. 둘째, 대구·경북 통합의 소극적 이유로 지방소멸, 수도권의 블랙홀 현상, 수도권 공화국 등을 들고 있다. 2020년 기준 수도권의 인구 집중이 세계적으로 유래를 찾기 어려운 50%를 넘고 있는 시점에서 대구·경북의 통합을 통해 자립형 거대도시를 만들어야 한다는 것이다. 셋째, 대구·경북 통합의 적극적 이유로 국가에 준하는 지방분권과 국가경쟁력 선도 등을 들고 있다. 21세기 세계화 시대에는 인구 500만 이상의 대도시가 국가경쟁력을 선도한다는 주장에 근거할 때 대구·경북의 통합은 지방분권형 국제자립도시의 조성을 통해 북유럽 국가나 싱가포르와 같이 국제경쟁력을 선도할 수 있다는 것이다. 넷째, 대구·경북의 통합은 원래 상태로 돌아간다는 의미를 담고 있다는 것이다. 지방정부는 필요에 따라 이합집산할 수 있는데, 대구·경북은 한 뿌리이기 때문에 통합은 자연스러운 것이고 상생 발전할 수 있는 정서적 토대를 가지고 있다는 것이다.

이처럼 시·도의 통합은 인구와 면적의 물리적 규모를 키운다는 것 이상의 의미를 갖는다. 자치역량의 제고를 통해 획기적인 지방분권을 위한 기반을 튼튼히 하는 의미를 갖기 때문이다. 따라서 인건비와 시설비 절감과 같은 효율성 가치를 위해서가 아니라 중앙의 권한을 획기적으로 이양하기 위한 그릇을 키우기 위해 통합해야 한다는 것이다. 더 나아가 지방정부의 글로벌 경쟁력 제고를 통해 국가발전을 견인하기 위해서라도 시·도의 통합을 장려하고, 증대된 자치역량에 상응하는 지방분권을 추진해야 할 것이다.

3절 ── 결론

　지금까지 지방분권의 성과 미흡과 낮은 지방분권의 지속화에 대하여 역사적 제도주의, 정책연합이론, 그리고 집단행동이론을 종합하여 가설적 이론화를 시도하였다. 하나의 가설은 낮은 지방분권 수준이 지방정부의 자치역량 저하를 초래하고, 이는 중앙집권연대를 강화하여 지방분권 의제채택률을 낮춰 지방분권의 추진을 저해함으로써 낮은 지방분권으로 이어지는 악순환 구조를 만든다는 것이다. 다른 가설은 낮은 지방분권 수준이 지방정부의 자치역량 저하를 초래하고, 이는 지역맞춤형 정책추진을 저해하여 지방정부의 집단행동 실패를 포함한 지방분권연대의 응집력을 약화시켜 지방분권의 추진을 저해한다는 것이다.

　이러한 가설에 따라 우리나라의 낮은 지방분권 수준을 탈피하기 위해서는 지방정부의 자치역량 저하, 중앙집권연대의 논리, 지방정부의 집단행동 딜레마(또는 지방분권연대의 응집력 약화)를 극복해야 할 것이다.

　첫째, 지방정부의 자치역량은 획일적으로 강화하기 어렵기 때문에 지방정부의 자치역량 차이를 고려한 지방분권 방식을 도입해야 한다. 즉, 획일적 지방분권에서 자치역량과 의지를 갖춘 지방정부에게만 권한을 이양하는 차등적 지방분권으로 전환해야 한다. 이러한 조치는 필연적으로 지방정부 간 격차 심화를 초래하므로 수평적 재정조정을 강화해야 한다. 재정적 지방분권에 있어서 재정력 차이에 대한 고려가 없을 경우 지방정부들은 지역격차를 우려하여 집단행동에 실패할 것이고 이는 지방분권연대의 응집력 약화로 이어질 수 있다. 따라서 독일식 공동세 제도에서 발견되는 지방정부의 재정력에 따라 가중치를 차등 부여하는 조치를 강구할 필요가 있다.

　둘째, 중앙집권연대를 약화시키고 지방분권연대의 응집력을 높여야 한다. 중앙집권연대의 논리를 극복하기 위해서는 중앙집권적 제도의 잔재와 관행 개혁, 지방정부의 자치역량 강화, 그리고 지방분권에 대한 주민지지 등이 필요할 것이다. 지방분권연대의 응집력 제고를 위해서는 자치특례 제도의 강화와 지방정부의 통합 등을 통해 지방정부의 자치역량을 강화하고, 직접민주제(주민발의, 주민투표, 주민소환)의 제도개선을 통해 주민자치를 강화하며, 그리고 주민체감의 지방분권 성과를 통해 지방분권에 대한 주민지지를 높여야 할 것이다. 이렇게 볼 때 중앙집권연대의 약화와 지방분권연대의 응집력 강화는 동전의 양면이라고 할 수 있다. 지방정부의 자치역량 강화와 주민직접민주제 개선 그리고 지방분권에 대한 주민지지의 확보는 중앙집권적 제도개혁 및 중앙집권연대의 논리 약화를 위한 동력을 제공함과 동시에 지방분권연대의 응집력을 강화시킬 수 있는 근거가 될 수 있다.

셋째, 낮은 지방분권 수준의 근본적인 원인에 해당하는 지방분권의 추진 미흡을 극복해야 한다. 지방정부의 자치역량, 중앙집권연대의 논리, 그리고 지방분권연대의 응집력 부족 등도 지방분권의 추진 미흡에 영향을 미치지만 가장 근본적인 요인은 헌법 규정이라고 할 수 있다. 따라서 지방분권을 옥죄고 있는 법률유보주의, 조세법률주의, 법률우선주의에 관한 헌법 규정을 개정해야 한다. 법률의 위임이 있을 때만 주민의 권리 및 의무에 관한 조례를 제정할 수 있고, 법률에 의해서만 조세를 신설할 수 있으며, 법령의 범위 안에서만 조례를 제정할 수 있다는 헌법 규정을 개정하지 않고는 과감한 지방분권의 추진이 어렵고, 이는 결과적으로 낮은 지방분권 수준을 고착화시킬 것이다. 아울러 시·군 통합과 시·도 통합을 통해 지방분권의 추진을 위한 유리한 기반을 조성하는 것도 필요하다.

차등적 권한이양 대안

차등적 권한이양 대안

　지방분권은 지방자치와 주민 자결(自決)을 위한 본질적인 가치를 갖지만, 주민을 위해 이양된 권한을 효과적으로 사용할 수 있는 지방정부의 자치능력도 고려해야 한다. 지방분권을 추진하는 경우에도 지방정부가 그러한 권한을 효과적으로 사용하여 성과를 높이지 못한다면 지방분권에 따른 장점을 충분히 살리기 어렵다. 지방정부의 자치능력으로 감당해낼 수 있는 권한의 이양을 통해 지방분권의 장점을 극대화하고자 하는 것이 차등적 권한이양(지방분권)의 요체이다. 다만 차등적 권한이양은 자치역량에 대한 객관적이고 공정한 측정을 요구하고, 공통적으로 추진할 수 있는 권한의 이양을 지연시키며, 자치역량이 부족한 지방정부의 의지를 과소평가할 수 있다. 따라서 모든 지방정부에게 공통적으로 이양해야 할 권한과 지방정부의 자치역량에 따라 차등적으로 이양해야 할 권한을 구분할 필요가 있다. 이 장에서는 차등적 권한이양의 이론적 근거와 선진국의 차등적 권한이양을 고찰하고, 차등적 권한이양의 도입 대안을 모색하고자 한다.

1절 — 차등적 권한이양의 철학적 기초

1. 차등적 권한이양의 개념

차등적 지방분권(asymmetrical devolution)은 지방정부의 특성, 즉 자치역량(인구와 면적), 지리적 특성, 자치의지, 성과 등에 근거하여 그에 상응하는 지위와 권한을 인정하는 것이다. 즉, 차등적 지방분권이란 모든 지방정부를 동일하게 대우하는 획일적 지방분권과는 달리 지방정부의 특성을 고려한 맞춤형 권한이양을 추진함으로써 권한이양의 효과를 높이기 위한 것이다. 차등적 지방분권은 두 가지 형태를 띤다. 하나는 지방정부의 지위와 종류를 그대로 유지한 상태에서 지방정부의 성과와 자치의지 등에 근거하여 권한이양의 수준을 달리하는 것으로서 '차등적 권한이양'이라고 할 수 있다. 다른 하나는 지방정부의 자치역량(인구와 면적)과 특수성에 근거하여 예외적 지위를 인정하고 그에 기초하여 권한이양의 수준을 달리하는 것으로서 '자치특례'라고 할 수 있다.

차등적 권한이양과 자치특례는 객관성, 한시성, 다양성 등에서 차이가 난다. 첫째, 차등적 권한이양을 위해서는 지방정부의 성과와 신청 등에 대한 객관적 심사가 있어야 하지만, 자치특례는 인구규모와 지역특성(자치체제) 등에 대한 구체적인 심사 없이도 가능하다. 둘째, 차등적 권한이양의 기간은 대개 1~5년의 한시성을 갖지만, 자치특례의 기간은 인구감소와 같은 조건의 변화가 없다면 지속되는 경향이 있다. 셋째, 차등적 권한이양은 기능(사무)과 기구·정원 등 행정적 권한에 한정되지만, 자치특례는 행정적 권한뿐만 아니라 재정권한과 자치입법권도 포함한다.

우리나라는 자치특례를 인정하면서도 차등적 기능이양에는 인색한 편이다. 노무현 정부에서 중앙의 기능이양에 있어서 차등적 이양의 원칙을 천명하였으나 실제로 기능이양의 심사에서는 적용되지 않았다. 최근 들어 문재인 정부에서 지역맞춤형 권한이양을 추진한다고 밝힌 것은 차등적 기능이양에 해당되지만 차등의 구체적인 기준이 제시되지 않았다는 점에서 적용 여부는 불투명하다. 다만, 지방정부의 인구규모에 따라 기구와 정원에 관한 권한을 차등적으로 이양하는 제도를 운영하고 있다. 그에 반해 서울시 특례, 대도시 특례, 세종시 특례, 제주도 특례 등에서 보는 바와 같이 지방정부의 규모와 특성에 근거하여 지위와 권한을 달리하는 자치특례에 중점을 두고 있다고 할 수 있다.

　1990년대 이후 전 세계적으로 신공공관리론적 행정개혁이 중시되면서 성과중심의 차등적 권한이양이 추진되고 있는 추세이다. 미국은 규제관련 정책 분야에 있어서 연방정부의 권한(기능과 조직)을 주정부에게 차등적으로 이양하는 부분선점제를 실시하고 있고, 영국은 지방정부의 정책성과를 평가한 후 그에 기초하여 권한(기능)을 차등적으로 이양해 주는 모범지방정부제를 도입하고 있다. 일본은 오랫동안 추진해오던 인구기준에 의한 권한이양과 더불어 지방정부의 행·재정 능력을 고려하여 중앙정부의 간섭과 통제를 완화해 주는 특례시제를 도입하였으며, 그리고 스웨덴과 노르웨이 등 북유럽 국가들은 자유지방정부의 도입을 통해 차등적 권한이양을 추진하고 있다. 영국의 모범지방정부, 일본의 특례시, 북유럽의 자유지방정부 등은 지방정부의 상이한 명칭의 사용에서 자치특례처럼 보일 수 있으나 이는 객관적 심사, 적용기간의 한시성(1~5년), 그리고 권한의 협소성 등에서 차등적 권한이양이라고 할 수 있다.

2. 차등적 권한이양의 철학적 근거

　차등적 권한이양을 추진하기 위해서는 그것을 뒷받침하는 철학적 근거를 살펴볼 필요가 있다. 차등적 권한이양의 철학적 근거는 사회정의론에서 찾을 수 있는데, 자치특례에도 그대로 적용될 수 있다. 공리주의는 공리 또는 효용의 극대화에 기여하는 지방정부에게 권한이 부여되어야 한다는 것이고, 자유주의는 지방정부의 기본적 자치권을 강조하면서도 과소 지방정부에 대한 우선적 고려를 정당화하며, 공동체주의는 지방정부의 연대적 책임을 강조한다는 점에서 수평적 재정형평화, 즉 공동세 제도를 정당화하는 근거로 작용한다. 그에 따라 이 장에서는 공리주의, 자유주의, 공동체주의를 고찰하고 차등적 권한이양의 추진에 대한 정책적 함의를 도출하고자 한다.

1) 공리주의

공리주의(utilitarianism)는 공리 또는 효용(utility)을 극대화하는 것이 최선의 행위이자 정의에 부합된다는 이론이다. 여기서 공리 또는 효용은 쾌락이나 행복을 가져오고, 고통과 괴로움을 막아주는 일체의 행위를 의미한다(김영기, 2011: 5). 공리주의의 정당화 근거는 쾌락주의, 효용성, 결과주의 등이다. 첫째, 공리주의는 쾌락의 추구와 고통의 회피를 추구한다. 즉, 인간의 쾌락과 행복을 증진하는 데 기여하는 행위는 선한 것이고, 고통과 불행을 초래하는 행위는 악한 것이다(Bentham, 1789). 둘째, 공리주의는 효용성을 중시한다. 여기서 효용성은 최대다수의 최대행복을 의미한다. 즉, 최대한 다수의 효용과 행복을 초래하는 행위와 정책은 정당하며, 그것의 분배적 형평성은 중시하지 않는다. 셋째, 공리주의는 결과주의를 중시한다. 결과주의에서는 모든 관련자에게 최대의 편익을 제공하여 사회의 공동선에 기여한다면 그 수단의 선악은 문제 삼지 않는다.

이처럼 쾌락, 효용성, 그리고 결과주의를 중시하는 공리주의는 공공정책에 있어서 능률성, 경제성, 효과성을 중시한다. 공리주의는 정해진 목적의 달성을 위한 효율적 수단 선택을 중시한다. 도구적 합리성, 즉 수단이 목적 달성에 기여하는지 여부를 강조한다. 공리주의는 효용의 극대화를 중시한 나머지 그러한 효용의 분배에는 관심을 갖지 않는다. 그에 따라 공리주의는 자유주의와 공동체주의로부터 분배적 정의와 연대적 책임성 확보에 취약하다는 공격을 받고 있다. 자유주의는 공리주의가 형평성에 취약하다고 비판한다. 최대다수의 최대행복 추구가 모든 사람들을 행복하게 할 수 없다는 것이다. 공동체주의는 공리주의가 사회적 약자에 대한 고려가 취약하다고 비판한다. 사회적 약자에 대한 고려는 형평성 차원에서 뿐만 아니라 연대적 책임감을 위해서도 필요하기 때문이다.

공리주의 정의론은 권한의 담당 주체에 따른 공리(효용)의 변화를 중시하므로 중앙정부의 권한이양을 판단할 때 중요한 근거로 작용할 수 있다. 공리주의에 따르면, 중앙정부와 지방정부 중 어느 정부에서 권한을 행사하는 것이 더 효율적인지를 따져 권한의 이양 여부를 판단할 것이다. 다시 말해, 지방분권을 판단할 때 해당 사무나 권한의 이양이 주민의 행복이나 효용을 증진하는지 중시하게 된다는 것이다. 공리주의는 권한이양이 경제적 효율성뿐만 아니라 시민참여와 주민자치에 기여한다면 해당 권한을 지방정부에 이양하고, 반대로 권한이양이 공리와 효용의 감소를 초래한다면 중앙집권이 적절하다고 역설한다. 심지어 권한의 이양이 지방정부 간 공리의 격차를 심화시키더라도 전체공리가 증대된다면 권한이양이 정당화된다.

2) 자유주의

일반적으로 자유주의(liberalism)는 자유지상주의와 평등주의적 자유주의를 포함한다. 자유지상주의는 국가의 개입을 반대하는 데 반해, 평등적 개인주의는 개인의 기본적 자유를 중시하면서도 사회적 약자를 위한 국가의 개입을 옹호한다. 자유지상주의(libertarianism)는 시장의 자유를 지지하고 재분배를 위한 조세정책이나 복지국가를 위한 '큰 정부'를 반대하며, 개인의 절대적 자유 또는 자기소유권을 강조한다(김영기, 2011: 8-9). 자유지상주의는 사회적 약자를 위한 국가의 개입, 즉 사회보장제도와 국민연금제도에 반대하며, 개인의 자기소유권을 절대시하므로 낙태, 존엄사, 매춘뿐만 아니라 지방소멸이나 지역격차 등에 대한 국가의 개입도 반대한다. 그러나 평등주의적 자유주의(egalitarian liberalism)는 공정과 평등을 강조하며, 기회의 공정성, 사회적 약자에 대한 배려, 그리고 사회안전망 강화 등을 강조한다. 즉, 평등주의적 자유주의는 개인의 기본적 자유권을 중시하면서도 사회적 불평등이나 지역격차를 해소하기 위한 국가의 개입을 인정한다.

차등적 권한이양에 대한 자유주의적 논거는 평등적 자유주의의 대표 학자인 롤즈(John Rawls)의 정의론에서 찾을 수 있다(Rawls, 1971). 롤즈는 공정성으로서의 정의를 구현하기 위한 두 가지 원칙을 제시하고 있다. 정의의 제1원칙은 평등한 자유의 원칙으로서 모든 사람은 평등하게 누려야 할 기본적 자유권을 가진다는 것이다. 개인의 기본적 자유란 선거권이나 피선거권과 같은 정치적 자유, 언론과 집회의 자유, 양심과 사상의 자유, 신체의 자유와 사유 재산권 등과 같은 기본권을 말한다. 이 원칙에 따르면, 다수가 누릴 보다 큰 이득을 위해 소수에게 희생을 강요할 수 없다. 정의의 제2원칙은 차등의 원칙으로서 개인의 능력에 따른 차등의 인정이다. 평등의 원칙이 기본적 자유권을 모든 사람들에게 평등하게 보장하는 정치적 자유와 관련된다면, 차등의 원칙은 주로 사회적·정치적·경제적 불평등의 문제와 관련된다. 차등의 원칙은 다시 기회균등의 원칙과 최소 수혜자 최대이익의 원칙으로 구분된다. 기회균등의 원칙은 모든 사람에게 공직이나 사회적 지위에 오를 수 있는 기회가 균등하게 주어져야 한다는 것이고, 최소 수혜자 최대이익의 원칙은 사회적 약자에게 경제적 이득이 돌아갈 때에만 경제적 불평등이 정당화된다는 것이다.

자유주의(평등주의적 자유주의), 특히 롤즈의 정의론은 모든 지방정부의 기본적 자율권을 강조한다. 이에 따르면 모든 지방정부는 지방분권을 통해 자율성을 가져야 할 기본적 권리를 타고 났으며, 지역의 발전과 주민의 복지를 강화할 수 있는 균등한 기회를 누려야 한다. 또한 재정적으로 열악한 위치에 있는 과소 지방정부에 대한 국가적 지원을 강화해야 한다. 하지만 차등의 원칙이 재정력과 자치역량을 갖춘 지방정부에게 더 많은 권한을 부여해야 한다고 명시적으로 주장하지는 않는다. 다만 권한이양에 있어서 지방정부를 동일하게 취급하지 않아야 한다는 점, 그리고 권한이양이 재정적으로 열악한 위치에 있는 지방정부를 어렵게 할 경우에는 자치역량을 갖춘 지방정부와 다른 대우를 해야 한다는 정책적 함의를 도출할 수 있다.

차등적 권한이양에 대한 보다 직접적인 논거는 자유주의 철학에서 강조하는 수직적 형평성에서 찾을 수 있다. 수직적 형평성은 수평적 형평성과 달리 인간이나 지방정부의 상이한 조건에 대한 적절한 차별을 정당화한다 (Musgrave, 1990: 113; Repetti & McDaniel, 1993: 607). 수평적 형평성(horizontal equity)은 동일한 국민에게는 동일한 대우와 의무가 따른다는 논리로서 법 앞의 평등, 기본적 자유, 정치적 평등, 국방의 의무, 납세의 의무 등이 이러한 논리에 기초한 것이다. 그에 반해 수직적 형평성(vertical equity)은 다른 여건에 있는 사람들을 동등하게 대우해서는 안된다는 논리로서 누진세, 기초생활보장제, 그리고 장애인복지 등이 이에 기초한 것이다. 그에 따라 수직적 형평성은 여건과 능력이 다른 지방정부에 대해서는 다르게 대우해야 한다는 철학적 근거로 작용한다.

3) 공동체주의

공동체주의(communitarianism)는 개인의 자유보다는 공동체의 가치를 강조하는 철학적 사조이다. 공동체주의는 개인의 좋은 삶을 공동체와 분리할 수 없는 것으로 보고, 공동선에 대한 의무를 강조한다. 공동체주의는 정치의 사회적 가치를 강조하고, 개인의 좋은 삶을 사회문화적 맥락과 분리할 수 없으며, 개인을 사회에서 분리할 수 없다고 본다. 공동체주의 정의론을 주창하는 학자로는 매켄타이어(Alasdair MacIntyre), 샌델(Michael Sandel), 왈쩌(Michael Walzer) 등을 들 수 있지만, 대표적인 학자는 「정의란 무엇인가」의 저자 샌델을 들 수 있다. 샌델의 정의론은 연대성이나 공동선과 같은 공동체의 가치에 중점을 두고 있다.

샌델은 모든 개인에게 보편적으로 적용되는 자연적 의무(natural duties), 개인의 자발적 선택과 계약에 의한 자발적 의무(voluntary obligations), 그리고 공동체의 일원에게 부과되는 연대성의 의무(obligations of solidarity)를 구분한다 (이창신, 2009). 모든 개인은 사회적 계약에 의한 의무와 달리 스스로 선택하지 않은 도덕과 책무에 구속될 수 있는데, 가족과 국가에 대한 의무, 자신의 동료에 대한 연대의무, 그리고 조상의 행위에 대한 의무 등이다. 샌델의 정의론은 아리스토텔레스의 목적론적 정의관에 따라 사람들 스스로 자신의 목적을 선택하고 추구할 수 있어야 하며, 사람들에게 마땅히 받아야 하는 정당한 몫을 주어야 한다고 강조한다. 샌델에 따르면 정의란 각자의 훌륭함과 우수성에 근거하여 각각 다르게 대우하는 것이다. 그에 따라 사회적 가치가 부, 타고난 신분, 외적 아름다움, 우연(제비뽑기)과 같은 기준에 따라 차별 배분된다면 부당한 일이고, 능력과 우수성에 따라 차등적으로 배분되는 것이 정당하다는 것이다.

공동체주의의 목적론적 정의론은 지방정부에게 정당한 몫을 줄 것을 강조한다는 점에서 차등적 권한이양을 정당화하는 근거가 될 수 있다. 공동체주의는 권한이양에 있어서 지방정부의 인구와 재정규모 등이 아니라 해당 권한의 수행에 적합한 능력을 기준으로 삼아야 한다는 것이다. 이러한 관점에 따르면, 선진국에서 발견되는 재정규모나 지방정부의 의지에 근거한 차등적 권한이양은 부당하다고 할 수 있다. 지방정부의 우수성에 근거한 차등적 권한이양의 논리는 해당 권한을 적절히 수행할 수 있는 지방정부에게는 더 많은 권한을 이양하고, 그렇지 않은 지방정부에게는 상대적으로 낮은 권한을 이양해야 한다는 것이다. 다시 말해, 해당 권한의 수행에 필요한 전문적 자질과 정책성과 등에 기초하여 차등적으로 권한을 이양해야 한다는 것을 의미한다. 지방정부의 존재는 주민의 참여, 자율적 결정, 주민자치와 협치 등을 통해 직접민주주의를 구현하는 것이므로 이러한 목적가치에 부합되게 권한이양을 추진해야 한다는 것이다.

또한 공동체주의에서 강조하는 연대성은 차등적 권한이양에 있어서 수평적 재정형평화 조치를 정당화한다. 차등적 권한이양은 불가피하게 지방정부 간 빈익빈 부익부 현상을 초래할 수 있으므로 연대적 의무에 따라 이를 완화해야 한다. 자치역량이 높은 지방정부는 상대적으로 많은 권한을 이양 받아 자치역량이 더 높아지고 이를 바탕으로 정책성과를 제고할 수 있는 데 반해, 자치역량이 낮은 지방정부는 상대적으로 더 적은 권한을 이양 받기 때문에 지방정부 간 격차가 더욱 증대될 수 있다. 이러한 지방정부 간 자치역량의 차이에 따른 재정격차를 줄이기 위해서는 국세의 이양과 더불어 공동세 제도의 도입을 통한 지방정부 간 수평적 재정형평화 조치가 필요한데, 이러한 재정형평화 조치는 국가공동체에 대한 연대적 의무에 의해 정당화될 수 있다는 것이다.

4) 정책적 함의

공리주의적 정의관은 지방분권을 통한 효용 극대화에 중점을 두고, 평등주의적 자유주의는 효용의 극대화뿐만 아니라 효용의 분배에도 관심을 갖는다. 이러한 관심은 지방정부의 자치역량에 따른 성과와 효용의 차이를 고려하여 차등적 권한이양을 추진해야 한다는 논리로 연결될 수 있다. 공동체주의는 공리주의와 평등주의적 자유주의에서 간과했던 공동체적 연대감을 강조한다. 공동체주의는 사회적 연대감뿐만 아니라 능력과 우수성에 근거한 권한이양을 주장한다. 그에 따르면 자치역량이 낮은 지방정부에 대해서는 공동체적 연대감에 따라 배려해야 하고, 자치역량이 뛰어난 지방정부에 대해서는 우수성에 따라 권한이양의 특례를 강화해야 한다는 것이다. 이상에서 살펴본 공리주의, 자유주의, 그리고 공동체주의에서 강조하는 내용과 그에 따른 정책적 함의를 정리하면 [표 6-1]과 같다.

표 6-1 사회정의론 비교 및 정책적 함의

구분	주요 내용	정책적 함의
공리주의	· 공리 또는 효용의 극대화 · 최대다수의 최대행복 추구 · 능률성, 경제성, 효과성 강조	· 효용과 공리 극대화를 위한 권한이양 추진 · 지방정부의 성과에 기초한 권한특례 인정
자유주의	· 자유로운 선택과 기회균등 · 평등한 기본적 자유권 중시 · 사회적 약자와 경제적 불평등에 대한 국가개입 정당화	· 동일한 역량을 가진 지방정부에게 동일한 권한이양 · 자치역량이 높은 지방정부에게 권한 특례 부여 · 과소 지방정부에 대한 지원특례
공동체주의	· 자발적 선택에 의한 의무 외에 연대성 의무 강조 · 각자에게 정당한 몫의 부여 · 각자의 훌륭함과 우수성에 따른 차등적 대우	· 국가공동체의 연대성을 고려한 과소지방정부 지원특례 · 지방정부별 차등적 재정조치 정당화 · 지방정부의 우수성과 역량에 따른 차등적 권한이양 인정

　　공리주의, 자유주의, 그리고 공동체주의는 사회정의에 관한 상호 보완적인 내용을 포함하고 있다. 공리주의는 효용 극대화, 능률성과 경제성, 효과성 등에 대한 강조를 통해 자원의 효율적 배분을 강조한다. 그러나 사회적 약자나 사회적 불평등에 대해서는 관심을 갖지 않는다. 자유주의는 개인의 자유로운 선택, 기본적 자유, 기회균등, 그리고 사회적 약자의 이익을 위한 차등조치

등을 통해 사회적 불평등에 대한 국가개입의 근거를 제시한다. 그에 따라 사회적 분배에 취약한 공리주의의 한계를 일부 보완하고 있다. 공동체주의는 사회적 연대성에 의한 의무를 강조하고, 각자의 훌륭함과 우수성에 근거한 차등적 대우를 주장함으로써 자신의 자발적 선택이나 계약에 의해서만 의무와 책임을 진다는 자유주의의 한계를 보완한다.

공리주의, 자유주의, 공동체주의는 차등적 권한이양에 대한 정책적 함의에서도 상호보완적인 내용을 포함하고 있다. 공리주의는 공리 또는 효용을 극대화하는 방향으로 권한이양을 추진해야 한다고 강조한다. 그에 따라 차등적 권한이양이 경제적 효율성과 성과 제고에 기여한다면 공리주의에 의해 정당화될 수 있다. 자유주의는 동일한 역량을 가진 지방정부에게 동일한 권한을 이양해야 하고, 상이한 자치역량을 가진 지방정부에게는 상이한 권한을 이양해야 한다고 주장함으로써 차등적 권한이양을 인정하고 있다. 또한 자립능력이 낮은 지방정부에 대한 정책적 배려는 정당화될 수 있다고 주장함으로써 전체 효용 극대화에 중점을 두는 공리주의의 한계를 보완하고 있다. 공동체주의는 자치역량이 우수하거나 높은 성과를 보이는 지방정부에게 더 많은 권한을 이양해야 한다고 주장함으로써 차등적 권한이양을 정당화하고 있다.

자유주의 정의론, 특히 롤즈의 정의론에 따르면 모든 지방정부는 권한이양(지방분권)을 통해 자율성을 가져야 할 기본적 권리를 타고 났고, 지역의 발전과 주민의 복지를 강화할 수 있는 균등한 기회를 갖고 있으며, 그리고 재정적으로 열악한 위치에 있는 과소 지방정부에 대한 국가적 지원을 강화해야 한다는 것이다. 그러나 재정력과 자치역량이 높은 지방정부에게 더 많은 권한을 부여해야 한다는 직접적 논거를 제시하지는 않는다. 다만, 지방분권에 있어서 지방정부를 동일하게 취급하지 않아야 한다는 점, 그리고 권한이양이 재정적으로 열악한 위치에 있는 지방정부를 어렵게 할 경우에는 자치역량이 강한 지방정부와 다른 대우를 할 수 있는 점을 시사해 주고 있다.

이러한 사회정의론에 근거한 차등적 권한이양은 다음과 같은 효과를 거둘 수 있다는 점에서도 정당화될 수 있다(하혜수, 2004: 155–156). 첫째, 차등적 권한이양은 중앙정부의 소극적 권한이양에 대응할 수 있다. 중앙정부는 지방정부의 자치역량이 부족하다는 이유로 권한이양에 반대하거나 소극적인 태도를 보이고 있는데, 자치역량에 상응하는 맞춤형 권한이양을 추진함으로써 중앙정부의 반대 수위를 낮출 수 있다. 또한 자치역량을 갖춘 소수 지방정부를 중심으로 권한이양을 추진함으로써 모든 지방정부를 대상으로 한 전면적 권한이양의 추진에 따른 정치적 부담을 줄일 수 있다.

둘째, 차등적 권한이양을 통해 정책의 성과를 제고할 수 있다. 차등적 권한이양은 지방정부의 여건과 역량 그리고 의지에 상응하는 권한의 이양을 추진하기 때문에 지방분권의 성과를 담보할 수 있다. 지방정부의 능력을 벗어나는 권한의 이양은 해당 권한과 관련된 정책의 질을 떨어뜨릴 뿐만 아니라 권한의 남용 가능성을 증대시킬 수 있기 때문이다.

셋째, 지역정부의 창설을 통한 차등적 권한이양은 법률제정권과 같은 강력한 권한이양을 가능하게 한다. 이는 상이한 자치역량을 갖춘 지역정부(지방정부)에게 그에 상응하는 권한을 부여해야 한다는 인식상의 타당성을 제공하고, 이를 통해 제도적 타당성을 높일 수 있다는 것이다.

2절 ─ 선진국의 차등적 권한이양

1. 미국의 부분선점제
1) 개념과 내용

선점제(先占制)는 주인 없는 물건을 선취하듯이 연방정부가 하위정부(주 및 지방정부)의 권한이 효과적으로 수행되지 않는 기능영역(주로 규제분야)에 대하여 법률의 제정을 통해 자신의 권한으로 선점하는 제도이다. 선점제는 연방정부가 하위정부의 권한을 인정하지 않는 완전선점제와 하위정부의 일부 권한을 인정하는 부분선점제로 구분된다.[1] 미국의 부분선점제(partial preemption)는 환

---

1 완전선점제(total preemption)는 주정부나 지방정부로부터 해당 규제권한을 모두 없애는 것

경규제 등의 규제정책영역에 한정하여 도입되었고, 연방정부가 주정부의 권한을 선점하되 일부 집행권을 허용하는 제도이다. 연방정부는 주정부의 효율적인 정책집행을 조건으로 규제권한을 허용하되, 그 조건이 충족되면 권한이양을 유지하지만 그렇지 않으면 해당 권한을 회수할 수 있다. 따라서 부분선점제는 규제기능을 중심으로 일정한 조건의 충족 여부를 중시하는 조건부적 권한이양 제도라고 할 수 있다.

부분선점제 중 최소기준선점은 규제기준에 대한 국가적 최소기준을 설정하고, 하위정부로 하여금 그러한 기준 또는 그보다 강화된 기준을 따르도록 함으로써 규제정책의 성과와 집행효율성을 강화하는 방식이다(Scicchitano and Hedge, 1993: 107). 이 제도의 적용을 받는 하위정부는 최소한 연방의 기준과 동등하거나 더 엄격한 기준을 설정하고 구체적인 집행계획을 제출해야 하고, 연방정부는 계획을 심사한 후 권한과 책임의 이양 여부를 결정한다. 그에 따라 하위정부는 정책을 집행하고, 연방정부는 설정한 기준의 충족을 위해 주 및 지방정부를 감독한다.

미국의 차등적 권한이양 제도인 부분선점제는 1900년대부터 연방정부와 주정부 간의 새로운 협력관계 구축 필요성에 의해 도입된 것으로서 신공공관리론에 기초하여 도입된 다른 나라의 제도와는 역사적 배경이 다르다. 1970년대 이후 단일의 주 및 지방정부의 노력으로는 국가적 문제에 대한 효과적인 대응이 어렵다는 한계를 인식하면서부터 부분선점제의 활용이 증대되었다(Scicchitano and Hedge, 1993: 107-108; 박재창 외, 2000: 48-50). 이러한 배경 하에서 추진된 부분선점제의 일차적 목적은 국가적 이슈에 대한 효율적인 대응이었으나 연방정부의 권한 강화와 주 및 지방정부의 성과 제고에도 관심이 있었다. 연방정부는 주 및 지방정부의 효율적 규제가 확보되지 않을 경우 권한의 회수가 포함된 부분선점제의 도입을 통하여 정책의 성과 제고와 연방의 기준을 관철시킬 수 있었다.

인데 반하여, 부분선점제(partial preemption)는 연방정부가 하위정부에게 자신이 세운 정책기준을 시행할 기회를 먼저 부여하고 하위정부가 이의 집행을 소홀히 할 경우에 개입하여 연방의 기준을 강행하는 형식을 취한다(Zimmerman, 1993).

2) 제도의 성과평가

미국의 부분선점제는 중앙—지방 간 협력관계에 근거하여 권한배분을 재조정할 수 있고, 특히 규제권한의 이양에 기여할 수 있으므로 지방분권을 담보하는 것으로 주장된다(김재훈, 1997; 김종순, 2001). 그러나 부분선점제는 규제기능에 대한 하위정부의 재량권을 인정하는 제도의 취지와는 달리 권한이양효과는 미흡하였다고 평가할 수 있다. 연방정부는 보조금을 제공하지 않고 주 및 지방정부의 권한 영역에서 프로그램을 추진할 수 있었기 때문이다(Zimmerman, 1993). 또한 부분선점제에 관한 대다수 규제 법률이 하위정부의 재량을 규정하고 있지만 실제 운영에서는 연방정부의 계층제적 통제를 강화시켰다는 것이다(Scicchitano and Hedge, 1993: 108). 다시 말해, 연방정부는 주 및 지방정부의 반대 때문에 이양한 권한과 정책에 대하여 영향력을 행사하지 못한 경우는 없었다는 것이다. 이러한 점에서 부분선점제가 연방정부의 권한을 주 및 지방정부에 이양하는 지방분권 효과보다는 연방정부의 통제와 권한확대에 기여하였다고 할 수 있다.

미국의 부분선점제는 행정제도의 비탄력성과 경직성에 의하여 제약을 받게 되는 한계가 있다. 즉, 효율적인 집행을 조건으로 권한을 이양하였으나 그러한 조건이 이행되지 않을 경우 실제로 권한을 회수할 수 있을 것인가 하는 문제와 회수할 경우 기존의 조직과 인력을 폐지할 수 있을 것인가 하는 문제가 제기된다. 일반적으로 공공부문은 그 특수성으로 인하여 기구와 인력을 탄력적으로 증감시키기 어려운 측면이 있다. 따라서 부분선점제를 실시할 경우 권한회수가 어려울 뿐만 아니라 회수가 이루어진다 하더라도 하위정부의 조직과 인력을 줄일 수 없다는 것이다. 회수가능성에 대한 위협을 통하여 집행의 효율성을 제고하는 데서 의의를 찾을 수 있지만 권한회수의 현실적인 가능성이 희박할 경우 충분한 이행력을 확보하기 어렵다는 것이다.

또한 부분선점제에서는 권한이양에 부수되는 인력과 재원을 주 및 지방정부의 부담으로 하고 있는 문제점도 발견되고 있다. 미국의 경우 권한이양에 따른 추가재원은 주 또는 지방정부에서 부담하도록 하고 있어 지방정부의 재

정능력이 취약한 우리나라에 적용하는 데는 한계가 있을 것이다. 더욱이 부분
선점제는 연방정부 주도하의 권한이양 추진방식으로서 지방의 주도적 노력에
의한 자율성의 제고에는 한계가 있고, 규제영역에 한정되는 특성으로 인하여
하위정부의 전반적인 성과 제고와 혁신에는 제약이 따른다고 할 수 있다.

2. 영국의 모범지방정부제

1) 개념과 내용

영국의 모범지방정부제(beacon council)는 정책성과에 기초하여 차등적으
로 권한을 이양하는 제도이다. 중앙정부는 1999년부터 일곱 개 서비스 분야에
대하여, 2000년부터는 열한 개 서비스 분야를 대상으로 성과를 평가하여 우수
지방정부를 선정하고, 재정 지원뿐만 아니라 감독과 통제를 완화하였다(Office
for National Statistics, 2001). 구체적인 평가분야는 지역사회 안전, 교육, 경쟁력
과 기업, 계획, 사회복지, 지역의 환경수준, 건강, 문화 · 스포츠 · 관광, 청소년
문제, 노인문제, 현대적 서비스 공급 등이다. 중앙정부는 매년 이러한 분야에
대한 평가를 통해 선정된 모범지방정부에게 명령, 지시, 회람 등에 의한 간섭
을 줄여준다. 이러한 모범정부제는 명칭에서 보는 바와 같이 새로운 지방정부
의 창설을 통해 권한특례를 부여하는 자치특례처럼 간주될 수 있다. 그러나
기능의 객관적 성과를 측정하고, 차등적 권한이양의 지속기간은 1년간 유효하
며, 그리고 다양한 권한이 아닌 기능(사무)에 한정된다는 점에서 자치특례가
아닌 차등적 권한이양에 해당된다고 할 수 있다.

영국에 있어서 차등적 권한이양 제도의 추진배경은 정부의 비효율성 제
거와 새로운 관리적 요소의 도입을 통한 성과제고의 필요성이라는 중앙정부의
혁신과 맥을 같이하고 있다(총무처 직무분석기획단, 1997; 임성일 · 최영출, 2001).
1990년대 초반부터 전 세계적으로 성과중심의 신공공관리론적 개혁이 추진되
면서 행정의 효율성 제고와 서비스질 개선이 초미의 관심사로 부각되었고, 이
러한 성과제고를 위해서는 지방정부의 재량과 자율성을 제고하는 것이 필요하

다는 인식을 갖게 되었다. 1997년 노동당 정부가 들어서면서 보수당 집권 동안 위축되었던 지방정부의 지위와 권한을 강화하고 지방정부의 정책성과를 제고하기 위하여 선택성과 차등 대우를 강조하게 되었다(Byrne, 2000: 578). 그에 따라 2000년 지방정부법의 제정을 통해 스스로 쇄신하고 성과를 제고하는 모범지방정부에게 더 많은 권한을 부여하였다. 이러한 점에서 모범지방정부제를 도입한 목적은 지방정부의 자치능력에 맞는 권한과 책임의 강화를 통하여 정책성과를 제고하는 데 있었다.

2) 제도의 성과평가

모범지방정부제는 서비스의 성과제고를 촉진하는 측면과 아울러 우수한 성과를 산출한 지방정부에 대하여 중앙정부의 간섭과 통제를 줄여 준다는 점에서 지방분권에 기여할 수 있는 제도로 평가받고 있다. 다만 시간이 지나면서 성과평가지표에 대한 논쟁이 야기될 수 있고, 이는 제도의 강도 또는 존속 여부에 영향을 미칠 수 있다. 모범지방정부제는 구체적인 평가지표에 근거하여 정책의 성과를 측정하고, 그에 근거하여 권한의 부여나 박탈을 결정한다는 점이 특징이다. 이러한 특징은 투명성의 제고에 기여할 수 있지만 객관성과 타당성을 떨어뜨려 제도의 수용성을 낮출 수 있다. 다시 말해, 공공부문의 특성으로 인하여 정책의 성과를 계량적으로 측정하기 어려울 수 있고, 성과 측정은 해당 지방정부에서 제공하는 자료에 의존해야 하므로 신뢰성 역시 문제가 될 수 있다. 객관적인 성과측정이 가능할 경우에도 해당 지방정부의 정책노력보다는 지방정부가 처한 여건과 상황에 따라 좌우되는 성과부분이 클 경우 제도의 타당성을 떨어뜨릴 수도 있다.

그에 따라 영국의 차등적 권한이양 제도는 지방정부의 정책성과에 대한 객관적이고 수용가능한 평가체제를 구축하는 것이 제도의 성패를 좌우할 수 있다. 특히 지방정부의 노력을 통하여 개선하기 어려운 정책지표들이 다수 포함되어 있고, 자치능력과 여건이 낮은 지방정부에게 불리한 지표들도 발견된다. 그 결과 지방정부의 경쟁촉진과 성과제고를 도모하려는 차등적 권한이양

제도의 본래 취지와는 달리 지방정부의 저항과 반발을 가져와 제도의 효과를 떨어뜨릴 수 있고, 더 나아가 지방정부 간 격차를 더욱 심화시킬 수도 있을 것이다. 이러한 점에서 지방정부 간 격차가 극심하고, 성과중심 문화가 부족하며, 평가지표에 대한 관심이 과도한 우리나라에서는 모범지방정부제의 도입에 한계가 있을 것이다.

3. 일본의 특례시 제도

1) 개념과 내용

일본의 특례시 제도는 지방정부의 정책의지(신청)를 중시한다는 점에서 상향식 접근을 취하고 있으며, 인구기준에 의한 차등적 권한이양과 병행하고 있다는 점에서 권한이양의 주된 기조로 보기는 어렵다.[2] 일본의 중앙정부는 1993년 4월부터 실험적으로 중앙과 지방의 협의나 계약방식에 의한 권한부여와 중앙정부의 제약완화 등을 골자로 한 지방분권특례제도를 도입하였는데(總務廳行政管理局, 1993), 정령에 의해 5년간 한시적으로 실시된 후 1999년 4월부터 지방자치법의 규정에 의해 특례시 제도로 발전하였다. 특례시 제도는 행·재정적 능력을 보유하고 자주성과 자립의욕을 갖춘 지방정부에게 인·허가권 등 권한배분상의 특례를 인정하는 제도이다. 즉, 지방정부가 중앙정부의 보조금에 의존하지 않고 자주재원으로 사업을 추진할 경우 중앙정부는 능력 있는 시·정·촌(市町村)에게 권한을 이양하였다.

특례시로 지정될 경우 법률의 제정 또는 개정을 요하지 않는 범위 내에서 인·허가 등의 특례, 보조금상의 특례, 지방채 발행의 특례, 그리고 사무배분상의 특례 등을 부여받게 된다. 제도의 적용대상은 원칙적으로 인구 20만 이상의 시·정·촌(공동으로 신청할 경우에는 관계 시·정·촌 인구의 합계)으로 한정하되, 지역 만들기에 관한 구체적인 신청내용이 본 제도의 취지·목적에 부합할

---

2 일본에서 지방정부에 대한 지위와 권한의 차등배분을 위하여 지정시와 중핵시 제도 등을 실시하고 있는 것은 이미 알려져 있다.

경우 인구 20만 미만이더라도 적용대상에 포함될 수 있도록 하고 있다. 특례시의 지정을 원하는 시·정·촌은 관계 도·도·부·현과 협의하여 내각 총리대신에게 신청하여야 한다. 특례시의 선정은 인구규모, 지역특성, 지역만들기의 계획분야, 그리고 신청내용 등에 근거하되 전국적 균형이라는 관점에서 조정된다. 중앙정부는 특례시에서 추진한 사업의 성과를 평가하고, 그에 근거하여 특례시 지위의 유지와 제외를 결정한다. 이러한 점에서 특례시제는 지방정부의 신청에 대한 객관적 심사, 인구기준과 재정력 기준의 사용, 5년간의 한시성, 그리고 인·허가에 제한된 적용 등의 특징으로 인해 차등적 권한이양제에 속한다. 특례시의 명칭은 지정시나 중핵시와 달리 권한이양의 기간이 지속적이지 않으며 일정 기간만 유지된다.

일본의 차등적 권한이양 제도인 특례시 제도는 1990년대에 본격적으로 추진된 지방분권개혁의 일환으로 도입되었다. 일본은 중앙집권적 전통이 강하게 남아 있던 상황에서 기관위임사무, 필치규제(必置規制), 지방사무관제 등의 폐지 또는 정비를 통하여 중앙정부의 통제와 간섭을 완화하는 제도개혁에 비중을 두었다(總理府編, 1998; 채원호, 2000). 특히 기관위임사무를 폐지하는 대신 법정수탁사무를 신설함으로써 지방분권의 추진과 중앙-지방 관계의 개선에 초점을 두었다(中邨章, 1997: 4-5; Muramatsu, 2001). 이러한 지방분권개혁의 상황에서 도입된 특례시 제도는 행·재정적 능력과 정책의지를 보유한 지방정부에게 더 많은 권한을 부여하고 중앙정부의 통제와 간섭을 완화함으로써 지방정부의 자율성을 강화하고, 나아가 자치역량에 부합되는 권한부여를 통하여 정책의 성과를 높이는 데 그 목적이 있었다.

2) 제도의 성과평가

일본의 특례시 제도는 시행 기간이 길지 않고, 특히 지정시나 중핵시 등 인구기준에 의한 차등적 권한이양 제도와 함께 추진되고 있어 그 성과를 체계적으로 평가하기 어렵다. 다만 시행 초기에는 39개의 시·정·촌이 지정되었으나 최근 들어 56개 지방정부로 늘어나는 등 가시적인 성과를 보여주었다. 또한 특례시 제도는 지정된 지방정부에게 사무 특례뿐만 아니라 인·허가권, 보조금, 기채권 등을 부여함으로써 중앙의 통제와 간섭의 완화에 기여하였다. 특히 지방정부의 재정능력을 고려하여 권한을 부여한다는 점, 지방정부의 신청에 의하여 특례시를 지정함으로써 지방정부의 정책의지를 중시한다는 점, 그리고 성과평가를 통하여 연장 여부를 결정한다는 점에서 정책의 성과 제고에 기여한 것으로 평가된다. 그러나 특례시의 신청조건으로 재정력과 인구 20만 이상을 강조함으로써 지방정부의 노력에 의한 개선 여지를 낮춘 것으로 평가된다.

일본의 특례시 제도는 행정제도의 비탄력성 문제를 내포하고 있으나 영국의 모범지방정부제와는 달리 현실적인 제약은 상대적으로 덜한 편이다. 그 이유는 중앙정부의 주도하에 추진되는 하향식 접근이 아니라 지방정부의 정책의지를 중시하는 상향식 접근을 채택하고 있기 때문이다. 즉, 지방정부의 혁신적인 아이디어나 제안에 기초하여 심사한다는 점과 그러한 심사결과에 따라 차등적인 권한이양을 추진한다는 점에서 지방정부의 자치능력뿐만 아니라 정책의지를 중시하고 있다. 또한 행·재정 능력에 미달되는 지방정부의 반발이 예상되지만 소극적인 지방정부의 권한을 박탈하지 않는다는 점에서 저항의 정도는 크지 않을 것이고, 조건부적이기는 하지만 제도의 시행초기부터 한시적으로 권한을 부여하고 평가를 통해 지속 여부를 결정하기 때문에 시행착오는 크지 않을 것이다. 그러나 특례시 제도는 지방정부에게 적극적인 역할의 기회를 제공하지만 혁신적 사고에 대한 일차적 책임을 해당 지방정부에게 전가하는 문제점을 노정한다.

4. 북유럽의 자유지방정부제

1) 개념과 내용

북유럽의 자유지방정부제(free-commune experiment)는 지방정부에게 정책결정의 자율성을 부여하고 중앙정부의 통제를 면제해주는 제도이다(Rose, 1990; Rose, 1991). 다시 말해, 정해진 조건을 충족한 지방정부에게 일정한 기능영역과 기간 동안은 중앙정부의 간섭과 제약을 면제해 준다. 이 제도는 1983년 스웨덴을 시작으로 덴마크, 노르웨이, 핀란드 등에서 정책실험으로 추진하였으나 시간이 지나면서 항구적인 개혁의 성격을 띠게 되었다. 중앙정부는 지방정부의 혁신적인 아이디어를 제안 받고 심사를 통해 선정된 지방정부에게 자율적인 정책추진에 필요한 권한을 부여한다는 점에서 상향식 접근을 채택하고 있다.

구체적인 절차를 보면, 특례를 부여하는 기능과 정책에 대한 중앙정부의 제안, 정책과 프로그램의 목표에 대한 명료화, 그리고 프로그램에 대한 중앙－지방 간 계약(약정)의 체결이 이루어진다. 그 다음 지방정부가 일정한 기능영역에 대하여 권한확보를 위한 정책제안서를 작성하여 중앙정부에 제출하면, 중앙정부는 제안서를 심사하여 자유지방정부로 선정한다.[3] 자유지방정부제 역시 명칭에서는 새로운 종류의 지방정부를 창설하여 자치특례를 부여하는 것처럼 보이지만 일정한 기능영역을 중심으로 지방정부의 신청과 중앙정부의 심사를 거치며, 선정된 지방정부에게 일정 기간 특례를 부여한다는 점에서 차등적 권한이양 제도에 속한다고 할 수 있다.

스웨덴 등 북유럽의 자유지방정부제는 장기적 관점에서 보면 제2차 세계대전 이후 복지국가의 발전에서 비롯되었다고 할 수 있다. 그때 이래로 공공부문의 성장은 지방수준에서 현저하였고, 지방정부의 구조와 조직에 대한 중앙정부의 통제가 강화되었다. 1970년대 중앙의 규제에 대한 비판이 제기되는 가운데 스웨덴의 사회민주당이 총선에서 패배하였고, 이는 공공개혁의 필요성에 대한 정치적 위기의식을 고조시켰다. 1982년에 다시 집권한 사회민주당은 높은 조세부담, 과잉관료제화, 규제열풍 등에 따른 국민의 불만을 줄이기 위해 공공관료제의 혁신이 필요하다는 인식에 따라 차등적 권한이양을 위한 자유지방정부 실험을 시작하였다. 자유지방정부제의 목표는 지역의 여건과 수요에 대한 지방정부의 적응능력 제고, 자원이용의 효율성 증대, 지방정부의 조직 개

---

3 자유지방정부의 선정과정에서는 세 가지 기준이 고려된다. ① 제안서의 내용, 즉 구체적인 주제와 제안서의 질(용의주도성과 혁신적 내용)에 대한 평가이다. ② 배분적 고려로서 인구, 지리적 위치, 정치적 특성, 경제적 특성 등을 고려하여 지방정부를 선정한다. ③ 연계원칙(nesting principle)으로서 자유로운 지위를 얻은 광역단체 내의 일부 기초단체를 선정한다.

선, 서비스전달 개선, 시민영향력의 증대, 그리고 중앙 – 지방 관계의 개선 등으로 다양하다. 국가별로 약간씩 다르지만 공통적으로 중앙의 간섭과 통제 완화, 그를 통한 지방정부의 대응성과 효과성 제고에 목적이 있다.

2) 제도의 성과평가

북유럽의 자유지방정부에 대한 학자들의 견해에 기초할 때 이 제도가 지방정부의 자율성 제고에 기여하였는지 아니면 중앙정부의 통제 지속화에 기여하였는지 분명하지 않다(Rose, 1991; Stömberg and Lindgren, 1994: 37–38). 이 제도는 지방정부에게 상당한 재량권을 부여하였지만 엄격한 규정과 조건을 부가하기도 했다. 더욱이 중앙정부의 통제 완화도 중앙부처의 저항에 의하여 당초의 기대에 미치지 못하였고, 지방정치인과 공직자를 대상으로 한 평가에서도 효과가 크지 않은 것으로 나타났다. 그러나 중앙정부의 통제 완화와 지방정부의 재량권 증대를 통해 중앙 – 지방 간 협력관계의 구축에 기여하였다는 긍정적 성과도 있다. 이러한 실험을 통하여 지방의 적응력이 증대되었고, 혁신에 대한 지방정부의 의지가 고조되었으며, 지방공직자의 태도가 변화되었다는 것이다.

자유지방정부제가 권한이양에 미친 성과는 덴마크의 경우 1979년에, 노르웨이의 경우 1986년에 특정보조금제(specific grants)에서 포괄보조금제(block grants)로 전환한 사실에서 일부 엿볼 수 있다. 특히 덴마크의 경우 1991년까지 24개에 달하는 법률이 제·개정되었고, 실험영역과 면제영역이 계속 확대되었다(Albœk, 1994: 64–65). 핀란드의 경우에도 자유지방정부제는 시민참여를 증대시켰고, 1988년과 1989년의 두 시점을 비교할 때 자유지방정부로 지정된 지방정부에서 조직 감축 성과가 더 높은 것으로 나타났다(Ståhlberg, 1994: 93–94). 이러한 점에서 자유지방정부제는 지방정부의 혁신, 중앙정부의 재정통제 완화, 지방정부의 참여와 발언권 강화 등을 통하여 권한이양에 기여한 것으로 평가할 수 있으며 중앙의 통제를 직접적인 방식에서 간접적인 방식으로 전환시켜 지방정부의 자율성 강화에 기여하였다.

자유지방정부제의 한계로는 지방정부들이 새로운 도전에 대한 준비가 부족하고 그러한 변화를 수용할 의지가 미약하였다는 점을 들 수 있다. 또한 지방정부의 혁신적 정책제안에 대한 객관적인 심사뿐만 아니라 정책의 성과에 대한 타당한 평가 역시 부족하였다고 할 수 있다. 특히 이 제도는 정책의 성과평가를 통해 실험의 연장 여부를 결정하기 때문에 객관적이고 타당한 평가가 요구되는데, 공정한 평가제도가 구축되지 않았다는 것이다. 그리고 중앙정부의 권한 부여와 통제 완화로 인해 초래되는 성과 부족에 대한 책임을 지방정부에게 전가하는 문제점도 지적된다.

지금까지 차등적 권한이양 제도를 도입하여 시행하고 있는 국가들의 제도를 비교분석하였다. 제도의 도입배경은 비슷하지만 제도의 내용과 운영상의 특징은 그 나라의 정치·행정적 전통이나 특수성에 따라 조금씩 다르게 나타나고 있다. [표 6-2]는 선진국의 차등적 권한이양 제도를 비교한 것이다.

표 6-2 차등적 권한이양 제도 비교

구분	목적	특징	성과	한계
미국	· 국가문제에 대한 효과적 대응 · 하위정부의 성과 제고	· 조건부적 권한이양 · 성과와 집행효율성 · 하향식 접근	· 연방의 영향력 강화 · 집행효율성 확보 · 집권강화 효과	· 규제영역에 한정 · 행정제도의 비탄력성 · 하위정부의 추가 부담
영국	· 자치능력에 맞는 권한 이양 · 정책의 성과와 서비스질 제고	· 성과기반의 권한이양 · 하향식과 상향식의 조화	· 거래비용 증가 · 정책성과 제고 · 지방분권 기대	· 객관적 성과평가 곤란 · 지역격차의 심화
일본	· 지방분권 개혁 · 자치능력에 맞는 권한 이양	· 지방의 신청 중시 · 지방의 행·재정능력 중시 · 상향식 접근	· 정책성과 담보 · 중앙의 통제완화 · 지방분권 기대	· 성과평가의 곤란 · 인구기준 고려 · 책임전가의 문제
북유럽	· 중앙통제 완화 · 정책의 혁신과 효율성 제고	· 지방 주도의 정책실험 · 성과중심의 권한이양 · 상향식 접근	· 지방정부 개혁 · 지방의 재량권 강화 · 중앙통제의 감소	· 책임전가의 문제 · 성과평가의 곤란

출처: 하혜수·최영출, 2002: 122에서 수정.

표에서 보는 바와 같이 미국의 부분선점제는 국가문제에 대한 효과적 대응과 지방정부의 성과제고를 위해 도입하였고, 조건부적 권한이양을 통한 정책성과 및 효율성을 중시한다. 이 제도는 집행효율성과 연방정부의 영향력 강화라는 성과에도 불구하고 행정조직의 비탄력성과 하위정부의 추가부담 증가라는 한계를 노정하였다. 영국의 모범지방정부제는 자치능력에 맞는 권한이양과 정책의 성과제고를 위해 도입하였고, 성과평가에 의한 권한부여라는 특징을 보이고 있다. 이 제도는 정책성과 제고 및 권한이양 촉진이라는 성과에도 불구하고 지역격차 심화 및 객관적인 성과평가 곤란이라는 한계도 보였다. 일본의 특례시 제도는 행·재정능력에 맞는 권한이양을 위해 도입하였고 지방의 신청을 중시하는 특징이 있다. 이 제도는 정책성과 제고 및 중앙의 통제 완화라는 성과에도 불구하고 성과평가의 곤란 및 책임전가라는 한계도 드러냈다. 그리고 북유럽의 자유지방정부제는 중앙의 통제완화 및 정책혁신을 위해 도입하였고 지방정부의 주도성을 중시하는 특징을 보인다. 그러나 이 제도는 지방정부의 재량권 제고 및 개혁촉진이라는 긍정적인 성과에도 불구하고 책임전가의 문제와 객관적 성과평가제도의 미흡이라는 문제점을 내포하고 있다.

3절 — 차등적 권한이양의 도입 대안

국내적으로 지방정부의 40% 이상이 소멸위험을 겪고 있는 데 반해, 인구 100만이 넘는 지방정부도 네 개에 이른다. 이러한 상황에서 인구와 재정력이 낮은 과소 지방정부는 중앙정부의 재정지원을 요구하고 있고, 재정력이 튼튼한 대도시 지방정부는 국세의 이양과 같은 강력한 지방분권을 요구한다. 심지어 인구 100만 이상의 대도시는 사무, 재정, 기구·정원 등에 있어서 예외적 조치가 수반되는 특례시를 요구하고 있다. 이처럼 지방정부의 재정력 격차가 심화되고, 권한이양에 대한 지방정부의 요구가 서로 다른 상황에서는 지방정부의 자치역량에 따른 차등적 권한이양 제도의 도입 필요성이 높다고 할 수 있다. 그에 따라 선진국의 제도를 참고하되 우리나라의 문화적 토양과 제도적 특성을 고려하여 차등적 권한이양의 대안을 모색하고자 한다.

1. 차등적 권한이양의 적용 대상

차등적 권한이양의 대상을 일부 기능(사무)에 한정할 것인가 아니면 대다수 기능(사무)으로 확대할 것인지에 대한 검토가 필요하다. 미국은 규제영역을 중심으로 연방정부와 하급정부(주정부 및 지방정부) 간 계약을 통해 차등적 권한이양을 실시하고 있고, 영국, 일본, 북유럽 등도 일정한 기능(사무) 영역을 중심으로 차등적 권한이양을 실시하고 있다. 우리나라의 경우에도 선진국에서 도입하고 있는 차등적 권한이양처럼 일정한 기능영역에 한정하여 실시하는 것은 가능할 것이다. 더욱이 다수의 기능에 적용할 경우에도 정책의 성과 등에 근거하여 지방정부의 유형을 설정하고, 그에 해당되는 지방정부에게만 권한을 차등적으로 이양할 수 있을 것이다. 그러나 개별 기능(사무)별로 차등적 권한이양을 실시하거나 개별 지방정부마다 차등적 권한이양을 허용하는 것은 어려울 것이다. 다음은 환경부 소관 기능(사무)의 위임과 위탁에 관한 규정을 예시한 것이다.

❖ **행정권한의 위임 및 위탁에 관한 규정 예시**

제38조(환경부 소관) ① 환경부장관은 다음 각 호의 권한을 유역환경청장 또는 지방환경청장에게 각각 위임한다. 〈개정 2010. 10. 14., 2012. 4. 10., 2012. 7. 20., 2018. 10. 2.〉

1. 삭제 〈2011. 1. 24.〉
2. 「국토의 계획 및 이용에 관한 법률」 제30조 제1항에 따른 도시·군관리계획 (시·도지사가 결정하는 도시·군관리계획만 해당한다)의 결정에 관한 협의
3. 다음 각 목의 어느 하나에 해당하는 업무에 관한 협의(「환경영향평가법」 제22조 및 같은 법 시행령 제31조에 따른 환경영향평가대상사업이 아닌 사업

과 같은 법 시행령 제77조 제1항 제18호 및 별표 9 제2호에 따라 승인기
관장등이 중앙행정기관의 장이 아닌 환경영향평가대상사업만 해당한다)
가. 「공유수면 관리 및 매립에 관한 법률」 제27조에 따른 공유수면매립기본
　　계획 변경
나. 「공유수면 관리 및 매립에 관한 법률」 제28조에 따른 공유수면 매립의
　　면허
다. 「공유수면 관리 및 매립에 관한 법률」 제35조 제1항에 따른 공유수면
　　매립
4. 「한국환경공단법」 제18조에 따른 사업 실시계획의 승인, 변경승인 또는
　　변경내용 보고의 접수, 협의 및 고시
5. 「한국환경공단법 시행령」 제6조 제2항에 따른 실시계획 사본의 송부
6. 삭제 〈2013. 1. 16.〉
7. 「개발제한구역의 지정 및 관리에 관한 특별조치법」 제8조 제2항에 따른
　　도시·군관리 계획 결정에 관한 협의 및 의견 제시(같은 법 시행령 제40
　　조 제1항에 따라 권한이 시·도지사에게 위임된 경우만 해당한다)
8. 「연안관리법」 제8조 제4항에 따른 연안관리지역계획 수립에 관한 협의
9. 「한국수자원공사법」(이하 이 호에서 "법"이라 한다)에 따른 다음 각 목의 사항
가. 법 제10조 제1항에 따른 사업 실시계획의 승인 중 법 제9조 제1항 제1호
　　가목 및 같은 항 제2호가목에 따른 사업의 실시계획의 승인
나. 법 제10조 제5항에 따른 실시계획의 변경 승인
다. 가목의 사업에 대한 법 제11조 제1항에 따른 준공인가, 같은 조 제2항에
　　따른 준공 검사, 준공인가증명서 발급, 공고 및 같은 조 제4항에 따른
　　준공인가 전 사용 승인

　　앞에서 보는 바와 같이 환경부는 행정기관의 위임 및 위탁에 관한 규정
(이하 위임위탁규정으로 약칭함)에 따라 다수의 기능(사무)을 다른 행정기관, 하위
기관(특행기관), 그리고 지방정부에게 위임 또는 위탁할 수 있다. 여기서 하위
기관에 맡겨 처리하는 것을 위임이라고 하고, 대등한 기관에 맡겨 처리하는
것을 위탁이라고 한다. 또한 위임에 관한 기능(사무) 중 일부는 국토의 계획 및
이용에 관한 법률과 공유수면 매립에 관한 법률 등에 규정된 사무의 위임에

대하여 규정하고 있는데 이러한 법률을 개별법이라고 부른다. 그에 따라 특정의 기능(사무)을 지방정부로 이양하기 위해서는 위임위탁규정뿐만 아니라 개별법의 관련 규정도 개정해야 한다. 이러한 번잡함을 피하기 위해 지방일괄이양법을 제정을 추진하였고, 문재인 정부는 2020년 1월 46개 개별법의 일괄적 개정에 따라 400여 개의 사무를 한꺼번에 이양할 수 있었다.

　　모든 지방정부가 해당 기능(사무)의 이양을 희망한다면 위임위탁규정과 개별법을 개정하면 되고, 이것이 번거롭다면 지방일괄이양법을 제정하여 해결하면 될 것이다. 그런데, 하나의 기능(사무)을 대상으로 희망하는 지방정부에게만 이양할 경우 위임위탁규정과 개별법마다 개별 지방정부를 명시해야 하는 문제가 생길 수 있다. 1~2개 지방정부가 이양을 희망할 경우 기능(사무)마다 개별 지방정부를 명시해야 하는데, 현실적으로 불가능에 가깝다. 지방일괄이양법을 제정하여 해결할 경우에도 개별 사무와 개별 지방정부를 연결하여 수많은 법률을 제정해야 하는 문제에 직면할 수 있다. 일부 지방정부가 개별 기능의 이양을 원할 경우 해당 지방정부들을 유형화하여 개별법에 명시할 수 있지만, 이 경우에도 기능(사무)별로 이양을 희망하는 지방정부가 달라질 수 있으므로 기능(사무)별로 새로운 지방정부 유형을 개발하여 명시해야 하는 문제가 생길 수 있다.

　　이러한 점을 고려할 때 개별 광역지방정부(예컨대, 경기도)에서 특정 기능(지역계획)의 이양을 원하고 해당 기능 관련 성과가 우수한 경우에도 차등적 권한이양을 허용하기 어려울 것이다. 만약 개별적 지방정부의 권한이양을 허용하면 다른 지방정부(예컨대, 경상남도)는 다른 기능(항만관련 권한)에 대한 차등적 이양을 주장할 것이고, 이러한 연쇄적 요구를 인정할 경우 제도적 복잡성이 가중될 것이다. 그러나 일부 광역지방정부에서 자치역량을 갖추고 일정한 영역의 권한이양을 원할 경우 그러한 지방정부에 대해서는 '수범지방정부'라는 이름으로 차등적 권한이양을 추진할 수 있을 것이다. 또한 226개 기초지방정부를 중심으로 성과평가를 통해 우수한 성과를 거둔 지방정부 중에서 일정한 기능의 이양을 희망한다면 해당 기능영역에 대한 차등적 이양을 추진할 수 있을 것이다.

이는 영국의 모범지방정부나 북유럽의 자유지방정부에서 보는 바와 같이 지방정부의 종류나 지위를 변경시키지 않으면서 일정한 유형의 지방정부에 대해서는 다수의 기능범주를 이양하는 방식이다. 이러한 권한이양 방식이 50만 이상 대도시에 대한 특례와 다른 점은 차등적 권한이양의 기간이 지속적이지 않고 1~5년의 한시적 성격을 갖는다는 것이다. 다만, 우수한 성과를 낸 지방정부가 주기적으로 바뀌는 문제에 대해서는 지방일괄이양법과 유사하게 '수범지방정부에 관한 법률'의 제정과 개정을 통해 해결할 수 있을 것이다. 즉, 해당 법률에 지방정부와 기능영역을 규정한 다음 이후 계약기간에 따라 변경되는 지방정부와 기능영역에 대해서는 법률의 개정을 통해 대응할 수 있다.

2. 차등적 권한이양의 기준

차등적 권한이양 제도의 도입에 있어서 어떠한 근거에 따라 중앙정부의 권한을 지방정부에게 차등적으로 이양할 것인가 하는 점도 매우 중요하다. 미국과 같이 하위정부의 집행효율성과 연방기준의 충족 여부에 근거할 수도 있고, 영국과 같이 지방정부의 성과평가에 근거할 수도 있으며, 북유럽 국가와 같이 지방정부의 의지와 선택에 근거할 수도 있을 것이다. 아니면 일본과 같이 자치역량(인구와 재정력)과 지방정부의 선택을 결합시킬 수도 있을 것이다. 우리나라의 경우 지방정부의 재정력과 정책성과가 자치역량의 지표로 널리 수용되고 있고 재정력에 따라 지방정부의 선택이 달라지는 경향을 반영하여 지방정부의 자치역량(재정력과 성과)과 선택을 기준으로 차등적 권한이양을 추진하는 것이 적합할 것으로 판단된다. 해당 기능영역의 이양을 원하는 지방정부 중에서 자치역량이 우수한 지방정부에게만 권한을 차등적으로 이양함으로써 선정의 객관성과 제도의 취지를 살릴 수 있을 것이기 때문이다.

이러한 지방정부의 자치역량과 선택을 적용함에 있어서 구체적인 기준에 대한 고려가 필요하다. 예컨대, 자치역량 중에서 재정력 기준을 사용할 경우에도 자체재원과 자주재원 중에서 어떤 기준을 사용할 것인가에 대한 검토가 있어야 한다. 지방정부의 자립성을 강조할 경우 자체재원에 근거해야 하고, 서비스 성과를 위한 재원동원력을 강조할 경우 자주재원에 근거해야 할 것이다. 그러나 자주재원의 비율이 높은 지방정부는 성과의 확보를 뒷받침하는 재원, 인력, 조직이 불충분하여 기능의 이양 자체를 원하지 않을 수 있으므로 자체재원에 근거하는 편이 적합할 것이다.

자치역량 중에서 성과 기준의 적용을 위해서는 객관적이고 수용가능한 평가제도가 필요할 것이고, 지방정부의 제안과 선택에 근거할 경우에도 심사의 공정성이 확보되어야 한다. 그러나 우리나라의 문화적 토양은 이러한 자치역량과 지방정부의 선택에 근거한 차등적 권한이양 제도의 도입을 어렵게 하는 요인이다. 한국의 문화는 유교, 불교 및 전통적인 '샤머니즘'에 기초하고 있고, 그 속에서 운명주의, 가족주의, 권위주의, 정적 인간주의 등을 노출하고 있다(백완기, 1998: 42). 즉, 우리나라의 행정문화는 가족주의 문화를 가진 저신뢰 사회이고, 공익과 결과에 대한 책임성이 낮으며, 폐쇄적·배타적 연줄에 의한 이기적 행위가 이루어지고 있으며, 내부제보자에 대한 부정적 인식에 의한 부패가능성이 상대적으로 높은 특징을 보이고 있다(김호정, 1999: 235). 이러한 내용은 행정문화 연구의 권위자인 홉스테드(Geert Hofstede)의 행정문화적 특징과 일맥상통한다(Hofstede, 1997: 26).

그에 따라 한국의 행정문화는 가족주의(연고주의) 및 정적 인간주의에 기초해 있어 정책성과의 평가나 심사과정에서도 실적이나 객관적 기준보다 연고관계가 중시되기 때문에 성과(중앙정부의 정책성과 평가)와 지방정부의 선택(지방정부의 신청에 대한 중앙정부의 심사) 기준의 채택을 어렵게 한다는 것이다. 또한 우리나라의 평등주의적 행정문화 때문에 다른 지방정부의 성공에 대하여 불신하거나 시기하는 행태도 존재한다. 사실 대다수 지방정부들은 여건의 차이, 재정격차의 심화, 그리고 이러한 차이를 반영하지 못하는 평가지표 등을 이유로 인센티브 성격의 평가제도에 대해서도 저항적 태도를 보이고 있다(하혜수·최영출, 2002). 또한 국책사업의 선정과정에서 제기되는 심사의 불공정성과 불신 등에 비추어 볼 때 중앙정부 심사의 공정성 확보에도 어려움이 노정된다. 따라서 모든 지방정부가 수용할 만한 평가와 심사가 불가능하다면, 전문가들이 개발한 평가 및 심사 지표에 대하여 주민숙의형 공론조사를 통해 심의하여 확정하는 대안이 필요할 것이다.

❖ 차등적 권한이양에 대한 논쟁 에피소드

저자는 2015년부터 2017년까지 국책연구원의 원장으로 재직하였는데, 당시 한국지방자치학회 원로 선배님과 대화를 나눌 기회가 있었다. 저자는 차등적 권한이양을 도입하면 중앙정부의 소극적 태도를 줄이면서 지방정부의 자치역량에 맞는 지역맞춤형 지방분권이 가능할 것이라고 주장하였다. 다시 말해, 차등적 권한이양은 각 지방정부가 원하는 수준의 지방분권을 추진할 수 있고, 자치역량에 맞지 않는 권한이양에 따른 권한남용과 성과 부족도 방지할 수 있다고 역설하였다. 그러나 뜻밖에도 원로 선배님은 차등적 권한이양을 추진해서는 안 된다고 주장하였다. 그 이유는 차등적 권한이양은 의도하지 않게 일류 지방정부와 삼류 지방정부를 구분 짓고, 그에 따라 일류 주민과 삼류 주민을 양산하기 때문이라는 것이었다. 저자는 그렇다면 인구 50만 대도시에게 부여하는 특례(차등적 권한이양)는 대도시 주민을 일류로 만들고 농촌 지역 주민을 삼류로 만들었느냐고 반문하였다. 원로 선배님의 말씀은 자치역량이 낮은 지방정부와 주민들은 그렇지 않아도 삶의 조건이 열악한데 권한이양에서도 차별을 받으면 더 나쁜 상태로 빠질 수 있다는 것이었다. 저자는 자치역량이 낮은 지방정부와 주민들은 오히려 차등적 권한이양을 원할 것이라고 반박하였다. 왜냐하면, 재정능력이 부족한 상황에서 사무와 기능을 넘겨받으면 재정적으로 더 곤란해지기 때문이다. 그에 따라 인구와 재정력이 튼튼한 지방정부는 지방분권을 요구하는 데 반해 재정력이 취약한 지방정부는 지방분권에 소극적이며, 더욱이 재정력이 튼튼한 지방정부는 국세의 이양을 선호하는 데 반해 재정력이 취약한 지방정부는 지방교부세의 증액을 더 선호한다는 사실에 기초할 때 차등적 권한이양은 모든 지방정부의 요구를 충족시킬 수 있다고 주장하였다. 결론은 나지 않았지만 서로가 주장하는 상이한 논거를 확인할 수 있었다.

위 박스에서 보는 바와 같이 차등적 권한이양은 중앙정부의 생각, 지방정부의 요구, 그리고 주민들의 정서와 문화적 토양까지 고려해야 하는 고차방정식이라고 할 수 있다. 차등적 권한이양이 지방정부의 자치역량과 여건에 맞는

지역맞춤형 권한이양을 추진한다는 점에서 사회정의원칙(같은 것은 동일하게 대우하고, 다른 것은 다르게 대우하는 수직적 형평원칙)에 부합될 수 있다. 그리고 서로 다른 입장에 있는 지방정부의 요구를 적절히 반영할 수 있다는 점에서 대다수 지방정부를 만족시키는 상생의 대안일 수도 있다. 그러나 평등주의를 강조하는 우리의 문화 풍토에서는 의도하지 않게 지방정부와 주민들을 서열화시킬 수 있는 부정적 측면도 고려할 필요가 있을 것이다.

3. 차등적 권한이양의 기간

차등적 권한이양 제도를 도입할 경우 권한이양의 지속기간을 얼마나 할 것인가도 중요한 검토과제이다. 미국의 경우 특별한 기간이 명시되어 있지 않고, 영국은 지방정부의 성과를 매년 평가하여 모범지방정부를 선정한다는 점에서 1년으로 하고 있는 것으로 간주된다. 일본과 북유럽 국가는 일단 특례시 또는 자유지방정부로 선정되면 그 효력이 5년간 유지되고 있다. 우리나라의 경우에도 성과만 평가한다면 1~2년이 적합하겠지만 일단 재정력 기준이 적용되고 지방정부의 신청과 중앙정부의 심사가 수반된다면 차등적 권한이양의 지속기간은 3~5년은 되어야 할 것이다.

우리나라의 경우 차등적 권한이양의 지속기간을 설정하는 데 있어서 고려해야 할 요인은 자치특례제도 등 유사 제도의 존재이다. 우리나라의 경우 서울시(수도), 광역시(인구 100만 이상), 제주도와 세종시(지방자치체제의 특수성) 등의 지위특례제도가 운영되고 있고, 인구 50만 이상 대도시와 인구 100만 이상 대도시에 대한 권한특례가 인정되고 있다. 그리고 인구의 규모에 따라 기구와 정원을 달리하는 차등적 권한이양 제도가 도입되어 있다. 이들 지위특례, 권한특례, 그리고 차등적 권한이양의 제도적 효력은 항구적인 성격을 갖는다. 이러한 유사 제도들과 비교할 경우 자치역량과 지방정부의 선택에 근거한 차등적 권한이양 제도의 유효기간을 최소 3년에서 최대 5년으로 해야 할 것으로 판단된다.

이러한 차등적 권한이양의 지속기간과 밀접하게 관련된 사안은 차등적 권한이양의 기간이 종료되었을 경우 관련 인력과 조직을 어떻게 할 것인가 하는 것이다. 차등적 권한이양을 받는 기간이 계속 연장될 경우에는 문제가 없지만 3~5년이 지난 다음 그러한 혜택을 받지 못할 경우 관련기능을 수행하던 인력과 조직은 폐지될 수밖에 없다. 그러나 정부조직의 특수성(기구의 경직성과 공무원의 신분보장) 때문에 한 번 설치된 기구와 정원을 폐지하기란 무척 어렵다. 따라서 차등적 권한이양에 따른 기구·정원의 변화에 대해서는 그 부분만큼 한시정원을 인정하거나 기준인건비제의 탄력조정의 범위를 높여주는 방식으로 대응해야 할 것이다. 현재 지방정부의 기구·정원은 기준인건비제에 따라 1~3% 범위 안에서 행정수요 변화에 따라 탄력적으로 조정할 수 있는데, 탄력적 조정의 범위를 5%까지 확대하는 대안을 고려할 수 있다.

4절 ─ 결론

권한이양(지방분권)은 불가피하게 비대칭성을 전제로 추진될 수밖에 없다. 권한이양은 인구, 정치, 민족, 여타 다른 조건에 따라 차등적(uneven)이고 비대칭적(asymmetric)으로 추진된다는 것이다. 여러 국가에서 농촌지역은 중앙정부에 의해 관리되고, 대도시 지역은 정치적·경제적·행정적 권한과 책임을 이양받고 있다. 다시 말해, 권한과 책임의 이양은 그를 감당할 수 있는 능력을 가졌거나 원하는 지방정부에게 한정된다는 것인데, 도시형 자치와 농촌형 자치는 달라야 한다는 주장도 이러한 주장과 맥을 같이 한다. 농촌과 도시는 사회구조, 사회이동, 사회성격, 주민의식 등의 측면에서 그 특성이 상이하므로 농촌형 자치와 도시형 자치는 달라야 한다는 것이다(오재일, 2014: 36-42).[4] 이러

4 사회구조 면에서 농촌은 계층사회이지만 도시는 평등사회이고, 사회이동 면에서 농촌은 정태적 사회이지만 도시는 동태적 사회이며, 사회성격 면에서 농촌은 동질적 사회이지만 도시는 다원적 사회이며, 그리고 주민의식 면에서 농촌은 수익자 의식을 가지고 있지만 도시는

한 주장을 지방분권에 적용하면 농촌과 도시는 자치의식과 사회구조 등에 근거하여 권한이양의 정도를 다르게 해야 할 것이다. 더 나아가 농촌과 도시 간의 차이뿐만 아니라 농촌 지역들도 자치역량과 자치의지가 다를 수 있고, 도시 중에서도 중소도시와 대도시 사이에 재정역량이 다를 수 있으므로 권한이양의 수준을 차등적으로 설계할 필요가 있을 것이다.

　최근의 경향은 차등적 권한이양에 대하여 긍정적으로 검토하고 있는 분위기이다. 참여정부의 지방분권로드맵에서도 지역의 여건과 특성에 맞는 다양한 자치모형의 개발과 자치역량을 고려한 차등적 권한이양을 강조하였고, 문재인 정부에서도 지역맞춤형 지방분권계획을 발표하였다. 그러나 차등적 권한이양의 성과와 한계 그리고 구체적인 실현방식에 대해서는 의견 차이가 있다. 차등적 권한이양의 긍정적 성과를 주장하는 사람들은 지방정부의 특성과 자치역량에 상응하는 지방분권의 추진으로 인하여 중앙–지방 간 협력관계 구축, 정책의 성과 제고, 그리고 지방의 재량과 자율성 제고에 기여할 수 있다고 주장한다. 그러나 차등적 권한이양의 문제점과 한계를 지적하는 사람들은 거래비용의 증대와 중앙정부의 통제강화 등과 같은 문제점을 지적하고, 특히 차등적 권한이양 제도의 실질적 집행을 담보하기 어렵다고 주장한다.

　차등적 권한이양의 기준으로는 정책성과, 지방정부의 의지, 재정력 등 다양한 기준이 있지만 어떤 기준을 적용할 것인가 역시 쟁점이 되고 있다. 지방정부에서도 각기 처한 입장에 따라 서로 유리한 기준을 주장할 수 있다. 자치단체장과 지방의회의장을 대상으로 한 조사에서도 차등적 권한이양의 기준에 대하여 합의된 의견을 내놓지 못하고 있으며, 지방정부 간 재정격차의 심화나 지방정부의 저항과 반발 등의 부정적 측면에 대해서도 우려하고 있다(하혜수, 2004). 따라서 자치역량(재정력과 성과)과 지방정부의 선택을 중시하되, 타당성 있는 지표의 개발과 숙의형 공론조사를 통해 평가와 심사의 공정성과 수용성을 확보해야 할 것이다.

　이러한 점을 종합적으로 고려할 때 차등적 권한이양을 강화함에 있어서 차등의 근거가 될 평가의 공정성과 합리성을 제고하는 한편, 하향식 차등화보

___
납세자 의식을 가지고 있다고 한다.

다는 지방정부의 신청주의에 입각하는 것이 바람직할 것이다(이승종, 2005: 371). 다만, 차등적 권한이양의 필요성에 대한 논의가 자칫 지방분권의 지연논 거로 왜곡될 우려가 있다는 사실을 고려하여 모든 지방정부에게 공통적으로 이양할 수 있는 기능(권한)을 발굴하는 노력도 게을리 하지 않아야 한다. 따라 서 지방정부의 특성과 역량에 맞는 차등적 권한이양을 추진하면서 동시에 공 통적 권한에 대해서는 모든 지방정부를 대상으로 이양하는 이원적 방식을 도 입해야 할 것이다.

자치특례를 통한 지방분권 대안

CHAPTER 7

자치특례를 통한 지방분권 대안

    지방정부의 성과와 자치의지 등에 근거하여 차등적 권한이양을 인정하는 것은 객관성과 지속성 그리고 다양성에서 한계가 있다. 지방정부의 객관적 성과를 정기적으로 측정해야 하고, 권한이양의 기간이 1~5년만 인정되며, 그리고 기능(사무) 외에 다양한 차원의 권한이양이 어렵다는 것이다. 그에 따라 수도(서울), 인구규모, 지방자치체제 등과 같은 지방정부의 특성에 근거하여 자치특례(지위특례와 권한특례)를 부여하는 방식은 객관적 성과에 대한 정기적 측정이 불필요하고, 일정한 요건을 충족할 경우 권한이양의 지속성을 확보할 수 있으며, 그리고 이양되는 권한의 다양성을 확보할 수 있을 것이다. 자치특례는 권한부여상의 예외만 인정하는 권한특례와 지방정부의 종류와 지위상의 예외를 인정하는 지위특례로 구분할 수 있다. 이 장에서는 자치특례의 개념과 논리적 근거를 통해 우리나라의 다양한 자치특례제도를 살펴보고, 광역정부와 기초정부의 자치특례 도입 가능성을 분석하며, 자치특례의 확대를 통한 지방분권 대안을 모색하고자 한다.

1절 ── 자치특례제도

1. 지위특례와 권한특례

자치특례는 지방정부의 규모와 특수성에 근거하여 자치권 부여에 있어서 예외적 대우를 인정하는 것이다. 이는 지방정부에 대한 예외적 지위 인정뿐만 아니라 권한이양의 예외적 우대를 포함한다. 전자는 지방정부의 지위를 상대적으로 높여준다는 점에서 '지위특례'에 해당되고, 후자는 지방정부에게 상대적으로 높은 수준의 권한이양을 인정한다는 점에서 '권한특례'에 해당된다(하혜수 외, 2011: 233-234).

첫째, 지위특례는 새로운 자치계층을 창설하거나 여타 다른 지방정부보다 높은 지위상의 우대를 인정하는 것이다. 지위특례 중 새로운 계층의 창설은 동일 수준의 지방정부보다 높은 지위의 지방정부를 창설하는 것으로서 영국의 스코틀랜드와 우리나라의 광역시를 들 수 있다. 1997년 창설된 영국의 스코틀랜드의회는 카운티나 단층지방정부(unitary authority)보다 높은 지위를 부여받아 지역형 국가의 지역정부에 버금가는 법률제정권과 국세조정권을 보유하고 있으며, 우리나라의 광역시는 일반시(기초정부)보다 높은 지위를 부여받고 있다. 지위특례의 또 다른 형태인 지위 우대는 새로운 자치계층의 창출은 아니지만 동일 수준의 지방정부보다 지위상 우대를 인정하는 제도이다. 그 예로 프랑스의 파리시, 독일의 베를린시, 그리고 일본의 지정시는 여타 지방정부보다 계층제적 지위가 높지 않으나 수도 또는 인구에 근거하여 지위상 우대를 인정받고 있고, 우리나라의 서울특별시와 제주특별자치도 및 세종특별자치시도 광역정부보다 높은 자치계층은 아니지만 지방자치법에 의해 여타 시·도와는 다른 명칭과 위상을 인정받고 있다. 지위 우대의 주요 특징은 지방정부의 종류와 명칭이 다르고, 중앙정부와 상급정부의 지도감독을 덜 받으며, 지위에 상응하는 권한특례를 부여받고 있다는 점이다.

둘째, 권한특례는 지위특례에까지 이르지 않지만 사무배분, 행정조직, 재정운영 등에 있어서 동일 수준의 지방정부보다 우대하는 제도이다. 우리나라의 인구 800만 이상 시·도는 기구와 정원에 있어서 특례를 부여받고 있고, 인구 100만 이상의 대도시와 인구 50만 이상의 대도시는 사무배분과 재정운영에 있어서 특례를 부여받고 있으며, 시·군 통합을 통해 인구 30만 이상이면서 면적이 1,000㎢ 이상인 지방정부는 인구 50만의 대도시와 같은 대우를 받으며, 시·군 또는 시·시가 통합된 지방정부는 재정불이익 배제, 공정한 처우보장, 예산지원, 지방교부세 산정 등에 있어서 특례를 부여받고 있다.

2. 자치특례의 논거

지방정부의 권한 및 지위 특례 인정에 대한 논거는 다양하다. 그 중에서 가장 잘 알려진 근거는 첫째, 수도로서의 특수성에 의한 자치특례이다. 서울특별시, 파리시, 런던시, 베를린시 등은 수도로서의 특수성 때문에 동일 수준의 지방정부와는 다른 지위를 부여받고 있고, 그에 따라 지방정부의 종류와 권한, 지도감독, 하부행정기관의 위상 등에 있어서 예외적 권한을 인정받고 있다(배준구, 1999). 이처럼 OECD 선진국 중 일부 국가들은 수도에 대하여 그 특수성을 고려하여 강화된 지위 또는 권한을 부여하고 있다(조성호 외, 2015). [표 7-1]은 세계 각국의 수도 특례를 비교한 것이다.

표 **7-1** 세계 각국의 수도 특례 비교

구분	런던	동경	파리	베를린
근거	법률	법률	법률	법률
자치체제	자치2층제: GLA-Borough	자치2층제: 도-특별자치구	단층제: 코뮌-준자치구	단층제: 시-준자치구
권한	권한특례: 도로, 교통, 도시계획, 재난관리 등	권한특례: 자치권 강화	지위특례: 기초와 광역의 이중 지위	지위특례: 기초와 광역의 이중 지위

자료: 최영출·하혜수(2016); 조성호 외(2015); 배준구(1999)를 참조하여 정리.

표에서 보는 바와 같이 영국은 런던에 대하여 자치구 설치 및 광역적 기능의 이양(도로, 교통, 도시계획, 재난관리 등)에 관한 특례를 부여하고 있고, 일본도 동경에 대하여 특별자치구 설치 및 권한특례를 부여하고 있으며, 프랑스와 독일도 각각 파리와 베를린에 대하여 광역정부와 기초정부의 이중적 지위를 부여하면서 준자치구(semi-autonomous district)의 설치를 인정하고 있다. 표에서는 빠져 있지만 미국의 경우에도 건국 초기 수도였던 뉴욕에 대해서는 주정부와 시정부의 지위를 동시에 부여하고 있고, 준자치구(구청장은 선출하고 구의회는 구성하지 않음) 설치에 대한 특례를 인정하고 있다.

둘째, 인구와 행정수요의 특수성에 의한 자치특례이다. 우리나라의 광역시는 인구(관례적으로 100만 이상)와 대도시 행정수요를 고려하여 일반시와 다른 지위를 부여받고 있다. 인구 50만 이상 대도시의 경우에도 인구와 대도시 행정수요를 고려하여 권한특례를 부여받고 있다. 프랑스는 마르세이유와 리옹에 대하여 인구 100만을 이유로 파리시와 동일한 권한특례를 인정하고 있고, 일본 역시 대체로 인구 100만을 근거로 지정시에 대하여 권한특례를 인정하고 있다.[1]

셋째, 지방자치체제(지방행정체제)의 특수성에 의한 자치특례이다. 제주특별자치도와 세종특별자치시는 관할구역 내에 기초단체를 두지 않는 단층지방정부라는 이유로 지위, 기구·정원, 재정운영에 있어서 특례를 부여받고 있다(지방자치법 §174-175). 지방자치체제의 특수성에 의해 자치특례를 부여한 사례는 우리나라 외에 다른 선진국에서는 발견되지 않는다.

넷째, 지방정부의 지리적 특성에 의한 자치특례이다. 영국, 일본, 포르투갈 등은 도서지역에 대하여 지리적 특수성을 이유로 지방정부의 권한과 지위를 달리하고 있다(하혜수 외, 2011: 238-242; Shetland Council, 2009; 国土交通省都市·地域整備局, 2010; 鹿児島縣, 2009). 영국은 도서지역에 대하여 원격성(본토와의 거리를 기준으로), 낙후도, 역사성(외국의 침탈) 등에 근거하여 권한 강화 및 예외적 지위를 인정하고, 일본은 역사성(식민지배)과 낙후성에 근거하여 재정지원

---

1 일본의 경우 인구 80만과 90만에서 지정시로 승격된 사례도 있지만 대체로 인구 100만 또는 100만이 될 것으로 예상될 때 지정시가 되었다(하동현, 2019: 235-236).

을 강화하고 있다. 포르투갈도 마데이라와 아조레스에 대해서는 원격지와 낙후도 등에 근거하여 헌법적 지위를 부여하고 있다.

다섯째, 국가의 목적 달성을 위한 자치특례이다. 중국은 국가적 목적 달성(경제개방을 통한 국가발전)을 위해 하나의 나라에 두 개의 체제를 의미하는 일국양제(一國兩制)를 채택하여 홍콩행정특구에게 국가에 준하는 지위를 부여하고 있다. 일본은 도주제의 선도적 적용을 위해 홋카이도에 대하여 권한특례를 인정하고 있으며 차후 지위특례를 고려하고 있다. 우리나라의 경우에도 세종특별자치시에 대해서는 지방자치체제의 특수성뿐만 아니라 수도권의 인구분산과 국가균형발전이라는 국가목적 달성을 위해 지방정부의 지위특례를 인정하고 있다.

3. 우리나라의 자치특례제도

우리나라에서 도입되고 있는 자치특례제도는 서울시, 제주도, 세종시, 광역시, 대도시, 자치구 등을 들 수 있다. 지방자치제 실시 이후 지방정부의 지위와 권한에 대한 예외를 인정한 지방자치특례는 제주도와 세종시라고 할 수 있다. 2006년 제주특별자치도로 전환된 제주도는 주민투표를 통해 도-시·군의 자치2층제를 도 중심의 단층제로 개편하고, 재정지원특례, 특행기관의 이양, 그리고 자치경찰제 실시 등을 포함하는 권한특례를 인정받았다. 2011년 행정부처의 이전을 통해 창설된 세종시는 단층제뿐만 아니라 수도권 인구분산과 국가균형발전을 위한 국가적 목적 달성을 위해 기초정부가 아닌 광역정부의 지위특례를 인정받았다. 그에 따라 현재 우리나라에서 공식적으로 규정된 자치특례제도를 정리하면 [표 7-2]와 같다.

표 7-2 우리나라 지방자치특례 제도

구분	논거	내용	근거법률
서울시	수도로서의 특수성	· 지위특례: 시장의 지위, 부시장의 수와 직급 등 · 권한특례: 국가공무원 임용, 수도권광역행정의 조정	지방자치법 제174조 제1항
세종시	지방자치체제(단층제)와 국가적 목적 달성	· 지위특례: 계층제적 지위 · 권한특례: 광역과 기초의 권한 · 지원특례: 행·재정적 특별지원	지방자치법 제174조 제2항
제주도	지방자치체제의 특수성과 국가적 목적 달성	· 권한특례: 특행이관, 자치경찰제, 감사위원제 등 · 지원특례: 보통교부세 3% 등	지방자치법 제174조 제2항
시·도	인구 800만 이상	· 권한특례: 부시장·부지사의 수 (3명) 특례 등	지방자치법 제110조
대도시	인구 100만 이상	· 권한특례: 권한 강화, 부시장(2명) · 지원특례: 도세의 추가교부, 소방시설 충당 지역자원시설세	지방분권특별법
	인구 50만 이상	· 권한특례: 지방공기업, 환경보전, 도시재개발 등	지방자치법 제175조
통합시	인구 30만과 면적 1천㎢ 이상	· 권한특례: 인구 50만 이상 대도시로 대우	지방분권특별법
자치구	특별·광역시의 효율적 관리	· 네거티브 특례 · 권한축소: 도시계획, 지역경제, 상하수도, 지방세목 등	지방자치법 제2조 제2항

자료: 지방자치법(§2; 174-175); 지방분권특별법에서 정리.

표에서 보는 바와 같이 우리나라의 자치특례는 자치구를 제외하면 수도, 인구, 지방자치체제의 특수성에 근거하여 이루어진다고 할 수 있다. 자치구의 경우 특별·광역시의 효율적 관리를 위해 도시계획, 지역경제, 상하수도 등의 권한에 대한 제한과 시·군보다 낮은 지방세 체제 등 네거티브 특례를 부여하는 것이므로 여타의 특례와 다르다고 할 수 있다. 서울시는 수도라는 이유로 지위상의 특례(시장의 장관급 지위, 국무회의 참석)와 권한특례(국가공무원 인사권과 국무총리에 의한 수도권광역행정조정)를 부여받고 있다. 인구규모에 의한 특례는 경기도와 대도시를 들 수 있다. 경기도는 인구 800만 이상의 시·도에 대한 특례에 의해 3명의 부단체장을 둘 수 있다. 대도시 특례는 지방자치법에 근거한 인구 50만 이상의 대도시에 대한 특례와 지방분권특별법에 근거한 인구 100만 이상의 대도시에 대한 특례로 구분할 수 있다. 전자는 권한특례에 한정되지만, 후자는 권한특례와 더불어 지원특례(도세의 추가 교부 및 소방시설 충당 지역자원시설세)가 추가되어 있다. 이와 더불어 통합지방정부 중 인구 30만 이상이면서 면적 1천㎢ 이상인 경우 인구 50만 이상의 대도시와 동일한 권한특례를 부여받고 있다. 지방자치체제의 특수성과 국가적 목적달성에 의한 특례는 제주도와 세종시를 들 수 있다. 제주도는 단층제와 국제자유도시 조성을 근거로 매우 광범위한 특례를 부여받고 있고, 세종시는 단층제와 국가균형발전을 근거로 권한특례를 부여받고 있다.

이들과 결을 달리하는 자치특례가 도서특례와 특례군이다. 도서특례는 도서지역에 대한 재정특례이고, 특례군은 인구가 과소하고 재정자립도가 낮은 군지역에 대한 재정지원특례이다. 특례군은 2019년 제시된 개념으로 아직 공식적인 제도로는 도입되지 않았지만, 최근 인구소멸이 가시화되면서 재정력이 낮고 인구가 과소하여 존립기반이 취약한 군에 대한 재정지원특례를 강조하고 있다는 점에서 도입의 논거가 인정되고 있다. 그에 반해 도서특례는 일부 지원특례가 있지만 더 강화하자는 내용이 주류를 이루고 있다. 도서지역은 지역의 특수한 여건과 행정수요에 따라 국가지원의 필요성이 높은 지역이라는 점은 과소군과 유사하지만 국가안보 및 군사전략적 측면에서도 국가의 특별한 지원이 필요하다는 점에서 차이가 있다(하혜수 외, 2008). 도서지역은 외국의 침탈이 빈번하거나 군사전략적 요충지인 경우가 많으므로 국가안보를 강화하는 차원에서 국가의 특별한 지원이 요구된다는 것이다.

2절 — 자치특례의 도입 가능성 분석

자치특례는 지방분권의 수준을 높이고, 특히 차등적 권한이양을 촉진하는 데 기여할 것이다. 지방분권(권한이양)의 성과가 저조한 상황에서 이러한 논리와 관점의 적용 필요성은 더욱 증대될 것이다. 앞서 언급한 것처럼 지방정부의 인구, 자치역량, 그리고 지역적 특수성에 근거하여 자치특례(지위특례와 권한특례)를 강화하는 조치는 지방분권에 기여할 것으로 예상된다. 그렇다면 자치특례를 부여할 때 고려해야 할 요인은 무엇일까? 광역정부와 기초정부의 자치특례 부여에 있어서 고려해야 할 제도적 논거와 외국사례 등을 살펴보고, 이에 근거하여 자치특례의 도입 가능성을 진단하고자 한다. 광역정부는 최근 자치특례가 주장된 강원지역과 대구·경북지역의 사례를 고찰하고, 기초정부는 특례시와 특례군 그리고 도서특례에 대하여 살펴볼 것이다.

1. 광역정부의 자치특례

광역정부 수준의 자치특례는 강원도에서 추진하였던 강원특별자치도 사례와 대구·경북에서 추진하고 있는 대구경북특별자치도 사례를 검토할 필요가 있다.[2] 강원특별자치도는 미수복지역에 대한 고려를 통해 통합 정신을 부각시키는 한편, 넓은 면적과 지리적 특수성, 남북교류협력이라는 국가목적 달성, 그리고 자립적 지방정부 구축 등을 자치특례 부여의 논거로 제시하고 있다(하혜수, 2018). 대구경북특별자치도는 대구와 경북의 통합을 통한 자치역량과 글로벌 경쟁력 강화, 상생발전을 통한 시너지 효과와 지역소멸 대응, 그리고 지방분권국가 선도를 자치특례의 근거로 강조하고 있다.

---

2 여기서 강원특별자치도와 대구경북특별자치도의 명칭은 공식적으로 확정된 것은 아니지만 강원도와 대구·경북에서 사용하고 있으므로 그 명칭을 사용하고자 한다.

1) 지방자치체제의 특수성

지방자치체제는 지방자치를 구성하는 핵심 요소로서 자치계층, 자치구역, 자치권한을 의미한다. 이러한 지방자치체제의 특수성 측면에서 강원특별자치도와 대구경북특별자치도의 도입가능성을 진단하기 위해서는 우리나라 지방자치특례에 관한 규정을 살펴보아야 한다. 우리나라 지방자치특례 중에서 광역정부에 적용 가능한 제도는 세종시와 제주도의 사례라고 할 수 있다(하혜수, 2018). 강원과 대구·경북은 수도특례를 적용하기 어렵고, 인구 50만 이상 대도시 및 100만 이상 대도시의 특례도 적용하기 어렵다. 세종시와 제주도의 특례는 수도나 인구기준이 아닌 지방자치체제의 특수성(단일의 자치계층)과 국가적 목적달성에 근거하여 부여되었다. 세종시는 단일의 자치계층과 국가적 목적달성에 근거하여 계층제적 지위특례(기초가 아닌 광역정부의 지위)를 부여받았고, 광역과 기초의 기능을 통합적으로 수행하는 권한특례를 부여받았으며, 행·재정적 지원에 관한 특례를 인정받고 있다. 제주도는 지방자치체제의 특수성과 국가적 목적 달성에 근거하여 특행기관의 이양과 자치경찰제 실시 등의 권한특례와 보통교부세 3% 지원 등의 재정지원특례를 부여받고 있다.

그러나 이러한 제도적 선례가 있다고 하여 곧바로 강원과 대구·경북에 적용할 수 있는 것은 아니다. 강원특별자치도와 대구경북특별자치도를 추진하기 위해서는 수용가능한 논거를 확보해야 한다. 현행 지방자치법을 개정하지 않는 한 최우선적으로 지방자치체제의 특수성을 확보해야 한다. 이는 제주도나 세종시와 같이 현재 도-시·군의 2층제를 단층제로 개편해야 한다는 것을 의미한다. 대구·경북지역은 시·도를 통합하고, 대구시를 준자치구(행정구)를 가진 특례시로 변경할 경우 여타 시·도와는 다른 지방자치체제를 갖출 수 있다. 즉, 다른 시·도는 광역시, 도, 시·군의 체제를 갖추고 있지만 대구·경북지역은 특별자치도, 특례시, 시·군의 체제를 갖게 된다는 것이다. 그에 반해 강원도는 산간지역이면서 면적이 광활하여 단층제 개편은 주민의 접근성과 참여를 어렵게 하여 풀뿌리민주주의에 심각한 문제를 초래할 수 있다. 강원도의 광활한 면적은 기초정부, 특히 군의 넓은 면적에 기인하는데, 산악지역의 특성이 결합되어 주민의 참여와 접근성에 중대한 영향을 미치는 요인이다.

그에 따라 강원도는 도-시·읍면 체제로 개편하는 대안을 고려해야 한다. 이 대안은 자치2층제이지만 다른 지방정부와는 다른 자치계층을 갖는다는 점에서 지방자치체제의 특수성 조건을 충족시킬 수 있다. 시는 인구나 재정력 등에 있어서 자치역량을 갖추고 있지만 군은 면적이 넓고 재정력이 취약하여 자치역량이 상대적으로 낮은 편이다. 또한 저출산·고령화 시대에 있어서 군의 자치능력은 점점 약화될 가능성이 높다. 더욱이 강원도를 남북 교류 및 평화 정착을 위한 특별자치도로 만들기 위해서는 읍·면 공동체의 자치를 강화할 필요가 있다. 남북간 문화교류를 위해서 뿐만 아니라 탈북민의 정착과 체제적응을 위해서도 생활 속에서의 긴밀한 상호작용이 중요한데, 이를 위해서는 읍·면 공동체의 자치(제12장에서 살펴보는 주민총회제의 도입이 가능함)가 강화될 필요가 있다. 그에 따라 강원도를 평화특별자치도를 만드는 데 있어서 읍·면자치를 강화하는 것은 논리적 수용성과 이를 통한 제도적 채택가능성을 높일 수 있다. 더욱이 시·읍·면 자치는 1950년대 시행된 전례가 있으므로 전혀 생소한 제도가 아니라는 점에서 채택가능성이 있다.

2) 국가의 목적달성

국가의 목적달성이라는 기준에 따라 강원특별자치도와 대구경북특별자치도의 도입가능성을 분석하기 위해서는 상징적 필요성과 목적의 명료성을 확인할 필요가 있다. 이러한 기준에 근거할 때 강원특별자치도의 추진은 남북교류와 평화 정착에 기여하는 상징적 의미와 명료성을 지니고 있다고 할 수 있다. 특히 전쟁이 없는 상태인 소극적 평화(negative peace)에 더하여 안전보장을 위협하는 빈곤·격차·억압을 해결하는 적극적 평화(positive peace)가 중시되는 상황에서 남북 교류 및 평화 정착을 위한 강원도의 역할은 더욱 커질 것이다 (Galtung, 2008). 강원도는 남북으로 분단된 유일한 지방정부로서 남북 교류를 통한 문화적·정서적 공감대 형성에 있어서 상징적인 공간이다. 따라서 강원특별자치도는 남북 교류와 평화 정착을 통한 통일기반 조성이라는 국가적 목적의 상징성과 명료성을 보유하고 있다.

대구경북특별자치도는 시·도의 통합을 통해 지역경쟁력과 국가경쟁력 제고, 지역의 상생발전을 통한 지역소멸 대응, 그리고 연방제에 준하는 지방분권의 추진을 통한 국가균형발전에 기여하는 상징성과 명료성을 확보할 수 있다.

첫째, 국가경쟁력을 높이기 위해서는 인구 500만에서 2,000만의 지방정부로 재편해야 한다는 주장에 근거할 때 대구·경북의 통합은 인구 510만에 이르는 지방정부의 창설을 통해 국가경쟁력을 견인하는 상징적 의미를 갖는다.

둘째, 대구·경북은 내륙의 대도시와 해양의 도지역이 통합하여 지역발전의 시너지 효과를 제고하고, 도−농 간의 상생발전을 도모하며, 과소지역의 소멸을 완화할 수 있을 것이다.

셋째, 수도권 집중이 가속화되고 지역격차가 심화되고 있는 상황에서 대구·경북의 통합을 통해 자치역량의 제고와 그에 근거한 국가 권한과 재원의 차등 이양을 추진하고, 지역의 자생적 발전을 통해 수도권의 블랙홀 현상을 저지하여 국가균형발전의 실현에 기여할 수 있을 것이다.

지방자치특례에 관한 국내외 사례를 보면, 특례 추진의 명확한 목표를 확인할 수 있다. 국내 사례 중에서 세종특별자치시는 행정중심복합도시의 발전과 국가균형발전이라는 명확한 목적을 달성하기 위해 특례를 부여하였고, 제주특별자치도는 국제자유도시 발전 및 지방분권 선도를 위해 특례를 부여하였다. 선진국의 사례에서도 특례 부여의 목적이 명확하게 설정되어 있음을 알 수 있다. 선진국의 비수도 특례 중 특례의 수준이 상대적으로 높은 일본의 홋카이도, 중국의 홍콩, 영국의 스코틀랜드, 포르투갈의 마데이라 사례를 비교하면 [표 7−3]과 같다.

표 7-3 선진국의 자치특례 목적 비교

구분	홋카이도	홍콩	스코틀랜드	마데이라
비전	국제관광도시	일국양제	자립적 지역정부	국제관광도시
목적	도주제 모델: 도주제의 선도적 추진	경제개방	국가균형발전, 정체성 확보	효율적 관리, 정체성 확보
내용	· 권한특례: 외교와 국방 권한 제외 · 향후 법률제정권 추진 검토	· 지위특례: 법률제정권, 사법권 부여 · 권한특례: 군사와 외교 외 자율성 인정	· 지위특례: 지역의회, 법률제정권 · 권한특례: 국세조정권, 대폭적 권한 이양	· 지위특례: 법률제정권 부여 · 국방과 외교 외 자치권 확보

자료: 조성호 외(2005); 강원연구원(2017); 소진광(2005)을 참조하여 정리.

선진국의 비수도지역에 있어서 자치특례의 목적은 정치체제의 특성, 중앙
－지방 관계의 역사, 그리고 지역의 특수성에 따라 국가별로 다소 상이하다.
일본의 홋카이도는 도주제(道州制) 모델, 즉 도주제의 선도적 추진을 위해 특
례를 부여하였고, 중국의 홍콩은 일국양제(一國兩制) 하에서 경제개방과 국익
확보를 위해 특례를 부여하였으며, 영국의 스코틀랜드는 국가균형발전과 정체
성 확보를 위해 특례를 부여하였고, 포르투갈의 마데이라는 효율적 관리와 정
체성 확보를 위해 특례를 부여하였다(소진광, 2005).

이러한 차원에서 강원도는 남북 교류와 평화 정착을 통한 통일기반 조성
에 기여하는 상징 공간이다. 강원도는 남북으로 분단된 유일한 지방정부로서
전체 면적의 약 40%(39.7%)가 미수복지역이며, 북한과 군사적으로 대치하고
있는 접경지역이다. 따라서 강원도에 대해서는 남북 교류와 평화 정착을 통한
통일기반의 조성이라는 국가적 목적 달성에 근거하여 광범위한 특례를 부여할
수 있을 것이다. 그에 반해 대구·경북은 시·도의 통합지역이라는 특수성에
근거하여 자치역량 제고와 자립적 지방정부의 창설을 통해 국가경쟁력을 제고
하는 국가의 목적 실현이라는 상징적 의미를 가질 수 있다. 그에 따라 대구·
경북지역에 대해서는 내륙(광역시)과 해양(도지역)의 통합을 통해 경제적 시너
지 효과를 높이고, 지역의 상생발전을 통해 지역소멸 위기에 대응하며, 자치역
량에 상응하는 권한의 확보를 통해 자립형 지방정부의 구현이라는 국가의 목

적 달성을 위해 자치특례를 부여할 수 있을 것이다.

3) 지역적 특수성과 자치역량

지방정부의 특수성 측면에서 강원지역과 대구·경북지역은 수도가 아니므로 수도에 근거한 지위특례를 부여하기는 어렵다. 그러나 강원도는 남북으로 분단된 유일한 지방정부일 뿐만 아니라 면적이 광대하고 인구가 과소하며 대도시가 부재한 특성을 지니고 있다. 2019년 기준 강원도는 인구 153만 명에 면적이 16,874㎢로서 수도권(서울·인천·경기)의 11,368㎢, 충청권(대전·충남·충북)의 16,572㎢, 경남권(부산·울산·경남)의 12,342㎢보다 넓다. 그리고 미수복지역인 북강원도의 면적(11,092㎢)을 포함하면 27,966㎢로서 경북권(대구·경북)의 19,910㎢나 전라권(광주·전남·전북)의 20,620㎢보다 넓다.

대구·경북은 인구 면에서는 510만 명에 가깝고, 면적도 강원도보다는 좁지만 19,910㎢로서 전라권 다음으로 넓다. 특히 인구 기준으로는 서울과 인천 다음으로 많은 우리나라에서 세 번째로 큰 지방정부가 될 것이다. 대구·경북 지역이 여타 지역과 다른 점은 도와 광역시가 통합된 지역적 특수성이다. 따라서 대구·경북은 서울과 경기도를 제외한 다른 시·도보다 자치역량이 상대적으로 높고, 시·도가 통합된 지역적 특수성을 갖고 있다는 점에서 자치특례가 부여될 수 있다고 할 수 있다. 또한 수도권 인구집중이 50%를 상회하는 특수한 상황에서 대구·경북에 대한 차등적 권한이양을 통해 수도권의 블랙홀 현상 저지와 국가균형발전을 위한 교두보를 마련하기 위해서도 자치특례가 필요할 것이다.

세계화 시대에 있어서 지방의 국제경쟁력은 대도시의 존재, 인구규모, 산업수준, 혁신역량 등에 의해 좌우된다(이동우 외, 2003; Meligrana, 2004). 소비시장의 관점에서 국제경쟁력을 갖춘 지역이 되기 위해서는 인구 500~2,000만 명이 되어야 한다는 주장도 있다(Ohmae, 1996: 88-89). 시민들이 소비자로서의 이해관계를 공유할 수 있을 정도로 작아야 하고, 규모의 경제가 아닌 서비스의 경제효과(economies of service)를 기대할 수 있을 정도로 커야 한다는 것이다.[3] 특히 세계화 시대에는 대도시를 중심으로 한 메가시티리전(MCR: Mega-City Region), 즉 산업화시대의 메트로폴리탄과 구별되는 개념으로서 핵심 도시를 중심으로 기능적으로 연계된 광역경제권의 역할이 중시되고 있다(OECD, 2006: 14; 동아일보, 2009.6.16.).

이러한 측면에서 보면 강원도는 인구의 과소성, 낮은 경제력과 고용성장, 대도시의 부재 등으로 인하여 독자적인 생존력과 국제경쟁력을 갖추기 어려운 지역이다. 따라서 강원도는 남북으로 분단된 지역적 특수성과 대도시(광역시)가 없는 낙후지역으로서 지역의 생존과 발전을 위해 한편으로는 권한특례를 부여받아야 하고, 다른 한편으로는 국가의 강화된 재정지원을 받아야 한다. 그에 반해 대구·경북은 시·도가 통합된 지역적 특수성을 가지고 있고, 인구 510만 명 규모의 자치역량을 가지고 국제경쟁력을 발휘할 수 있는 공간단위로서 그에 상응하는 자치특례를 부여받아야 할 것으로 사료된다. 선진국의 비수도 특례의 논거와 지리적 특성을 비교하면 강원지역 및 대구·경북지역의 특례 논거를 도출할 수 있다.

표 7-4 선진국 비수도 특례의 논거 비교

구분	홋카이도	홍콩	스코틀랜드	마데이라
지리적 특성	· 도서지역 · 낙후지역	· 항구도시	· 반도지역 · 낙후지역	· 도서지역 · 원격지역
논리적 근거	· 상징성: 도주제 실험 적합지역	· 역사성: 식민지역 · 상징성: 국가 체제 상이성	· 역사성: 분리독립 · 상징성: 지역주 민의 정서	· 역사성: 식민지배
제도적 근거	법률	헌법	법률	헌법

자료: Lancaster & Roberts(2004); 조성호 외(2005); 강원연구원(2017); 소진광(2005) 참고.

---

3 서비스 경제효과는 도시 규모에 따른 서비스와 편익의 지수적 성장효과와 유사하다. 웨스트(Geoffrey West)는 도시의 기반시설(도로 길이, 전선, 수도관 등)은 규모에 따라 비선형적(엄밀히 말해, 저선형)으로 증가하지만, 임금, 부, 특허, 오염 등과 같은 서비스 효과는 인구의 크기에 따라 초선형으로 증가한다고 주장하였다. 그에 따라 도시의 인구가 2배 늘어날 때마다 도시기반에 소요되는 비용은 15% 절약되는 규모의 경제효과를 보이고, 서비스 효과는 15% 증가된다는 것이다(Geoffrey West, 이한음, 2017: 378).

　일본의 홋카이도는 도서지역이자 낙후지역이라는 지역적 특수성에 근거하여 도주제의 선도적 추진에 적합하다는 상징성에 근거하여 특례를 부여하고 있고, 중국의 홍콩은 항구도시라는 지리적 특수성과 오랫동안 자본주의 체제가 적용되었던 역사성에 근거하여 특례를 부여하고 있으며, 영국의 스코틀랜드는 낙후지역이라는 지리적 특수성을 고려하고 국가독립의 역사와 주민정서에 근거하여 특례를 부여하고 있다. 그리고 포르투갈의 마데이라는 도서지역과 원격지라는 지리적 특성을 고려하고 식민지배의 역사성에 근거하여 특례를 부여하고 있다. 또한 홍콩과 마데이라는 헌법에 근거하여 특례를 부여하고 있고 홋카이도와 스코틀랜드는 법률에 근거하여 특례를 부여하고 있다.

　강원도는 면적이 광활하다는 점을 제외하면 인구와 재정력 등이 상대적으로 과소하여 자치역량의 상대적 우위에 따른 지위특례를 인정받기는 어려울 것이다. 그에 비해 대구·경북은 자치역량에 상응하는 지위특례뿐만 아니라 시·도 통합에 따른 자치특례도 인정받을 수 있을 것이다. 제주특별자치도 및 세종특별자치시 사례를 살펴보면, 제주도의 특례는 국가목적 달성(국제자유도시의 경쟁력 제고)과 지방분권 시범도시를 위해 추진되었고, 세종시의 특례는 수도권 과밀해소와 국가균형발전이라는 국가목적의 달성을 위해 도입되었다. 강원지역과 대구·경북지역은 국가목적의 달성(강원도는 통일기반 조성, 대구·경북도는 자립적 지방정부 구현)이라는 관점에서 제주도나 세종시와 유사하고, 지역특성(강원은 남북으로 분단된 유일한 지역, 대구·경북은 시·도가 통합된 지역)의 관점에서는 제주도나 세종시와 차이가 난다.

　이러한 점에서 강원도는 자치역량이 아닌 지역적 특수성, 즉 남북으로 분단된 유일한 지방정부라는 역사성과 접경지역으로서 남북 교류의 적합지역이라는 상징성 등에 근거하여 특례를 부여할 수 있다. 그에 반해 대구·경북은 자치역량과 지역적 특수성, 즉 시와 도가 통합된 지역으로서 증대된 자치역량에 상응하는 권한 이양을 통해 자립형 지방정부를 구현할 수 있다는 점에 근거하여 자치특례를 부여할 수 있을 것이다. 특히 대구와 경북은 해양과 내륙이 결합된 지역으로서 자치특례가 부여되면 지방정부가 지역의 문제를 자율적으로 처리할 수 있고, 그를 통해 국가 간 경쟁에서 국가의 부담을 줄이고 국가의 능력을 보완 또는 선도할 수 있다는 점에서 자치특례의 논거를 찾을 수 있을 것이다.

　이상에서 강원지역과 대구경북지역을 중심으로 제도적 근거와 선진국의 사례에 근거하여 자치특례의 도입 가능성을 고찰하였다. 그렇다면 광역정부 단위에서 자치특례가 도입될 경우 어떤 수준과 내용의 특례가 가능할 것인가? 이에 대해서는 국내에서 가장 높은 자치특례가 부여된 제주특별자치도의 사례가 준거기준이 될 수 있을 것이다. 제주특별자치도는 우리나라 최초로 기초정부가 없는 자치단층제 및 국제자유도시 조성이라는 국가적 목적 달성에 근거하여 자치특례를 부여받은 사례이다. 제주특별자치도는 2003년 5월 노무현 대통령의 선언에서 시작되었고, 2004년 8월 제주특별자치도에 관한 연구에서 구체화되었다. 2005년 7월 27일 제주도 자치계층구조에 관한 주민투표가 실시되었고, 2006년 6월에 제주특별자치도가 출범하였다. 제주특별자치도에 부여된 자치특례의 구체적인 내용은 [표 7-5]로 정리될 수 있다.

표 7-5 제주특별자치도의 자치특례 내용

구분		내용
행정적 지방분권	기관구성 특례	· 지방의회 동의와 주민투표에 의한 지방정부의 기관구성
	중앙사무의 지방이양 특례	· 외교, 국방, 사법 등 국가존립사무를 제외한 중앙행정기관 사무의 단계적 이양 · 특행기관의 이양 및 특행기관의 설치 금지
	자치조직 및 인사 특례	· 자치조직권: 제주도의 기구와 정수를 조례로 규정 · 정원관리: 총액인건비제 적용 제외 · 독립적 감사위원회 설치, 감사위원장은 도의회 동의
정치적 지방분권	도의회 기능강화 특례	· 도의원 정수: 43명 이내에서 조례로 규정 · 지역선거구: 조례로 규정 가능 · 도의회 정책자문위원회 설치: 21명까지
	도의회 인사청문 및 동의권 특례	· 별정직 지방공무원인 부지사에 대한 인사청문회 실시 · 감사위원장에 대한 동의권
주민분권	주민결정	· 주민투표: 대규모 투자사업에 대한 주민투표 부의 · 주민소환: 도지사와 도교육감 등에 대한 주민소환

재정적 지방분권	지방세 특례	· 지방세기본법상 대통령령으로 정한 사항은 조례로 신설 가능
	지방교부세 특례	· 보통교부세 3% 교부
	지방교육재정 교부금 특례	· 보통지방교육재정교부금의 1.57% 교부
법률적 지방분권	법률안 의견제출 특례	· 제주도와 관련된 법률안에 대한 의견 제출 및 입법 반영

　자치특례 중에서 행정적 지방분권은 기관구성 특례, 자치조직 특례, 그리고 사무이양 특례 등을 포함하고 있고, 정치적 지방분권은 도의회 구성 특례, 의정역량 및 기능 강화 특례, 그리고 도의회 권한 특례를 포함하며, 주민분권은 주민결정 특례를 포함하고 있다. 재정적 지방분권은 지방세 특례를 포함하고, 법률적 지방분권의 경우 법률안 의견 제출에 관한 특례를 규정하고 있다. 또한 지방교부세 특례와 지방교육재정교부금 특례는 재정권한의 이양은 아니지만 지방재정력 강화에 기여할 수 있는 재정지원특례라고 할 수 있다. 이러한 제주특별자치도의 추진에서도 우여곡절이 있었는데, 그에 대한 에피소드를 정리하면 다음과 같다.

❖ 제주특별자치도 추진 관련 에피소드

　2004년 제주특별자치도의 추진을 위한 논리와 대안을 개발하는 과정에서 저자가 경험하였던 내용이다. 제주특별자치도는 노무현 대통령의 약속에 의해 추진되었고, 구체적인 논리 개발은 제주발전연구원에서 담당하였다. 저자는 제주발전연구원의 과제에 참여하면서 지방분권과 행·재정 특례 개발을 담당하였다. 그 과정에서 제주도 전문가와 공무원들에 의해 제기되었던 주장은 크게 두 가지로 압축된다. 첫째, 재정분권의 확대는 제주도에게 득이 되지 않는다는 주장이었다. 당초 중앙정부는 제주도에서 징수되는 국세(부가가치세)의 전부를 지방세로 이양할 계획이었으나 제주도의 반대에 의해 제동이 걸렸다. 제주도의 주장에 따르면, 조세기반이 취약한 제주도의 경우 국세의 이양이 이루어지더라도 재정자립도가 제고되기 어렵고 재정적 곤란에 빠질 수 있다는 것이었다. 그에 따라 국세를 이양하는 대신 지방교부세 3% 지원특례를 규정하게 되었다. 둘째, 제주도의 자치계층구조를 개편하지 않고 특별자치도를 추진해야 한다는 주장이었다. 저자는 학술세미나, TV토론회, 언론기고 등을 통해 자치계층제 개편이 제주특별자치도의 전제조건이라고 강조하였다. 그에 대하여 일부 제주도 전문가는 노무현 대통령에게 자치계층제 개편이 특별자치도의 전제조건인가에 대하여 질문하였으나 답을 듣지 못하였다고 하였다. 저자는 아무런 근거 없이 자치특례가 부여된 특별자치도의 추진이 어렵다며 자치계층제 개편이 필요하다고 강조하였다. 결국 주민투표를 통해 자치계층구조가 단층제로 개편되었고, 현재 제주도와 2개의 행정시가 존재하고 있다. 2006년 특별자치도 출범 이후 제주도는 여러 차례 시·군의 부활을 추진하였으나 기본적으로 단층제의 틀에서 벗어날 수 없으므로 준자치단체(지방의회는 구성하지 않고 자치단체장만 직선함) 대안에 대하여 집중적으로 검토하고 있다.

박스에서 보는 바와 같이 첫째, 제주도는 국세의 이양에 대하여 걱정하였다. 국세의 이양이 단기적으로 제주도의 재정자립도를 높일 수 있지만, 제주도의 조세기반이 취약한 상황에서 지방정부의 운영에 필요한 재원을 자체재원으로 해결하라는 것은 제주도의 미래를 불투명하게 한다는 것이었다. 그에 따라 국세의 이양보다는 국가의 재정지원을 강화하는 대안, 특히 지방교부세 특례와 지방교육재정교부금 특례에 관한 규정을 두게 되었다. 둘째, 제주도는 자치계층의 개편 없는 특별자치도의 추진을 원하였다. 중앙정부는 단층제 개편에 대한 반대를 고려하여 두 가지 대안을 검토하였다. 하나는 도 중심의 단층제 개편 대안이고 다른 하나는 도와 2개 시(도시계획권 등 일부 기능의 축소) 대안이었다. 그러나 주민투표에서 단층제 개편 대안이 채택되면서 제주도에는 강력한 특례가 부여되고 4개의 시·군은 2개의 행정시로 개편되었다.

2. 기초정부의 자치특례

기초정부에 대한 자치특례는 현재 인구 50만 대도시 특례, 인구 100만 대도시 특례, 그리고 시·군 통합 특례 등이 부여되어 있다. 현재 기초정부의 자치특례에 대한 추가적인 논의로는 특례시 도입, 특례군 도입, 그리고 도서특례 도입 등이 있다.

1) 특례시 도입

특례시는 인구 100만 대도시에 대해서는 지방자치법과 지방분권특별법에 의해 부여되는 행·재정 특례에 더하여 특례시라는 명칭을 사용하여 자치특례의 수준을 높이는 데 중점을 두고 있다. 특례시를 주장하고 있는 지방정부는 수원, 용인, 고양, 창원시 등 4개 지방정부이다.[4] 인구 100만 이상 대도시를 특례시로 명명하고, 그에 상응하는 자치특례를 인정해야 하는 이유는 다음과 같다.

첫째, 인구 100만에 상응하는 사무특례가 필요하다. 현재 인구 50만 이상 대도시의 사무특례와 인구 100만 이상 대도시의 사무특례 사이에 큰 차이가 없다. 인구 50만 이상 대도시의 사무특례는 18개 주요 사무와 40여개 이상 단위사무를 포함하고 있는데, 인구 100만 이상 대도시의 사무특례는 인구 50만 이상 대도시의 사무특례에 더하여 8개 사무에 대한 특례를 추가하고 있을 뿐이다. 인구 100만 이상 대도시에 부여된 사무특례의 내용과 수준도 매우 미흡한 실정이다. 인구 100만 이상 대도시의 특례는 지방공기업에 의한 지역개발채권 발행, 일정 규모 이상 건축물에 대한 허가, 택지개발지구 지정, 개발제한구역 지정 및 해제 등의 특례 등을 추가하고 있으나 사무의 수가 많지 않을 뿐만 아니라 그 수준도 미흡하다. 더욱이 주민의 삶의 질이나 사회복지와 관련된 사무, 자치역량을 바탕으로 주민자치와 협치를 신장할 수 있는 사무는 거의 발견되지 않는다.

둘째, 자치역량에 상응하는 행·재정 특례가 필요하다. 인구 100만 이상 대도시의 행정조직 특례와 재정특례도 지방정부의 자치역량에 부합하지 못하

---

4 행정안전부는 2018년 지방자치법 전부개정안을 제출하면서 인구 100만 대도시를 특례시로 지정하는 규정을 두었으나 인구 50만 이상 대도시의 반대에 직면하였고, 2020년 지방자치법 전부개정안을 다시 제출하면서는 인구 50만 이상 대도시로 특례시 범위를 확대하면서 50만 이상 대도시를 가장 많이 보유한 경기도의 반대에 직면해 있다.

는 수준이다. 인구 100만 이상 대도시의 행정조직 특례는 5급 이하 직급별·기관별 공무원 정원, 보조기관(부시장)의 수, 그리고 행정기구 및 정원에 관한 특례에 그치고 있다. 인구 100만 이상 대도시는 인구, 면적, 그리고 지역총생산(GRDP) 등에서 광역시에 준하는 수준을 유지하고 있지만 행정기구와 정원은 상대적으로 미흡하다. 인구 100만 이상 대도시의 재정특례 역시 자치역량에 어울리지 않는 수준이다. 100만 이상 대도시의 재정특례는 시에서 징수하는 도세의 10% 범위 안에서 일정 비율을 추가 교부하고, 소방시설에 충당하는 지역자원시설세를 시세로 이양하는 내용을 포함하고 있으나 대도시의 자치역량과 재정수요를 고려할 때 매우 낮은 수준임을 알 수 있다. 예컨대, 2018년 기준으로 수원, 창원 등의 대도시 예산은 2조원(고양시)에서 3조 5천억원(창원시)의 수준에 있지만 광역시인 대전과 광주는 각각 6조 5천억원과 6조 6천억원을 유지하고 있다. 광역시 중 가장 낮은 울산시도 5조 8천억원을 유지하고 있다.

셋째, 인구 100만 대도시의 역차별에 대한 시정 역시 필요하다. 인구 100만 이상 대도시의 인구, 면적, 지역내총생산(GRDP)은 광역시에 버금가는 행정수요를 가지고 있으나 특례 수준은 그에 미달되어 주민들은 역차별을 받고 있다. 인구 100만 이상 대도시는 부단체장 수(2명)에서 특례를 부여받고 있으나 실·국·본부, 실·과·담당관 수, 공무원 정원 등에 있어서는 광역시에 비해 매우 낮은 수준을 유지하고 있다. 이는 주민들에 대한 서비스 수준의 저하를 초래할 수 있다. 또한 인구 100만 이상 대도시는 사회복지에 대한 특례를 인정받지 못할 뿐만 아니라 사회복지대상자의 선정에 있어서 대도시의 특성을 인정받지 못하고 있다. 즉, 정부의 복지대상자 선정시 대도시(특별·광역시), 중소도시(기초정부), 그리고 농어촌 도시(시·군 포함)라는 세 가지 유형을 획일적으로 구분하여 적용함으로써 상대적으로 물가가 높은 100만 이상 대도시에게 불리하게 작용하고 있다.

❖ 전국으로 번진 특례시 논란, 정치 논리가 빚은 비정상

특례시 논쟁이 전국으로 퍼지고 있다. 특례시는 기초자치단체이면서 광역시에 버금가는 사무·행정조직·재정에 관한 권한을 갖는 새로운 형태의 자치단체이다. 특례시로 지정되면 189개의 사무 권한이 이양되면서 광역시에 준하는 맞춤형 정책이 가능하고 세수도 늘어나 재정 여력이 늘어난다. 2017년 4월 문재인 당시 더불어민주당 대선 후보의 창원 유세에서 거론된 특례시는 지난해 말 행정안전부가 지방자치법 전부 개정안에 포함시키면서 지자체의 비상한 관심을 모았다. 개정안은 인구 100만 명 이상 대도시인 고양·수원·용인·창원을 그 대상으로 하고 있다. 이후 인구 95만 명의 성남시가 추가 지정을 요구하면서 특례시 논쟁에 불을 지폈다. 이어 인구 50만 명 이상 대도시인 천안·청주·전주·포항·김해 등도 지역 균형 발전이나 도농복합시를 내세워 특례시 지정 요구 대열에 가세했다. 급기야 인구 30만 명도 안 되는 춘천시도 사실상 광역시 기능을 수행한다는 이유로 특례시 지정을 요구하고 나서 논쟁의 외연이 확대되고 있다.

왜 이런 일이 생긴 것일까? 대통령 후보는 광역시로 승격되지 못한 100만 명 대도시에 대해서는 그에 걸맞은 대우가 필요하다는 판단과 수백만 명의 지지를 얻을 수 있다는 정치적 계산에 따라 특례시를 약속했을 것이다. 자치단체장으로선 특례시가 되면 행정 기구와 정원이 늘어나 자신의 정치적 영향력이 커진다고 생각할 수 있다. 설령 특례시가 되지 않더라도 소극성과 부작위에 대한 공무원·주민의 비난을 면할 수 있어서 정치적으로 손해가 없다고 판단할 것이다. 이러한 정치적 계산 때문에 인구 50만 명과 30만 명의 자치단체장들도 실낱같은 가능성에 기대어 '아니면 말고'식으로 특례시 대열에 끼어들고 있다. 지역구 국회의원의 정치적 계산은 특례시 논쟁에 열기를 더한다. 성남시 중원구가 지역구인 신상진 의원은 인구 90만 명 이상의 성남시를 추가하는 법률안을 냈다. 전주시병이 지역구인 정동영 의원은 인구 100만 명 이하이면서 도청 소재지인 청주와 전주를 추가하는 법률안을 제출했다. 천안시을이 지역구인 박완주 의원은 인구 50만 명 이상 대도시 중 경제·행정·재정 여건을 고려하여 전주·천안·청주·포항·김해 등을 추가하는 법률안을 발의했다. 지역구 국회의원은 특례시를 위한 가시적인 노력을 통해 주민의 지지를 얻을 수 있으며, 특히 자치단체장의 요구를 들어주는 것이 총선에서 유리하다고 판단했을 것이다.

특례시는 단체장의 정치적 영향력 증대나 국회의원의 득표 논리가 아니라 주민편의와 정책 성과를 위해 추진돼야 한다. 아리스토텔레스의 목적론적 정의론에 따르면 명품 악기는 가장 잘 연주할 수 있는 사람에게 주는 것이 정의 원칙에 부합된다. 같은 논리로 행정 권한을 가장 잘 수행하여 성과를 높일 수 있는 지자체에 해당 권한을 넘겨줘야 한다. 인구 100만 명 대도시는 행정 수요, 재정력, 자치 역량에서 광역시에 버금가는 위상을 갖고 있어 특례시로 지정돼도 무리가 없다. 그러나 인구 50만 명 대도시는 특례시보다는 지방자치법에 규정된 사무 특례를 강화하면 될 것이다. 일본은 100만 명 대도시를 지정시로, 인구 30만 명 이상 도시를 중핵시로 하고 있다. 또한 특례시는 주민 편의와 성과 제고 등 실질적인 주민 자치를 강화하는 쪽으로 추진돼야 한다. 프랑스는 100만 명 대도시에 대해 주민 참여를 강화하기 위해 준자치구(지방의회와 직선 단체장을 두지만 법인격은 없음) 특례를 인정하고 있다. 특례시는 한 번 도입되면 쉽게 바꾸기 어려운 경직성이 높은 제도인 만큼 정치적 계산과 색깔에 따라 무분별하게 그 대상을 확대하기보다는 광역시에 준하는 자치 역량, 행정 수요, 정책 성과를 중시하는 행정 논리에 따라야 한다.

〈출처: 하혜수, 조선일보, 2019.09.03.〉

위의 칼럼에서 보는 바와 같이 특례시 추진은 100만 도시이면서도 광역시로 승격되지 못한 대도시에 대하여 권한특례를 인정하는 것인데, 인구 50만 대도시와 인구 30만 대도시가 특례시 대열에 가세하면서 논쟁이 가열되었다. 하지만 특례시의 추진에 있어서는 몇 가지 원칙이 준수되어야 하는데, 첫째, 특례시는 정치논리가 아닌 자치역량에 상응하는 권한부여라는 행정논리에 따라 추진되어야 한다. 둘째, 특례시는 주민편의와 성과 제고 등 실질적 지방자치를 강화하는 쪽으로 추진되어야 한다. 셋째, 특례시의 궁극적인 목적은 주민 분권에 있는 만큼 주민참여와 주민자치 강화를 위한 준자치구 설치 등을 고려해야 한다. 요컨대, 특례시의 명칭은 차치하고 특례시의 지정에 있어서 대다수 지방정부에서 인정할 수 있는 객관적 근거에 따르는 것이 제도의 취지와 수용성 확보에 기여할 것이다.

오늘날의 특례시 기준에 대한 논쟁은 20년 전의 기억을 소환한다. 2000년 행정자치부는 인구 50만 이상의 대도시를 특정시로 만드는 대안에 대하여 검토하였고, 저자는 그와 관련한 워크숍에 참여한 경험이 있다. 다음 박스의 내용은 그 경험을 요약한 것이다.

❖ 특례시 기준에 관한 에피소드

2000년 말 행정자치부는 인구 50만 이상 대도시의 특정시 요구에 대응하여 전문가 워크숍을 개최하였다. 경기연구원에 재직 중인 저자가 워크숍에 초대된 이유는 인구 50만 이상 대도시가 가장 많았던 경기도의 입장을 대변해 줄 것으로 기대하였기 때문이었을 것이다. 당시 워크숍의 토론 주제를 보면, 첫째, 특정시의 인구 요건이었다. 행자부는 인구 50만 이상을 염두에 두고 있었고, 그에 대하여 저자는 인구 100만 이상이어야 한다고 맞섰다. 그 이유로는 100만 명이 상징적 의미가 있을 뿐만 아니라 광역시의 관행적 승격 기준이었기 때문이었다. 그에 대하여 인구 100만 명을 기준으로 하면 해당되는 지방정부가 없다고 하였다. 따라서 인구 80만 명으로 하는 대안을 제안하였고, 저자는 80만 명에 대한 객관적 근거가 미약하다고 응수하였다. 행자부의 고민은 인구 100만을 기준으로 하면 해당 지방정부가 없고, 50만 이상으로 하면 11개 중에서 7개(수원, 안양, 부천, 성남, 안산, 용인, 고양시)가 포함된 경기도의 반대가 우려된다는 점이었다. 둘째, 특정시의 명칭에 관한 내용이었다. 행안부는 당초 특례시를 제시하였는데, 저자는 특례는 예외적 조치를 의미한다는 점에서 서울시와 광역시 등이 모두 특례를 부여받은 시이므로 적절하지 않다고 지적하였다. 당시 워크숍에서 명확한 결론은 나지 않았지만 특정시에 무게가 실렸고, 이후 2003년 인구 50만 이상의 대도시에서 지방자치법 개정안을 추진하면서 도입한 명칭도 특정시였다. 이러한 특정시는 문재인 대통령 후보가 인구 100만 대도시를 특례시로 만들겠다고 공약하면서 다시 부상하였다. 저자는 창원시의회 특강과 조선일보 칼럼에서 특례시의 명칭에 대해서는 언급하지 않았으나 특례시의 지정조건에 대해서는 인구 100만 명이라는 사실을 분명히 하였다. 2000년에 주장한 인구 100만 명 기준은 20년 지난 지금에도 그대로 유효하다고 생각하기 때문이다.

박스에서 보는 바와 같이 20년 전의 특정시는 지금의 특례시라고 할 수 있다. 이미 20년 전에 서울시와 광역시 그리고 인구 50만 이상의 대도시도 특례를 부여받은 지방정부이므로 특례시라는 명칭이 부적합하다고 하였는데, 오늘날 특례시가 추진되고 있다. 특례시의 인구 기준으로 50만, 80만, 100만 등이 검토되었으나 저자는 상징적 의미와 광역시 설치 선례 등에 비추어 100만이 적합하다고 주장하였다. 2018년 지방자치법 전부개정안에서는 100만 명을 기준으로 하였으나 2020년 법률개정안에서는 50만 명을 기준으로 변경함으로써 특례시 지정기준의 객관성뿐만 아니라 정책의 일관성을 확보하지 못하고 있다.

2) 특례군 도입

특례군은 지방정부의 지위와 권한상의 우대를 포함하는 대도시 특례나 특례시 추진과는 달리 재정지원상의 특례에 중점을 둔다. 대다수 군지역과 도서지역은 인구가 과소하고 재정력이 취약하여 자체 재원과 능력으로는 생존이 어려운 지역적 특성을 고려하여 중앙정부의 재정지원에서 예외적 우대를 요구하며, 지속적인 지원을 위한 법적 · 제도적 근거를 두어야 한다고 주장한다. 최근 소멸 위기에 처한 24개 군이 특례군의 법제화를 요구하고 있는 것도 이러한 배경과 맥을 같이 하고 있다.

❖ '소멸 위기' 전국 24개군 군수들 특례군 법제화는 필수

지속적인 인구 감소로 위기를 맞은 전국의 군(郡) 단위 '미니 지자체'들이 특례군 법제화를 위해 팔을 걷어붙였다. 특례군 법제화 추진협의회(추진협)는 16일 충북 단양군청 대회의실에서 창립총회를 열었다. 추진협은 인구 3만 명 미만이거나 ㎢당 인구 밀도가 40명 미만인 전국 24개 군이 만든 기구다. 해당 지자체는 옹진군(인천), 홍천군, 영월군, 평창군, 정선군, 화천군, 양구군, 인제군, 고성군, 양양군(이상 강원), 단양군(충북), 진안군, 무주군, 장수군, 임실군, 순창군(이상 전북), 곡성군, 구례군(이상 전남), 군위군, 청송군, 영양군, 봉화군, 울릉군(이상 경북), 의령군(경남)이다. 이날 창립총회에는 각 지자체 군수(14명), 부군수, 행정국장 등이 참석했다. 창립총회는 회장 선출, 추진협 규약 의결, 공동협약서 채택 · 서명, 법제화 촉구 공동성명서 채택, 특례군 도입방안 연구용역 의뢰 안건 처리 등의 순

으로 진행됐다. 회장은 류한우 단양군수가 맡았다. 추진협은 법제화 촉구 공동성명서에서 "농어촌 지역과 지방 소도시는 대도시로의 지속적인 인구 유출과 고령화로 기능상실 및 소멸 위기에 직면했다"며 "지금의 위기는 서울과 수도권 집중화 현상에서 비롯됐다"고 지적했다. 그러면서 "자립이 가능한 대도시에 대한 행정적, 재정적 특례는 확대되고 있으나, 자립이 어려운 군 지역 지원 방안은 미흡해 군 단위 주민들의 소외감이 커지고 있다"며 "국가의 균형적 포용 성장을 위해서는 특례군 법제화가 필수적"이라고 강조했다. 추진협은 이후 지역별 서명운동 전개, 국회 토론회 개최 등 회원 지자체를 특례군으로 지정하는 조항을 개정 지방자치법에 반영하기 위한 노력을 다각도로 기울일 계획이다. 이들 지자체는 더불어민주당 이후삼(충북 제천·단양) 국회의원이 지난 4월 지방자치법 일부 개정 법률안을 대표 발의한 이후 단양군의 제안으로 추진협을 꾸리고 실무 협의를 벌여왔다. 이 법률안은 인구 감소, 정주 여건 악화로 기능 상실 및 소멸 위험에 직면한 인구 3만 명미만 또는 ㎢당 인구 밀도 40명 미만의 군을 특례군으로 지정해 지원하도록 하고있다. 국가가 기존 지방자치법의 특례시처럼 특례군을 행정·재정적으로 지원하고, 균형발전에 필요한 시책을 추진할 수 있도록 하자는 것이 이 법률안의 취지다. 추진협은 특례군 도입방안 용역을 통해 행정·재정·금융·세제 등 특례군에 대한 구체적인 지원 방안을 마련해 정부와 국회에 전달할 예정이다. 류한우 군수는 "진정한 자치분권을 위해 특례군 도입은 불가피한 선택"이라며 "대국민 홍보 활동을 통해 공감대를 형성하고 청와대, 국회 등에 우리의 의지를 분명하게 전달하자"고 촉구했다.

〈출처: 연합뉴스, 2019.10.16.〉

박스에서 보는 바와 같이 특례군은 인구가 3만 명 미만 또는 ㎢당 인구밀도 40명 미만의 농촌지역으로서, 소멸위기에 처해 있는 군에 대한 재정적 대우를 강화하는 데 초점이 두어져 있다. 특례군 법제화 추진협의회에 의하면, 인구가 지속적으로 감소하고 재정력이 매우 낮아 머지않아 소멸될 위기에 처한 24개 군에 대해서는 재정지원을 강화하고, 금융·세제상의 혜택을 확대해야 한다는 것이다. 이러한 관점에서 소멸위기에 처한 군에 대한 특례는 권한과 지위상의 예외를 인정하는 자치특례보다는 국가의 재정지원과 금융·세제 지원을 강화하는 데 중점을 두어야 할 것이다. 자치특례는 지위상의 우대와

권한 이양의 특례를 의미하는데, 군 지역은 권한특례가 부여되어도 자치역량
의 부족으로 인해 주어진 권한을 효과적으로 수행하기 어려울 것이다. 즉, 조
세기반이 취약하여 재정분권을 통해서도 재정력을 확대하기 어렵고 오히려 재
정력의 상대적 축소에 직면할 수 있다. 사무특례의 경우에도 재정력이 수반되
지 않아 이양된 권한의 성과 확보에 어려움이 있을 것이다. 이러한 관점에서
소멸위기의 군에 대해서는 특례군을 추진하되 자치특례가 아닌 재정지원과 금
융·세제상의 특례에 초점을 두어야 할 것이다.

3) 도서특례 도입[5]

도서특례는 특례군과 다소 겹치지만 바다로 둘러싸인 도서지역에 대해서
는 재정적 낙후성과 더불어 정체성 확보 차원에서 재정지원 특례를 부여해야
한다는 내용이다. 여기서는 특례군 도입을 요구하는 24개 군과 유사하거나 더
열악한 위치에 있는 도서특례의 도입 대안을 모색하고자 한다. 도서특례의 도
입 논리와 대안은 특례군의 도입에도 유추 적용될 수 있을 것이다. 먼저 도서
특례가 잘 정립되어 있는 일본과 영국의 도서특례를 살펴보고 우리나라 도입
대안을 제시하고자 한다.

(1) 일본과 영국의 도서특례

일본의 도서특례는 우리나라와 마찬가지로 지위특례나 권한특례가 아닌
재정특례에 중점이 두어져 있다. 다만 차이가 있다면 재정특례의 수준이 높고
매우 구체적이라는 점이다. 일본의 도서특례에 대한 주요 내용을 살펴보면(国
土交通調査室, 2009), 첫째, 이도진흥법(2003년 4월 시행)에 규정된 도서특례이다.
이도진흥법(離島振興法)은 도서지역의 진흥을 위한 특례로서 국가의 부담·보
조비율의 인상, 지방채 특례, 특정산업(제조업, 소프트웨어업, 여관업, 축산업, 수산
업, 숯제조업)에 대한 지방세의 감면, 세수감소에 대한 국가의 보전조치 등을
규정하고 있다.

---

5 이 부분은 한국행정학보에 게재된 하혜수·최영출·하정봉(2011)의 논문을 바탕으로 작성하
  였음을 밝혀둔다.

둘째, 시마네현 이도진흥계획에 의한 특례이다(島根縣隱岐の島町, 2010). 오키섬에 대해서는 일반 도서에 대한 특례에 그치지 않고 공항과 관련된 특례를 강화하고 있다.6 항공기운행에 대해서도 재정지원을 하고 있는데, 오키공항 이륙편(중량 6톤 이상에 한함) 항공기에 대해 착륙료의 7/8을 감면하고, 이도운항노선 운행비에 대해 부품구입비의 25% 이내(국가 1/2, 현 1/4, 정 1/4)에서 지원하고 있으며, 오키공항이용 촉진사업에 대해 사업비의 5/10까지 보조해주고 있다.

셋째, 아마미군도 진흥개발특별조치법에 의한 특례이다(鹿兒島縣, 2009a; 2009b). 아마미군도는 오키나와 가고시마 사이에 위치하고 있는데 1953년 미국령에서 일본으로 복귀되었다. 주요 특례는 공공사업에 관한 보조율의 상향조정, 지방세 면제, 진흥기금에 대한 비과세, 소득세·법인세 특별상각제도, 지방채 특례 등 재정특례와 더불어 의료확보, 농림수산업 진흥, 정보통신, 고령자복지증진, 교육의 충실화, 지역문화진흥 등에 대한 지원특례를 부여하고 있다. 특징적인 현상은 국고보조율 특례로서 사업별로 차등적인 비율을 적시하고 있고, 최대 9/10까지 상향조정하고 있다는 점이다. 소득세 및 법인세에 관한 특별상각제도는 과소지역과 그에 준하는 지역, 이도진흥법상의 도서지역과 그에 준하는 지역의 제조업, 여관업, 소프웨어업 등에 대하여 건물·부속설비 및 기계·장치의 신증설시 6%~10%까지 특별상각해 주는 제도이다. 그리고 아마미군도의 소규모 도서지역에까지 항공기를 운행하고 있으며, 적자분을 보전해주고 있다. 아마미군도 내의 주요 섬과 가고시마는 1시간 30분 이내의 항공편으로 연결되어 있다. 특히 요론지마(与論島), 키카이지마(喜界島)와 같이 인구 1만 명 미만의 작은 섬에도 공항이 설치되어 있고 항공서비스가 확보되어 있는 점은 주목할 만한데 이도지역 주민의 정주여건 확보 차원에서 이루어

6 1979년에 건설된 1500m급 활주로에 더하여 최근 소형제트기의 이착륙이 가능한 2000m급 새 활주로 공사가 완공되었다. 신활주로 건설시 국비 80%(이도보조율 8/10), 기채 18%(상환액의 70%는 지방교부세에서 부담하고 나머지 20%도 현이 지원), 현비 2%로 구성되어 기초지자체의 부담은 기채상환액의 10%에 불과하다(太田俊介, 中西敏雅, 津森仁, 2009년 12월 23일 인터뷰).

지고 있음을 알 수 있다.[7]

넷째, 오가사와라제도에 관한 특례이다. 오가사와라제도는 동경도에 속하고 있으며 동경 남방 약 1,000km에 위치하는 치치시마(父島)를 중심으로 30개의 섬들로 구성되어 있다. 총 인구는 2,300여 명으로 본토와의 교통수단은 동경－치치시마 간 정기여객선이 있는데 통상 6일에 1편 정도 운행되며 소요시간은 25시간 30분이다. 교통접근성을 개선하기 위하여 최근 동경도는 오가사와라촌과 협의회를 구성하여 공항건설안에 대한 검토를 진행하고 있다. 일본정부는 1968년 6월 복귀 이후 오가사와라제도 진흥개발 특별조치법(1969년 제정, 현재 5년씩 연장 중)에 근거하여 특례를 부여하고 있다. 주요 특례 내용을 보면 국고보조율의 상향조정(도로개축 보조율은 3/5, 항만정비 보조율은 9/10), 국유재산 무상 또는 저가 대여, 구 거주자의 재이주시 세제우대조치 등으로 아마미군도 진흥개발특별조치법에 규정된 특례와 거의 동일하다(国土交通調査室, 2009).

영국의 도서특례는 재정특례와 권한특례에 더하여 지위특례까지 포함하고 있는데, 두 가지 대표 사례를 통해 파악할 수 있다. 첫째, 셰틀랜드에 대한 특례사례이다. 셰틀랜드는 스코틀랜드의 최북동부 지역에 위치한 섬으로 이루어진 자치단체이다. 인구는 2012년 기준으로 약 23,000명이며 면적은 1,466㎢이다. 셰틀랜드에 부여된 특례 중 가장 특징적인 것은 지위특례로서 매우 작은 인구규모임에도 불구하고 지방정부로서의 지위를 인정받고 있다는 점이다(Shetland Council, 2009b). 셰틀랜드는 단층자치단체(unitary authority)로서 기초 및 광역적 서비스를 모두 제공하고, 각종 서비스 제공이나 중앙정부의 교부세 배분에서 특례적 지위를 누리며, 지위에 상응하는 권한 및 재정특례를 부여받고 있다. 즉, 권한특례로 여객선과 단과대학 직영에 관한 권한을 부여받고 있

7 川畑浩志(가고시마현 기획부 이도진흥과 아마미 진흥계장, 2009년 12월 21일 인터뷰), 地頭所恵(가고시마현 총무부 시정촌과 과장보좌, 2009년 12월 21일 인터뷰), 森秀樹(가고시마현 총무부 홍보과 과장, 2009년 12월 21일 인터뷰), 古瀬和久(시마네현 지역진흥부 교통대책과 지역교통스태프 주임, 2009년 12월 23일 인터뷰) 등도 안정적인 교통여건 확보가 이도의 정주여건 및 진흥정책에서 매우 중요하다고 확인해 주었다.

고, 재정특례로 지방정부의 예산 중에서 가장 큰 비중을 차지하는 세입지원보조금(우리나라의 지방교부세에 해당)의 산정에 있어서 우대를 인정받고 있다.[8]

둘째, 실리(Isle of Scilly)에 대한 특례사례이다. 실리는 영국 남서부에 위치한 도서로서 인구는 2011년 기준 약 2,200명이고 면적은 16.3㎢이다. 실리는 역사적으로 콘월(Cornwall)의 일부로 관리되었으나 1888년 지방정부법(Local Government Act 1888)에서 별도의 지방정부로 독립되었다. 실리는 작은 규모이지만 특수한 지위, 즉 기초정부의 기능뿐만 아니라 광역정부의 기능까지 수행하는 예외적 지위를 누리고 있다(http://en.wikipedia.org/wiki/Isles_of_Scilly). 실리는 인구와 면적에 있어서 교구(parish)보다 작지만 광역과 기초를 겸한 단층 자치단체의 지위를 누리고 있고, 교육, 보건 서비스, 쓰레기 수거 및 처리, 소방 등 광역정부의 기능을 수행하고 있다. 또한 도서지역으로서 낙후고지대 및 도서지역 전담조직의 지원, 특히 사회적 기업에 대한 다양한 지원을 받고 있다. 즉, 시장개발(market development), 교육훈련, 재정지원, 경영지원 등의 제 분야에서 타 지역과는 다른 특례를 부여받고 있다(SQW Limited, 2002: iii-iv).[9]

4) 도서특례제도 대안

우리나라는 도서지역에 대해서는 차등적 권한이양을 인정해주는 자치특례보다는 재정지원을 강화하는 지원특례를 인정해주고 있다. 그나마 일본이나 영국의 도서지역과 비교하면 재정지원 특례수준은 매우 낮은 실정이다. 우리나라의 도서지역에 대하여 특례군과 같은 새로운 명칭의 부여보다는 국가의 재정지원을 강화하는 재정특례에 중점을 두어야 할 것이다. 우리나라의 도서특례 강화 대안을 제시하기 전에 우리나라의 도서특례와 일본·영국의 도서특례를 비교하면 [표 7-6]과 같다.

---

8 예컨대, 도서지역에 대해서는 복합낙후지수와 접근성 지표를 적용하는데, 일반 지역이 0에 근접하거나 0.5의 가중치를 받는 데 반해, 도서지역은 0.8의 가중치를 부여받는다.

9 직접적인 지원과 관련은 없지만 도서지역은 지방자치체제 개편에서도 예외를 인정받고 있다. 즉, 수차례에 걸친 지방정부 구조개편에서도 행정법상 예외지역으로 분류되고 있다(http://www.scilly.gov.uk).

표 7-6 도서특례에 대한 한국 · 일본 · 영국의 비교

구분		우리나라	일본	영국
제도의 내용	지위특례	· 없음	· 없음	· 지위특례: 　단층자치단체 　(광역+기초)
	권한특례	· 없음	· 없음	· 광역정부의 권한부여 · 대학(교육), 보건, 　소방, 교통 서비스 　수행
	재정특례	· 종합계획에 의한 　지원특례 · 국고보조금특례: 　차등보조율 · 재정지원 특례: 　기업의 업종전환 　과 합리화에 대한 　지원	· 종합계획에 의한 　지원특례 · 국고보조금특례: 　지역별·사업별로 　차등화된 보조율 · 국세와 지방세 특례	· 국고보조금 특례 · 지방교부세 특례 · 사회적 기업 지원 　특례

　　영국은 재정특례, 권한특례, 지위특례를 모두 인정하고 있는데, 재정특례
만을 부여하고 있는 우리나라 및 일본과 대비된다. 우리나라는 제주도에 대하
여 지위특례를 부여하고 있으나 제주도는 통상의 도서로 보기 어렵기 때문에
엄밀한 의미에서 도서에 대한 지위특례는 없다고 할 수 있다. 도서지역은 국
고보조금의 차등보조율 적용과 재정지원 강화 등 재정특례를 부여받고 있지만
낙후지역에 부여된 재정특례와 크게 다르지 않다. 즉, 국고보조금특례(20% 차
등보조율 적용), 재정지원 특례, 그리고 종합계획수립에 의한 지원특례 등에
한정된다. 일본은 재정특례에 한정되어 있지만 특례의 수준이 높고 지역별·
사업별로 세분화되어 있다. 일본의 도서지역은 종합계획수립에 의한 지원특
례, 지방교부세 특례, 국세와 지방세 감면특례 등을 포함하고, 특히 지역별·
사업별로 차등화된 보조율을 규정하고 있다. 지역별로는 오키나와에 대한 지원
이 가장 강력하고, 사업별로는 최대 10/10까지 지원하고 있는 점이 특징이다.
　　우리나라 도서특례제도와 일본 및 영국의 제도를 비교하면, 영국은 제한
된 도서지역을 대상으로 하지만 지위특례와 권한특례 그리고 재정특례를 부여
하고 있고 일본은 매우 높은 수준의 재정특례(특히 지역별·사업별 차등적 보조금

제도)를 도입하고 있다. 그에 비해 우리나라는 도서지역에 대하여 재정특례를 부여하고 있지만 일반 낙후지역과 유사한 수준에 머물러 있다. 그에 따라 군사적 대치상태와 영유권 분쟁 그리고 반도국가적 특성을 고려할 때 우리나라 도서지역에 대한 특례부여의 논거는 충분하다고 판단된다.

그러나 재정특례가 아닌 지위특례나 권한특례의 부여에 있어서는 수도(서울), 행정수요, 인구, 자치체제 등 그에 상응하는 논거를 확보해야 할 것이다. 지위특례의 경우 지방정부의 법제적 순서와 같은 형식적 측면뿐만 아니라 정책고려와 재정배분상의 우대를 결정하고, 나아가 지방정부의 종류를 규정한 지방자치법과 관련된 수많은 법률의 개정을 요구하기 때문에 여타 지방정부(특히 특례가 부여된 지방정부와 상급 지방정부)의 반대도 만만치 않을 것이다.[10] 그에 비해 권한특례는 국가적 필요나 지리적 특수성에 근거하여 부여한 선례(영국의 사례)가 존재하고, 특히 사무배분 등은 일상적으로도 추진되고 있는 사안이며, 법제의 개편도 복잡하지 않다. 그럼에도 불구하고 권한특례 역시 인구, 행정수요, 구역통합, 면적 등 특별한 경우에만 허용하고 있기 때문에 도서지역에 대한 권한특례를 위해서는 중앙정부의 강력한 의지가 필요할 것이다.

지위 및 권한특례와 달리 재정특례는 상대적으로 도입 가능성이 높다. 고립과 낙후만으로도 재정특례의 근거가 될 뿐만 아니라 국가안보와 국가의 목적달성을 위해 도서지역에 대한 재정지원을 강화할 필요는 충분히 있기 때문이다. 특히 우리나라는 일본과 영국에 비해 대도시 특례의 수준이 높을 뿐만 아니라 다양하다. 광역시, 인구 50만 이상 대도시, 인구 100만 이상 대도시 등 다양한 대도시 특례가 존재할 뿐만 아니라 일본의 지정시나 영국의 대도시(런던을 제외한 대도시)에 비해 광역시의 지위가 상대적으로 높다. 이러한 대도시 특례와의 형평성을 고려하면 우리나라 도서지역의 재정특례는 강화될 필요가 있다. 더욱이 인구가 과소하고 재정력이 취약한 소멸위기에 있는 24개 군을 특례군으로 지정하고 재정지원특례를 강화해야 한다는 논리가 도서지역에도 그대로 적용될 수 있을 것이다.

---

10 예컨대, 강화도와 옹진군에 대한 지위특례를 추진할 경우 인천광역시의 반대가 예상되고, 울릉군과 신안군에 대한 지위특례를 추진할 경우 경북도와 전남도의 반대가 예상된다.

3절 ─ 결론

　　우리나라는 1991년 지방자치제를 실시했지만 여전히 2할 자치라는 낮은 지방분권의 함정에 갇혀 있다. 이러한 함정에서 탈출하기 위해서는 지방정부의 자치역량과 특성에 맞는 차등적 지방분권을 추진할 필요가 있다. 하지만 차등적 지방분권을 위해서는 중앙정치인과 관료의 강력한 저항을 극복해야 하고, 지방정부의 자치역량, 자치의지, 성과 등을 객관적으로 측정해야 한다. 뿐만 아니라 자치역량과 성과 그리고 의지 중에서 어느 기준에 따를지 결정해야 한다. 따라서 인구와 지역적 특수성을 가진 지역을 중심으로 자치특례를 인정한다면 차등적 권한이양을 통해 지방분권의 수준을 높일 수 있을 것이다. 자치특례에 의한 지방분권은 지방정부의 자치역량과 특성에 상응하는 지위와 권한을 부여한다는 점에서 차등적 권한이양에 부합하고, 서로 다른 처지의 지방정부를 다르게 대우한다는 점에서 형평성 원리와도 일치한다.

　　광역정부의 특례 대안으로 강원지역과 대구·경북지역을 예시하면, 강원도는 낙후도가 심하고 남북 협력이라는 특수한 목적을 전제할 경우 자치특례를 부여하는 대안을 고려할 수 있을 것이다. 강원도는 첫째, 광대한 면적으로 인해 단층제로의 개편 가능성은 낮지만 평화체제 및 통일 기반 조성이라는 국가적 목적 달성을 위해 자치특례가 필요한 지역이다. 아울러 강원도는 남북으로 분단된 유일한 광역자치단체이면서, 군사적으로 북한과 대치하고 있는 접경지역이라는 지역적인 특수성을 지니고 있다. 그에 반해 대구·경북지역은 시와 도가 통합될 경우 여타의 광역정부와 다른 지역적인 특성을 지니게 될 것이므로 강화된 자치역량에 상응하는 맞춤형 지방분권을 통해 중앙정부에 의존하지 않고 지역문제를 자율적으로 처리하는 자립형 지방정부를 창설하기 위해 높은 수준의 자치특례가 필요할 것이다. 이러한 자치특례는 지방분권국가의 선도를 통해 지역주민의 삶의 질과 국가경쟁력을 제고하는 효과를 기대할 수 있을 것이다.

　　기초정부의 특례 대안으로 인구 100만 대도시에 대해서는 광역시 특례의 전례와 제주도·세종시의 자치특례 사례를 고려할 때 자치특례를 강화하여 특례시의 지위를 부여해야 할 것이다. 인구 50만 대도시는 지방자치법에 의해 행정적·재정적 특례를 인정받고 있으므로 지위특례까지는 인정할 논거가 부족하지만 권한특례를 강화할 필요성은 여전히 남아 있다. 지역소멸이 가속화되는 24개 군지역에 대해서는 특례군의 명칭을 부여할 수 있지만 지위나 권한특례가 아닌 재정지원 및 금융·세제상의 특례를 부여해야 할 것이다. 그리고 도서지역은 소멸위기에 직면해 있을 뿐만 아니라 기본적인 삶의 질에서도 위협을 받고 있는 특수성을 고려하여 특례를 부여해야 할 것이다. 영국과 일본 등의 선진국에서도 도서지역에 대해서는 자치특례를 강화하고 있다. 도서특례의 기본 방향으로는 서울, 제주, 세종 등과 달리 지위특례보다는 재정지원특례를 강화하는 방향으로 추진되어야 할 것이다.

도서지역의 재정특례 강화에 있어서는 일본의 재정특례제도를 검토할 필요가 있다. 이는 특례군의 재정지원특례에도 일정 부분 적용할 수 있을 것이다. 도서지역의 지원특례를 예시하면, 우선적으로 항공(경비행장 건설과 운행), 선박 등 접근성 제고와 정체성 확보에 관한 재정지원이 필요하다. 일본은 인구 5,000명 이상 도서에 대해서는 공항, 도로 등 사회기반시설에 대한 재정지원을 강화하고 있다. 둘째, 국고보조금의 지원에 대한 특례를 검토해야 한다. 일본의 경우 국고보조율의 적용에 있어서 지역별·사업별로 차등화하고 있다. 우리나라의 도서지역에 대해서는 국가안보와 지정학적 특수성에 기초하여 국고보조율 특례를 적용하되 도서의 고립과 낙후도 그리고 군사위협 등에 따라 지역별로 차등화된 보조율을 적용할 수 있을 것이다. 아울러 사업에 대한 보조율의 경우에도 일률적으로 20% 증액보조방식에서 탈피하여 지역의 재정력과 재정수요 그리고 사업의 중요성 등에 기초하여 사업별로 다양한 보조율을 적용하는 대안도 검토해야 한다.

지방분권형 자치체제개편 대안

CHAPTER 8

지방분권형 자치체제개편 대안

　서로 긴밀히 연결된 부분들의 집합체를 의미하는 체제(system)의 관점에서 보면, 지방자치체제는 지방자치를 구성하는 상호 연계된 핵심 요소들인 자치계층(지방정부의 계층), 자치구역, 그리고 자치권(지방분권의 추진결과)을 포함한다. 따라서 지방자치체제는 지방분권과 긴밀한 연관성을 지닌다. 자치계층의 수가 많으면 자치구역이 좁아지고 그 반대는 자치구역이 넓어진다. 자치구역이 넓어지면 자치역량이 증대되어 지방분권과 이를 통한 자치권이 늘어날 수 있다. 또한 차등적 지방분권과 자치특례에서 보듯이 권한이양에서는 자치구역과 자치역량을 중요하게 고려한다는 점에서 지방분권과 자치구역(자치역량) 사이에도 밀접한 관련성이 있다. 본 장에서는 지방분권과 지방자치체제의 관계를 살펴보고, 지방분권을 강화하기 위한 지방자치체제 개편 대안을 모색하고자 한다.

1절 ─ 지방자치체제의 개념

지방자치체제는 지방자치와 체제가 결합된 개념이다. 지방자치의 핵심 요소는 지방정부, 자치구역, 자치권인데, 이들 세 가지 요소가 서로 긴밀히 연결된 체제를 이루고 있다는 것이다.[1] 지방자치체제는 좁게 보면 자치계층(지방정부의 계층)과 자치구역을 의미하고, 넓게 보면 자치계층과 자치구역에 더하여 지방분권(자치권의 확보 과정)을 포함하는 개념이다. 여기서는 광의의 지방자치체제의 개념을 채택하고 있는데, 이에 입각하여 최근의 동향을 개관하면 다음과 같다.

첫째, 자치계층에 대해서는 정치권을 제외하고는 단층제에 대한 반대기류가 강하다. 자치계층의 존재가 거래비용과 업무처리시간을 증가시키고, 행정수요에 관계없는 인력과 조직의 유지를 통해 행정의 비효율을 초래한다는 부정적 측면에도 불구하고 자치2층제에 대한 지지가 여전하다. 자치2층제가 전 세계적으로 광범위하게 채택되고 있는 점이 고려된 결과이기도 하지만, 단층제로 개편할 경우 중앙정부와 기초지방정부 간 완충기능의 상실로 인해 중앙정부의 직접적 통제가 강화될 수 있고, 초광역행정수요에 대한 대응곤란으로 신중앙집권화가 초래될 수 있기 때문이다.

둘째, 자치구역에 대해서는 자치학자와 지방정부의 경우 개편에 대한 찬반의견이 맞서고 있으나 국회와 중앙부처 관계자는 개편되어야 한다는 의견이 다수이다. 개편에 대한 찬성논거는 전국 226개 기초정부 중에서 60%에 가까운 지방정부는 지방세 수입으로 인건비를 충당하지 못하고 있고, 재정자립도가 5% 이하인 지방정부도 있다는 것이다. 이들 지방정부의 경우 중앙정부의 지원 없이는 기본적인 유지관리기능조차 수행하기 어렵기 때문에 인접 시·군과의 자율적인 통합을 유도하여 자치역량과 정책성과를 제고할 필요가 있다는 것이다.

---

[1] 지방분권특별법에는 지방행정체제라는 용어를 사용하고 있으나 지방자치가 행정에 한정되지 않고 정치, 재정, 법률 등을 포함한다는 점에서 본서에서는 법률의 규정을 인용할 때를 제외하고는 지방행정체제 대신에 지방자치체제라는 용어를 사용하고자 한다.

셋째, 지방분권에 있어서도 기본적으로는 개선이 필요하다. 행정사무 기준으로 지방정부에서 수행하는 비중은 32.3%를 차지하고 있고(2013년 기준), 조세 기준으로 지방세 비중은 24.5%를 차지하고 있다(2020년 기준). 이러한 문제점에 대한 인식은 동일하지만 그 처방은 다르다. 지방정부와 자치학자들은 중앙권한의 이양을 통해 지방정부의 자립 및 자치역량을 높여 명실상부한 지방정부로 만들어야 한다고 주장한다. 그에 비해 중앙정부는 자치역량이 부족한 상황에서 중앙권한의 지방이양은 권한의 남용과 성과 저하를 초래할 수 있다고 주장한다. 특히 중앙정부는 재정적 지방분권의 강화는 지방정부 간 재정격차를 심화시키기 때문에 국세의 이양보다는 재정조정제도를 강화해야 한다고 주장한다.

지방분권과 지방자치체제는 밀접한 관련성을 갖는다. 지방분권이 지방자치체제의 핵심 요소로 포함될 뿐만 아니라 자치계층과 자치구역의 개편이 필연적으로 지방분권으로 이어지거나 그것을 전제로 하기 때문이다. 자치구역의 확대는 자치역량의 강화를 통해 지방분권의 촉진에 기여하고, 지방분권의 추진은 지방정부의 자치권 강화를 통해 정책성과의 제고로 연결되며 이는 다시 지방분권의 촉진으로 이어질 것이다. 이하에서는 지방자치체제 중에서 자치구역 개편이 지방분권과 어떤 관련성을 갖는지 고찰하고, 지방분권을 위한 자치구역 개편 대안을 모색하고자 한다.

2절 ── 지방분권과 자치체제의 관계

1. 자치체제 개편의 지향점

1) 주민자치 공동체

지방자치시대는 지방정부의 정책결정에 대한 주민들의 접근과 직접적인 참여를 담보할 수 있는 주민자치적 공동체를 구현하는 것이 중요하다. 그에 따라 자치구역 개편의 지향점으로 주민자치적 공동체 구현을 설정할 수 있다. 공동체의 개념은 94가지의 다른 정의가 있을 정도로 매우 다의적인 개념이다. 일반적으로 다섯 가지 유형의 공동체, 즉 공유지 또는 공통의 사람, 국가 또는 조직화된 사회(후자의 경우 상대적으로 소규모), 지방의 사람, 공통적으로 보유하는 특성, 그리고 공통의 정체성 등으로 구분되고 있다(Williams, 1983: 75; Cope et al., 1997: 50; Soul & Dollery, 2000: 4; Hillery, 1995: 11). 공동체의 공통적 특징으로 영토, 귀속감, 공통의 사회규범, 상호작용이 강조되고 있다. 이러한 공통점에 주목하면, 공동체는 지리적 공간 내에서 사회적 상호작용을 하면서 하나 이상의 공통적 유대감을 가진 사람들의 모임이라고 할 수 있다.

자치구역의 개편과 관련하여 공동체의 개념이 중시되는 이유는 지방정부의 경계는 자연적 공동체에 기초해야 하고, 공동체의 정체성을 반영하도록 재조정되어야 한다는 것이다(Cope et al., 1997: 51). 그러나 지방정부 내에는 다수의 수평적, 수직적 공동체가 서로 공간적으로 무질서하게 혼재 또는 중첩되어 있기 때문에 공동체와 자치구역 간의 관계를 명확히 설정하기는 어렵다. 특히 주민들이 인식하는 공동체의 개념도 자생적 공동체, 읍·면·동 공동체, 생활공동체, 기초지방정부, 그리고 광역지방정부 등으로 다양할 수 있다는 것이다.

지방정부의 기본적 토대는 주민의 접근성 제고에 있고, 그에 따라 보다 효과적이고 손쉬운 참여가 이루어지도록 해야 한다. 지방정부의 규모는 참여의 수준이나 효과성과 관련되어 있는데, 큰 규모의 정부보다는 소규모의 정부에서 대응성 있는 민주적 행태가 나타날 수 있다(Cope et al., 1997: 51). 이론적으로 민주주의는 1만 명 이하의 인구를 가진 소규모 공동체에서 가장 유의미하며, 민주성과 능률성을 위해서는 약 5만 명의 인구수준이 필요하다고 한다(Soul & Dollery, 2000: 12). 주민의 직접참여와 민주적 통제에 기초한 주민자치적 공동체를 구현하기 위해서는 가능한 한 자치구역의 규모가 작아야 하는데, 이러한 관점에서 우리나라의 지방정부는 더 작아야 할 필요가 있다. 따라서 주민자치적 공동체 구현이라는 지향점에 도달하기 위해서는 대대적인 자치구역 개편보다는 일부 자율적인 시·군 통합과 부분적인 경계조정이 필요할 것이다.

2) 자립적 지방정부

지방자치는 중앙정부에 대한 의존성을 최소화하여 지역문제에 대한 자율적 결정의 여지를 넓히는 것을 의미한다. 그에 따라 자립적 지방정부의 구현을 자치체제 개편의 지향점으로 삼을 수 있다. 자립의 사전적 의미는 남에게 예속되거나 의존하지 않고 스스로 생존하는 능력을 의미한다. 자립경제는 주민의 생활필수품을 생산하기 위한 경제기반을 확충하고, 기존의 자원을 고부가가치 산업에 집중하여 가격과 수출품의 급격한 변동으로부터 충격을 덜 받는 경제를 의미한다(Shuman, 2000: 188). 이러한 점에서 지방정부의 자립은 모든 물자를 지역 내에서 조달하는 고립과는 달리 중앙정부 등 외부에 대한 의존성을 최소화하고, 지역문제에 대하여 자율적으로 결정하고 그에 필요한 재원을 최대한 자체적으로 조달하는 것을 의미한다.

이동우 외(2003: 12-13)는 자립적 지역의 개념을 스스로의 힘으로 국제경쟁력을 갖추고, 이를 바탕으로 지속가능한 인구 수준을 유지할 수 있는 능력으로 정의하고 있다. 그들은 지역의 자립을 위한 3대 구성요소로 주체성, 국제경쟁력, 지속가능성을 제시한다. 첫째, 지역이 행정, 재정, 정치적 측면에서 자립할 수 있어야 한다. 이를 위해 지역이 스스로 의사결정을 하고 결과에 책임을 지는 시스템을 구축해야 한다. 둘째, 세계의 지역과 경쟁하여 우위에 설 수 있는 산업경쟁력을 갖추어야 한다. 셋째, 지역의 인구규모가 장기적으로 안정된 상태를 유지할 수 있어야 한다.

슈먼(Michael H. Shuman)은 자립적 지역의 세 가지 조건으로 의존성의 최소화, 도전과제의 극대화, 그리고 외부성의 최소화를 들고 있다(Shuman, 2000: 47-50). 첫째, 의존성의 최소화는 특정 지역이 외부에 의존하지 않고 시민들의 기본적 욕구를 충족시킬 수 있어야 한다는 것이다. 둘째, 도전과제에 대한 적극적 대응은 지역이 사회복지, 재난, 그리고 경제문제에 대한 적극적 대응을 통해 성과를 확보할 수 있는 능력을 가져야 한다는 것이다. 셋째, 외부효과의 부재는 지역이 외부비용을 자체 부담하여 지속가능한 공동체를 만들 수 있는 능력을 가져야 한다는 것이다.

이러한 점에서, 자립적 지방정부를 구현하기 위해서는 중앙정부로부터 충분한 권한을 부여받아 자율성을 확보할 것, 이러한 권한을 합리적으로 행사하여 정책성과를 제고할 수 있는 행·재정 능력을 보유할 것, 그리고 인구 면에서 지속가능한 수준을 유지할 수 있을 것 등을 조건으로 한다. 이러한 기준에 의하면 현재의 시·군으로는 한계가 있을 것이고, 최소한 50만~100만 대도시 수준으로 규모가 증대되어야 할 필요가 있다. 우리나라의 대도시는 재정능력과 인구의 지속성 면에서 이러한 요건에 부합하며, 자치특례가 강화되면 자립적 지방정부로 발돋움할 수 있을 것이다. 따라서 자립적 지방정부를 구현하기 위해서는 인구 기준으로 최소한 50만에서 100만 수준은 되어야 할 것이다.

3) 국제경쟁력을 갖춘 지방정부

세계화 시대에 있어서 국제경쟁력을 갖춘 지방정부의 구현을 지향점으로 삼을 수도 있다. 국제경쟁력은 세계의 지역과 경쟁하여 우위에 설 수 있는 능력을 의미한다. 행정환경의 변화와 함께 전개되고 있는 세계도시의 네트워크화 현상은 국내적 관점에서 이루어지고 있는 자치구역과 자치계층구조의 문제를 다른 각도에서 바라보게 만든다. 세계도시의 네트워크화 현상은 도시 간의 경쟁이 한 나라 안에 국한되어 이루어지는 것이 아니라 전 지역적으로 혹은 전 지구적으로 이루어진다는 것을 의미한다(이달곤, 2005: 18). 그에 따라 지역이 국가경쟁력을 선도하는 핵심 단위로 부상할 것이므로 지역정부의 규모도 그에 맞게 재조정될 필요가 있다는 것이다.

국제경쟁력이라는 관점에서 본다면 지역의 공간단위는 민주적 공동체나 자립적 지방정부 이상의 의미를 갖는다. 세계화 시대에서 지역이 주체적으로 선진국의 지역과 경쟁할 수 있기 위해서는 혁신체제와 국제적인 인프라를 갖추고 있어야 한다(이동우 외, 2003: 13). 지방정부는 지역혁신체계의 구축과 산업클러스터의 형성을 통하여 새로운 지식을 끊임없이 창조하고 이를 상품화할 수 있는 시스템을 갖추어야 하고, 국제적 인프라(공항, 항만, 컨벤션센터 등)를 구비하여 외국인 투자를 유치해야 한다. 세계화 시대에 있어서 도시나 지역은 더 큰 지리적 단위의 부분일 뿐만 아니라 국가와는 어느 정도 독립적으로 기능하는 국제도시체제의 핵심 단위가 되어야 한다는 것이다(Meligrana, 2004: 38).

오마에(Kenichi Ohmae)는 소비시장적 관점에서 세계화 시대에 있어서 국제경쟁력을 갖추기 위한 지방정부의 규모는 인구 500~2,000만이 되어야 한다고 주장한다(Ohmae, 1995: 88-89). 세계적인 브랜드의 외국기업을 유치하기 위해서는 매력적인 소비시장이 있어야 하는데, 지방정부는 그에 상응하는 인구 규모를 가져야 한다는 것이다. 또한 지방정부의 국제경쟁력은 세계적 규모의 국제공항, 항만, 그리고 전문서비스 등에 의해 좌우되기 때문에 이를 위해 배후에 1천만 이상의 인구와 기능집적이 필요하다는 것이 그의 주장이다. 미국과 일본 등 선진국의 산업클러스터 계획에 의하면 배후지역에 거대도시권 또는 복수의 광역지방정부를 포함하고 있다는 공통점을 갖는다(이동우 외, 2003: 24-27).[2] 이러한 점에서 국제경쟁력을 갖춘 지방정부를 구현하기 위해서는 몇 개의 시·도를 포함하는 초광역지방정부를 구성해야 할 것으로 판단된다.

2. 자치체제 개편의 논거

자치계층은 단층제 개편이나 3층제 개편을 고려할 수 있으나 주로 자치2

---

2 OECD 선진국에서도 국제경쟁력의 제고 차원에서 자치구역의 광역화가 추진되고 있다(이동우 외, 2003: 36-56). 일본의 경우 도주제 구상, 연방제 구상, 지역정책부 구상 등을 시도한 바 있는데, 1996년에 발표된 도주제 구상에 의하면 현재 47개의 도·도·부·현을 12개 도주로 개편하는 것으로 평균 인구 규모가 약 1,000만에 이르고 있다.

층제를 전제로 더 큰 단위의 개편 대안이 제시되고 있으므로 여기서는 자치구역 개편에 집중하여 시·군 통합과 시·도 통합의 논리를 구분하여 제시하고자 한다.

1) 시·군 통합의 논거

(1) 수용기반과 자치역량 강화

시·군의 통합이 지방분권과 밀접한 관련이 있다는 논거는 수용체(담을 그릇)의 크기를 키울 수 있고, 이는 자치역량의 강화로 연결되어 지방분권을 견인하는 마중물 역할을 한다는 것이다. 사실 시·군의 통합을 통한 기초지방정부의 광역화는 행정의 효율성뿐만 아니라 지방의 기초체력에 관한 문제로 보아야 한다(윤종인, 2008: 365). 사무·인력·재원의 이양을 포함한 지방분권은 지방정부의 역량강화와 병행될 때 의미가 큰 것이다. 수용체의 크기가 중요한 것은 보충성 원리에서도 그 논거를 찾을 수 있다. 보충성 원리(principle of subsidiarity)는 하위정부에서 수행하기 어려운 기능에 대해서만 상위정부에서 보충적으로 담당해야 한다는 원칙으로서, 중앙정부의 기능을 지방정부로 이양하고 정부의 기능을 비정부부문으로 이양해야 한다는 의미로 해석된다(Vischer, 2001: 106).

이러한 보충성 원리는 중앙 – 지방 간 권한분배에 있어서 기초정부가 적절히 수행할 수 있는 권한은 우선적으로 기초지방정부에 이양해야 한다는 원칙으로서 지방분권과 동의어로 사용된다. 보충성 원리가 주로 권한이양의 강화논리로 사용되지만 때때로 중앙정부의 역할을 정당화하는 논리로도 사용된다.[3] 즉, 기초지방정부의 능력을 벗어나는 권한(기능)에 대해서는 광역지방정부 또는 중앙정부가 담당해야 하는 원칙으로 간주될 수 있다. 따라서 보충성 원리를 확대 해석하면 지방정부의 크기와 역량에 따라 권한의 수준을 달리 해야 한다는 의미를 암묵적으로 담고 있다고 볼 수 있다.

---

3 마하트리히트조약에서도 유럽공동체(EC)는 회원국이 충분히 달성하기 어려운 사항과 공동체가 더 잘 달성할 수 있는 사항에 대해 조치를 취하도록 규정하고 있다(Toth, 1992: 1086).

　　시·군의 통합은 권한이양에 대한 수용성을 확보하는 데도 기여할 수 있다. 즉, 중앙집권적 전통이 강한 국가에서는 지방분권의 추진에서 정치인과 중앙관료들의 영향력이 강력하다. 정치인들과 중앙관료들은 내면적으로 각각 정치적 계산과 권력유지 성향 때문에 지방분권에 소극적이다.4 그러나 표면적으로는 지방정부의 자치역량이 아직 부족하기 때문에 지방분권은 시기상조라고 주장하며, 자치역량이 전제되지 않는 지방분권에 대해서는 매우 소극적이다. 이러한 상황에서 시·군 통합을 통한 지방정부의 규모 및 역량의 강화는 지방분권의 추진에 필요한 명분의 확보에 기여할 수 있다.

　　일본의 시·정·촌 합병에 있어서도 지방분권 또는 자치권의 확대를 감내 또는 수용할 수 있는 능력이 강조되었다(오재일, 2007: 354; 최우용, 2010: 426－427). 일본의 기초지방정부인 시·정·촌의 사무 처리는 해당 시·정·촌의 규모 및 능력에 따르도록 되어 있다는 점에서 지방분권을 통한 자치권의 확대를 위해서는 필연적으로 수권자로서의 시·정·촌의 규모와 능력이 요구되었다. 즉, 일본에서의 자치구역 개편에 관한 논의 및 추진과정은 기본적으로 강화된 지방분권의 '수용태세' 정비라는 맥락에서 이해될 수 있다. 그에 따라 일본에서 종합행정주체라고 할 수 없을 정도로 작은 정·촌을 합병하여 수용태세를 확보하고자 하였던 것이다.

　　시·군 통합은 수용체의 규모를 확대하고, 이는 다시 지방정부의 자치역량을 강화하여 지방분권의 촉진에 기여할 수 있다.5 자치역량의 측면에서 우

---

4 유재원은 시·군 통합의 추진동력으로 제도적 요인 외에 정치적인 요인과 문화적인 요인을 지적하고 있다. 첫째, 정치적인 요인으로 국회의원 등 정치인들은 시·군 통합을 통해 경쟁자의 수를 줄이고, 나아가 큰 규모의 지자체를 만들어 정치적인 승진욕구를 충족시킨다는 것이다. 둘째, 문화적인 요인으로 "큰 것이 낫다(large is better)"는 믿음이 시·군 통합의 효과에 대한 신화적인 믿음으로 연결되고, 이것이 시·군 통합을 촉진하는 동인으로 작용한다는 것이다(유재원, 2010: 185－189).

5 역량(capacity)의 개념은 학자에 따라 매우 다의적으로 정의되고 있지만, 일반적으로 개인과 조직의 문제해결능력으로 정의되고 있다(Klemp, 1980; Lucia and Lepsinger, 1999; 최길수, 2004). 이러한 역량의 개념에 기초할 때 자치역량은 지방정부가 스스로 다스릴 수 있는 능력을 의미하며, 권한확보, 재정력, 인적자원의 능력, 그리고 성과제고 등을 핵심적인 요소로

리나라의 시·군은 자치역량의 발휘에 한계가 있을 것이고, 최소한 대도시 수준으로 규모가 증대되어야 한다. 지방정부의 규모가 반드시 자치역량을 담보하지는 않을지라도 일정한 규모 이상이 되어야 자립능력을 갖출 수 있고, 세계화시대에서 요구되는 지역발전 및 지역경쟁력을 견인할 수 있을 것이다(정순관, 2009: 16). 우리나라의 대도시는 재정능력과 인구의 지속성 면에서 이러한 요건을 어느 정도 충족하고 있고, 대도시 특례가 강화되면 자치역량을 제고할 수 있는 기반을 갖출 수 있다고 판단된다.[6] 이러한 관점에서 시·군의 통합은 지방정부의 자치역량을 강화하고, 그를 통해 지방분권의 촉진에 기여할 것이다.

  (2) 자치특례: 대도시 및 시·군 통합 특례

  대도시 특례와 시·군 통합 특례 등에서 자치구역 개편과 지방분권의 관련성을 찾을 수 있다(하혜수·최영출, 2002). 지방분권특별법에는 인구 50만 이상과 인구 100만 대도시에 대한 특례를 규정하고 있고, 시·군 통합을 통해 인구 30만 이상이면서 면적 1,000㎢ 이상 대도시에 대해서는 인구 50만 이상 대도시와 동일하게 대우하여 사무와 행정운영에서 자치특례를 인정하고 있다. 이러한 측면에서 시·군의 통합을 통한 지방정부의 규모 증대는 지방정부의 행·재정 역량의 증대를 가져오고, 그에 상응하는 권한특례를 주장할 수 있는 제도적 근거를 갖게 된다는 것이다.[7]

포함한다.

6 인구 5만~10만 명 정도의 소규모 지방정부에 대해서도 상당한 정도의 지방분권을 통해 자족적인 단위로 만들 수 있을 것이다(Cope, et.al, 1997: 51; Soul & Dollery, 2000: 12). 그러나 이 경우 민주성은 확보될 수 있지만 재정력의 격차로 인해 자주재원의 확보에 어려움이 따를 것이다. 더욱이 선출직 증대, 기구·정원의 증대, 칸막이 투자, 거래 및 갈등조정 비용은 크게 증대될 수 있다. 또한 인구 500만~2,000만 규모의 대도시를 만들면 자립능력이 더 높아질 수 있다(Meligrana, 2004: 38; 이동우 외, 2003: 13; Ohmae, 1995: 88-89). 그러나 이러한 규모는 국제적 경쟁단위로서 시·군의 통합이 아닌 시·도의 통합을 통해 달성할 수 있는 규모로 판단된다.

7 정순관(2005: 293-294)은 정부의 역할이 협치로 전환되는 시점에서는 획일적인 개편대안보다는 대도시 특례제도와 지방정부조합(광역연합) 등 다양한 제도를 주장하고 있는데, 협력제도로서 대응할 수 있는 지역과 구역개편으로 대응해야 하는 지역으로 구분하여 생각할

사실 우리의 경우 대도시 특례와 시·군 통합 외에도 지방정부의 규모가 아닌 성과나 의지에 근거하여 권한이양의 수준을 달리하는 차등이양제도가 존재하였다. 2008년 폐지된 중앙행정권한의 지방이양촉진 등에 관한 법률에서 지방정부의 규모와 능력 또는 사무의 개별적인 특성을 고려하여 지방정부 간에 차등을 둘 수 있다고 규정한 바 있다(홍준현, 2001: 20).[8] 그러나 차등적 권한이양을 위한 구체적인 기준과 절차가 없을 경우 실제로 차등적 권한이양이 이루어지기 어려울 뿐만 아니라 다행히 추진될 경우에도 그에 상응하는 인력과 조직의 이양을 기대하기 어렵다.

그에 비해 지방정부의 규모나 지방정부의 특수성을 고려한 자치특례는 지방정부의 성과나 의지의 변화에 따른 불확실성을 통제할 수 있다는 장점이 있다. 인구 50만 이상 대도시 특례에서 보는 바와 같이 지방정부의 규모에 따른 자치특례는 지방분권을 촉진할 수 있는 제도적 근거를 확보하고 있다고 판단된다. 이러한 자치특례를 구체적으로 살펴보면, 대도시 특례와 통합 지방정부에 대한 특례를 들 수 있다(하혜수 외, 2011: 233－234).

첫째, 대도시에 대한 특례이다. 인구 50만 이상 대도시에 대해서는 인구 및 대도시 행정수요를 고려하여 권한특례를 부여하고 있다. 지방자치법은 인구 50만 이상에 대해서만 특례를 부여하고 있으나 지방분권특별법에는 인구 50만 이상의 대도시(또는 통합을 통해 인구 30만 이상이면서 면적 1천㎢ 이상의 대도시)와 인구 100만 이상의 대도시로 구분하여 특례를 부여하고 있다. 즉, 인구 50만 이상의 대도시에 대해서는 행·재정 운영 및 지도·감독에 있어서 특례를 부여하고, 인구 100만 이상 대도시에 대해서는 사무특례, 기구·정원 특례, 그리고 재정특례 등을 부여하고 있다(지방분권특별법, 2013: §40－43).

둘째, 통합 지방정부에 대한 특례로서 국가의 필요나 목적 달성을 위해

수 있을 것으로 판단된다. 특히 대도시 특례를 강화할 경우 구역통합을 통해 자치역량을 제고할 수 있을 것이다.

8 실제로 차등이양의 장점에도 불구하고 지금까지 차등이양을 실시한 경우는 매우 드물다. 1999년 지방이양추진위원회의 출범 이후 2001년까지 차등이양을 결정한 경우는 단 1건에 불과하다는 지적도 있다(홍준현, 2001: 9).

특례를 부여하는 경우이다. 통합 지방정부에 대해서는 예산 지원 및 특례, 특별지원 특례(보조금 및 재정투융자 등의 특별지원), 지방교부세 산정에 관한 특례(기준재정수요액 보정), 보통교부세 지원특례, 기구·정원 특례(의회정수와 부의장 정수 특례), 여객자동차 운수사업법에 관한 특례 등을 규정하고 있다(지방분권특별법, 2013: §30-39). 이러한 대도시 특례 및 통합 지방정부에 대한 특례로 인하여 시·군 통합은 중앙정부의 권한이양을 촉진하는 계기가 될 수 있다는 것이다.

(3) 재정능력과 재정책임성 강화

시·군의 통합은 재정능력을 강화하여 지방정부의 재정책임성을 제고할 수 있다는 측면에서도 지방분권과 밀접한 관련성을 갖는다. 우리나라의 지방정부들이 자체재원보다는 중앙정부의 재정지원에 과도하게 의존하는 상황에 비추어볼 때 시·군의 통합을 통한 자치역량의 제고는 지방정부의 재정능력과 재정책임성을 제고하는 데 기여할 것이다. 현재 지방정부는 자치구역 내 주민들의 지방세보다는 국고보조금, 지방교부세, 그리고 조정교부금 등 중앙정부 또는 광역지방정부의 재원에 더 많이 의존하기 때문에 공공선택론이 전제하고 있는 지방정부 간 경쟁이 활발하게 일어나기 어려운 구조이다(강재호, 2005: 183). 이러한 상황에서 주민들은 서비스 비용과 편익에 대한 정확한 인식이 어렵고, 그에 따라 소규모 지방정부는 실질적 경쟁을 통한 효율성 제고가 어렵다.

작은 규모의 지방정부는 추가적인 자치역량 확보, 즉 중앙정부의 권한이양과 재정자주권을 주장할 명분이 미약하며, 그 결과 재정자립도의 부족을 노출할 것이다. 따라서 시·군의 통합을 통한 자치역량의 강화는 지방분권에 기여하고, 이를 통해 재정능력과 재정자립도의 강화 기반을 조성할 수 있다. 시·군의 통합을 통해 모든 지방정부를 대도시로 만들지는 못하겠지만 지방분권특별법 제40조 단서조항(인구 30만 이상이면서 면적 1천㎢ 이상의 지방정부도 인구 50만 이상으로 간주함)에 의해 상당수의 지방정부를 대도시로 만들 수 있고, 이는 지방정부의 재정능력을 제고하는 데 기여할 수 있을 것이다.

현재 우리나라 지방정부의 재정능력은 매우 낮고, 지방세로서 인건비를

충당하지 못하는 지방정부도 많다. 국세 대 지방세의 비중은 76 대 24로 중앙
－지방정부 간 수직적 재정불균형이 심각하며, 더욱이 중앙정부 지출 대 지방
정부 지출(지방교육예산 포함)은 거꾸로 40 대 60이다(이창균, 2012: 99－100). 이
처럼 지방교부세와 국고보조금 등 이전재원의 높은 비율이 연성예산제약(soft
budget constraint)의 한 원인으로 지적된다. 우리나라의 경우 지방교부세에 의
존하는 지방정부가 많고, 더욱이 지방정부에 대한 파산제가 없기 때문에 지방
정부의 기회주의적 재정운영행태(연성예산제약)를 유발하는 제도적 조건이 형
성되어 있다. 지방정부는 재정부실 상황에 직면하더라도 중앙정부가 반드시
재정지원을 할 것이라고 확신할 경우 기회주의적 재정운영행태를 보이게 된다
는 것이다.

　지역주민들은 지방정부에서 공급하는 공공서비스의 비용을 전부 인식하
지 못하는 재정착각(fiscal illusion)에 빠진다. 그에 따라 지방공공서비스의 한계
편익이 한계비용을 초과하게 되고 지방정부는 과잉지출의 유인을 갖게 된다
(전상경, 2006: 327). 이 때문에 파산제 등 지방정부의 재정책임성을 강화하는
제도의 도입뿐만 아니라 국세의 이양을 통해 이전재원의 비중을 줄여야 한다
는 주장이 설득력을 얻게 된다. 그러나 지방정부 간 재정력의 차이를 고려하
면 국세의 일률적인 이양을 추진하기도 어려운 상황이다. 따라서 시·군 통합
을 통해 지방정부의 규모와 자치역량을 확대하고, 그러한 자치역량에 맞게 자
치재정권을 강화할 필요가 있다. 재정분권을 통해 지방정부의 재정자립도를
제고하는 이러한 조치는 연성예산제약,9 즉 지방정부의 기회주의적 재정운영
행태를 감소시켜 재정책임성을 강화하는 데 기여할 수 있다.10

　실제로 이전재원의 높은 비중으로 인해 지방정부 수준에서 공공재가 과

9 연성예산제약(soft budget constraint)은 원래 적자를 보는 기업에 대한 지속적인 재정지원
　을 뜻하는데(Konrai, 1979), 지방정부의 예산운용에 있어서 거의 제약을 받지 않는다는 의
　미이다. 중앙정부는 지방정부의 재정곤란에 대하여 계속 관심을 가지고 지원을 아끼지 않기
　때문이다.

10 유재원(2010)도 지방교부세에 의해 도덕적 해이가 발생한다고 진단하고, 그 대안으로 독립
　채산제의 강화를 통해 지방정부의 재정책임성을 강화해야 한다고 주장하고 있는데, 이러한
　논리와 맥을 같이하고 있다.

대 공급되고 재정적 책임성 결여를 초래한다는 연구도 제시된다. 최병호 외 (2008: 96-102)는 기초지방정부의 최소효율 인구규모 및 혼잡효과 분석을 통해 대다수 시·군은 최소 효율규모(54만 1천 명)에 미달하며, 특히 시간에 따라 시·군의 혼잡계수가 감소하고 있으므로 시·군의 통합 또는 군지역 간 통합을 적극 추진할 필요가 있다고 역설한다.[11] 이러한 분석결과에 따르면, 지방정부가 혼잡에 대응할 수 있었던 것은 자체재원이나 역량에 의한 것이 아니라 지방교부세 등 중앙정부의 이전재원에 기인한 바가 크다고 볼 수 있다. 재정력이 미약한 대다수의 시·군들은 중앙정부의 이전재원에 힘입어 서비스 공급에 있어서 어려움을 느끼지 않을 뿐만 아니라 조세수입 확보나 지출 효율화를 위한 자구노력을 게을리 한다는 것이다.

이러한 상황에서 대다수 지방정부는 지방교부세의 감소나 공무원의 승진 기회 축소 등을 우려하여 시·군의 통합에 소극적 또는 부정적 반응을 보이고 있다. 그러나 시·군의 통합이 장기적으로 재정확충효과를 가져온다는 연구가 제시되고 있다. 이현우·이미애(2011: 167-168)는 장기시계열에 기초한 이동평균법을 통해 2015년까지 시·군 통합의 잠정적 효과를 예측하면서 지방정부의 세입총량은 점진적으로 증가될 것이며, 특히 통합 지방정부의 경우 세입액은 증가하고 지방교부세는 감소할 것이라고 전망하였다. 이러한 결과에 따르면, 시·군의 통합은 지방정부의 재정구조를 변화시킬 수 있고, 특히 지방교부세 등 이전재원의 비율을 줄이며, 자체재원의 비중을 증대시켜 지방정부의 재정능력을 제고하는 데 기여할 수 있다는 것이다.

---

11 여기서 혼잡계수는 일정한 공공서비스 수준을 유지하기 위해 인구 증가(혼잡의 증가)에 상응하는 공공재 공급량의 증가율, 즉 인구증가에 대비한 공공재 공급의 비율을 의미한다. 혼잡계수가 낮다는 것은 인구증가를 상쇄하고 남을 만큼 공공재 공급이 이루어졌다는 것을 의미하고, 반대로 혼잡계수가 높다는 것은 인구증가(혼잡의 증가)에 상응하는 공공재 공급이 이루어지지 않았다는 것을 의미한다(최병호 외, 2008: 100-101).

2) 시·도 통합의 논거

(1) 획기적 지방분권의 추진

시·도의 통합은 인구와 규모의 측면에서 자치역량을 증대시키고, 이를 통해 획기적인 지방분권을 수반할 수 있다. 중앙사무나 기능의 부분적 이양은 기존의 시·도 체제를 개편하지 않고도 가능하지만 지역계획과 지역경제권의 이양, 특행기관의 이양, 그리고 국세의 이양과 같은 획기적 지방분권을 위해서는 새로운 지방정부의 창설이 요구된다.[12] 기존의 시·도를 그대로 유지한 상태에서 중앙권한의 획기적인 이양은 일정한 한계를 가질 수밖에 없기 때문에 시·도의 통합으로 새로운 지방정부를 창설해야 한다는 논거는 OECD 선진국의 사례에서 찾을 수 있다.

영국은 1979년 웨일즈의회 설치에 관한 주민표결을 시작으로 지역정부의 창설을 위해 노력한 결과 1997년에 주민투표를 통해 스코틀랜드의회의 창설에 성공하였다. 그에 따라 스코틀랜드 지역정부는 주민직선에 의해 선출되는 의원으로 구성되고, 법률제정권과 조세권(조세변경권)을 보유하고 있다(Lancaster & Roberts, 2004: 371–378; Mitchell, 2003: 176). 일본의 경우 1995년 이후 지방분권을 추진하고 있지만 최근 들어 중앙권한의 획기적인 지방이양을 위해 도주제(道州制) 개편을 시도하고 있다. 1996년 발표된 도주제 구상에 의하면 현재 47개의 도·도·부·현을 12개 도주로 개편하는 내용인데, 평균 인구규모가 약 1,000만에 이르고 있다(地方自治制度研究会編集, 2006: 163; 地方制度調査会, 2004). 프랑스도 22개 레지옹(region)을 13개로 통합하였는데 최소 2,900만 명에서 최

---

12 법률제정권 등 획기적인 지방분권을 통해 국가 간 경쟁에 있어서 국가를 대신하는 지방정부의 역할을 기대하기 위해서는 그에 상응하는 정치적, 행정적, 재정적, 사회문화적 자치역량을 갖춘 지방정부의 창설이 요구된다. 법률제정권을 포함한 획기적인 지방분권을 추진하기 위해서는 넓은 자치구역과 높은 자치역량을 갖춘 지방정부로의 개편이 요구되는데, 법률의 적용영역이 적정해야 하고, 경제정책의 효율성(규모의 경제)을 확보해야 하며, 지방정부 간 재정능력의 형평성도 고려해야 하며, 권한에 상응하는 자치역량을 확보해야 하기 때문이다(하혜수, 2008).

대 4,800만 명의 지방정부로 개편되었다.

이러한 선진국의 추세가 좁은 국토, 분단국가, 그리고 지역정치구도의 특
성이 강한 우리나라에 그대로 적용될 수 있는지 검토해야 하지만 국가 간 경
쟁이 치열한 세계화 시대에 있어서 이러한 지방분권화 추세를 거역하기 어려
운 것도 사실이다. 이미 우리나라도 이러한 추세를 고려하여 시 · 도의 경계를
초월하는 광역경제권을 설정하고, 이 권역을 중심으로 지역경제정책을 추진한
바 있다.13 시 · 도가 통합될 경우 기존의 시나 도와 동일한 권한을 갖는 것은
불합리하고, 인구와 면적의 측면에서 증대된 자치역량에 상응하는 권한을 가
지는 것이 차등적 권한이양 원칙이나 형평성 차원에 부합할 것이다. 이미 시 ·
군의 통합에 대한 불이익 배제와 재정특례가 존재하고 있고, 인구 50만 대도
시와 인구 100만 대도시에 대한 특례가 존재하는 만큼 시 · 도의 통합을 통해
광대한 면적과 인구 500만 이상의 초광역정부를 창설할 경우 더 많은 권한특
례의 근거와 명분이 확보될 것이다. 또한 인구 64만의 제주도에 대하여 권한
특례가 부여되어 있는 상황에서 통합 시 · 도에 대해서는 그 이상의 권한특례
를 부여하는 것이 타당할 것이다.

(2) 국가경쟁력 제고

지방분권과 국가경쟁력의 관계에 대해서는 제2장에서 살펴본 바와 같이
상반되는 견해가 있지만 지방정부(특히 대도시 지방정부)가 국가경쟁력을 좌우
한다는 주장은 보편적인 설득력을 얻고 있다. 21세기 세계화 시대에서는 대도
시가 국제경쟁의 주체로 부상하고, 지방정부의 역할에 의해 국가경쟁력이 좌
우되기 때문에 그에 상응하는 지방자치체제를 구축해야 한다는 것이다. 세계
화 시대에서 국가경쟁력은 국제적 자본과 다국적 기업의 이동에 의해 좌우되
고, 국제적 자본과 다국적 기업은 지방정부의 권한을 중시하므로 고도의 자치
권과 능력을 가진 초광역지방정부를 창설해야 한다는 주장이다. 소규모의 파
편화된 지방정부가 도시경쟁력을 저해한다는 연구결과가 있는가 하면(Paytas,

---

13 기존의 광역경제권을 중심으로 정치적 지방분권이 이루어진다면 광역화된 지방정부가 창
　설되어 지방분권의 강화로 연결될 수 있을 것이다.

2001), 대규모의 지방정부가 국가경쟁력을 선도하는 역할을 한다는 연구도 있다(이동우 외, 2003; 이기우 2008). 또한 자치공동체를 위해서는 소규모 지방정부를, 자립적 지방정부를 위해서는 중규모 지방정부를, 그리고 국제경쟁력을 위해서는 대규모 지방정부가 바람직하다는 주장도 제시된다(하혜수·김영기, 2005).

이러한 측면에서 대도시 지방정부가 국가경쟁력을 선도하는 상황을 고려하여 OECD 선진국과 같이 대규모 지방정부로 개편해야 한다. 프랑스는 22개 레지옹(region)을 인구 2,900만~4,800만의 13개 레지옹으로 개편하였고, 일본도 47개 도·도·부·현을 인구 1,000만의 12개 도주정부로 개편하는 구상을 발표하였다. 우리의 경우에도 지방분권을 강화하기 위해서는 증대된 권한을 담을 수 있는 그릇을 키우기 위해 지방정부의 광역화를 추진해야 한다는 주장이 설득력을 갖는다. 또한 1인당 GDP와 국가경쟁력 순위에서 우위를 보이고 있는 유럽 강소국들과 경쟁할 수 있는 시스템을 구축하기 위해서도 최소한 인구 500만 규모의 지방정부로 개편할 필요가 있다는 것이다.

국가경쟁력의 제고를 위해 시·도 체제의 개편이 필요하다는 이론적 논거는 오마에(Kenichi Ohmae)의 주장에서 찾을 수 있다. 그는 소비시장적 관점에서 세계화시대에 있어서 국제경쟁력을 갖춘 지역이 되기 위해서는 500~2,000만의 인구규모를 갖는 지역국가(region state)가 필요하다고 주장한다(Ohmae, 1995: 88–89). 지역국가는 일류 소비상품의 브랜드개발에 필요한 매력적인 시장을 제공할 수 있을 정도의 인구 규모를 지녀야 하는데, 인구 50만은 너무 작고 인구 5천만은 너무 크기 때문에 인구 500만에서 2,000만의 지방정부가 필요하다는 것이다. 시민들이 소비자로서의 이해관계를 공유할 수 있을 정도로 작아야 하고, 규모의 경제가 아닌 서비스의 경제효과(economies of service)를 기대할 수 있을 정도로 커야 한다. 즉, 국제경제에 대한 참여를 위해 필요한 의사소통, 운송, 전문적 서비스를 위해 적어도 국제공항과 국제적 하역처리시설을 구비한 항만을 가지고 있어야 한다는 것이다.

(3) 국가균형발전

시·도 체제의 개편은 수도권에 집중된 인구와 산업의 분산을 통한 국가균형발전을 위해서도 요구된다. 일본에서 47개 도·도·부·현을 10~12개 도주로 개편하려는 시도는 지방정부의 자치역량 제고와 그에 따른 지방분권의 촉진을 위해서 뿐만 아니라 동경 일극집중(一極集中)의 완화를 통해 국가균형발전을 도모하기 위해서이다. 또한 최근 추진되고 있는 오사카 부·시의 통합은 동경도의 집중을 견제하기 위한 시도로 볼 수 있다. 프랑스에서 22개 레지옹을 13개 레지옹으로 개편한 것도 지방분권의 기반 조성뿐만 아니라 레지옹의 규모를 유사하게 하여 지역균형발전을 위한 기반을 형성한 측면도 있다. 영국에서 스코틀랜드 지역정부의 창설도 런던지역의 집중에 대응하여 낙후된 스코틀랜드에 대한 권한이양과 이를 통한 국가균형발전에 중점을 둔 것이다.

우리나라는 2020년 현재 수도권의 인구 비중이 50%를 상회하고 있다. 이는 2014년 기준 일본의 동경 집중 28.4%, 프랑스의 파리 집중 18.2%, 영국의 런던 집중 13.3% 등과 비교할 때 압도적으로 높은 편이다. 이러한 상황에서 부·울·경, 대구·경북, 광주·전남 등의 통합을 통해 초광역 지방정부의 창설과 그에 상응하는 지방분권의 추진을 통해 자립적인 지방정부를 구축할 경우, 수도권으로의 집중을 저지하는 효과를 볼 수 있을 것이다. 다시 말해, 시·도가 통합된 지역정부에서 지역계획·산업경제·문화교육 등에 관한 권한을 이양 받고 강화된 재정력을 바탕으로 지역특화 발전을 추진할 경우 지역의 젊은 인구가 일자리를 찾아 수도권으로 빠져나가는 현상을 막을 수 있을 것이다. 이러한 관점에서 시·도의 통합을 통한 초광역지방정부의 창설은 과도한 수도권 집중의 억제를 통한 국가균형발전에도 기여할 것이다.

국가균형발전을 위해서는 중앙정부의 역할이 더 중요하므로 지방분권을 강화해서는 안 된다는 논리도 있다. 중앙정부의 국세수입을 통해 확보된 재원을 차등적으로 이양하는 것이 지방정부 간 재정형평화에 기여한다는 것이다. 지방분권을 통해 국세를 이양할 경우 지방정부 간 재정격차는 심화되고 재정조정을 위한 국가재원도 감소되어 국가균형발전이 어렵게 된다는 것이다. 그러나 시·도의 통합은 지방정부의 자치역량을 강화하고 그에 상응하는 권한이양의 촉진을 통해 지방정부의 자립능력을 강화할 수 있다. 지방정부 간 재정격차의 심화에 대해서는 독일의 공동세 배분에서 보는 바와 같이 지방정부의 재정력을 고려하여 차등적 배분을 고려할 수 있을 것이다. 그리고 재정력이 취약한 지방정부를 대상으로 우선적인 시·도 통합을 추진할 경우 수도권에의 집중 추세를 저지할 수 있는 교두보를 마련할 수 있으므로 국가균형발전의 추진에 기여할 수 있을 것이다.

3절 ─ 지방분권형 자치체제 개편대안

1. 자율적 시·군 통합 대안

시와 군을 통합하는 대안은 중복되는 기구와 시설의 통합적 운영을 통해 행정의 효율성을 제고하는 효과도 있지만, 지방분권적 시각에서 보면 자치역량의 제고를 통해 권한이양을 촉진할 수도 있다. 그러나 시·군의 통합이 지방정부의 자치역량과 자립도 제고, 재정분권의 촉진, 그리고 지방정부의 책임성 강화 등에 기여할 수 있지만 중앙정부의 시각에서 모든 지방정부를 통합하는 하향식 방식은 적절하지 않을 것이다. 시·군의 정치와 행정을 책임지고 있는 지방정치인과 공무원의 결정이 아니라 해당 지역주민의 의사와 선택이 중요하기 때문이다. 주민들의 의사가 아닌 정치적 고려에 의한 시·군 통합의 추진은 자치역량의 강화에 기여하지 못할 뿐만 아니라 주민들의 정책결정 참여 및 주민자치 구현이라는 지방민주주의 기본 정신에도 부합되지 않기 때문이다.

첫째, 시·군의 통합은 주민들의 자율적인 의사와 선택을 존중해야 한다. 일정 수의 주민이 시·군의 통합을 건의할 수 있도록 한 것은 적절하지만, 시·군통합의 권고에 있어서 지방의회의 의결과 주민투표 중에서 선택하도록 한 것은 문제점이다. 시·군 통합의 추진은 반드시 주민의 투표로써 결정하도록 해야 한다. 주민투표에 앞서 주민들에게 통합의 형태와 조건 그리고 기대효과에 대한 정보를 제공하고 선택하게 하는 숙의형 공론조사를 실시할 필요도 있다. 주민투표의 요건에 있어서도 유권자의 3분의 1 투표참여에 투표참여자의 과반수 찬성으로 결정하고 있으나 지방정부의 특수성을 반영하여 조례로서 다양하게 정할 수 있도록 해야 한다. 일본의 지방정부 조례를 살펴보면, 유권자의 1/3 참여, 1/4 참여, 그리고 1/10 참여 등으로 다양하고, 심지어 참여요건이 없는 지방정부도 존재한다. 이처럼 우리나라 시·군의 통합 관련 주민투표 요건은 일본에 비해 지나치게 엄격하여 이에 대한 개선이 필요하다.

❖ 시·군 통합 절차와 특례

시·군 통합 절차: 자치단체장, 지방의회, 주민(유권자 총수의 10%~20%)은 지방자치분권위원회에 시·군 통합을 건의할 수 있고(지방분권특별법 제24조), 행안부장관은 시·군 통합의 권고에 있어서 해당 지방의회의 의견을 듣거나 주민투표에 붙여야 한다(동법 제24조).

통합공동추진위원회 구성: 자치단체장은 자치단체의 통합의사가 확인되면 명칭, 청사 소재지, 사무 등에 관한 세부사항을 심의하기 위해 통합추진위원회를 설치해야 한다(동법 제25조 제1항). 통합공동추진위원회는 자치단체장과 지방의회가 추천하는 자로 구성하고, 관계 자치단체간에 동수로 구성한다(동법 제25조 제2항). 통합공동추진위원회는 구성된 날로부터 60일 이내에 자치단체의 명칭 및 청사 소재지를 심의·의결해야 한다(동법 제26조).

통합에 대한 행·재정특례: 통합 지방정부에 대한 행정특례로서 공무원 처우 특례(통합으로 초과되는 공무원 정원에 대한 정원 외 인정, 폐지되는 지자체 공무원에 대한 인사상 동등한 처우)와 여객자동차 운수사업법 특례(여객운임과 요금에 대한 기준 및 요율은 폐지 지자체의 기준과 요율 적용)가 규정되어 있고, 통합 지자체에 대한 재정특례로서 불이익 배제의 원칙(통합으로 인해 종전의 자치단체 또는 특정 지역의 행정상·재정상 이익이 상실되거나 그 지역주민에게 새로운 부담이 추가되어서는 아니 된다), 예산 지원 및 특례(통합 지자체의 최초 예산은 종전의 지자체에서 의결한 예산을 회계별·예산항목별로 합친 것으로 함), 특별지원(보조금, 재정투융자, 지구·지역 지정, 각종 시책사업에 대한 우선 지원), 지방교부세 산정 특례(통합 지자체의 재정부족액이 적을 때 그 차액을 통합 후 최초 개시되는 회계연도부터 4년동안 보정), 그리고 재정지원 특례(통합 지자체의 설치 직전 연도의 폐지되는 각 지자체의 보통교부세 총액의 100분의 6을 10년간 추가 지원) 등이 규정되어 있다.

> 대도시에 대한 특례: 대도시 사무특례(인구 50만 이상 대도시, 통합을 통해 인구 30만 이상이면서 면적이 1,000㎢ 이상 지자체, 인구 100만 이상 대도시), 대도시의 보조기관 특례(인구 100만 이상의 대도시는 2명의 부시장을 둘 수 있음), 그리고 재정특례(인구 100만 이상의 대도시에 대해서는 조정교부금 인상 및 100분의 10 이하의 범위에서 도세의 추가 교부) 등을 규정하고 있다.
>
> 〈출처: 지방분권특별법〉

둘째, 통합공동추진위원회에서 지방정부의 명칭과 청사 소재지를 결정하도록 한 것은 일견 타당하지만, 이 역시 갈등과 혼란을 가중시킬 수 있다. 통합되는 각 지방정부(자치단체장과 지방의회)에서 추천하는 동수의 인사들로 추진위원회가 구성될 경우 타당한 결론에 이르기 어렵고, 지방정부의 대리전 양상이 전개될 수도 있다. 이 경우에도 숙의형 주민의견조사를 통해 지방정부의 명칭과 청사 소재지를 결정하게 하고, 통합공동추진위원회는 최종 확정하는 권한을 가지는 것이 바람직할 것이다.

셋째, 시·군의 통합에 대해서는 재정지원 특례에 더하여 권한이양 특례를 대폭 강화해야 할 것이다. 현재 시·군의 통합에 대한 특례는 재정불이익배제, 지방교부세 특례, 재정지원특례 등에 초점을 두고 있다. 대도시 특례를 통해 일부 사무특례와 조세특례를 보장하고 있지만, 시·군의 통합을 통해서도 이러한 인구기준(인구 50만 이상 및 인구 30만 이상이면서 면적 1천㎢)에 도달하지 못할 경우 사무 특례를 받지 못하게 된다. 따라서 지방분권의 강화를 위한 시·군의 통합이라는 제도의 취지와 목적을 살리기 위해서는 재정지원 특례에 더하여 사무이양, 재정분권, 그리고 기구·정원 등에 관한 권한이양 특례를 강화해야 할 것이다.

넷째, 시·군의 통합에 관한 절차와 요건 그리고 특례만 규정하고 있고, 시·도의 통합에 관한 규정을 두고 있지 않다는 점이다. 이는 효율성 중심의 자치체제 개편에 초점을 두고 있고, 지방분권이나 국가경쟁력을 위한 자치체제 개편에는 관심이 없다는 사실을 말해주고 있다. 시·도의 통합에 있어서도 공동통합추진위원회 구성 등에 관한 규정을 준용할 수 있지만, 법률적 효력을 갖는 절차와 기준이 없다는 점에서 시·도 통합의 추진을 어렵게 할 수 있다. 특히 시·도의 통합은 시·군의 통합과는 비교할 수 없을 정도로 권한이양과 재정특례를 강화해야 하는데, 이러한 규정의 미비는 아쉬운 부분이 아닐 수 없다.

다섯째, 시·군의 통합에 대한 인센티브뿐만 아니라 지방교부세와 지방세의 개편 등을 포함하는 지방재정제도의 전면적인 재설계도 필요하다. 일본의 경우 시·정·촌의 합병이 급속히 진행된 것은 재정지원이 강화된 1999년 직후가 아니라 삼위일체 개혁이 본격적으로 추진된 2004~2005년 사이였다. 즉, 중앙정부가 지방교부세의 축소 및 자주재원 확보 노선을 명확히 함으로써 향후 소규모 시·정·촌은 그 자체로 유지·경영이 어렵게 된 점이 합병참여를 가속화하였다고 볼 수 있다. 이러한 점에서 우리나라의 경우에도 과감한 세원 이양과 함께 지방교부세 제도의 전략적 개편을 추진하여 지방정부의 자립과 재정효율성을 강화하는 방향으로의 변화를 모색해야 할 것이다. 다음의 칼럼에서도 시·군의 통합에 대한 인센티브와 더불어 통합에 소극적인 지방정부에 대한 페널티를 설계할 필요가 있다고 주장한다.

❖ 시·군 통합 더 이상 미룰 일 아니다

요즘 시·군 통합을 보면서 '공유지의 비극'이 연상된다. 자신의 소에게 더 많이 풀을 뜯게 하려는 개인의 이기심으로 인해 공동체의 재산인 목초지는 결국 파괴된다는 것이다. 시·군 통합에 대한 지자체들의 반대도 목초지에서 보이는 개인의 행태와 다를 바 없다. 기구·정원과 지방교부세의 감소 때문에 통합에 반대하는 사이에 국가재정(공유지)은 파탄을 맞을 수 있다. 지자체가 국가재정의 60% 이상을 떠맡고 있는 현실을 감안하면 지자체의 도덕적 해이는 국가재정의 위기, 더 나아가 일부 유럽 국가들처럼 국가체제의 위기를 초래할 수 있다.

사실 전국적으로 시·군 통합의 필요성이 높은 지역은 적지 않다. 지리적으로 기형적인 구조를 지닌 곳으로 청주·청원과 전주·완주를 들 수 있고, 도청 신도시와 새만금 등 공동발전의 기반을 가진 홍성·예산, 안동·예천, 군산·김제·부안 등이 있다. 이들 지역의 통합은 지자체의 자족 능력을 키우고, 지자체 간 칸막이 비용과 중복지출을 줄여 국가의 재정 부담을 낮출 수 있다. 그럼에도 불구하고 여기저기서 반대가 심하게 벌어지고 있다. 여기에는 이기적 판단이 작용하고 있다고 본다. 해당 지역의 국회의원은 특별법 제정에 동의했지만 자신의 선거구 개편과 영향력 축소를 걱정하며 내심 반대하고 있다. 지자체장, 특히 규모가 작은 지자체의 장은 교부세 축소에 반발, 반대하고 있다.

시·군 통합을 위한 대안으로 재정 인센티브 강화를 제시한다. 시·군을 통합할 경우 예상되는 손해액보다 높은 수준의 재정 지원을 해주는 방법이다. 이 방법은 통합을 앞당길 수 있지만 국가의 감당하기 어려운 재정 부담이 단점이다. 두 번째는 통합의 필요성이 높지만 이기적 판단 때문에 통합을 거부하는 지자체에 페널티를 주는 방법이다. 다른 지자체보다 먼저 통합하면 손해를 보게 되는 겁쟁이게임(chicken game) 구조에서 벗어나게 하는 길이다. 이 방법은 대통령과 국회가 정략적 계산에 연연하지 않고 굳세게 밀고 나갈 수 있느냐가 관건이다. 지자체의 이기적 행동을 차단하고, 공유지의 비극을 미연에 막기 위해서는 지방교부세 제도를 포함한 국가재정 시스템 전체를 대수술하는 결단이 필요하다.

〈출처: 하혜수, 중앙일보, 2011.12.27.〉

저자의 시·군 통합에 관한 논설이 2011년에 작성된 후 청주와 청원은 통합되었다. 청주와 청원은 2012년 6월 주민투표에서 의결되고 2014년 7월 통합 청주시로 출범하였다. 위 글에서 주장하는 바와 같이 모든 시·군을 통합 대상으로 삼을 필요는 없지만, 지리적으로 기형적 구조를 가진 지역, 도청소재지를 공유하고 있는 지역, 새만금과 같이 공동발전의 기반을 가진 지역, 그리고 시·군의 통합을 통해 소멸을 예방하고 공존할 수 있는 지역에 대해서는 적극적으로 통합을 유도해야 할 것이다. 이들 지역이 통합할 경우 불이익 배제, 지원특례, 그리고 권한특례 등을 통해 인센티브를 강화해야 한다. 그러나 다수 주민이 통합을 지지함에도 불구하고 자치단체장과 지방의원 그리고 사회단체장들이 정치적 이해관계 때문에 통합에 소극적이거나 반대할 경우 페널티를 강화해야 한다는 것이다.

하지만 시·군의 통합은 매우 어려운 과제이다. 이명박 정부에서 추진한 자율적 시·군 통합의 성과는 창·마·진 통합에 그쳤고, 이후 박근혜 정부 때 청주·청원이 통합되었다. 지방자치학자들도 시·군의 통합에 찬성하는 사람도 있고, 반대하는 사람도 있다. 찬성하는 사람은 지방분권을 기대하고 있고, 반대하는 사람은 주민자치의 저하를 우려하고 있다. 아래 박스의 내용은 실제로 저자가 학술세미나에서 경험한 내용이다.

❖ 시·군 통합에 대한 논쟁 에피소드

이명박 정부는 자율적 시·군 통합을 추진하였는데, 저자는 시·군 통합에 대한 과제 수행, 자문위원 참여, 그리고 언론 기고 등을 통해 논리와 대안을 제시하였다. 2010년~2012년 동안 지방자치학회와 시민단체 등에서는 정부의 시·군 통합정책에 대한 비판과 대안 제시를 위해 다수의 학술세미나를 개최하였다. 이러한 학술세미나에서 경험한 내용이다. 저자는 먼저, 지방분권을 위한 시·군 통합의 필요성에 대하여 역설하였다. 그에 대하여 시·군 통합에 반대하는 자치학자들은 중앙정부 주도의 시·군 통합은 지방분권이 아닌 효율성에 방점이 있으므로 수용하기 어렵다는 것이었다. 그러면서 그들은 저자가 행정안전부의 과제를 수행한 관계로 중앙정부의 입장을 대변하고 있다고 공격하였다. 저자는 시·군 통합을 통해 규모가 증대되면 50만 이상 대도시(통합을 통해 인구 30만 이상이면서 1,000㎢ 이상인 지방정부)에 대한 권한특례를 부여받기 때문에 지방분권에 기여할 것이라고 응수하였다. 둘째, 반대론자들은 모든 시·군을 통합하면 주민의 접근성과 선택을 저하시킨다고 주장하였다. 즉, 우리나라 기초정부의 평균 인구규모는 세계에서 가장 크므로 규모를 줄일 수는 있어도 통합은 곤란하다는 것이었다. 저자는 그에 대하여 모든 지방정부가 아니라 기형적 구조를 지닌 지역, 지역의 시너지를 높일 수 있는 지역, 그리고 통합을 통해 권한특례를 받을 수 있는 지역을 중심으로 제한적으로 추진하면 문제가 없다고 반박하였다. 셋째, 반대론자들은 지방분권을 위한 것이라면 현재의 시·군에 대하여 권한을 이양하면 된다고 주장하였다. 그에 대하여 저자는 현재의 시·군은 자치역량이 낮고 권한이양에 대한 수용의사도 다르기 때문에 지방분권의 추진이 어렵다고 응수하였다. 그에 따라 시·군의 통합을 통해 자치역량이 증대된 지방정부에게 권한이양을 강화하는 것은 차등적 지방분권 원칙에도 부합되고 과소 지방정부와 중앙정부의 저항을 줄이는 데도 기여할 수 있다고 하였다. 마지막으로, 반대론자들은 시·군의 자치역량 부족에 대한 저자의 주장에 대하여 스위스의 코뮌은 매우 작은 인구임에도 불구하고 높은 자치권을 유지하고 있다고 반박하였다. 그에 대하여 저자는 조세부담률, 지방자치의 역사, 그리고 헌법체계 등이 다른 외국의 사례를 우리나라에 그대로 적용하기 어렵다고 주장하였다. 이러한 논쟁을 통하여 저자는 시·군 통합의 목적과 범위에 따라 서로 다른 견해가 존재한다는 사실과 자유토론을 통해 상충되는 시각을 좁히는 노력이 필요하다는 사실을 인식하였다.

기본적으로 모든 시·군을 통합하는 대안보다는 시너지 효과가 창출될 수 있는 지역을 중심으로 그것도 주민의 의사를 바탕으로 자율적인 통합을 추진해야 한다는 것이다. 둘째, 시·군의 통합은 기구와 정원의 축소와 같은 효율성 제고보다는 중앙의 권한이양과 같은 지방분권에 방점을 두어야 한다는 것이다. 셋째, 시·군의 통합은 지방분권에 기여한다는 것이다. 즉, 시·군의 통합을 통해 인구 50만 이상이 되거나 인구 30만 이상에 면적 1,000㎢ 이상이면 대도시 특례를 부여받기 때문에 자연히 권한이양의 효과를 누릴 수 있다는 것이다. 마지막으로, 우리나라의 시·군에게 스위스의 코뮌과 같은 자치권을 부여하는 것은 조세부담률 제고와 개헌 등이 필요하기 때문에 장기적 과제라는 주장이다.

2. 시·도 통합대안

시·도의 통합을 통해 지역정부를 창설하는 대안은 지방분권의 추진과 지방정부의 자치역량 제고 그리고 지방정부의 국정참여를 강화하기 위한 것이다. 마크스(Gary Marks) 외는 지역정부 지수(RAI: Regional Authority Index)를 개발하여 지역정부의 권한 변동과 국제비교를 시도하였다(Marks et al., 2008:

161-181). 지역정부 지수는 지역정부의 자치권(self-rule)과 국정참여권(shared rule)으로 구성되는데, 자치권은 정책결정권의 범위, 과세권 수준, 그리고 대표선임방법으로 측정하고, 국정참여권은 헌법결정권 참여, 입법권 참여, 그리고 행정권 참여 수준으로 측정한다.[14] 안성호(2012: 46-48)는 마크스 외의 연구에서 제시된 국가에 우리나라를 포함시켜 인구 4천만 명 이상 10개국의 지역정부 지수를 비교한 결과 우리나라는 터키 다음으로 낮게 나타났다고 제시한다. 세계화 시대에 있어서 다른 국가들과 경쟁하기 위해서는 지역정부를 강화해야 할 필요가 있다는 사실을 간접적으로 보여주고 있다.

1) 개편의 기본내용

시·도 통합 대안도 그 방식과 조합에 따라 여러 가지 형태가 가능할 것이다. 우선적으로 내륙광역시와 도를 통합하는 대안(대안 I)과 모든 광역시와 연접도 및 주변도를 통합하는 대안(대안 II)을 고려할 수 있다. 대안 I은 시·도를 대등한 조건에서 통합하되 수도권을 제외한 권역별로 1개씩의 통합도로 개편하여 전체적으로 시·도-시·군·구의 자치2층제 골격을 유지하는 것이다. 그에 따라 충청권에서 충남·대전, 전라권에서 광주·전남, 대경권에서 경북·대구, 동남권에서 경남·울산을 통합한다. 서울특별시는 수도로서의 특별한 지위가 부여되어 있고, 부산과 인천은 인구규모나 산업인프라에 있어서 자족적 기능을 갖추고 있으며, 제주도는 특별자치도의 지위를 갖고 있고, 강원도는 지리적 여건과 면적에 있어서 특수성이 있으므로 독자적 권역으로 남겨둔다. 충청북도와 전라북도의 경우 각각 충청권과 전라권에 속하면서도 주민의 정서가 상이한 특성을 고려하여 독자권역으로 분류하지만 국제적 경쟁단위 및 광역경제권을 고려할 때 장기적 관점에서 통합을 유도한다.[15]

14 이들은 56년간(1950년~2006년) 42개 국가에서 추진된 384건의 지역정부 관련 구조개편 중에서 342건(89.1%)이 지역정부를 강화하는 것이었다고 주장한다.

15 통합되지 않은 시·도는 현재의 권한을 유지하고, 통합도에 대해서는 인구와 재정력 등에 상응하는 법적 위상과 권한이양을 부여하는 차등적 분권(asymmetric devolution)을 추진할 수 있다(Bogdanor, 1999; 하혜수·최영출, 2002, 하혜수, 2004). 이에 따라 충북과 전북

이 대안의 장점은 원래 역사적 뿌리와 주민의 정체성이 동일한 광역시와 도를 통합한다는 점에서 주민의 저항감이 상대적으로 낮다. 또한 경제적 권역이 동일한 광역시와 도의 통합으로 자원의 분산투자를 줄이고, 규모의 경제효과를 높이며, 지역경제의 시너지 효과를 높일 수 있다. 그러나 부산은 울산 및 경남과 동일한 경제권역이고 인천은 경기와 동일한 경제권역임에도 불구하고 통합되지 않아 지역경제의 시너지 효과 및 경쟁력 제고에 제약을 초래할 수 있다. 아울러 인천광역시와 부산광역시를 통합하지 않고 독자권역으로 남겨두는 것에 대한 다른 시·도의 반대도 예상된다.

표 8-1 시·도 통합대안 비교

구분		내용
대안 I	특징	· 권역별로 하나의 광역시와 연접도의 통합 · 서울, 부산, 인천, 경기, 충청통합(대전·충남), 전라통합(광주·전남), 경북통합(대구·경북), 경남통합(울산·경남), 충북, 전북, 강원, 제주
	평가	· 역사적 뿌리와 주민의 정체성이 동일한 시·도의 통합으로 주민의 저항감 최소화 · 동일한 경제권역의 통합으로 자원의 분산투자 감소, 규모의 경제효과, 지역경제의 시너지 효과 제고 · 충북, 전북, 강원 등 광역시가 없는 권역에서 과소도의 문제 노정 · 인천광역시와 부산광역시를 통합하지 않고 독자권역으로 존치시키는 데 대한 반대 예상
대안 II	특징	· 전체 광역시·도 간 통합 · 서울, 경기통합(인천·경기), 충청통합(대전·충남·충북), 전라통합(광주·전남·전북), 경북통합(대구·경북), 경남통합(부산·울산·경남), 강원, 제주
	평가	· 경제권역에 대한 전면적 통합추진으로 지역경제의 시너지 효과 및 지역경쟁력 제고 효과 극대화 · 광역시에 대한 예외를 인정하지 않음으로써 개편 추진에 대한 수용성 제고 · 인천, 부산 등 규모와 기능 면에서 자족성을 갖추고 있는 광역시의 통합에 대한 논리적·정치적 저항에 직면 · 충북과 전북은 생활권과 주민의 정서가 상이한 시·도와의 통합으로 주민의 반대에 직면, 강원도와의 형평성 문제 제기

의 경우에도 통합의 유인을 가질 수 있다.

대안Ⅱ는 서울특별시를 제외한 모든 광역시와 연접도 그리고 주변도를 대등한 조건에서 통합하는 대안이다. 수도권에서 인천·경기, 충청권에서 대전·충남·충북, 전라권에서 광주·전남·전북, 대경권에서 대구·경북, 동남권에서 부산·울산·경남 등으로 통합한다. 그러나 서울특별시는 수도로서의 특별한 지위를 고려하여 독자적인 권역으로 존치시킨다. 이 대안의 장점은 전국에 걸쳐 동일한 경제권역에 대하여 통합을 추진함으로써 지역경제의 시너지 효과 및 지역경쟁력 제고 효과를 가장 높일 수 있다는 것이다. 또한 광역시에 대한 어떠한 예외도 인정하지 않음으로써 개편추진에 대한 수용성을 높일 수 있다. 그러나 이 대안의 단점은 인천, 부산 등 규모와 기능 면에서 자족성을 갖추고 있는 광역시의 통합에 대한 논리적·정치적 저항에 직면할 수 있다는 것이다. 아울러 생활권과 주민의 정서가 상이한 전남·전북의 통합으로 주민의 반대에 직면할 수 있고, 강원도의 존치로 인한 형평성 논쟁도 제기될 수 있다.

시·도 통합 대안의 목적이 지방정부 간 단순한 통합에 있는 것이 아니라 중앙정부의 권한이양에 있다는 점에 비추어볼 때 내륙광역시와 도를 통합하는 대안은 한계가 있을 것이다. 그에 따라 서울특별시를 제외한 시·도를 통합하는 대안Ⅱ가 유력할 것으로 평가된다. 이 대안은 이명박 정부에서 제시한 광역경제권을 지방정부로 개편하는 구상과 유사하다. 차이가 나는 점은 수도권 지방정부의 통합이다. 광역경제권 구상에서는 수도권 지방정부(서울, 인천, 경기)를 통합하였지만, 대안Ⅱ에서는 서울특별시는 제외하고 인천과 경기도를 통합한다.

대안Ⅱ에 의한 시·도의 통합에서도 기초지방정부의 개편문제가 남는다. 시·도를 대등한 조건에서 통합하기 때문에 시·군·구는 원칙적으로 존치하게 된다. 다만 시·군의 경우 자율적인 통합을 원칙으로 하고 통합에의 유인을 제공해야 할 것이다. 통합된 시·도의 명칭은 광역도 또는 특별자치도로 하고 통합된 시·군의 명칭은 시로 통일하며, 자치구역과 인구 기준을 고려하여 지위와 권한을 다르게 부여할 수 있다. 또한 인구 200만이나 300만을 상회하는 광역시의 지위에 대한 문제도 남는다. 2020년 기준 인구 243만의 대구시, 295만의 인천시, 그리고 340만의 부산시에 대해서는 광역시에 준하는 자치권을 부여해야 할 것이다. 예컨대, 부·울·경 광역도와 대·경 광역도에서 각각 부산시·울산시, 대구시의 기능을 흡수하게 되므로 이들 광역시에 대하여 재정불이익과 재정특례 등 대도시 특례를 부여해도 큰 문제는 없을 것이다.

최근 대구와 경북은 2022년을 목표로 통합을 추진한다고 발표하였다. 문재인 대통령이 연방제에 준하는 지방분권을 공약으로 제시하였고, 대구시장과 경북도지사가 시·도의 통합에 의견을 같이 하고 있으므로 실현가능성이 높다고 할 수 있다. 대구·경북 행정통합의 전제 조건에 대한 다음 칼럼을 통해 대구·경북 통합의 목적과 과제 등을 살펴보고자 한다.

❖ 대구경북 행정통합의 전제 조건

대구경북은 지난 수세기 동안 영남의 맹주로, 때로는 국가권력의 중심지로 역할을 해왔던 고장이다. 근대화 산업화 시기에는 우리나라 경제성장의 견인차 역할을 했던 고장이기도 하다. 그러나 지난 한 세대에 걸쳐 이 지역은 수도권을 비롯한 타 지역에 비해 상대적으로 쇠락했고 자생적 발전 동력도 상실해 왔다. 지역쇠락의 원인은 그간 지역의 대응이 적절하지 못했기 때문이지만 대구경북 행정분리 때문이기도 하다. 1981년 대구의 직할시 승격을 계기로 행정에서부터 시작된 대구와 경북의 분리는 경제, 사회 등 모든 분야로 확산되었다. 이 과정에서 대구경북은 협력보다는 갈등의 모습을 노정했고 동반위기 양상으로 몰리게 됐다. 다행스럽게도 2006년부터 대구와 경북은 경제통합을 논의하고 협력을 바탕으로 상생의 길을 찾는 중이다. 대구시장과 경북도지사가 공동위원장인 '대구경북 한뿌리 상생위원회'의 활동도 지속되고 있다. 이철우 경북도지사는 지난해 말 대구경북 행정통합을 공식제안했다. 방법은 지방자치특별법 제정이다. 출범 시기는 가능하면 2022년 지방선거와 대통령 선거 전으로 잡았다. 이런 행정통합에 대해 권영진 대구시장도 찬성이다.

행정통합은 행정구역의 통합이다. 현재의 행정구역은 고려시대 5도 양계와 조선시대 8도체제에 기원한다. 당시 행정구역 구분 원칙은 백성을 효율적으로 통치하기 위한 것이나, 현대적 의미로 보면 주민 행정편의 제고다. 이에 따라 행정구역은 기본적으로는 산과 강을 중심으로 형성된 자연적 장벽에 의해 구분되었다. 그런데 오늘날 대교가 놓이고 터널이 뚫리면서 이런 자연적 장벽은 거의 없어졌다. 또한 급속한 정보통신기술의 발전으로 모든 생활영역에서 거대한 변화가 일어나고 있다. 이러한 상황에서 광역단위는 물론 기초자치 단위까지의 행정통합의 논의가 나올 수밖에 없다. 그러나 대구경북 행정통합이 실효성을 갖고 성공에 이르기 위해서는 당위성, 절차적 정당성과 함께 국민적 공감대가 절실하다.

우선 당위성이다. 행정통합을 통해 대구과 경북이 시너지 효과를 낳아 지역이 비약적 발전을 가져오고 주민 편의성이 더욱더 높아진다는 점을 구체적으로 적시해야 한다. 당위성 확보의 과정에서 기초자치 단위의 통합이 필요한 경우 이도 언급해야 한다. 아울러 대구경북의 행정통합은 전국을 대상으로 한 일반적 행정통합이 아니라 대구경북 지역의 특수성이라는 사실도 밝혀야 한다. 그래야만 특별법 제정의 명분을 얻을 수 있다. 다음은 절차적 정당성과 국민적 공감대이다. 이를 확보하지 못하면 행정통합은 실현될 수 없다. 이해관계자 분석과 더불어 설득이 필요하다. 통합의 가장 직접적 영향을 받게 되는 것은 시도민이다. 이를 위해서는 주민투표까지 고려해야 한다. 그리고 주민통합과 사회통합도 검토해야 한다. 시도민의 민의를 대변하는 국회의원과 지방의원에 대한 정치통합도 검토해야 한다. 또한 통합 대구시와 경북도의 공무원에 대한 분석도 이루어져야 한다. 공무원 조직에서 직위 수, 지방재정에 대한 중앙정부지원 등이 통합 전보다 나빠져서는 안 될 것이다. 대구경북 행정통합은 현재까지 지속되어온 '조선 8도체제'를 근본적으로 허물어 지역을 비약적으로 도약시키고, 시도민에 보다 나은 행정편의를 제공하는 대한민국 지방자치의 새로운 수범적 모델이라는 점을 보여줘야 한다. 또 행정혁신을 수반한 행정통합이라는 점도 부각돼야 한다.

〈출처: 서정해, 내일신문, 2020.02.03.〉

칼럼에서 보는 바와 같이 첫째, 대구·경북의 통합은 경제통합에 대한 성찰과 대안 모색에서 출발하고 있다. 대구와 경북은 2006년 대구·경북 한뿌리 상생위원회를 설치하여 시·도 간 협력 사업을 폭넓게 추진하고 있다. 그러나 결재권자가 복수이고 파견된 공무원들도 소속 기관의 회계에 의존하고 있어 협력사업의 성과가 높지 않다. 특히 대구공항 이전, 광역철도사업, 그리고 포항 항만사업 등에서 시너지 효과를 내지 못하고 있는 실정이다. 더욱이 수도권의 블랙홀(black hole) 현상이 지속되고 있고 저출산·고령화에 의해 지역소멸이 가속화되는 상황에서 시·도의 통합을 통해 지역의 생존과 상생발전을 꾀해야 한다는 공감대가 형성되었다고 할 수 있다.

둘째, 대구·경북의 통합은 지역발전과 주민 편의성 제고에 역점을 두어야 하고, 특히 공무원과 재정지원에 있어서 불이익이 없어야 한다. 대구·경북은 내륙과 해양이 통합되는 최초의 사례로서 신산업(전기차, 로봇, 태양광 등) 중심의 국제자립도시라는 비전을 설정하고, 이러한 비전 달성을 위해서는 그에 상응하는 지방자치체제를 구축해야 한다는 것이다. 그에 따라 통합된 지방정부에 대구경북특별자치도의 지위를 부여하고 지역계획, 경제발전, 교육문화 등에 대한 중앙정부의 권한이양 특례와 조세·재정에 관한 특례를 부여해야 할 것이다.

셋째, 대구·경북의 통합에 관한 절차적 정당성과 지지 확보를 위해 주민투표에 붙여야 한다. 시민과 도민들은 대구·경북 행정통합의 필요성과 자치구역 그리고 기대효과 등에 대하여 충분한 정보를 제공받아야 하고, 숙의형 공론조사 등을 통해 의견 투입의 기회를 가져야 한다는 것이다. 이러한 절차를 바탕으로 시·도의회의 의결이 아닌 주민투표로써 시·도 통합을 결정하는 것이 이후 발생할 수 있는 대립과 갈등의 방지에 기여할 것이다.

2) 통합 시·도의 권한

광역시와 도가 통합된 광역도(또는 특별자치도)의 권한을 어떻게 하느냐 하는 점이 문제다. 광역도는 기본적으로 경제중심의 지방정부로 개편할 필요가 있다. 중앙정부는 국방, 외교, 사법, 입법, 거시경제정책 등을 담당하고, 나머지 대부분의 권한을 통합 지방정부로 이양하도록 한다. 또한 시·도 통합 지방정부에게 특별자치도의 지위를 부여하고, 산업 및 경제, 지역계획, 지역발전, 그리고 재난관리 등에 관한 중앙정부의 기능을 이양한다. 기초지방정부에서 수행 중인 지역경제관련 기능도 특별자치도로 이관하여 통합 광역정부를 명실상부한 경제특화도로 만들어야 한다.

[표 8-2]에서 보는 바와 같이 특별자치도는 산업 및 경제관련 기능, 지역발전 기능, 자치경찰 기능, 자치교육 기능, 소방재난 기능 등을 수행하도록

표 8-2 광역도와 기초지방정부의 권한

구분		권한의 내용
중앙정부		· 국방, 안전보장, 외교, 출입국 관리 · 국가치안, 통화, 금융, 도량형, 공정거래, 근로기준 · 공적보험, 약품규제, 과학기술정책 · 거시경제정책, 사회기반시설 및 국토관리 · 사법권과 법률제정권
통합 특별자치도	행정사무	· 산업 및 경제 관련 기능 · 지역계획 및 지역발전 기능 · 자치경찰 기능, 소방재난 기능 · 교육자치 기능
	자치입법	· 법률에 위반되지 않는 자치입법권(조례제정권)
	자치재정	· 국세의 이양과 재정지원 특례
기초지방정부	인구 100만 이상 대도시	· 행정 및 재정상의 특례, 준자치구 특례
	인구 50만 이상 대도시	· 행정 및 재정상의 특례 부여
	일반시	· 생활환경: 하수도, 공원, 가로의 정비, 쓰레기 처리 · 주민생활: 지역방재·환경, 의료, 복지, 위생, 보건, 문화

한다. 또한 법률에 위반되지 않는 범위 안에서 자치입법권(조례제정권)을 보유하고, 국세 이양과 재정지원 특례를 갖도록 해야 할 것이다. 기초지방정부는 자율적인 통합을 유도하되, 통합된 시·군·구는 인구규모에 따라 다소의 권한 차이는 있겠지만 기본적으로 광역도에서 수행하는 기능 외에 주민의 생활과 관련된 모든 기능을 수행하도록 한다. 인구 50만 이상 대도시와 인구 100만 이상 대도시에 대해서는 법적 지위와 권한에 상응하는 행정 및 재정상의 특례를 부여해야 한다. 특히 인구 100만 이상 대도시에 대해서는 준자치구(구청장은 선출하고 구의회는 두지 않음)를 인정하여 주민참여와 민원처리에 공백이 없도록 해야 할 것이다.[16]

---

16 인구 800만 이상인 뉴욕시는 구청장만 직선하고 있고, 인구 100만인 마르세이유는 구청장과 구의회의원을 선출하지만 법인격을 인정하지 않는 준자치구를 두고 있다.

4절 ─ 결론

지금까지 우리나라의 자치계층과 자치구역 개편은 정치적 목적으로 추진되는 경향이 강하였다. 국회에서는 지방분권을 강조하면서도 주된 관심은 권한이양이 아닌 효율성 중심의 통합이었다. 그러나 지방자치체제 개편은 하나의 수단에 해당되므로 이를 통해 달성하고자 하는 목표를 명확히 해야 할 것이다. 자치체제 개편의 지향점으로는 자립적 지방정부와 국제경쟁력 선도 지방정부를 고려할 수 있는데, 자치역량의 강화와 지방분권에 방점을 두어야 한다. 자치구역의 개편을 통해 지방정부의 자치역량을 제고하고, 중앙권한의 지방이양을 촉진하는 계기로 삼아야 한다. 즉, 지방분권국가를 거시적 목표로 설정하고, 지방분권형 자치체제를 구축하여 지역경쟁력 강화 및 그를 통한 국가경쟁력 제고에 역점을 두어야 할 것이다. 이러한 목적에 부합하는 지방분권형 지방자치체제 개편의 대안으로는 시·군의 통합 대안과 시·도의 통합 대안을 고려해야 한다.

시·군의 통합 대안은 자치권의 강화를 통해 자립적 지방정부 단위로 개편하는 대안이다. 시·군 통합의 논거는 수용기반과 자치역량 강화, 자치특례(대도시 및 통합 특례), 그리고 재정능력과 재정책임성 확보 등이다. 현재 시·군의 통합 특례는 재정불이익 배제, 재정지원 특례, 그리고 지방교부세 특례 등에 중점을 두고 있고, 추가적인 권한이양에 대한 특례는 미흡한 실정이다. 통합을 통해 인구 30만 이상이면서 면적이 1,000㎢ 이상이거나 인구 50만 이상일 때만 대도시 특례에 의해 행·재정 운영의 자율성을 인정하고 있다. 따라서 시·군의 통합을 통해 인구 50만에 미달되는 지방정부에 대해서도 권한이양 특례를 인정하고, 인구 50만 이상 대도시에 대해서는 사무특례, 재정운영특례, 그리고 조세특례 등을 추가해야 할 것이다.

시·도의 통합 대안은 중복 시설의 통합, 규모의 경제효과, 그리고 국제적 경쟁단위 확보를 통해 국가경쟁력을 높일 수 있다. 중앙기능과 국세의 이양을 통한 획기적 지방분권의 추진은 세계적인 추세이므로 국가경쟁력에서 뒤처지지 않기 위해서는 시·도의 통합을 통해 고도의 자치권을 가진 특별자치도를 창설해야 한다는 것이다. 중앙정부에서도 연방제에 준하는 지방분권을 추진한다는 공약을 제시하였는데, 시·도의 통합이 이루어져야 준연방제적 지방분권의 추진을 위한 논거를 확보할 수 있다. 특별자치도는 중앙정부의 지역계획과 지역경제 그리고 지역발전 관련 권한을 이양 받고 국세의 이양과 재정지원 특례를 부여받아 국제적 자립능력을 갖도록 해야 한다. 시·군의 통합 이후 남게 되는 광역시에 대해서는 대도시 행정수요에 대한 효과적인 대응을 위해 특례시의 지위를 부여하여 불이익 배제, 조정교부금 특례, 그리고 준자치구 특례를 인정해야 할 것이다.

중장기적으로 개헌을 전제로 지역정부 대안(도주정부)도 고려해야 할 것이다. 시·도의 통합 대안은 중복시설의 통합에 의한 효율성 확보, 규모의 경제 효과, 그리고 국제적 경쟁단위 확보 등을 통해 국가경쟁력을 제고할 수 있지만 조세신설권과 법률제정권에 있어서 제약을 받게 된다. 지역정부는 주정부보다는 자치권이 낮지만 헌법에 의해 지방분권이 보장된 지역형 국가의 지역정부에 버금가는 자치권을 가질 수 있다. 그에 따라 지역정부는 중앙권한의 추가이양뿐만 아니라, 법률제정권과 조세신설권 등을 부여받게 될 것이다. 따라서 개헌을 전제로 국제경쟁력을 선도할 수 있는 지역정부를 창설함으로써 획기적인 지방분권을 추진해야 한다.

재정적 지방분권 대안

재정적 지방분권 대안

지방분권에서 재정적 권한을 이양하는 조치는 아무리 강조해도 지나치지 않는다. 재정적 지방분권이 뒷받침되지 않으면 중앙의 사무와 권한의 이양은 효력을 갖기 어려울 뿐만 아니라 어렵게 이양된 사무조차 국가로 환원될 수 있다. 국세를 지방세로 이양하는 재정적 지방분권은 필연적으로 지방정부 간의 재정격차를 초래하는데, 중앙정부는 예상되는 재정격차를 구실로 재정분권에 소극적이다. 지방정부 역시 조세기반이 서로 다르기 때문에 재정분권에 대해 일치된 목소리를 내지 못한다. 재정분권과 재정격차 문제를 동시에 해결할 수 있는 묘책은 없을까? 두 가지 문제를 조화시킬 수 있는 대안으로 공동세 제도와 고향세 제도가 거론되고 있다. 전자는 중앙과 지방이 국세를 일정한 비율로 나누어 갖되 지방정부의 재정력에 따라 차등적으로 분배하는 대안이고, 후자는 주민들이 지방정부를 선택하여 기부금을 납부하면 그 부분만큼 국세와 지방세를 공제해 주는 제도로서 주민들이 조세의 유형(국세와 지방세)과 지방정부를 선택하는 효과를 지니는 대안이다. 이 장에서는 지방정부 간 재정격차를 진단하고, 재정분권과 지역격차를 조화시킬 수 있는 공동세 제도와 고향세 제도의 도입 대안을 모색하고자 한다.

1절 ── 서론

지방분권과 지역격차 사이에는 어떤 관계가 있는가? 이론적으로 지방분권이 지역격차를 심화시킨다는 주장과 지방분권이 지역격차를 감소시킨다는 주장이 맞서고 있다. 전자는 지방분권의 반대논거(중앙집권의 지지논거)로 연결되고, 후자는 지방분권의 지지논거(중앙집권의 반대논거)로 연결된다. 지방분권의 반대논거는 낙수효과(落水效果)에 의해 적절히 설명될 수 있다. 낙수효과(trickle down effect)는 글자 그대로 "넘쳐흐르는 물이 바닥을 적신다"는 뜻으로 물방울이 아래로 흘러내린다는 의미에서 적하효과(滴下效果)로도 불린다.

낙수효과는 원래 1904년 독일의 사회학자 짐멜(Georg Simmel)이 최신 유행의 변화를 설명하기 위해 세운 가설에서 비롯되었다. 그에 의하면, 하위 집단은 상위 집단을 모방하고, 상위 집단은 자신들만의 지위를 나타내기 위해 새로운 유행을 택하기 때문에 상위 집단의 변화가 하위 집단의 변화로 연결된다는 것이다. 경제이론에서는 대기업의 성장을 촉진하면 덩달아 중소기업과 소비자에게도 혜택이 돌아가 총체적으로 경기가 활성화된다는 주장으로 나타났다. 고소득층의 소득 증대가 소비 및 투자 확대로 이어져 궁극적으로 저소득층의 소득 증대로 나타나는 효과와 같이 상류층에서 부가 충분히 축적되면 자연히 아래 계층에게 혜택이 돌아간다는 것이다.

지역발전의 낙수효과는 신고전파 경제이론에 의해 강조되었다. 이에 따르면, 지역발전정책은 단기적으로 지역격차와 지역불균형의 문제를 유발할 수 있지만 경제성장이 진행될수록 산업연관효과를 통해 발전지역의 성장효과가 낙후지역으로 확산되어 장기적으로 지역격차가 해소될 수 있다는 것이다(Williamson, 1965; 홍준현, 2001: 164). 이러한 논리를 확장하면, 중앙정부 주도의 지역발전정책은 발전지역의 성장을 통해 낙후지역의 성장에도 기여하므로 지방분권의 확대가 필요 없다는 것이다. 그러나 낙수효과의 논리가 우리나라의 현실에 적합한지에 대해서는 의문의 여지가 남는다. 수도권에 대한 집중투자가 충청권을 넘어 영호남으로 파급되지 않고 그 격차가 심화되고 있기 때문이다. 또한 지방의 거점 대도시에 대한 집중개발이 인접한 중소도시의 발전으로 연결되지 않는 현상도 낙수효과의 논리를 의심하게 만들고 있다.

지방분권의 지지논거(중앙집권의 반대논거)는 역류효과에 의해 적절히 설명될 수 있다. 역류효과(backwash effect)는 부와 성장이 발전지역에서 낙후지역으로 흘러가는 방향(낙수효과)과 반대의 방향으로 흘러가는 효과를 의미한다. 즉, 물이 거슬러 흐르는 현상과 유사하게 낙후지역의 인력과 자본이 발전지역으로 빠져나가는 유출효과를 말한다. 이러한 논리에 따르면, 중앙집권은 낙후지역의 자원 유출을 통해 지역격차를 심화시킬 수 있으므로 지방분권과 같은 강력한 조치가 필요하다는 것이다. 지방이전 기업에 대한 인센티브의 제공에도 불구하고 기업과 인재의 수도권 쏠림현상이 나타나고 있는 것은 이러한 역류효과를 대변해주고 있다. 그러나 역류현상을 방지하기 위해 지방분권을 강화하면, 수도권 지방정부의 자율성은 상대적으로 높아지고 중앙정부의 재정조정 기능이 약화되어 지역격차가 더욱 심화될 수 있다는 주장도 제기된다.

이렇게 볼 때 지방분권과 재정격차의 관계는 두 가지 관점에서 생각할 수 있다. 긍정적 관점에서 보면 지방분권은 중앙정부의 편향된 정책을 감소시키고, 지역의 잠재력과 기회를 극대화함으로써 지역균형발전에 기여할 수 있다. 그러나 부정적 관점에서 보면 지방분권은 지방정부의 자율성을 증대시키고 자치구역 중심의 재정투자를 강화하여 재정력이 풍부한 지역의 차별적 발전을 유발할 수 있다(홍준현, 2001: 163). 수도권의 집중도가 높은 우리나라의 특수한 상황에서는 중앙집권적 재정운영이 지역 간 재정격차를 완화하여 지역균형발전에 기여할 수도 있다는 것이다.

우리나라는 1960년대 성장거점 중심의 지역개발정책에 의해 지역 간 불균형이 심화되었다고 할 수 있다. 수도권과 비수도권 간 격차, 대도시와 중소도시 간 격차, 도시와 농촌 지방의 격차 등에서 보는 바와 같이 현재의 지역 간 불균형이 현저한 상황에서 지방분권을 추진할 경우 지역이 가진 경제력, 조세기반, 그리고 자치역량에 따라 그 격차는 더 벌어질 수 있다. 지방분권으로 인한 지역격차가 가장 현저하게 나타나는 분야는 지방재정이라고 할 수 있다. 지방정부 간 재정격차가 존재하는 상황에서 재정분권의 추진은 그러한 재정력의 차이로 인해 지역 간·계층 간 사회경제적 불평등을 심화시킬 수 있다 (Tannenwald, 1999: 421).

이처럼 지역격차는 지역소멸 위험을 증대시켜 지방분권의 추진을 지연 또는 제약할 수 있다. 저출산·고령화로 대변되는 인구감소시대에 있어서 재정분권의 추진은 지역격차를 심화시키고, 더 나아가 지방소멸을 부추길 수 있으므로 재정분권에 대한 근본적인 재검토가 요구된다. 특히 인구소멸지역과 대도시지역의 동시적 증가는 재정분권의 추진을 통해 지방정부의 재정자율성을 제고하는 데 있어서 심각한 도전과제를 던져준다. 자치역량이 현저히 다른 지방정부에게 동일한 수준의 재원이양을 추진할 때 정책성과, 자율성, 그리고 지방민주주의를 담보할 수 있을지에 대한 의문이 제기되는 것이다.

이러한 점을 고려할 때 국세를 이양하면서 지역격차를 해소할 수 있는 묘안을 찾아야 한다. 중앙정부에서는 지역격차 심화를 이유로 재정적 지방분권에 소극적이고, 지방정부의 경우에도 지역격차가 우려되는 재정분권에 대해서는 공동행동을 취하지 못하는 이른바 집단행동의 딜레마에 빠질 수 있다. 따라서 재정적 지방분권의 추진에 있어서 지역격차를 해소하기 위한 특단의 조치를 강구해야 한다.

2절 ── 지역격차 분석

1. 인구 격차

지방정부 간 격차를 알려주는 지표로는 인구, 지역소득, 면적, 재정력 등으로 다양하다. 가장 대표적으로 사용되는 인구와 재정력을 기준으로 우리나라의 지방정부 간 격차를 살펴볼 수 있다. 2018년 기준 우리나라 지방정부, 특히 기초지방정부의 인구를 살펴보면 [표 9-1]과 같다.

표 9-1 기초지방정부의 인구 분포

구분	50만 명 이상	30~50만 명	10~30만 명	10만 명 미만
시(75개)	15	13	37	10
구분	10만 명 이상	5~10만 명	3~5만 명	3만 명 미만
군(82개)	6	28	34	14

자료: 지방자치통계연보(2018).

　　표에서 보는 바와 같이 우리나라의 75개 시 중 인구 10~30만 규모가 절반 가까운 37개로 가장 많다. 인구 50만 이상의 시는 15개이고, 30~50만의 시가 13개이며, 10만 명 미만의 시는 10개에 이른다. 자족성의 위협을 받는 10만 명 미만의 시가 있는가 하면 상당한 자립수준을 갖춘 50만 이상의 시가 존재하는 등 심각한 격차가 발견되고 있다. 82개 군의 경우 3~5만 명이 34개로 가장 많고, 5~10만 명이 28개이며, 3만 명 미만도 14개에 이른다. 그 숫자가 많지는 않지만 인구 10만이 넘는 군(6개)이 있는가 하면 소멸위기에 있는 3만 명 미만의 군(14개)도 존재한다. 시나 군 내에서의 격차도 존재하지만, 더욱 심각한 것은 시와 군 간의 격차이다. 인구 120만 이상의 시가 존재하는 반면 인구 1만 이하의 군도 존재한다. 기초지방정부 중에서 인구가 가장 많은 수원시는 120만 명을 초과하였고, 고양시, 용인시, 창원시도 이미 100만 명을 넘어섰다. 그에 비해 인구 2만 수준의 기초지방정부도 6개가 존재하고, 1만 이하의 기초지방정부도 존재한다. 구례, 곡성, 장수, 양구, 군위, 청송은 2만 명 수준에 있고, 영양군은 17,356명이며, 울릉군은 9,832명이다.

2. 재정 격차

　　인구뿐만 아니라 재정력의 격차도 심각한 수준이다. 지방정부의 재정력을 나타내는 지표로는 재정자립도와 재정자주도가 있다. 재정자립도는 일반회계 세입결산에서 자체수입(지방세와 세외수입)이 차지하는 비율이고, 재정자주도는 일반회계 세입결산에서 자체수입과 자주재원(지방교부세와 조정교부금)이 차지하는 비율을 말한다. 먼저 2018년 기준으로 우리나라의 광역지방정부인 시·도별 재정자립도를 살펴보면 [그림 9-1]과 같다.

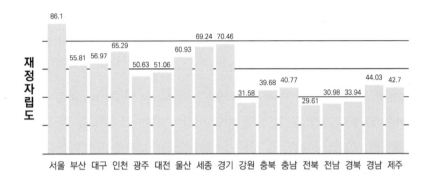

그림 9-1 시·도별 재정자립도(2018년)

그림에서 보는 바와 같이 광역지방정부 중에서 재정자립도가 가장 높은 곳은 서울시로 86.10%이고 가장 낮은 전라북도는 29.61%로서 그 격차가 심각한 수준이다. 특별·광역시와 도 간의 격차도 발견된다. 특별·광역시의 경우 가장 낮은 광주광역시가 50.63%이지만, 도의 경우 수도권에 속한 경기도(70.46%)를 제외하면 모두 낮은 재정자립도를 보이고 있다. 3개 도는 40% 수준이고, 4개 도는 30% 수준이며, 그리고 1개 도는 20% 수준의 재정자립도를 보이고 있다.

재정자주도는 재정자립도(지방세와 세외수입)와 달리 용도가 특정되지 않는 의존재원인 지방교부세를 포함하므로 지방정부의 지출재량을 나타내주는 지표이다. [그림 9-2]는 2018년 기준 지방정부의 재정자주도를 나타낸 것이다.

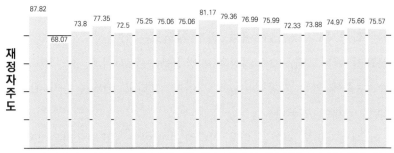

시·도별 재정자주도 비교(2018년)

그림에서 보는 바와 같이 모든 시·도에서 70% 이상의 재정자주도를 보이고 있다. 이는 지방정부의 자체수입(지방세와 세외수입) 부족분에 대하여 중앙정부에서 이전재원(지방교부세 등)을 통해 보전한 결과로 볼 수 있다. 지방교부세의 경우 지방정부의 지출재량을 제약하지 않지만, 지방정부에서 징수할 수 있는 세수가 아니고 중앙정부의 국세(내국세) 수입 중 19.24%를 지방정부에게 교부하는 것이므로 엄밀히 말하면 지방정부의 자립능력에 기여한다고 보기는 어렵다. 따라서 지방정부의 재정력 격차를 정확히 살펴보기 위해서는 재정자립도를 고려해야 하는데, 이미 살펴본 바와 같이 지방정부 간 재정격차는 매우 큰 편이다.

기초지방정부 간의 재정격차는 상대적으로 더 심각하다. 먼저 2018년 기준 우리나라 75개 시의 재정자립도 분포를 살펴보면 [표 9-2]와 같다.

표 9-2 75개 시의 재정자립도 분포

구분	상위 25%	평균	동종 최고	동종 최저
자립도	55.56%	40.20%	67.35%(화성)	15.08%(남원)
구분	50% 이상	30~50%	20% 대	10% 대
숫자	13	34	23	5

자료: 지방재정365.

표에서 보는 바와 같이 75개 시의 평균 재정자립도는 40.20%이고, 최고 자립도는 화성시로서 67.35%이며, 최저 자립도는 남원시로서 15.08%이다. 자립도 분포를 살펴보면, 50% 이상의 지방정부는 13개이고, 30~50%는 34개이며, 20% 수준에 있는 지방정부는 23개이며, 그리고 10% 수준의 매우 열악한 지방정부도 5개에 이른다.

군의 재정자립도 격차는 더욱 심각한 수준이다. [표 9-3]은 2018년 기준 우리나라 82개 군의 재정자립도 분포를 나타낸 것이다.

표 9-3 82개 군의 재정자립도 분포

구분	상위 25%	평균	동종 최고	동종 최저
자립도	31.92%	23.31%	54.84%(달성)	10.15(구례)
구분	50% 이상	30~50%	20% 대	10% 대
숫자	1	9	33	39

자료: 지방재정365.

표에서 보는 바와 같이 82개 군의 평균 재정자립도는 23.31%로 매우 낮고, 최고 자립도는 달성군으로 54.84%이며, 최저 자립도는 구례군으로 10.15%이다. 자립도 분포를 살펴보면, 50% 이상의 지방정부는 1개이고, 30~50%는 9개이며, 20% 수준에 있는 지방정부는 33개이며, 그리고 10% 수준의 매우 열악한 지방정부는 가장 많은 39개이다. 심각한 것은 50% 재정자립도를 가진 군은 광역시에 속한 달성군이 유일하고, 절반 가까운(47.6%) 군이 10% 미만의 재정자립도를 가지고 있다는 점이다. 시와 군을 포함하여 기초지방정부의 재정자립도를 비교하면 지방정부 간 재정능력에서 매우 다양한 스펙트럼을 보이고 있는 가운데, 10% 이하의 지방정부가 상당한 반면 50% 이상의 지방정부도 존재하는 등 지방정부 간 재정격차가 심각한 수준임을 알 수 있다.

3. 지방소멸 위기

지방정부 간 인구와 재정 격차는 지역의 불균형 발전이나 상대적 박탈감과 같은 문제를 야기하는 데 그치지 않는다. 이는 인구와 재정력의 크기에 의한 지방정부 스펙트럼의 양극단 중 열악한 지방정부의 소멸위험을 알려준다. 최근 저출산·고령화에 의해 인구가 급격히 감소하는 인구절벽 시대에 접어들고 있는 상황에서 인구와 재정력이 낮은 과소지역은 소멸위기에 처해 있다. 이처럼 지방격차가 심화되고, 심지어 일부 과소지역의 소멸이 진행되는 상황에서 국세의 이양과 같은 재정분권의 추진은 지역의 '빈익빈 부익부' 현상을 부추길 뿐만 아니라 조세기반이 열악한 과소지역의 소멸을 가속화시킬 수 있다.

이러한 차원에서 재정분권의 대안 제시에 앞서 지역격차와 더불어 지방소멸 가능성(또는 자립가능성)을 분석해야 할 것이다. 지방정부의 소멸가능성은 인구만이 아닌 재정력에 의해서도 좌우되는 만큼 두 가지 요소를 동시에 고려해야 한다. 2000~2015년 15년간 인구감소율, 노령인구비율, 생산가능 인구비율, 1인당 주민세, 그리고 재정자립도 등을 기준으로 소멸가능성을 분석하면 소멸위기에 처한 지방정부가 매우 많다는 사실을 알 수 있다. [표 9-4]는 지방정부의 소멸가능성에 대한 분석결과이다(한국지방행정연구원, 2017).

표 9-4 지방정부의 소멸가능성 분석

구분	존립우려 지역	존립위험 지역	숫자		합계
			우려	위험	
서울	노원구		1	0	1
부산	영도구, 사하구		2	0	2
대구	서구, 남구		2	0	2
대전			0	0	0
광주	북구		1	0	1
인천	강화		1	0	1
울산			0	0	0
경기	동두천	연천	1	1	2
강원	동해, 속초, 홍천, 횡성, 화천, 양구, 인제	강릉, 삼척, 영월, 평창, 철원, 고성, 양양	7	7	14

충북	증평	제천, 보은, 옥천, 영동, 괴산	1	5	6
충남	홍성	보령, 논산, 부여, 서천, 청양, 예산	1	6	7
경북	울릉	안동, 영주, 상주, 문경, 군위, 의성, 청송, 영양, 영덕, 청도, 성주, 예천, 봉화	1	13	14
경남	통영	밀양, 의령, 남해, 하동, 산청, 함양, 거창, 합천	1	8	9
전북		정읍, 남원, 진안, 장수, 임실, 순창, 고창, 부안	0	8	8
전남	무안	담양, 구례, 고흥, 보성, 장흥, 강진, 해남, 함평, 완도, 진도, 신안	1	11	12
제주	-	-	0	0	0
계			20	59	79

표에서 보는 바와 같이 지난 15년간 인구증감률 5% 이하, 노령인구 비율 20% 이상, 2013~2015년 생산가능 인구 50% 이하, 2013~2015 1인당 주민세 하위 50% 이하, 그리고 재정자립도 하위 50% 이하 등 다섯 가지 기준 중 어느 하나에 속하는 존립우려 지역은 군 지역(홍천군, 울릉군, 무안군 등)과 일부 시 지역(동두천, 속초시, 통영시 등)을 포함한 20개이고, 다섯 가지 기준 모두에 해당되는 존립위험 지역은 59개이다. 이러한 결과는 인구 10만 이하인 지방정부(92개)나 지방세 비율 10% 이하인 지방정부(105개)보다는 적은 숫자이다. 그러나 이는 인구 5만 이하 지방정부인 50개보다 많고, 지방세 비율 5% 이하 지방정부인 50개보다 많은 숫자이다. 인구 5만 이하이면서 지방세 비율 5% 이하에 해당되는 지방정부는 대체로 이러한 기준 중 어느 하나 또는 전부에 해당될 가능성이 높다고 할 수 있다.

이상에서 살펴본 바와 같이 지역격차가 심각하고, 더욱이 많은 지역의 소멸가능성이 높은 상황에서 과거와 같은 국세의 지방세 이양은 지역 간 격차를 심화시키고, 더 나아가 지역소멸을 부추길 것이다. 따라서 지방의 재정력을 고려하지 않는 획일적인 재정분권이 아니라 지역의 재정력을 고려한 맞춤형 재정분권을 추진해야 한다. 이는 자치역량이 높은 지방정부에 더 많은 권한을 이양하는 차등적 지방분권과는 반대되는 논리이다. 다시 말해, 재정력이 낮은 지방정부에게 더 많은 재정분권이 이루어지도록 하는 것이다. 이를 통해 국세의 이양을 통해 지방정부의 재정자립도를 제고하면서도 동시에 지역 간의 재정격차를 심화시키지 않는 대안을 모색해야 할 것이다.

3절 ― 재정적 지방분권 추진대안

지방분권에서 재정적 권한을 이양하는 조치는 아무리 강조해도 지나치지 않는다. 재정적 지방분권이 뒷받침되지 않으면 중앙의 사무와 권한의 이양도 효력을 갖기 어려울 뿐만 아니라 어렵게 이양된 사무조차 국가로 환원될 수 있다. 다음 박스는 재정적 지방분권이 충분히 이루어지지 않아 이양된 복지사무가 국가로 환원된 사례를 보여주고 있다.

❖ 재정분권의 중요성: 분권교부세 사례

교부세는 중앙정부에서 지출사업을 한정하는 조건을 걸지 않고 지방정부로 내려주는 재원이다. 지방교부세, 부동산교부세, 분권교부세 등이 있다. 분권교부세는 국가사무를 지방정부로 이양함에 따라 그에 필요한 재원을 이양하기 위해 도입되었고, 재원 규모는 내국세의 0.94%였으며, 2005년에 도입되어 10년간 운영되다가 2015년 보통교부세로 통합되었다. 참여정부는 국고보조금에 의해 추진되던 149개 사업(사무)을 지방으로 이양하면서 그에 필요한 재원을 충당하기 위해 분권교부세를 신설하였다. 그러나 이양된 사업(사무)의 대다수가 복지사업으로서 지방이양 이후 복지행정수요가 급증하여 분권교부세 재원으로는 감당할 수 없게 되었다. 지방정부는 재원부족을 이유로 중앙정부에게 분권교부세의 인상을 요구하였으나 수용되지 않자 부득불 이양된 사무의 국가환원을 요구하였다. 결국 2015년부터 노인양로, 정신요양, 장애인 생활, 그리고 아동보호전문기관의 운영은 다시 국가로 환원되었다. 그에 따라 국가로 환원된 사업은 국고보조사업으로 전환되었고, 잔여의 분권교부세는 보통교부세로 통합되었다.

〈출처: 이재원, 2019: 372-378; 행정자치부, 2015: 138-139.〉

앞서 박스의 분권교부세 사례는 재정분권의 중요성을 말해 준다. 중앙사무의 지방이양에도 불구하고 재원이 뒷받침되지 않을 경우 재정력이 부족한 지방정부는 과도한 부담에 시달리고, 주민들은 개선된 성과를 체감하기 어렵다. 그에 따라 어렵게 지방으로 이양된 사무들도 다시 국가로 환원되는 운명을 맞게 된다. 노인양로, 정신요양, 장애인 생활, 그리고 아동보호전문기관의 운영사무는 지방정부로 이양되고 사무처리에 필요한 재원은 분권교부세로 충당하도록 되어 있었으나 관련 사무의 수요가 지방교부세 재원으로는 감당할 수 없을 정도로 증대되어 결국 국가사무로 환원되었던 것이다. 이 사례는 중앙의 사무와 권한을 지방정부로 이양하더라도 재원의 이양이 뒷받침되지 않는다면 해당 사무의 국가환원을 통해 신중앙집권의 길로 갈 수 있다는 점을 보여준다.

1. 재정분권 추진현황

재정분권은 세입분권과 세출분권으로 구분되는데, 주로 세입분권에 초점을 두고 있다. 세입분권은 지방세의 신설과 국세의 지방세 이양을 통해 지방정부의 조세 수입을 증대시키는 것이다. 우리나라 역대 정부에서는 지방세 신설과 국세의 지방세 이양을 추진하는 등 국세와 지방세의 비율을 개선하는 데 역점을 두어 왔다. 대표적으로 주행세 신설, 지방교육세 신설, 레저세의 도입, 원자력발전소에 대한 지역개발세 부과, 지방소비세 도입, 그리고 지방소득세 도입 등을 들 수 있다(행정자치부, 2015: 87-97).

첫째, 주행세의 도입이다. 주행세는 1999년 국세인 교통세의 일정 비율을 지방세로 이양하면서 도입되었다. 주행세의 도입 목적은 유류에 상당한 폭의 세금을 부과하여 차량 운행을 많이 하는 사람의 부담을 높이려는 것이다.

1990년대부터 대도시의 교통·주차난 해소와 고유가 시대의 에너지 절약을 위해 승용차의 주행거리에 별도의 세금을 부과하는 휘발유 주행세(목적세)의 도입이 논의되었으나 국민의 세부담 증가 우려 때문에 무산되었다. 이후 주행세는 1998년 한·미 자동차 협상의 타결로 자동차세율이 인하되면서 지방세수의 감소 보전 방안으로 도입이 확정되었고, 1999년 국민의 추가적인 세부담 없이 교통세액의 3.2%를 재원으로 하는 부가세 형태로 특별·광역시세 및 시·군세로 신설되었다(행정자치부, 2015: 87). 이후 주행세는 자동차세와 통합되면서 '자동차 주행에 따른 자동차세'로 개편되어 교통·환경·에너지세액의 36%를 재원으로 하고 있다.

둘째, 지방교육세의 도입이다. 2000년에 신설된 지방교육세는 지방재정과 지방교육재정의 연계를 통해 교육서비스에 대한 지방정부의 역할과 책임 강화의 일환으로 국세인 교육세가 전환된 것이다. 그에 따라 지방교육세는 취득세, 레저세, 담배소비세 등의 일정 비율을 재원으로 하고 있다. 구체적으로 보면, 취득세액의 20%, 레저세액의 40%, 담배소비세액의 43.99%, 주민세 균등분세액의 10%(인구 50만 이상 시는 25%), 재산세액의 20%(도시지역분 재산세액은 제외), 그리고 자동차세액의 30% 등이다.

셋째, 레저세(경주·마권세)의 도입이다. 경주·마권세의 명칭이 변경된 레저세는 국세인 마권세를 근간으로 하고 있다. 국세인 마권세는 1961년에 지방세로 이양되었고, 1993년에 과세 대상이 경마뿐만 아니라 경륜과 경정으로까지 확대되었다. 2001년에 경주·마권세는 레저세로 변경되었고, 2002년 경마·경륜·경정에 더하여 소싸움 경기가 새로운 과세 대상으로 추가되었다.

넷째, 지역개발세의 확대이다. 2006년에 원자력발전소 소재지 주변 지역주민들의 경제적 손실 보전과 지역발전을 위한 재원 마련을 위해 발전량 기준 kwh당 0.5원의 지역개발세가 부과되었다. 2011년에 지역개발세와 공동시설세가 지역자원시설세로 통합되면서 화력발전소에 대해서도 kwh당 0.15원(2014년부터 부과)이 부과되었다.[1] 2015년부터 정부는 지역자원시설세의 현실화를

---

1 지방세는 2010년에 지방세법체계가 개편되면서 취득세와 등록세(취득관련분)가 취득세, 재산세와 도시계획세는 재산세로, 등록세(취득무관분)와 면허세는 등록면허세로, 공동시설세

위해 원자력발전은 kwh당 0.5원에서 1원으로, 화력발전은 kwh당 0.15원에서 0.3원으로 인상하였다.

다섯째, 지방소비세와 지방소득세의 신설이다. 지방소비세는 국세인 부가가치세의 10%를 지방소비세로 이양하는 내용을 골자로 하여, 우선 2010년에 5%를 이양하고, 이후 3년간의 준비를 거쳐 2013년에 남은 5%를 추가로 이양하기로 하였다. 그러나 2010년의 지방소비세 도입(5%)은 계획대로 추진된 반면, 2013년의 5% 추가 도입 계획은 국가재정의 곤란 등으로 인해 지연되었다(행정자치부, 2015: 92-93). 그리고 지방소비세의 재원 중 수도권(서울·경기·인천)의 지방소비세 35%를 떼어내어 '지역상생발전기금'을 조성하여 비수도권 지역의 개발 사업에 사용하도록 하였다. 2011년 주택경기 활성화를 위해 취득세의 세율 인하에 따른 세수 감소분 약 4조원에 대하여 2014년부터 부가가치세의 6%를 지방세로 추가 이양하여 보전하였고, 이후 2020년 문재인 정부는 지방소비세를 부가가치세의 11%에서 21%로 인상하였다.

지방소득세는 2010년 기존 지방세목의 통폐합과 명칭의 변경을 통해 도입되었다. 기존의 주민세와 사업소세에서 소득과세의 성격을 지닌 주민세 소득할과 사업소세 종업원할을 통합하여 각각 지방소득세 소득분과 종업원분으로 명칭을 변경한 것이다. 다만, 이 제도는 3년간 운영한 후에 소득세의 부가세 방식이 아닌 독립세로 전환할 수 있도록 계획되었고, 그에 따라 지방소득세는 2014년 독립세로 전환되어 지방의 안정적 재원 확보 기반을 마련함과 동시에 지방정부의 과세자주권을 강화할 수 있었다. 다시 말해, 지방소득세는 국세인 소득세의 10%를 부과하던 부가세 방식에서 개인 소득분과 법인 소득분에 대하여 독자적 세율을 부과하는 독립세 방식으로 전환되었다.

이러한 국세의 이양과 지방세 신설 노력에도 불구하고 1995년 자치단체장 직선 때부터 국세와 지방세의 비중은 대체로 8:2의 구조를 탈피하지 못하고 있다. 지방정부와 지방분권론자들은 2할 자치에 머물고 있는 지방세의 비중을 높여야 한다고 주장하고 있고, 중앙정치권에서도 선거 때마다 지방세 비

와 지역개발세는 지역자원시설세로, 자동차세와 주행세는 자동차세로 개편되었고, 도축세는 폐지되었다(행정자치부, 2015: 94).

중의 증대를 통해 8:2의 구조를 개선하겠다는 공약을 제시하였다. 국세와 지방세의 구체적인 비율을 파악하기 위해 최근 5년간 국세와 지방세의 비중 변화를 제시하면 [표 9-5]와 같다.

표 9-5 우리나라 국세와 지방세의 비율 변화(단위: 억원)

연도	계	국세	지방세	국세와 지방세 비율
2014년	2,672,448	2,055,198	617,250	76.9 : 23.1
2015년	2,888,629	2,178,851	709,778	75.4 : 24.6
2016년	3,180,934	2,425,617	755,317	76.3 : 23.7
2017년	3,457,940	2,653849	804,091	76.7 : 23.3
2018년	3,778,887	2,935,704	843,183	77.7 : 22.3

출처: 행정안전부, 2015-2019.

최근 5년간의 국세와 지방세 비율을 보면, 8:2의 구조는 다소 완화되었으나 여전히 개선의 정도는 낮은 편이다. 국세와 지방세 비율은 2014년 76.9:23.1에서 2015년 75.4:24.6으로 약간 개선되었으나 2016년부터 다시 악화되어 2018년에는 77.7:22.3으로 후퇴하는 양상을 보였다. 문재인 정부는 국세와 지방세의 비율을 단기적으로 7:3으로 개선하고, 중장기적으로 6:4로 개선하겠다는 계획을 제시하였다.

문재인 정부는 1단계의 재정분권을 통하여 2019년 부가가치세의 15%를 지방소비세로 인상하고, 2020년 부가가치세의 21%를 지방소비세로 전환하는데 성공하였다. 또한 소방공무원의 국가직 전환에 대하여 개별소비세의 20%를 재원으로 하는 소방안전교부세율을 2019년 35%로 인상하고, 2020년 45%로 인상할 계획이다. 그리고 지방교부세와 소방안전교부세 인상에 따른 지방교부세 감소분은 보전하지 않지만 지방교육재정교부금의 감소분은 보전할 계획이다. 2단계(2021년~2022년)의 재정분권은 1단계 지방분권을 바탕으로 지방소득세와 교육세 등의 개편을 통해 국세 대 지방세의 비율을 7:3으로 개선할 계획이다.

2. 공동세 제도 확대

지방정부의 재정능력, 특히 조세기반이 현저하게 차이나는 상황에서 재정 분권의 추진은 지역 간 격차를 심화시킬 수 있다. 특히 국세의 지방세 이양을 통한 세입분권의 확대는 지역 간 재정격차를 더욱 심화시킬 수 있다.[2] 그에 따라 재정분권을 추진하면서 동시에 지역격차를 완화할 수 있는 대안을 모색해야 한다.

1) 공동세 제도 현황

공동세 제도는 중앙정부와 지방정부가 특정 세목에 대하여 세금을 일정 비율로 공유하는 제도이다. 대표적인 나라로 독일을 들 수 있는데, 독일은 소득세, 법인세, 부가가치세를 공동세로 지정하여 운영하고 있다. 이러한 공동세 제도의 정확한 내용을 이해하기 위해서는 중앙과 지방 간 조세배분의 유형에 대하여 살펴볼 필요가 있다. 일반적으로 중앙 – 지방 간 조세배분은 조세분리와 조세공유로 구분할 수 있다(이달곤, 2004: 500 – 501; 김현조, 2009: 295). 조세분리는 하나의 세원(과세 대상)에 대하여 중앙정부와 지방정부 중 어느 한쪽의 과세권만 허용하는 제도이고, 조세공유는 동일한 세원에 대하여 중앙과 지방의 중복 과세를 허용하는 제도이다. 공동세 제도는 동일한 세원에 대하여 중앙과 지방의 중복과세를 허용하는 조세공유에 해당된다. 국세(법인세)와 지방세(재산세)의 세원을 달리하고 있는 제도는 조세분리 또는 세원분리에 해당되고, 동일한 세원(부가가치세)에 대하여 국가가 79%를 가져가고 지방정부가 21%를 가져가는 경우는 조세공유 또는 공동세에 해당된다.

이러한 공동세는 그 징수 방식에 따라 과세중복, 세수공유, 그리고 양여세 등 세 가지 방법으로 구분된다(이달곤, 2004: 501). 첫 번째 방법인 과세중복(tax overlapping)은 동일한 세원에 대하여 중앙과 지방정부가 함께 과세하는 순수한 의미의 세원공유(tax base sharing)이다. 두 번째 방법인 세수공유

---

2 마강래(2019: 73 – 75)는 공동세인 지방소비세와 지방소득세의 비율을 높일 경우 지역 간 재정격차가 심화될 수 있다는 점을 예시적으로 보여주고 있다.

(revenue sharing)는 동일한 세원에 대하여 중앙정부(또는 지방정부)가 징수한 다음 일정한 비율을 분배하는 세입공유이다. 세 번째인 양여세는 중앙정부가 일부 세목에 대하여 조세를 징수하여 지방정부에게 포괄적 용도로 지정하여 교부하는 방법이다.

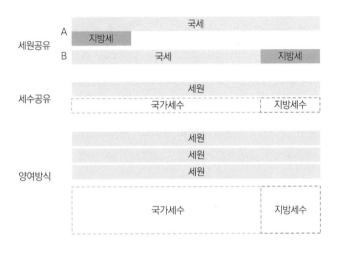

그림 9-3 공동세의 세 가지 형태

  그림에서 보는 바와 같이 세원공유(과세중복)는 국가와 지방이 세원을 나누어 갖는 방식인데, 두 가지로 구분할 수 있다. 그림의 A는 국세에 일정 비율을 지방세로 부가하는 부가세 방식이고, B는 지방정부가 독자적인 세율을 정할 수 있는 보통세 방식이다. 부가세의 사례로는 2014년 독립세로 전환되기 이전까지 국세의 10%를 징수하던 지방소득세를 들 수 있고, 보통세 방식(독립세 방식)은 2014년 도입된 지방소득세(법인소득세와 개인소득세의 일정 비율 징수)를 들 수 있다. 그에 반해 세수공유는 국가가 특정 세원에 대하여 일괄 징수한 다음 세수의 일정 비율을 지방정부에게 분배하는 방식이다. 우리나라의 지방소비세는 중앙정부에서 부가가치세로 징수한 다음 21%를 지방정부에게 분배하는 세수공유의 공동세이다. 그리고 양여방식은 세수 공유방식과 유사하지만, 개별 세원이 아닌 다수 세원에 대하여 국가가 징수하여 일정 비율을 지방정부에게 부여하는 방식이다. 우리나라의 지방교부세는 내국세의 19.24%를 지방정부에 교부해주고 있다.

우리나라는 지방소비세(국세인 부가가치세의 21%)와 지방소득세(소득세의 일정 비율)를 공동세로 도입하고 있다. 먼저, 지방소비세의 재원인 부가가치세는 2020년 현재 전체 조세의 79%를 국세로 하고, 21%를 지방세로 하고 있다. 그리고 지방소비세를 지방정부에 분배할 때 지역별로 가중치를 다르게 부여하고 있으므로 수평적 재정조정이 이루어진다고 할 수 있다. 즉, 수도권은 100%, 비수도권 광역시는 200%, 비수도권의 도는 300%를 적용하고 있다. 특히 수도권의 지방소비세분의 35%를 재원으로 지역상생발전기금을 설치하여 비수도권에 지원하고 있다. 문재인 정부에서 2020년 부가가치세의 15%를 21%로 인상하였는데, 그동안 부가가치세의 20% 정도를 지방소비세로 해야 한다는 지속적인 주장이 이제야 결실을 본 것이다. 그런데, 왜 20%여야 하는지에 대한 토론경험이 다음 박스에 소개되어 있다.

❖ 지방소비세 20%의 근거에 대한 토론 에피소드

2011년부터 2012년까지 저자가 있었던 지방분권촉진위원회 전문위원회에서 지방소비세의 비율 개선에 대하여 토론한 적이 있다. 당시 지방소비세는 부가가치세의 11%로 하고 있었는데, 전문위원들은 지방재정력의 확충을 위해서는 그 비율을 20%까지 높여야 한다고 생각했고, 왜 20%인가에 대한 근거를 마련하기 위해 다음 세 가지를 검토하였다. 첫째, OECD 선진국의 평균 지방세 비율이 약 40%이니까 그 절반 수준은 되어야 한다는 것이었다. 그러나 OECD 국가의 지방세 비율 50%는 그 논거가 미약하였다. 둘째, 지방교부세의 산정에 있어서 지방재정수요의 80%만 인정해 주고 있으니 나머지는 지방소비세로 메우는 차원에서 지방소비세의 비율을 20%로 해야 한다는 것이었다. 이 주장 역시 지방재정수요 20%와 지방소비세 20%의 연관성이 낮았기 때문에 설득력이 낮았다. 셋째, 지방세의 비율을 30%로 만들기 위해서는 지방소비세의 비율을 최소한 20%로 개선해야 한다는 것이었다. 이 주장은 국세 대 지방세의 비율이 8:2로 고착화되어 있는 상황에서 이를 개선한다는 차원에서 설득력을 갖고 있었다. 또한 지방소비세의 20% 인상이 곧바로 지방세 비율 30%로 연결되지는 않을지라도 지방세 비율의 개선에 기여하는 것은 사실이었다. 당시 지방소비세 비율 20% 개선은 기재부와 국회의 반대로 인해 실현되지 않았으나 2020년 문재인 정부는 마침내 부가가치세의 21%를 지방소비세로 개선하는 데 성공하였다. 문재인 정부는 국세 대 지방세 비율을 7:3으로 만들기 위해 지방소비세의 비율을 21%로 인상하였는데, 저자가 소속된 위원회에서 검토했던 근거가 8년의 시차를 뛰어넘어 작용한 것으로 해석된다.

박스에서 논의된 부가가치세 20%의 근거는 OECD 국가 평균의 50% 수준, 지방교부세 산정에서 고려하지 않은 지방재정수요의 20%, 그리고 국세 대 지방세 비율 목표 달성 등이다. 결과적으로 국세 대 지방세의 비율을 8:2에서 7:3으로 개선하기 위해서는 지방소비세의 비율을 부가가치세의 20%로 인상하여야 한다는 것이었다. 이러한 근거가 영향을 미쳐 문재인 정부에서 부가가치세의 21%를 지방소비세로 인상한 것으로 해석할 수 있다. 앞으로 국세 대 지방세의 비율을 7:3으로 만들기 위해서는 지방소비세의 비율을 25% 또는 30%로 높여야 할 수 있지만 그 경우에도 논거는 지방세 비율 개선 목표가 될 것이다.

그 다음으로 지방소득세는 종래 소득세 부과금액에 10%를 추가하여 매기는 부가세 방식이었으나 2014년에 소득별 과세표준과 세율을 달리하는 독립세로 전환하였다. 즉, 소득세의 일정 비율(개인 소득세의 최대 4.2%와 법인 소득세의 최대 2.5%)을 지방소득세로 분할하는 공동세 제도를 도입하였다. 동일 세율을 가정할 때 독립세 방식은 부가세 방식보다 조세이전의 효과가 높다고 할 수 있다. 가령 소득세(국세)가 100억이라면 10% 부가세인 지방소득세는 10억이 되고 소득세와 지방소득세의 합계는 110억원이 될 것이다. 그러나 전체 소득세가 동일(110억원)하다면 10% 독립세인 지방소득세 수입은 11억원이 될 것이다. 동일한 원칙을 적용하면 독립세가 부가세에 비해 국세의 이전효과가 높다는 사실을 알 수 있다.

우리나라는 국세와 지방세의 공동세뿐만 아니라 광역세와 기초세의 공동세 제도 역시 도입·운영되고 있다. 서울시는 자치구간 재정격차를 완화하기 위해 2005년부터 재산세의 공동세를 추진하여 2007년 시세(담배소비세, 자동차세, 주행세)와 자치구세(재산세)를 교환하고 재산세의 공동세 도입에 성공하였다. 서울시는 시세인 재산세를 공동세로 전환하면서 자치구세 50%에 대하여 인구나 재정력 등 별도의 산식을 마련하지 않고 25개 자치구에 균등 분배하였다.

❖ 서울특별시 재산세 공동과세 도입

2007년 서울시 재산세 공동과세 도입은 지방세를 통한 수평적 재원 불균형을 조정한 사례로서 그 의의가 크다. 지방자치 실시 이후 서울시 25개 자치구 간에는 지나친 재정불균형 문제로 인해 이해관계가 첨예하게 대립되어 왔다. 이러한 문제점을 해소하기 위해 종래부터 시세와 구세간 세목 교환, 조정교부금제 개선 등 다양한 방안이 논의되었다. 1995년 서울시세인 담배소비세와 자치구세인 종합토지세(현재 토지분 재산세)의 세목교환에 대한 논의가 있었고, 2005년에는 구세인 재산세와 시세인 자동차세 · 담배소비세 · 주행세간 세목교환이 논의되기도 하였다. 특히 2004년부터 2006년 사이에 부동산 가격이 급등하고 재산세 징수액이 급증하게 되자 일부 자치구에서는 재산세 탄력세율제도를 통해 세율인하를 시도하였고, 이로 인해 다른 자치구에서도 경쟁적으로 세율을 인하하는 문제가 발생하였다. 이에 따라 정부가 2007년부터 탄력세율제도를 법으로 제한하고 지방세법에 따른 표준세율을 적용하게 하자 재산세 공동과세 도입에 대한 본격적인 논의가 시작되었다. 2007년 7월 재산세의 50%를 서울시세로 징수한 후 25개 자치구에 균등 분배하는 공동세 제도를 도입하였고, 국회에서 지방세법을 개정함으로써 2008년부터 재산세 공동세를 시행하게 되었다. 이러한 재산세 공동세의 도입 결과 자치구간 재정격차를 해소하는 데 기여하는 것으로 나타났다. 2014년 서울시의 재산세 부과현황에 기초할 때 공동세 이전에는 강남구와 강북구의 세입격차가 15배였으나 재산세 공동세 이후 그 격차는 4.4배로 완화된 것으로 나타났다.

〈출처: 행정자치부, 2015: 91-92.〉

박스에서 보는 바와 같이 재산세 공동세 도입 결과, 재정력이 상대적으로 좋은 서초, 강남, 중구는 재정수입이 감소하고, 나머지 22개 자치구는 수혜를 받는 것으로 나타났다. 그에 따라 재정수입 감소가 예상되었던 자치구에서는 헌법소원을 제기하면서 강하게 반발하기도 하였다. 그러나 공동세가 도입될

경우에도 서울시세의 22.6%를 재원으로 하는 조정교부금(2015년 기준 약 2조원)을 재정부족이 발생한 자치구에 지원하기 때문에 서초, 강남, 중구의 재정수입 감소분도 줄어들어 25개 자치구 간 재정격차는 전체적으로 줄어들었다. 더욱이 조정교부금 재원의 강화(조정률의 5% 인상), 공동세와 조정교부금의 통합, 그리고 독일식의 재정산식 도입(75%는 인구기준으로, 25%는 재정력 기준으로 배분) 등을 추가적으로 고려하면 자치구 간 재정격차는 더 줄어들 수 있다는 연구결과도 제시되고 있다(최병호·정종필, 2007).

이러한 서울시의 공동세 제도를 다른 시·도에 도입할 수는 없을까? 먼저 서울시의 공동세를 부산, 인천, 대구 등의 광역시에 적용하기 위해서는 광역시 내 자치구 간 재정격차의 정도를 고려해야 할 것이다. 그리고 도와 시·군의 공동세 제도의 도입을 위해서는 더 많은 요인을 고려해야 한다. 시·군은 자치구와 달리 조정교부금뿐만 아니라 지방교부세를 받고 있기 때문에 공동세 제도의 도입이 전국 시·군의 지방교부세에 영향을 주기 때문이다.

2) 공동세 제도 확대 대안

지역 간 재정격차를 심화시키지 않으면서 지방정부의 재정력을 확충하기 위해서는 공동세를 확대해야 하는데, 우선 소득세와 부가가치세의 분배에서 지방정부의 몫을 더 늘려야 한다. 공동세가 확대되면 지방정부는 자신의 지역을 다른 지역과 차별화할 수 있는 경쟁에 나설 수 있는 경쟁력을 갖게 된다(최승노, 2008: 192–193). 그러한 바탕 위에서 각 지방정부는 외국인 투자유치, 경제활동인구 증대, 그리고 지역복지 증대를 위한 노력에 나설 수 있을 것이다. 문재인 정부는 지방소비세의 인상(부가가치세의 21%)을 통해 국세 대 지방세 비율을 8:2에서 7:3으로 전환하고, 중장기적으로 6:4로 개선한다는 공약을 제시하였다.

그러나 국세 대 지방세의 비율을 7:3으로 만드는 것은 매우 어려운 과제이다. 2018년 기준으로 국세는 약 293조원이고 지방세는 약 84조원인데, 지방세를 113조원으로 만들어야 7:3의 구조가 된다. 그에 따라 지방소비세를 21%

로 인상하는 것만으로는 부족하고, 지방소득세를 10%까지 높여야 가능할 것이다. 그리고 국세 신장률(2016~2018 3년간 10.4%)과 지방세 신장률(2016~2018 3년간 5.9%)의 현저한 차이 때문에 지방소비세와 지방소득세의 인상을 통해 국세 대 지방세 비율을 7:3으로 전환하더라도 얼마 지나지 않아 다시 8:2로 회귀할 가능성마저 있다. 만약 국세 대 지방세 비율을 6:4로 만들기 위해서는 지방세가 150조원이 되어야 하므로 지방소득세를 20%까지 높여야 하는데 이는 매우 어려운 과제이다.

또 하나의 과제는 국세의 추가이양은 지방정부 간 세원의 불균형으로 인해 지방정부 간 재정격차를 더욱 심화시킬 수 있다는 것이다. 이를 위해 독일의 공동세 제도와 서울시의 공동세 제도를 참고하여 재정력에 따라 국세의 이양을 차등화하는 조치, 즉 지방정부 간 수평적 재정형평화 조치를 강구해야 한다. 이를 통해 중앙-지방 간 수직적 재정조정과 지방정부 간 수평적 재정조정이라는 두 마리 토끼를 잡아야 한다. 국세의 일부를 공동세로 도입하여 지역 간 격차를 해소하고 있는 선진국의 대표적 사례로는 독일과 오스트리아를 들 수 있다. 우리나라의 경우에도 국세의 이양을 통해 지방정부의 재정력을 강화할 경우 지역 간 조세기반이 상이하여 지역 간 재정격차를 심화시킬 수 있으므로 독일 등 선진국에서 적용하고 있는 공동세 제도의 수평적 재정조정장치를 참고할 필요가 있다.

❖ 독일의 공동세 제도

독일의 공동세는 국세를 연방정부, 주정부, 지방정부가 나누어 갖는 구조이다. 독일의 공동세 제도는 1919년 바이마르 공화국에서 기원하고 있다. 당시 소득세, 법인세, 부가가치세는 국세가 아닌 지방세였으나 바이마르 공화국이 1차 세계대전 패전 보상비 지급과 전후복구를 위해 조세입법권과 조세수익권이 필요하였고, 그에 따라 소득세, 법인세, 부가가치세를 국세로 편입시키고 지방정부는 징세지주의 원칙에 따라 국세의 일정 비율을 배분받았다. 1949년 연방헌법은 공동세를 폐지하고 소득세, 법인세, 상속세를 주정부의 세목으로 귀속시키고, 관세, 소비세, 부가

가치세를 연방정부의 세목으로 귀속시켰다. 1955년 헌법에서 비로소 연방과 주정부에게 귀속되는 공동세의 구체적인 비율을 법제화하였다. 당시 소득세와 법인세는 연방에 33.3%, 주정부에 66.7%를 배분하도록 규정하였다.

현재와 같이 연방헌법에 공동세를 별도로 분류하고 공동세 배분비율에 관한 법률을 제정하도록 한 것은 1969년 헌법개정에 의해서이다. 독일의 연방정부, 주정부, 지방정부 간 공동세 배분비율은 세목별로 다소 다르다. 다음 표는 2018년 기준 근로소득세, 금융소득세, 법인세, 부가가치세의 정부 간의 배분비율을 나타낸 것이다.

〈독일의 공동세 배분비율〉

구분	연방정부	주정부	지방정부
근로소득세(원천징수 및 신고납분)	42.5%	42.5%	15%
금융소득세(원천징수분)	44%	44%	12%
법인세	50%	50%	–
부가가치세	필요에 따라 변경 가능(2018년 예산 기준)		
	49.6%	47.2%	3.2%

독일은 우리나라의 국세에 해당하는 근로소득세는 연방과 주가 42.5%씩 균등하게 나누고 지방정부에게 15%를 제공한다. 금융소득세의 배분비율은 연방 44%, 주 44%, 그리고 지방정부 12%이고, 부가가치세의 배분비율은 필요에 따라 변경가능하지만 2018년도 기준으로 연방정부 49.6%, 주정부 47.2%, 지방정부 3.2%였다. 독일 공동세 제도의 특징은 지역 간 재정격차를 줄이기 위한 장치를 두고 있다는 것이다. 다시 말해, 주정부 간의 재정격차를 줄이기 위해 연방-주 간 수직적 재정조정과 더불어 주정부 간 수평적 이전을 허용하고 있다. 독일의 부가가치세 조정과정은 네 단계를 거치는데, 이를 요약하면 다음 표와 같다.

〈독일의 부가가치세 조정과정〉

구분	단계별 조정기능	수직적 조정	수평적 조정
제1단계	수직적 조정(연방과 주의 배분비율 조정)	○	×
제2단계	주정부 간 배분조정(75%는 인구기준, 25%는 재정력이 낮은 주에 우선배정)	×	○

제3단계	주정부 간 재정조정 (협의의 수평적 재정조정)	×	○
제4단계	연방보충교부금(재정력이 조정액 측정치의 99.5% 미달분의 77.5% 교부)	○	○

독일 부가가치세의 경우 제1단계는 연방과 주정부 간 수직적 재정조정으로서 원칙적으로 부가가치세의 47.2%를 주정부에게 이전하되 연방과 주정부의 재정수지를 고려하여 배분비율을 적절히 조정한다. 제2단계는 주정부 간 재정조정으로, 47.2%의 75%는 인구기준으로 주정부의 인구에 비례하여 배분하고 나머지 25%는 재정력 기준으로 재정력이 낮은 주정부에게 우선적으로 배분한다. 즉, 재정력 기준은 1인당 부가가치 세수입을 기준으로 주정부 평균의 97% 미만인 주와 그 이상인 주로 구분하여 산식에 따라 배분된다. 제3단계는 주정부 간 수평적 재정조정으로 과세력 측정치(재정수입)가 조정액 측정치(재정수요)를 초과하면 교부금을 납부하고 하회하면 교부금을 수령한다. 여기서 과세력 측정치는 주의 세수 추계액에 기초지방정부 세수추계 합계액의 64%를 가산한 것이고, 조정액 측정치는 각 주정부 재정수요의 크기를 상대적으로 측정한 것이다. 제4단계는 수직적 및 수평적 재정조정으로서 연방정부가 주정부에게 연방보충교부금을 지급한다. 주정부 간 재정조정을 실시한 후 재정력이 조정액 측정치의 99.5%에 미달하는 부분의 77.5%를 교부한다.

〈출처: 하능식, 2018: 112-113; 주만수, 2019.〉

독일에서 공동세를 통해 주정부 간 수평적 재정조정이 가능한 것은 주정부별로 상이한 조정계수를 적용하기 때문이다. 재정력이 우수한 주정부에는 작은 조정계수를 적용하고, 재정력이 취약한 주정부에는 큰 조정계수를 적용한다. 계산식이 복잡하지만 간단히 말하면, 국세 중 일정 비율을 떼어 낸 다음 주정부의 재정력에 따라 가중치를 다르게 부여하여 재분배한다고 보면 된다. 이러한 조정의 결과로 주정부 간 재정격차가 현저하게 감소한 것으로 나타났다. 연도별로 차이가 있지만 2015년 기준으로 살펴보면, 부가가치세의 배분 전 54.6%~155.8%이던 재정력 격차는 부가가치세의 배분 후 92.9%~128.7%로 감소되고, 2차적 수평적 조정결과 97.6%~106.5%로 줄어들었다(김영태,

2018: 177－182). 독일의 경우 공동세를 통해 연방세를 주세로 이양하는 효과와 더불어 주정부 간 재정력의 격차를 완화함으로써 지방분권과 재정격차 해소를 조화시킨 것으로 평가된다.

국세의 공동세뿐만 아니라 지방정부 단위에서도 시·도세의 공동세 도입을 통해 기초지방정부의 재정력을 강화하고 아울러 지역 간 재정격차를 완화할 필요가 있다. 지방세의 공동세 도입을 위해서는 서울시의 재산세 공동세 사례를 참조하되 광역시 및 도의 특성을 고려해야 할 것이다. 광역시는 자치구 간 재정격차가 서울시만큼 크지 않고, 도의 시·군은 광역시의 자치구와 달리 지방교부세를 받고 있는 점은 여건의 차이뿐만 아니라 제도 도입에 있어서 복합적인 요인이 작용한다는 점을 시사해 주고 있다. 도 차원의 제도 도입 시 고려해야 할 사항은 경기도의 시·군 조정교부금 폐지 사례에서 엿볼 수 있다.

❖ 경기도 조정교부금 우선배분 특례 폐지 사례

행정자치부가 수원, 성남시 등 경기도 6개 지자체의 반발에도 불구하고 당초 계획대로 조정교부금 우선 배분 특례를 폐지하는 법안을 입법예고해 파장이 불가피할 전망이다. 행자부는 조정교부금 배분 기준 변경과 경기도 특례를 폐지하는 내용의 지방재정법 시행령 개정안을 4일부터 다음달 16일까지 입법예고한다고 밝혔다. 개정안에 따르면 행자부는 시군 조정교부금 배분기준 중 재정력지수 반영비중을 20%에서 30%로 높이고 징수실적 비중을 30%에서 20%로 낮추기로 했다. 조정교부금은 현재 인구 수(50%), 징수실적(30%), 재정력 지수(20%)를 기준으로 시군에 배분되고 있다. 또 수원과 성남, 과천, 용인, 화성, 고양 등 경기도 내 지방교부세 불교부단체 6곳에 대한 조정교부금의 우선 배분 특례조항이 폐지된다. 대신 급격한 재정감소로 인한 주민불편을 최소화하고 현안사업의 원활한 마무리를 위해 3년에 걸쳐 현행 90%인 조정률을 현행 내년 80%, 2018년 70%, 2019년 전국기준으로 낮추기로 했다.

이 경우 수원·성남·용인시는 내년도 조정교부금이 약 200억원 정도(2013~2015년 평균기준) 감소하며 고양·과천·화성은 내년부터 중앙정부로부터 교부금을 받아야 하는 처지가 된다. 수원시는 즉시 폐지와 2017년 80%, 2018년

70% 등 10%씩 단계적으로 낮추는 안을 가정해 보통교부세의 지역 외 유출액을 산정했는데, 그 결과 수원시가 815억원, 성남시는 892억원, 고양시 717억원, 용인시 1천 65억원, 화성시 1천 503억원, 과천시 396억원 등 6개 불 교부단체가 총 5천 388억 원(평균 898억 원)의 조정교부금 재원손실이 발생했다. 그러나 고양시와 화성시, 과천시가 교부단체로 전환되면 손실액 대비 과천 50%, 화성 51%, 고양 63% 수준으로 보통교부세를 보전 받는다. 이에 따라 경기지역 25개 교부단체에 평균 215억원의 재원이 증가하지만, 보통교부세는 평균 155억원이 감소돼 보통교부세의 타 시도 유출액이 2천 441억원에 이른다는 것이 수원시의 계산이다. 이런 방법으로 우선 배분비율 80%를 적용할 경우에는 846억원, 70% 적용 시에는 1천 529억원의 경기도 전체 보통교부세가 다른 시도로 유출되는 것으로 나타났다.

〈출처: 연합뉴스, 2016.6.24; 뉴시스, 2016.07.04.〉

2016년 6월 행정자치부는 지방재정법 시행령의 개정을 통해 경기도의 시·군 조정교부금 우선배분 특례를 폐지한다는 방침을 발표하면서 중앙 – 지방 간 갈등이 첨예화되었다. 조정교부금은 시·도세의 총액과 지방소비세액의 일정비율을 확보하여 시·군 간의 재정격차를 조정하기 위해 분배하는 재원이다.3 지방재정법 시행령의 개정으로 변경되는 핵심 내용은 첫째, 지방교부세

---

3 지방재정법 제29조에 시·도지사(특별시장은 제외한다)는 다음 각 호의 금액의 27퍼센트(인구 50만 이상의 시와 자치구가 아닌 구가 설치되어 있는 시의 경우에는 47퍼센트)에 해당하는 금액을 관할 시·군 간의 재정력 격차를 조정하기 위한 조정교부금의 재원으로 확보해야 한다고 규정하고 있다. 이에 따르면, 조정교부금 재원은 시·군에서 징수하는 광역시세·도세(화력발전·원자력발전에 대한 지역자원시설세, 소방분 지역자원시설세 및 지방교육세는 제외한다)의 총액, 시·도의 지방소비세액(「지방세법」 제71조 제3항 제3호 가목에 따라 시·도에 배분되는 금액은 제외한다)을 전년도 말의 해당 시·도의 인구로 나눈 금액에 전년도 말의 시·군의 인구를 곱한 금액으로 한다. 지방재정법 시행령 제36조 제3항에는 일반조정교부금을 배분할 때에는 일반조정교부금 총액의 100분의 50에 해당하는 금액은 해당 시·군의 인구 수에 따라 배분하고, 100분의 20에 해당하는 금액은 해당 시·군의 광역시세·도세 징수실적에 따라 배분하며, 100분의 30에 해당하는 금액은 재정력 지수를 기준으로 배분한다고 규정하고 있다.

를 교부하지 않는 지방정부(불교부 지방정부)에 대한 조정교부금 우선배분 조항
의 폐지이고, 둘째, 조정교부금의 배분 항목별 가중치 수정이었다. 전자에 따
라 경기도의 6개 지방정부(수원, 성남, 용인, 고양, 화성, 과천)에 대한 우선 배정
이 불가능해졌고, 후자에 따라 조정교부금 배분에서 시·군의 인구 수(50%),
시·도세 징수실적(30%), 재정력 지수(20%)의 비중에서 시·도세 징수실적이
20%로 줄고 재정력 지수는 30%로 증대되었다.

이러한 지방재정법 시행령의 개정으로 인해 경기도 내 6개 지방정부는 재
정적 손실을 감수할 수밖에 없어 크게 반발하였고, 해당 지방정부에 지역구를
둔 국회의원들도 국회 상임위 등에서 반대 의견을 피력하였다. 박스에서 나타
난 바와 같이 6개 지방정부 모두 재정적으로 큰 손실을 보게 되고, 특히 용인
과 화성은 1천억원 이상의 재정적 손실을 보는 것으로 추정되면서 매우 민감
한 반응을 보였다. 우선 국회에서의 논의를 보면, 당시 야당(더불어민주당)과 6
개 지방정부에 지역구를 둔 국회의원들은 경기도의 조례에 의한 특례를 폐지
하는 것은 지방자치에 대한 심각한 도전이라며 반대하였다. 그러나 여당의원
(자유한국당)과 다른 지방정부에 지역구를 둔 국회의원들은 경기도에 한정된
문제가 아니라고 맞섰다. 즉, 경기도 내 6개 지방정부에 대한 조정교부금 우선
배정은 도내 25개 지방정부에 대한 지방교부세 배정에 영향을 미치고 이는 다
시 경기도 외 다른 지역의 지방교부세를 감소시키는 결과를 가져오기 때문에
중앙부처인 행정자치부에서 관여하는 것은 당연하다고 주장하였다.

정치적 해법이 막히자 급기야 6개 지방정부는 헌법재판소에 권한쟁의를
신청하였다. 경기도 내 6개 지방정부는 지방재정법 시행령의 개정을 통한 조
정교부금의 우선배분 특례를 폐지한 행정자치부의 조치는 지방정부의 자치재
정권을 훼손하였다고 주장하였다. 그에 대하여 헌법재판소는 조정교부금은 지
역 간 격차를 시정하기 위한 것이고, 6개 지방정부의 재정자립도가 동종 지방
정부보다 높으며, 시행령의 개정으로 우선 조정교부금은 받지 못하지만 일반
조정교부금을 받을 수 있다는 점을 들어 우선 배분 특례조항의 폐지가 지방자
치권을 침해한 것이 아니라고 판결하였다. 이러한 사례에서 보듯 지방재정에
관한 조치는 그 효과가 하나의 광역지방정부에 한정되지 않고, 광역지방정부

내 기초지방정부와 여타 지역의 기초지방정부에 영향을 미친다는 점에서 합리
적인 해법을 위해서는 전국적인 차원에서 분석해야 할 것이다.

3. 고향세 제도 도입 대안

1) 고향세 제도의 개념

고향세 제도는 원래 자신이 태어난 고향을 선택하여 조세를 납부할 수 있
게 하는 제도이다. 일반적으로 새로운 세목(조세의 종류)이 설치되기 위해서는
세원(조세 부과의 대상인 토지, 재산, 소득 등)이 존재해야 하고, 그러한 세원에 대
하여 일정한 세율(과세의 표준에 의하여 세금을 매기는 비율)이 부과되어야 한다.
그러나 특정 지역 출신을 근거로 조세를 부과한다면 지방세의 요건으로 강조
되고 있는 안정성과 정착성을 훼손할 수 있고, 주민세 등과도 중복 과세되는
문제도 있다. 그리고 납세자가 납세할 지방정부를 선택하게 할 경우 국가와
지방정부의 조세징수권이 훼손될 수 있는 여지도 있다.

이러한 이유에 따라 고향세 제도는 현실적으로 고향기부금제 또는 고향
발전기부금제의 이름으로 도입되고 있다. 고향기부금제는 자신이 태어난 고향
의 지방정부에 기부금을 납부하면 그 부분만큼 조세를 공제해주는 제도이다.
따라서 고향세 제도는 지역(고향)을 선택하여 조세를 납부할 수 있게 하는 제
도가 아니라 지역(고향)에 대한 기부금을 내게 하고, 그에 해당되는 부분만큼
조세를 환급해주는 제도라고 할 수 있다. 즉, 기존 기부금 제도의 운영원리를
따른다는 점에서 고향기부금제라고 할 수 있고, 고향발전을 위한 기부라는 점
에서 '고향발전기부금제'라고 부를 수 있다. 고향기부금제를 도식화하면 [그림
9-4]와 같다.

그림에서 보는 바와 같이 고향기부금제는 개인 납세자가 자신이 태어난
곳이나 관심 있는 지역에 지역발전을 위한 기부금을 납부하면, 정부는 연말정
산에서 국세와 지방세를 환급해주는 방식이다. 중앙정부는 기부금만큼 국세인
소득세를 환급해주고, 지방정부는 지방세인 지방소득세와 주민세를 환급해 줄

수 있다. 여기서 고향의 개념에 대해서는 태어난 곳에 한정되지 않는다. 지역
발전을 위한 제도의 취지에 맞게 본인이 태어난 지역뿐만 아니라 자신이 관심
을 갖는 지역을 포함할 필요가 있다.

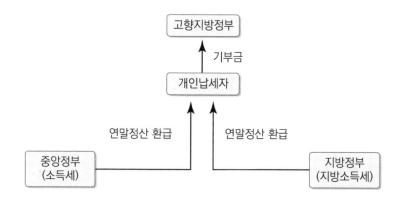

그림 9-4 고향기부금제의 도식화

　　우리나라에서 검토하고 있는 고향세 제도는 기부에 대한 소득공제에 초
점을 두고 있다는 점에서 세액공제에 기초한 일본의 고향납세제도와는 차이가
나지만, 제도의 취지와 목적 그리고 논리구조의 측면에서 유사하다고 할 수
있다. 따라서 여기서는 일본의 고향납세제도 도입과정과 현재까지의 발전 현
황에 대해 간단히 고찰하고자 한다. 일본에서 고향세(고향납세) 논의가 시작된
것은 2006년 10월 일본 후쿠이(福井) 현의 니시카와 잇세이(西川一誠) 지사가
'고향기부금에 대한 공제'를 주장하고 나서면서부터였다(신두섭·염명배, 2016).
이 제도에 대하여 의견의 일치를 본 것은 아니며, 지방정부들은 재정 확충 측
면에서 찬성하였으나 민주당과 도쿄 등 세수 감소가 예상되는 대도시는 격렬
하게 반대하였다(염명배, 2016). 2008년 4월 30일 「지방세법 등 일부개정 법률」
(법률 제21호)에서 기부금 세액공제(제37조의 2)를 추가하고 개인주민세제도를
대폭 확충하는 형태로 도입하였는데, 이듬해인 2019년부터 고향납세에 대한
소득공제를 시행하였다.

이 제도는 본래 '지방창생(地方創生)'을 도모하고 지역경제 활성화, 국가와 지방정부 간의 세원 격차를 해소하기 위한 목적에서 도입되었다. 당시 일본은 '삼위일체 개혁' 등 대대적인 재정개혁에 박차를 가하고 있는 시점에서 세원이양과 지역 간 세수 격차를 줄이기 위한 대안을 강구하게 되었고, 세수격차를 줄이기 위해 '주민세 10% 상당액을 지역에 납부'하도록 하는 고향납세제도를 도입하였다(박균조, 2008; 염명배, 2010). 일본 고향납세제도는 고향이나 관심 지역에 기부를 하면 일정 한도 내에서 소득세와 주민세를 공제해 주는 제도로 본인이 원하는 지역에 기부를 함으로써 기부금의 용처와 지역을 다시금 생각할 수 있는 기회가 되었다는 평가를 받고 있다.

2008년에 도입된 일본 고향납세제도의 경우는 2013년도부터 기부 건수 및 기부액 규모가 큰 폭으로 늘어났다. 특히 2012년 동북부 지역의 대지진 이후 일시적인 증가도 있었으나 기부 후 답례품으로 지역 특산품을 보내주는 지방정부의 노력으로 인해 그 상승폭은 더욱 증가하였다. 2015년 총무성의 고향세 납세의 증가요인에 관한 설문조사 결과 '답례품 충실'이 가장 높게 나와 기부에 대한 반대급부의 영향이 크다는 사실을 시사하고 있다.[4] 전국 지방정부에 납부된 기부액은 첫 해(2008년도) 약 81억엔에서 2015년도에 1,653억엔원대까지 증가하였다. 제도 시행 8년 만에 20배 이상 증가하였음을 알 수 있다. 고향기부금은 도쿄, 오사카, 나고야 등 일본 3대 대도시권에 집중되었고(70% 상회), 기부금이 세입을 초과하는 지역도 10곳 이상이었다.

2) 고향세 제도의 도입 대안

우리나라의 고향세 제도, 특히 고향발전기부금제의 도입에 있어서 기부자, 고향에 대한 인식, 기부 동기, 기부금 형태와 규모 등에 대한 고려가 필요

---

4 고향세 납세의 증가요인에 대한 설문조사에서 답례품의 충실이 1,017개 지방정부(56.9%), 고향납세의 보급·정의가 999개 지방정부(55.9%), 2015년의 제도확충(공제규모 배증, 고향납세 원스톱 특례제도 창설)이 791개 지방정부(44.2%), 납부환경 정비(신용카드 납부, 전자신청 접수 등)가 766개 지방정부(42.8%), 홍보 충실이 122개 지방정부(6.8%), 그리고 지진·재해 지원이 42개 지방정부(2.3%)로 나타났다.

할 것이다.

첫째, 고향발전기부에 있어서 기부자를 누구로 할 것인가에 대하여 살펴보면, 2016년 9월 9일~13일까지 비수도권이 고향인 수도권 거주자 206명을 대상으로 설문조사한 결과 고향발전기부금은 기부 경험 유무와는 크게 상관이 없는 것으로 나타났다(신두섭·하혜수, 2007). 즉, 기부 경험에 따라 고향발전기부금을 납부하지는 않을 것이라는 것인데, 이는 결국 고향발전기부 대상자는 기부 유경험자를 타깃으로 할 필요는 없다는 것이다. 오히려 연령대별 기부 경험 유무가 다르기 때문에 젊은 층보다는 연령대가 높아질수록 기부할 가능성이 높다는 점에 착안할 필요가 있다. 그리고 사회적으로 안정적인 위치에 있는 세대가 기부할 가능성이 높다. 또한 남성과 여성을 구분하여 보았을 때 여성이 남성보다는 기부 경험에 따라 고향의 중요성을 높게 인식하였다는 점도 함께 고려해야 할 것이다.

둘째, 기부동기에 있어서는 '삶의 보람과 행복감', '사회적 책임감', '나눔을 실천하는 가족문화' 등이 높은 동기로 나타났다. 그러나 지역사회 기여나 동정심, 종교적 신념, 세제혜택 등에 있어서는 낮은 결과값을 보이고 있어 고향발전기부금을 유인하기 위한 정책적 판단에서 세제혜택 등은 큰 효과가 없을 것으로 판단된다(조선주, 2010). 아울러 기부 대상에 있어서도 사회복지단체, 국가기관, 지방정부, 종교단체 순으로 선호하고 있어 지방정부를 포함한 지역에 대한 관심이 타 대상보다 높지 않다는 것을 알 수 있어 향후 고향발전기부금 제도 도입을 위한 인식 전환이 필요할 것으로 판단된다.

셋째, 고향에 대한 인식이 존재하기는 했지만 실생활에서 그 중요성을 인식하지 못하는 경우도 있었고, 현재 거주지에 대한 인식 수준도 높지 않기 때문에 고향기부금제의 설계에 있어서 고려해야 할 사항이다. 기부 대상처로는 본인이 태어난 지역보다는 현 거주지에 높은 응답을 보인 사실에 비추어볼 때 본인이 태어난 곳을 고향으로 인식하는 관념은 약해졌다고 할 수 있다. 따라서 지역발전이나 국가균형발전 측면에서 고향발전기부금 제도를 도입하는 경우 고향이라는 고정관념이 아닌 관심 지역이라는 측면에서 접근할 필요가 있으며, 주민이 관심 갖는 지역의 발전을 위해 기부금을 납부할 수 있도록 유인을 제공할 필요가 있다.

넷째, 기부유형에 있어서는 현금이 가장 많은 94.09%이고, 기부규모에 있어서는 10만원 이하가 38.12%로 가장 많았다. 또한 기부 후 원하는 서비스로서는 기부금 사용 내역에 대한 정보제공, 영수증 발급, 정기소식지·웹진 등을 받고 싶다고 한 답변이 많았으며, 지역 특산품 등 기부자 사은품 제공을 원하는 경우도 13.6%가 있었다. 따라서 우리나라의 기부의향자들은 일본과 달리 답례품 증정보다는 투명한 정보공개를 원하고 있기 때문에 기부금의 용처 및 사용 내역에 대한 정확한 정보 공개가 이루어지도록 해야 할 것이다.

마지막으로 기부금의 사용분야에 대해서는 사회복지나 보건의료가 압도적으로 많았으며 그 다음으로 지역경제 및 지역개발 분야였다. 따라서 오늘날 지방정부의 재정수요에서 가장 높은 비중을 차지하는 분야가 사회복지 및 보건의료임을 감안할 때 기부금을 통해 부족 재원을 충당하는 대안도 적극적으로 검토할 필요가 있다. 단, 이 경우 고향발전기부금의 격차는 복지격차를 더 심화시킬 수 있으므로 사용처의 지정 여부에 대해서는 추가적인 고려가 필요할 것이다.

고향발전기부금제의 도입이 지방재정력 확충에 실질적으로 기여할 수 있을 것인지는 기부금의 규모에 좌우될 것이다. 고향발전기부금에 대한 지불의사액을 추정하면, 설명변수가 없는 지불의사액에 대한 의향만을 나타낸 모델에서는 1인당 연간 138.65만원이고, 모든 설명변수를 포함한 모델의 경우 116.31만원이며, 통계적으로 유의한 변수들만 포함한 모델에서는 115.83만원의 값을 얻을 수 있었다(신두섭·하혜수, 2017). 지역별로 경상도, 전라도, 충청도의 경우 통계적으로 유의하였으며 경상도가 가장 높은 145.16만원이었다. 연령별 구분에 있어서도 연령대가 높아질수록 그 지불의사액은 높아져 65세 이상의 경우 232.36만원으로 25세 미만의 연령대와 큰 차이를 보이고 있다. 이러한 분석결과를 고려하여 고향발전기부금제를 설계하면, 기부금의 규모와 그에 따른 지역적 재원편차를 추정할 수 있을 것이다.

4절 ― 결론

재정적 지방분권의 추진은 지방정부의 재정력을 확충하는 효과가 있지만 필연적으로 지역 간의 재정격차를 심화시킬 수 있다. 특히 지역 간 인구와 재정력의 격차가 높고 지역소멸 위험이 예상되며, 더욱이 수도권과 비수도권 간 재정격차가 극심한 우리나라의 상황에서 재정분권의 과감한 추진은 지역 간 재정격차를 더욱 심화시킬 수 있다는 점을 명심해야 한다. 이러한 요인은 재정분권을 가로막는 장애요인임과 동시에 재정분권에 소극적인 중앙정부에게 반대주장의 빌미를 줄 것이다. 그렇다고 재정분권의 추진을 단념하고 중앙정부의 재정지원에 만족할 수는 없을 것이므로 지역 간 재정격차를 최소화하면서 재정분권을 강화하는 대안을 마련해야 한다.

이를 위해 국세의 단순한 이양보다는 공동세를 확대하는 대안을 고려해야 한다. 우리나라는 국가단위에서 이미 지방소비세와 지방소득세라는 공동세를 도입하고 있는데, 지방소비세와 지방소득세의 비중을 확대하되 독일식의 재정형평화 조치를 강구해야 한다. 독일식 재정형평화 조치는 공동세의 배분에 있어서 지방정부 간 재정력 차이를 고려하는 것으로, 재정력이 튼튼한 지방정부에는 낮은 비율의 공동세가 분배되고 재정력이 취약한 지방정부에는 높은 비율의 공동세가 분배되도록 하여 재정형평화를 도모하는 방식이다. 우리나라의 경우에도 이러한 독일식 재정형평화 조치를 포함시킨다면 국세의 지방세 이양과 재정력 격차의 해소라는 두 가지 효과를 동시에 볼 수 있을 것이다.

시·도 차원에서도 공동세를 도입할 수 있을 것이다. 서울시는 재산세에 대하여 50:50의 공동세를 도입하였는데, 이를 통해 자치구의 재정력을 확충하면서 동시에 자치구간 재정격차를 해소한 것으로 나타났다. 이러한 서울시의 공동세를 여타 다른 광역시로 확대하면 광역시와 자치구 간 재정조정뿐만 아니라 자치구간 재정격차를 줄일 수 있을 것이다. 또한 도 차원에서도 공동세 제도를 도입할 수 있다. 다만 하나의 도가 아닌 전국의 도를 중심으로 도입하는 것이 공동세 도입에 따른 복잡성을 줄일 수 있을 것이다. 하나 또는 일부도를 중심으로 공동세를 도입할 경우 시·군은 자치구와 달리 지방교부세를 받기 때문에 공동세로 인한 지방교부세의 유출 또는 유입이라는 기대하지 않은 효과를 고려해야 한다. 이처럼 도 단위의 공동세 제도를 도입할 때에는 지방교부세에 미치는 효과 등을 면밀히 분석해야 할 것이다.

국세의 실질적 이전효과가 있는 고향세 제도, 정확히는 고향발전기부금제도 도입해야 한다. 이는 엄밀히 말해 조세가 아니지만 납부된 기부금만큼 국세와 지방세를 공제해 준다는 점에서 조세에 준하는 제도라고 할 수 있다. 고향발전기부금제는 국세와 지방세의 유출이 예상되는 만큼 한도를 정할 것인지에 대한 추가적인 검토가 있어야 한다. 모든 국세를 고향발전기부금으로 납부하도록 허용할 경우 국가재정에 미치는 부정적 효과가 존재하기 때문이다. 또한 고향발전기부금의 규모가 증대될 경우 지방교부세 재원이 줄어들 수 있으므로 고향기부금의 한도를 설정해야 할 것이다. 그리고 기부금 납부지역을 자신이 태어난 고향이 아닌 자신이 관심을 갖는 지역으로 확대할 경우 지역별 편차가 커질 수 있지만 지방정부 간 건전한 경쟁을 유도한다는 점에서 그에 대한 적극적인 고려가 필요할 것이다.

지방의 국정참여 대안

지방의 국정참여 대안

　　지방분권의 지속적인 추진에도 불구하고 중앙정부는 사무의 7할과 재정의 8할을 가지고 막강한 통제력을 행사하고 있다. 중앙정부는 지방정부와의 협의 없이 지방분권과 지방자치에 중대한 영향을 미치는 제도개선과 정책을 결정하고 추진할 수 있다. 이러한 중앙정부의 일방적인 정책추진은 지방정부와 주민의 격렬한 저항을 초래하여 정책의 실패 또는 저조한 성과로 귀결된다. 국가정책에 대한 지방정부의 참여는 대립과 갈등의 감소를 위해서 뿐만 아니라 정책의 성과를 높이기 위해서도 필요하다. 중앙정부의 권한이라고 해서 지방의 목소리를 차단하는 것은 현장 정보와 집단지성을 포기하는 것이고, 더 나아가 정책실패와 국가적 낭비를 방조하는 것이다. 이 장에서는 지방정부의 국정참여에 관한 제도와 문제점을 살펴보고 개선대안을 모색하고자 한다.*

---

* 이 장은 한국지방행정학보에 게재된 하혜수(2019)의 논문을 바탕으로 내용 보완과 사례 분석을 추가하여 작성하였음을 밝힌다.

1절 ─ 서론

　　1990년대 이후 OECD 선진국을 중심으로 중앙의 권한을 지방정부로 이양하는 지방분권이 강조되고 있다. 중앙정부에 집중된 사무, 인력, 재원의 이양을 통해 지방정부의 재량과 자율성을 제고하고, 그를 통해 정책에 대한 국민의 성과 체감과 서비스 만족도를 높일 수 있기 때문이다. 지방정부는 이러한 세계적 추세에 편승하여 사무와 정원에 관한 권한의 이양뿐만 아니라 국세의 이양 등 재정적 지방분권을 주장하고 있다. 그에 대하여 중앙정부는 지방정부의 낮은 재정자립도와 자치역량의 부족을 이유로 획기적인 지방분권에 소극적인 태도를 보이고 있다. 더욱이 이해관계가 상충되는 지방분권 이슈에 대하여 중앙정부와 지방정부가 대등한 관계에서 협의할 수 있는 제도적 장치도 미흡하다. 이러한 상황에서 지방분권은 중앙정부의 정책의지에 좌우될 수밖에 없어 그 추진 성과도 기대한 수준에 미치지 못하고 있다. 따라서 지방분권의 추진과정이나 지방자치에 중대한 영향을 미치는 국가의 정책결정과정에 지방정부의 의견투입 기회를 높이는 제도적 장치를 마련할 필요가 있다. 지방정부의 국정참여는 지방분권의 효과적인 추진을 위한 최소한의 안전장치가 될 수 있기 때문이다.

　　일반적으로 지방정부의 국정참여는 중앙-지방 간 의견 불일치 조정, 자치권 침해 방지, 국정의 효과성 확보, 민주주의체제 완성 등에 의해 정당화된다(하동현, 2016; 김성호, 2004). 첫째, 중앙정부와 지방정부는 상호의존적 관계를 지닌 행정주체이므로 국가차원의 거시적 의사와 지방차원의 미시적 의사를 조정하기 위해 지방의 국정참여가 필요하다는 것이다. 둘째, 국가가 추진하는 정책이 지방에 부정적 영향을 미칠 경우 지방정부는 자치권의 침해 방지차원에서 적극적으로 참여해야 한다는 것이다. 셋째, 모든 국가의 정책은 지방에서 집행되기 때문에 지방정부가 관심을 갖고 참여해야 높은 성과를 확보할 수 있다는 것이다. 넷째, 국정에 대한 지방정부의 참여는 주민의 풀뿌리 정책참여를 보완하여 민주주의체제를 완성하는 데 기여한다는 것이다.

　　사실 중앙정부의 정책추진에 있어서 지방정부의 선호를 충분히 고려하지 못한다면 정책결정이나 정책집행에서 심각한 문제를 초래할 수 있다. 중앙－지방 간 정책 선호가 다른 상황에서 중앙정부의 일방적 정책 추진은 정책강도(policy intensity)를 떨어뜨리고 집행공백을 초래할 수 있다. 즉, 중앙정부와 지방정부 간 선호 차이에 따라 정책강도 저하, 정책집행 실패, 정책형성 실패 등이 초래될 수 있다는 것이다(Balme & Ye, 2014: 151－152). 첫째, 중앙정부와 지방정부 모두 정책을 선호할 때 정책강도는 높지만 그렇지 않을 때는 정책강도가 떨어진다. 둘째, 중앙정부는 정책을 선호하고 지방정부가 선호하지 않을 경우 집행공백(implementation gap)이 발생한다. 예를 들면, 중앙정부가 지방정부로 하여금 해당 정책을 채택하도록 설득하지 못할 때나 국가의 능력 부족 때문에 지방정부의 순응을 확보할 수 없을 때 정책집행은 실패한다. 셋째, 중앙정부는 정책을 선호하지 않으나 지방정부가 선호할 때는 정책형성 공백(formulation gap)이 발생한다. 중앙정부가 정책추진에 소극적인 상황에서 지방정부가 정책주도권을 가지면 정책결정 공백이 발생하여 지방정부 차원에서 최고의 성과를 위한 상향 경쟁(race to the top)이나 규제완화를 위한 하향 경쟁(race to the bottom)이 초래될 수 있다.

❖ 핵심 개념 정리

상향경쟁(RTT: Race to the Top): 일명 최고를 위한 경쟁이라고 하며, 지방정부들이 성과 개선을 통해 일등이나 최고 자리를 차지하기 위해 벌이는 경쟁 상황을 의미한다. 예를 들면, 지방정부가 행정안전부의 합동평가에 있어서 최우수 성과를 내기 위해 경쟁하는 경우를 들 수 있다.

하향경쟁(RTB: Race to the Bottom): 바닥치기 경쟁이라고 하며, 지방정부들이 편익의 감소를 무릅쓰고 과도한 비용 절감이나 규제 완화를 위해 경쟁하는 상황을 의미한다. 예를 들어, 지방정부가 기업 유치를 위해 환경적으로 지탱하기 어려운 과도한 녹지규제 완화 경쟁을 벌이는 경우를 들 수 있다. 또한 지방정부들이 기업 유치를 위해 재정능력을 고려하지 않고 지방세 공제 경쟁을 벌이는 경우도 이에 해당된다.

2절 ── 지방정부의 국정참여제도 분석

1. 국정참여제도 분석기준

중앙정부의 정책결정에 대하여 이해관계자인 지방정부가 참여하는 방식은 정부의 정책결정과정에 주민들이 참여하는 방식에 비유할 수 있다. 그에 따라 주민참여이론을 원용하여 지방정부의 국정참여 수준을 분석할 수 있을 것이다. 주민참여이론 중에서도 주민참여의 유형 분류로부터 중앙정부의 정책결정에 대한 지방정부의 참여수준을 분석하기 위한 유용한 준거기준을 도출할 수 있다. 주민참여 유형 분류는 아른슈타인(Sherry R. Arnstein)의 시민참여 사다리(ladder of citizen participation)에 의해 시작되었다고 할 수 있다(Arnstein, 1969). 그는 시민참여의 단계를 8단계로 구분하고, 다시 비참여단계, 형식적 참여 단계, 시민권력 단계로 재분류하고 있다. 즉, 조작과 치유는 비참여 단계에, 정보제공과 자문 그리고 유화는 형식적 참여 단계에, 그리고 파트너십과 권한위임 및 시민통제는 시민권력 단계에 포함시키고 있다.

이후 1990년대 중반까지 시민참여유형은 아른슈타인의 영향을 받아 7~8단계의 틀에서 벗어나지 못하였다(Dorcey et al., 1994; Pretty, 1995). 정보제공, 교육, 정보수집, 반응에 대한 자문, 이슈 정의, 아이디어 검토, 합의형성, 지속적 관여 등으로 구분한 경우도 있고, 수동적 참여, 정보제공, 협의, 인센티브 참여, 기능적 참여, 상호작용적 참여, 자발적 동원 등으로 구분하기도 한다. 다만 1990년대 중반에도 정보제공, 협의, 공동결정(deciding together), 공동행동(acting together), 지속적 참여(supporting) 등과 같이 5단계로 구분한 학자도 있다(Wilcox, 1994).

2000년대 들어 시민참여유형은 3~5단계로 구분되는데, 먼저 3단계로 분류한 경우를 살펴보면, 강제적 참여, 유도적 참여, 자발적 참여로 구분하거나(Tosun, 1999) 정보제공형 참여, 협의형 참여, 의사결정형 참여로 구분하고 있다(Green & Hunton-Clarke, 2003). 그 다음 5단계의 유형 분류는 7~8단계의 복잡성과 3단계의 단순성을 조화시킨 방식으로 볼 수 있다(Jackson, 2001; Wong

et al., 2010). 정보제공, 시민교육, 반응 검토(testing reaction), 아이디어와 대안
도출, 합의형성으로 구분하거나 형식적 참여, 상징적 참여, 다원적 참여, 독자
적 참여, 자율적 참여로 구분하고 있다. 여기서 형식적 참여(vessel)는 빈 배에
물을 채우듯 정책결정자가 주민에게 일방적으로 정보를 제공하는 형태이고,
상징적 참여는 거꾸로 주민들이 일부 의견을 제시하며, 다원적 참여는 정책결
정자와 주민이 공동결정하고, 독립적 참여는 정책결정자가 주민에게 대다수의
권한을 이양하며, 자율적 참여는 주민이 정책결정을 주도하는 유형이다. 지금
까지 살펴본 다양한 학자들이 분류한 주민참여의 단계 또는 유형을 정리하면
[표 10−1]과 같다.

표 10-1 주민참여의 다양한 유형 비교

학자	단계	참여유형
Arntein(1969)	8단계	조작, 치유, 정보제공, 자문, 유화, 파트너십, 권한위임, 시민통제
Dorcey et al. (1994)	8단계	정보제공, 교육, 정보수집, 자문, 이슈 정의, 아이디어 검토, 합의 형성, 지속적 관여
Pretty(1995)	7단계	수동적 참여, 정보제공, 협의, 인센티브 참여, 기능적 참여, 상호작용적 참여, 자발적 동원
Tosun(1999)	3단계	강요적 참여, 유도적 참여, 자발적 참여
Green & Hunton-Clarke (2003)	3단계	정보제공, 협의, 의사결정
Jackson(2001)	5단계	정보제공, 시민교육, 반응검토, 대안도출, 합의형성
Wong et al. (2010)	5단계	형식적 참여, 상징적 참여, 다원적 참여, 독자적 참여, 자율적 참여

표에서 보는 바와 같이 7~8단계로 구분하는 학자들은 소극적 참여나 형
식적 참여에 더하여 비참여를 포함시키고 있고, 적극적 참여에 대해서도 합의
형성이나 시민통제 등으로 나누고 있다. 5단계로 구분하는 학자들은 공통적으
로 소극적 참여단계인 정보제공에서 출발하여 합의형성이나 지속적 참여를 포
함시키고 있다. 이와 달리 3단계로 구분하는 학자들은 정보제공, 협의, 의사결

정으로 구분하거나 강요적 참여, 유도적 참여, 자발적 참여로 구분하고 있다. 이러한 결과에 기초할 때, 주민참여는 비참여, 소극적 참여, 적극적 참여, 공동 결정, 시민주도 등으로 구분할 수 있다. 비참여에서 시민주도로 갈수록 참여의 수준은 높아지고 시민들의 권력이 강화된다고 할 수 있다.

주민참여 단계 및 유형 분류를 지방정부의 국정참여에 적용하면 비참여 단계는 성립되기 어려울 것으로 사료된다. 중앙−지방정부 관계가 내포권한모 형이나 대리인모형에 가까울 경우 지방정부는 국가정책결정에 거의 참여하지 못하고 중앙정부에서 일방적으로 조작할 수 있지만, 지방자치제가 실시되고 지방정부의 자율성이 조금이라도 있는 경우 비참여는 나타나기 어려울 것이 다. 따라서 지방정부의 국정참여에 있어서는 소극적 참여(passive participation), 협의형 참여(consultation), 공동결정(co−decision), 지방주도(local initiative) 등으 로 구분할 수 있다. 여기서 소극적 참여는 정보수집, 정보제공, 의견제시, 형식 적 참여 등을 포함하고, 협의형 참여는 자문, 협의, 의견교환, 대안도출 등을 포함하며, 공동결정형 참여는 상호작용, 합의형성, 권한공유, 공동행동 등을 포함하며, 지방주도형 참여는 자발적 참여, 주도적 참여, 시민통제, 지속적 참 여 등을 포함한다.

지방정부의 바람직한 국정참여 유형을 판단하기 위한 두 가지 기준은 공 정성(fairness)과 유능성(competence)이라고 할 수 있다(Webler & Tuler, 2000). 국 정에 참여하는 지방정부는 발언과 토론 그리고 정책결정 참여에 있어서 공정 하다고 인식해야 하고, 그러한 참여과정을 통해 정책의 변화를 가져올 수 있 다는 인식을 가져야 한다는 것이다. 이러한 공정성과 유능성에 대한 인식을 제고하기 위해서는 정보제공이나 협의형 참여보다는 공동결정이나 주도형 참 여의 형태를 띨 필요가 있을 것이다.

지방정부의 국정참여제도를 분석하기 위해서는 중앙−지방 관계, 국정참 여 수준, 그리고 국정참여 국면 등 세 가지 측면을 검토해야 한다. 먼저 중앙 −지방 관계에 대한 고려이다. 앞서 살펴본 정부 간 관계론에서는 중앙−지방 관계를 종속적 관계, 독립적 관계, 상호의존적 관계로 구분하고 있다. 종속관 계에서는 내포권한모형과 대리인모형에서 나타나는 바와 같이 중앙정부의 일방적 지시와 명령이 이루어지고 지방정부는 그에 따르는 대리인의 지위에 머문다. 독립관계에서는 대등권한모형, 이원연방제, 다층케이크모형에서 보는 바와 같이 중앙과 지방정부는 명확히 구분된 독자적인 권한영역을 보유하고 서로의 영역에 대하여 침해하지 않는다. 상호의존관계에서는 권한중첩모형, 협력적 연방제, 마블케이크 연방제에서 보는 바와 같이 중앙과 지방이 독자적 권한영역과 상호 중첩적 권한영역을 보유하고 있으며 중첩영역에 대해서는 상호 협력적 관계를 유지하게 된다. 그러나 중앙과 지방은 완전독립이나 완전종속적 관계를 갖기 어려우므로 현실적으로 나타나는 관계유형은 중앙우위와 지방우위의 중간 영역으로 귀결될 것이다. 따라서 중앙—지방 관계는 중앙우위의 상호의존관계, 대등적 상호의존관계, 지방우위의 상호의존관계로 구분할 수 있을 것이다.

둘째, 지방정부의 국정참여 수준이다. 지방정부의 국정참여 수준은 전혀 참여하지 않는 비참여를 제외하면 소극적 참여, 상호협의, 공동결정, 지방주도 등으로 구분될 수 있다. 그런데 지방정부의 국정참여 수준은 중앙—지방 관계에 따라 달라질 수 있을 것이다. 중앙—지방정부가 중앙우위의 상호의존관계에 있다면 지방정부의 국정참여 수준도 그에 상응하여 매우 낮을 것이고, 반대로 중앙—지방정부가 지방우위의 상호의존관계에 있다면 지방정부의 국정참여 수준도 그에 상응하여 매우 높을 것이다. 이러한 관점에서 중앙—지방정부가 중앙우위의 상호의존관계에 있을 경우에는 지방정부의 국정참여 수준은 소극적 참여유형인 의견제시에 머물 것이고, 그 관계가 지방우위 쪽으로 이동하면서 정책협의의 비중이 높아지고 그 다음 단계에서는 공동결정(joint decision—making)이 증대되며 지방우위의 상호의존관계에서는 지방주도의 참여가 늘어날 것이다. 이와 같이 중앙—지방정부의 관계에 따른 국정참여 수준을 도식화하면 [그림 10–1]과 같다.

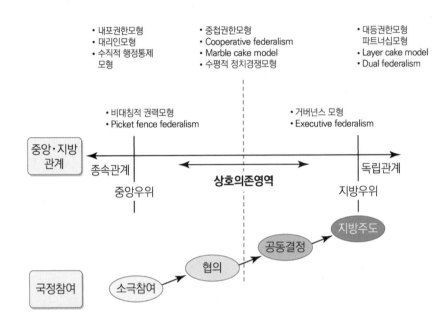

그림 10-1 중앙-지방정부 관계에 따른 국정참여 수준 도식화

　마지막으로 국정참여 국면에 대한 고려이다. 이는 지방정부가 국정에 참여할 수 있는 분야를 말한다. 이를 위해서는 먼저 국가의 정책결정 측면을 고려할 수 있다. 국가의 정책은 법률의 제·개정이 필요한 것도 있고 법률의 개정 없이 추진할 수 있는 것도 있다. 그에 따라 국가의 정책은 법률과 일반적 정책결정으로 구분할 수 있다. 일반적 국가정책은 계획수립과 국책사업 추진으로 구분할 수 있는데, 계획수립은 SOC 등에 관한 물리적 계획의 수립에 관한 것이고 국책사업은 지역발전과 지방자치에 중대한 영향을 미치는 국가정책이라고 할 수 있다. 그리고 지방정부는 정책이나 제도운영을 둘러싸고 중앙정부와 갈등을 빚을 수도 있다. 이에 대응하여 사회보장기본법 등에서는 협의와 조정제도를 규정하고 있는데, 지방정부는 이러한 협의·조정을 통해 국정에 참여할 수 있다. 따라서 지방정부의 국정참여 국면은 입법과정, 국가계획수립, 협의·조정제도, 그리고 국책사업 등으로 구분할 수 있다. 이상의 중앙-지방 관계, 국정참여 수준, 국정참여 국면을 고려하여 분석 기준을 제시하면 다음과 같다.

표 10-2 국정참여제도 분석기준

기준	내용
중앙- 지방 관계	중앙우위의 상호의존관계: 중앙정부 주도의 상호의존관계 유지
	대등적 상호의존관계: 거의 대등한 수준에서 상호의존관계 유지
	지방우위의 상호의존관계: 지방정부 주도의 상호의존관계 유지
국정참여 수준	소극적 참여: 정보수집, 정보제공, 의견제시, 형식적 참여 등
	상호협의: 정책자문, 정책협의, 의견교환, 대안도출 등
	공동결정: 상호작용, 합의형성, 권한공유, 공동행동 등
	지방주도: 자발적 참여, 주도적 참여, 지방통제, 지속적 참여 등
국정참여 국면	입법과정: 개별적 입법과정 참여, 집합적 입법과정 참여 등
	국가계획수립: 광역도시계획, 환경보전계획 등
	협의·조정제도: 사회보장정책협의, 행정협의조정 등
	국책사업추진: 사드배치, 4대강 사업, 누리사업 등

　표에서 보는 바와 같이 중앙－지방 관계는 중앙정부 우위의 상호의존관계, 대등적 상호의존관계, 지방정부 우위의 상호의존관계로 구분할 수 있다. 국정참여 수준은 소극적 참여, 상호협의, 공동결정, 지방주도로 구분되는데, 소극적 참여는 정보수집, 정보제공, 의견제시, 형식적 참여 등을 포함하고, 상호협의는 정책자문, 정책협의, 의견교환, 대안도출 등을 포함하며, 공동결정은 상호작용, 합의형성, 권한공유, 공동행동 등을 포함한다. 그리고 지방주도는 자발적 참여, 주도적 참여, 지방통제, 지속적 참여 등을 포함한다. 국정참여 국면은 입법과정, 국가계획수립, 협의·조정제도, 국가정책(국책사업 포함) 결정 등으로 구분하고, 입법과정은 지방정부의 개별적 입법과정 참여와 지방정부협의회 등을 통한 집합적 입법과정 참여로 구분하며, 국가계획수립은 광역도시계획과 환경보전계획 등으로 구분한다. 그리고 협의·조정제도는 사회보장제도의 신설과 변경에 대한 중앙－지방 간 협의·조정제도와 중앙－지방 간 갈등조정을 위한 행정협의·조정제도로 나누어 살펴볼 것이다. 국책사업추진은 사드배치, 4대강사업, 누리사업의 사례를 고찰할 것이다.

2. 지방정부의 국정참여제도 분석

지방정부의 국정참여는 한편으로는 중앙 – 지방 관계에 맞게 개선되어야 하지만, 다른 한편으로는 지방분권의 촉진을 통해 중앙 – 지방 관계를 변화시키기 위해서도 개선되어야 한다. 이처럼 지방정부의 국정참여 수준이 제고되어야 함에도 불구하고 우리나라의 지방정부 국정참여제도는 여전히 소극적인 참여 수준을 벗어나지 못하고 있다. 우리나라 지방정부 국정참여제도의 문제점을 정리해보면 제한적·형식적 참여, 방어적·소극적 참여, 비대칭적 협의·조정 제도, 사후적·집행적 의견수렴으로 요약된다.

1) 입법과정: 제한적·형식적 참여

지방정부의 입법과정 참여는 개별적 수준과 집합적 수준으로 구분할 수 있다. 첫째, 개별 지방정부의 입법과정 참여인데, 국회 제출 법률안과 행정부 제출 법률안으로 구분할 수 있다. 국회 제출 법률과정에 대한 지방정부 참여는 청원이나 공청회 등을 통하여 가능하다. 국회법 제123조에는 국회에 청원하려는 자는 의원의 소개를 받아 청원서를 제출하도록 규정하고 있는데, 청원자는 일반 주민뿐만 아니라 지방의원과 자치단체장 등을 포함한다는 점에서 지방정부의 참여수단이 될 수 있다. 그러나 이러한 청원과 공청회는 참여범위가 제한되어 있을 뿐만 아니라 제시된 의견이 반영될 가능성이 높지 않다는 점에서 형식적 참여 수준에 그친다고 할 수 있다. 행정부 제출 법률안의 경우 지방정부의 참여기회는 상대적으로 많은 편이다. 정부의 입법절차를 보면, 법률안의 입안, 부패영향평가, 관계기관의 협의, 입법 예고, 규제심사, 법제처 심사, 차관회의 심의, 국무회의 심의 등의 절차를 거쳐 대통령의 재가를 받아 국회에 제출된다. 이 과정에서 관계기관의 협의 및 입법 예고 단계에서 지방정부의 참여가 이루어질 수 있다. 그러나 중앙 – 지방 간에 상호 대등한 의견 교환이 이루어지기 어렵고, 지방정부의 의견이 반영된다는 보장도 없다.

둘째, 집합적 수준의 입법과정 참여이다. 지방자치법 제165조에는 지방정부 4대 협의체와 전체 연합체가 지방자치에 직접적인 영향을 미치는 법령 등에 관한 의견을 행정안전부장관을 통해 중앙행정기관의 장에게 통보할 수 있다고 규정하고 있다. 관계 중앙행정기관의 장은 검토 결과 타당성이 없다고 인정하면 구체적인 사유 및 내용을 명시하여 통보하여야 하고, 타당하다고 인정하면 관계 법령에 그 내용이 반영될 수 있도록 적극 협력해야 한다. 또한 지방정부 4대 협의체와 전체 연합체는 지방자치와 관련된 법률의 제·개정 또는 폐지가 필요하다고 인정하는 경우에는 국회에 서면으로 의견을 제출할 수 있다. 그러나 지방정부 4대 협의체의 국정참여는 제도적으로 규정되어 있으나 행정안전부장관을 통한 간접적 의견 제시일 뿐만 아니라 제안된 의견이 반영될 수 있는 장치도 부족하다는 점에서 형식적 참여 수준에서 벗어나지 못하고 있다.

실제로 2011년 주택경기 활성화를 위한 취득세 50% 감면을 위한 법률 개정에서 지방정부 4대 협의체가 적극적으로 반대의사를 제시하였으나 국회에서 반영되지 않은 바 있다. 지방정부의 반대기류가 강하고 자치권의 유린에 대한 전문가들의 비판이 거세지자 중앙정부는 이후 지방소비세율 인상을 통해 취득세 감소분을 전액 보전해 주는 조치를 취하였으나 지방정부의 의견을 고려하지 않고 지방세 감면을 단행한 중앙의 일방적 행동이라는 나쁜 선례를 남긴 바 있다.

❖ 취득세 50% 인하 사례

중앙정부는 2011년 3월 22일 당정협의를 거쳐 주택거래 활성화 방안을 발표하였다. 주요 내용은 총부채상환비율(DTI) 자동적용 종료, DTI 규제비율 탄력적용, 취득세제 개선, 분양가 상한제 폐지 등이었다. 그 중에서 지방세(시·도세)인 취득세 50% 인하가 포함되자 전국시도지사협의회와 전국시장군수구청장협의회에서 강하게 반발하였다. 지방정부의 반대 이유는 두 가지로 요약된다. 첫째, 지방세수의 40%에 가까운 비중을 차지하는 취득세의 50% 감면은 지방재정의 근간을 위협할 수 있다. 둘째, 중앙정부에서 주택거래 활성화를 명분으로 지방정부의 동의 없이 일방적으로 지방세를 인하하는 것은 지방자치의 기본 취지를 훼손하는 것이다. 또한 지방정부협의회는 취득세 인하로 인해 생기는 지방세수 감소에 대한 대책으로 지방소비세율 인상을 요구하였다. 그에 대하여 기획재정부, 행정안전부, 국토해양부 등 3개 부처 차관들이 시·도 부단체장과 긴급회의를 개최하여 취득세 인하 방침의 불가피성을 설명하고, 세금 감소분을 전액 보전해주겠다는 입장을 재확인하였다. 이후 취득세는 정부의 방침대로 50% 인하되었고, 지방세수 감소분은 지방소비세율의 인상(부가가치세의 5%에서 11%로 인상)을 통해 보전되었다.

〈출처: 연합뉴스, 2011.03.31.; 오마이뉴스, 2011.03.30.에서 정리〉

가장 큰 문제는 중앙정부가 지방세에 대하여 지방정부의 동의를 얻거나 협의하지 않고 일방적으로 결정하고 추진하였다는 것이다. 이것이 가능한 이유는 조세법률주의(조세의 세목과 세율은 법률에 의해서만 가능함)를 규정한 헌법 때문인데, 지방세라고 하더라도 법률을 통해서만 세목과 세율을 정할 수 있다는 것이다. 그러나 최근 주민의 의견이 중시되면서 사드 배치, 방폐장 설치, 공항 이전 등과 같은 국가의 정책조차 지방정부와 지역주민의 동의 없이는 추진할 수 없게 되었다. 일본의 경우 '국가와 지방의 협의의 장에 관한 법률'에 따라 지방자치에 중대한 영향을 미치는 법률제정과 재정정책에 대해서는 중앙정부 관계자(수상과 장관)와 지방정부 대표(6단체의 장)가 대등한 입장에서 협의하고 결정하는 방식을 채택하고 있다. 우리나라의 경우 취득세 감면조치 이후 지방소비세율 인상을 통해 지방세수 감소분이 보전되었다고 하더라도 앞서 이루어진 중앙정부의 일방적인 조치가 정당화될 수는 없다. 이러한 관점에서 보면, 취득세 50% 인하 정책은 중앙정부가 지방정부와 협의 없이 추진한 시대상황에 맞지 않는 조치로 해석될 수 있다.

2) 국가계획 수립: 방어적·소극적 참여

국가계획 수립에 대한 지방정부의 국정참여는 단순히 의견을 수렴하는 절차 이행에 초점을 둔 방어적·소극적 참여에 그치고 있다. 즉, 지방정부의 국정참여는 정책결정의 질을 제고하기 위한 창조적 대안(creative options)을 얻거나 집행현장에 관련한 새로운 정보와 지식을 얻기 위한 성과확보용이 아니라 의견수렴 절차를 갖추지 않아 발생할 수 있는 비판이나 공격을 피하기 위한 면피용이나 방어용으로 사용되고 있다는 것이다. 지방정부의 의견수렴에 관한 다음의 법률 규정이 이에 해당된다.

국토의 계획 및 이용에 관한 법률에는 국토교통부장관의 광역도시계획 수립에 있어서 지방정부의 의견청취를 규정하고 있다. 동법 제15조에 따라 국토교통부장관은 광역도시계획을 수립하거나 변경하려면 관계 시·도지사에게 광역도시계획안을 송부하여야 하며, 관계 시·도지사는 광역도시계획안에 대하여 시·도의 의회와 관계 시장 또는 군수의 의견을 들은 후 그 결과를 국토교통부장관에게 제출하여야 한다. 또한 자연환경기본법도 자연환경보전기본방침 수립에 있어서 지방정부의 의견 청취를 규정하고 있다. 동법 제6조에 따라 환경부장관은 환경보전의 목적과 기본 원칙을 실현하기 위하여 시·도지사의 의견을 듣고 환경정책위원회 및 국무회의의 심의를 거쳐 자연환경보전을 위한 기본 방침을 수립해야 한다.

우리나라의 법률은 이러한 구체적인 계획수립뿐만 아니라 국정 일반에 관한 의견반영 및 간접적 의견청취 등에 대해서도 규정하고 있다. 먼저 국정 일반에 관한 의견 반영 규정에 대해 살펴보면 지방분권특별법은 지방정부협의체의 의견을 국정에 반영해야 한다고 규정하고 있다. 동법 제17조에는 국가는 지방정부와의 상호협력관계를 공고히 하기 위하여 협의체의 운영을 적극 지원해야 하며, 협의체와 관련 지방정부의 의견이 국정에 적극 반영될 수 있도록 해야 한다고 규정하고 있다. 그 다음 간접적 의견 반영 규정인데, 지방분권특별법 제44조에서 명시한 자치분권위원회의 구성과 국가균형발전특별법 제22조에서 명시한 국가균형발전위원회의 구성에 있어서 4대 협의체의 추천을 받은 전문가를 포함함으로써 지방정부의 간접적 참여를 제도화하고 있다.

이러한 선언적 규정, 포괄적 규정, 간접적 조치 규정 등은 지방정부의 실질적인 국정참여를 어렵게 하고 있다. 국정 일반에 관한 의견 수렴 규정은 절차적 요식행위에 그칠 수 있고, 간접적 참여는 지방정부의 이해관계를 온전히 반영하지 못하거나 왜곡해 반영하는 대리인 문제(AP: agency problem)를 초래할 수 있다는 것이다. 지방정부에서 제출하는 의견들은 중앙정부의 의견과 다른 경우가 많고, 더욱이 지방정부 간에도 의견이 서로 충돌될 수 있기 때문이다. 이러한 이유 때문에 중앙정부는 당초 수립한 계획에 부합되는 의견들만 선별적으로 반영할 수 있고, 다수 지방정부 간 의견이 상충된다는 이유를 들어 지방정부의 의견을 소극적으로 반영하거나 아예 반영하지 않을 수도 있다. 실제로 지방분권(기능이양) 심사에 있어서 다수의 지방정부들이 개별 이익에 따라 일치된 의견을 보이지 못하는 집단행동의 딜레마(CAD: collective action dilemma)가 발생하였고, 중앙정부는 이러한 의견 충돌이 있는 기능이나 사무에 대해서는 이양 유보 또는 이양 불가로 판정한 바 있다.

❖ 핵심 개념 정리

대리인 문제: 1976년 젠슨(Michael C. Jensen)과 멕클링(William R. Meckling)에 의해 제기된 것으로 한 개인 또는 집단이 자신의 이해관계에 직결되는 일련의 의사결정과정을 타인에게 위임할 때 대리인이 주인의 의사를 왜곡하는 상황을 말한다. 즉, 주인과 대리인 간에는 정보의 비대칭성과 감시의 불완전성으로 인해 양질의 대리인이 축출되는 역선택(reverse selection)과 대리인이 충분한 주의를 기울이지 않는 도덕적 해이(moral hazard)가 발생한다는 것이다.

집단행동의 딜레마(CAD: collective action dilemma): 개인들이 협력하는 편이 낫지만 이해관계의 충돌 때문에 협력하지 못하여 공동행동에 실패하는 상황을 지칭한다. 이 개념은 정치철학자들에 의해 오래 전부터 제기되었으나 1965년 올슨(Mancur Olsen)의 저서 「집단행동의 논리」에서 정립되었다. 올슨은 개인의 합리성이 반드시 집단의 합리성으로 연결되지 않는 이유에 대하여 개인들의 상충되는 이해관계가 집단의 최대이익 실현을 저해하기 때문이라고 역설하였다. 개인들은 공공재에 대한 타인의 기여도가 늘어날 때 자신의 기여도를 줄이는 경향이 있으며, 이처럼 공동의 문제 해결을 위해 자신의 비용을 투입하지 않고 이득만 챙기려는 일부 구성원의 무임승차(free-rider) 때문에 공공재의 비극이 발생한다는 것이다.

　　지방정부 4대 협의체 중 대한민국 시도지사협의회가 중앙정부에게 제출한 의견 반영도를 살펴보면 지방정부의 의견에 대한 중앙정부의 인식과 태도를 파악할 수 있을 것이다. [표 10-3]은 2005년부터 2019년까지 대한민국 시도지사협의회에서 제출된 의견의 반영 정도를 나타낸 것이다.

표 10-3 대한민국 시도지사협의회의 의견 반영도

구분	계	수용	수용곤란	장기검토	미회신
2019	22	7	10	4	1
2018	17	6	4	7	0
2017	21	2	5	3	11
2016	16	3	4	9	0
2015	37	7	12	16	2
2014	15	4	4	7	0
2013	25	15	8	2	0
2012	37	13	13	11	0
2011	42	14	17	11	0
2010	30	11	14	5	0
2009	49	28	13	8	0
2008	27	16	7	4	0
2007	63	33	22	7	1
2006	34	24	8	2	0
2005	46	21	15	10	0
계	481	204	156	106	15

　　표에서 보는 바와 같이 대한민국시도지사협의회에서 2005~2019년까지 중앙정부에 건의한 481건 중에서 수용된 건수는 일부수용을 포함하여 204건으로 42.4%에 그치고 있다. 수용곤란은 156건(32.4%)이고, 장기검토는 106건(22.0%)이며, 심지어 미회신도 15건(3.1%)에 이르고 있다. 연도별로 살펴보면, 2006년에 최고치(70.6%)를 기록한 후 점점 떨어지고 있다. 특히 2015년부터 수용률이 급격히 감소하여 2017년에는 9.5%를 기록하고 있다. 2018년 이후 수용률이 다소 높아졌지만 30%대에 머물러 있다. 이러한 결과는 중앙정부가 지방정부의 의견에 대하여 비중 있게 고려하지 않고 있다는 사실을 말해 준다. 이는 최근 들어 수용이 곤란한 정책건의가 증가한 이유도 있겠지만, 기본

적으로 상호 협의가 아닌 중앙의 일방적 조치에 기인한 영향이 클 것이다.

3) 협의 · 조정제도: 중앙편향의 비대칭성

지방정부의 국정참여에 있어서 의견의 수렴, 청취, 반영보다 좀 더 발전된 형태는 상호 협의와 조정이다. 협의(consultation)는 중앙과 지방정부가 회의를 통해 국정과제에 대하여 토론하고 의논하는 것을 의미하고, 조정(coordination)은 중앙과 지방정부의 활동이 서로 조화되도록 만드는 것이다. 이러한 관점에서 우리나라 지방정부의 국정참여제도를 평가하자면, 상호 협의하고 조정하는 제도는 매우 취약한 수준이다. 일부 정책분야를 중심으로 협의 · 조정에 관한 규정을 두고 있으나 중앙정부에 편향된 비대칭적인 내용을 담고 있다. 중앙－지방 간 협의 · 조정제도에 있어서 중앙부처에의 편향성은 사회보장기본법에 잘 나타나 있다.

사회보장기본법에는 중앙부처와 지방정부에서 사회보장제도를 신설하거나 변경할 때 보건복지부장관과 협의해야 한다고 규정하고 있다. 동법 제26조에 따라 중앙행정기관의 장과 지방자치단체장은 사회보장제도를 신설하거나 변경할 경우 신설 또는 변경의 타당성, 기존 제도와의 관계, 사회보장 전달체계에 미치는 영향 및 운영방안 등에 대하여 보건복지부장관과 협의해야 하고, 협의가 이루어지지 않을 경우 사회보장위원회가 이를 조정해야 한다. 이러한 협의 규정에 대하여 서울시나 성남시는 동의가 아니라 협의 절차의 준수를 의미한다고 주장하였고, 보건복지부에서는 동의나 합의를 의미하는 것이라는 상반된 의견을 보였다. 객관적인 입장에서 보면, 협의가 이루어지지 않을 경우 조정하도록 규정한 조항의 취지를 보면 단순한 절차 준수의 의미가 아님을 알 수 있다.

❖ 청년수당을 둘러싼 복지부-서울시 갈등사례

　2015년 11월 5일 서울시는 미취업 청년들에게 매월 50만원씩 지원하는 청년활동지원사업(청년수당)을 발표하였다. 그에 대하여 보건복지부는 사전에 정부와 협의해야 한다고 주장하였고, 서울시는 협의대상이 아니라고 맞섰다. 2015년 11월 12일 복지부는 서울시에 협의 요구 공문을 보냈고, 고용부장관도 서울시 청년수당이 고용부의 취업성공패키지와 중복된다며 반대 입장을 피력하였다. 중앙부처의 반대에 직면한 서울시장은 사회적 대타협 논의기구를 설치하자고 제안하였다. 2015년 12월 행정자치부는 지방교부세법 시행령을 개정하여 정부와 협의·조정을 거치지 않거나 그 결과에 따르지 않고 사회보장제도를 신설 또는 변경해 경비를 지출한 경우 지방교부세를 감액하거나 일부 반환을 명할 수 있도록 하였다. 그에 대해 서울시는 자치권한을 침해한다고 권한쟁의심판을 청구하였다. 2016년 5월에 복지부는 서울시에 청년수당 부동의 의견을 통보하였고, 서울시장은 복지부의 결정에 동의할 수 없다며 청년수당 참여자 모집계획을 발표하였다. 2016년 8월에 복지부는 서울시에 '청년수당 중지'에 관한 시정명령을 내렸다. 그러나 서울시가 청년수당 시범사업 대상자 2,831명에게 수당을 지급하자 복지부는 직권취소 결정을 내렸다. 서울시는 청년수당 직권취소가 부당하다며 대법원에 제소하였다.
　2017년 대선을 계기로 대통령과 장관이 교체되자 서울시는 청년수당 수정안을 제출하여 정부와 협의하였다. 복지부가 수정안에 대하여 동의하면서 청년수당을 둘러싼 갈등은 해소되었다. 그에 따라 복지부는 서울시의회를 상대로 낸 청년수당 예산의결 무효확인 소송을, 서울시는 복지부를 상대로 낸 청년수당 지급 직권취소 처분에 대한 취소 소송을 취하하였다. 2019년 4월에 헌법재판소는 지방교부세법 시행령 개정에 대한 권한쟁의 심판 청구에 대하여 협의 결렬과 경비 지출, 지방교부세 감액이나 반환이라는 일련의 조건이 모두 성립해야 권한침해가 구체적으로 발생한다며, 그 전엔 권한침해의 현저한 위험, 즉 조만간 권한침해에 이를 개연성이 현저하게 높은 상황이라고 보기 어렵다며 서울시의 청구를 각하하였다. 또한 헌재는 이후 협의가 이뤄져 사업이 원만하게 진행됐고 행안부장관이 지방교부세를 감액하거나 일부 반환을 명한 바도 없다며 실제 교부세 감액 또는 반환이란 결과가 발생해야 권한쟁의심판을 청구할 수 있다고 판시하였다.

〈출처: 언론기사에서 정리〉

　　박스에서 보는 바와 같이 중앙정부는 지방정부(서울시)의 사회보장사업에 대하여 법률에 근거하여 협의하도록 요구하였고, 요구사항이 충분히 반영되지 않자 시정명령하고 직권취소하였다. 이 사례에서 중앙정부(복지부)는 객관적이고 공정한 협의구조를 갖추지 않아 지방정부로부터 신뢰를 받지 못하였고, 지방정부(서울시)는 중앙정부에서 우려하는 선심성과 정치성을 충분히 제거하지 않았다고 할 수 있다. 또한 중앙정부와 지방정부는 협의와 조정에 있어서도 객관적인 근거에 의존하기보다는 정치적 의도에 중점을 두었다고 할 수 있다. 이전 정권에서 격렬하게 저항하였던 서울시는 대선을 계기로 대통령과 서울시장의 정당소속이 일치하는 상황이 발생하자 복지부의 협의 요구에 순순히 응하는 행태를 보였다. 또한 이전 정권의 청와대 국정상황실에서 작성한 서울시청년수당의 견제에 대한 문건이 발견되면서 중앙정부가 정치적 이유로 서울시의 청년수당을 불허하였음이 확인되었다.

　　중앙-지방 간 협의와 조정을 담당하는 위원회의 소속과 구성에 있어서도 중앙정부에의 편향성은 드러난다. 먼저 지방자치법(제168조)에는 중앙행정기관의 장과 자치단체장이 사무를 처리할 때 의견을 달리할 경우 이를 협의·조정하기 위하여 국무총리 소속으로 행정협의조정위원회를 두도록 규정하고 있는데, 위원회의 구성에서 지방정부 관련 인사는 소수에 불과하다. 전체 13명의 위원으로 구성되는데, 당연직 위원이 4명이고(기획재정부장관, 행정안전부장관, 국무조정실장, 법제처장), 국무총리가 지명하는 전문가는 4명이며, 안건과 관련된 장관과 시·도지사 중에서 위원장이 임명한 위원이 5명이다. 이들 중에서 명백하게 중앙부처의 입장을 대변하는 위원이 60%를 초과하며, 나머지 5명의 위원도 중앙부처 장관과 시·도지사들로 구성되기 때문에 지방정부의 영향력은 매우 낮은 편이다.

　　또한 지방재정법상의 지방재정부담금심의위원회 구성에 있어서도 중앙과 지방정부 간에 대등한 입장에서 협의할 수 있는 여건이 마련되어 있지 않고 중앙정부에 편향되어 있다. 지방재정법 제27조의2에는 지방재정상 부담이 되는 사항과 지방세 수입에 중대한 영향을 미치는 사항을 심의하기 위해 국무총리 소속으로 지방재정부담심의위원회를 두도록 규정하고 있다. 위원 구성을 보면 위원 15명 중 11명은 중앙정부의 입장을 대변하고 4명만이 지방정부의 입장과 이해관계를 대변하는 구조에서 대등한 협의와 토론이 이루어지기 어렵다.

4) 국가정책 결정: 사후적·집행적 참여

지방정부의 국정참여는 제도적 규정에 의해 보장되지만 지방의 의견이 국정에 반영되는 정도는 국가정책결정자들의 가치관이나 행태에 의해 영향을 받는다. 제도적 규정은 국정참여의 허용 여부를 좌우하지만 국정참여의 수준과 내용을 결정하는 것은 정책결정자의 의지와 인식이라는 것이다. 그런데, 중앙정부의 행위자들은 법령에 규정된 국정참여를 준수하지 않는 경우도 있고, 중앙-지방 간 상호 협의하도록 한 규정을 형식적으로 운영할 수도 있다. 실제로 국책사업관련 중앙-지방 간 갈등사례를 분석하면 중앙정부는 정책결정 단계에서 지방정부의 동의나 의견 청취 없이 일방적으로 추진한 것으로 나타났다. 그에 대하여 지방정부가 반발하거나 저항하면 사후에 간담회와 설명회를 개최하는 등 지방정부의 의견 청취 절차를 밟는다. 이러한 점에서 지방의 국정참여가 정책결정단계에서 사전적으로 이루어지지 못하고 정책결정이나 발표 이후 정책집행 단계에서 사후적으로 이루어진다고 할 수 있다.

국책사업의 추진이 DAD(Decide-Announce-Defend) 방식에서 탈피하지 못하고 있는 것도 사후적 의견수렴이나 집행단계에서의 의견청취가 주로 이루어지고 있음을 단적으로 말해주고 있다. 중앙-지방 갈등에서도 중앙정부는 일방적으로 발표한 다음 지방정부와 주민들이 저항하면 대화와 협의를 통해 지방정부의 의견을 청취하려는 행태를 보이고 있다. 사드 배치 갈등, 동남권 신공항 갈등, 4대강 갈등, 누리과정 갈등 등에서 공통적으로 중앙의 일방적 발표 및 사후적 의견청취 시도 등이 발견된다(조경승, 2011; 김철회, 2017; 이윤수, 2017; 김태환, 2016; 박정수, 2016). 방폐장 입지 갈등의 경우 결국 주민투표를 통해 지방정부와 주민들의 의견을 수렴하였지만 이전의 상당 기간 동안 중앙정부의 일방적 결정이 시도되었다. 더욱이 장관이 대화를 시도한 경우는 사드 배치 갈등이 유일하고, 그것도 실질적 이해관계 조정을 위한 회의가 아닌 비공식적 간담회에 그치고 있다.

　이러한 중앙정부의 사전 협의나 의견청취 부족에 대하여 지방정부와 주민들은 결의대회, 대책위원회 구성, 집단시위, 공사저지 등과 같은 권력적 수단으로 맞서고 있다. 그에 대해 중앙정부는 사례별로 대응을 달리하고 있다. 대화와 간담회 등을 시도하고 절차적 민주주의를 강화한 경우도 있지만 대체로 이행명령과 사업권 회수 등의 계층제적·권력적 통제수단을 활용한다. 지방정부는 사후적으로 이루어지는 대화나 간담회가 진정성이 없다고 판단하고 결정 번복을 요구하거나 사법적 수단에 호소한다. 결국 중앙－지방 간 갈등사례에서는 중앙정부의 일방적 결정 → 지방정부의 반대 및 강경 대응 → 중앙정부의 사후적 의견수렴과 계층제적 통제 → 지방정부의 번복 요구 및 사법적 대응 → 중앙정부의 일방적 결정으로 이어지는 갈등의 악순환이 발생하고, 다른 갈등사례에서도 그대로 반복되는 패턴이 나타난다. 이러한 측면에서 지방정부의 의견을 사후적·집행적으로 수렴하는 관행은 국정참여에 대한 의견청취 규정에도 불구하고 지속되고 있고, 지방정부의 국정참여를 가로막는 근본적인 요인으로 지적된다.

❖ 사드 배치를 둘러싼 국방부와 성주군 간 갈등사례

　사드 배치를 둘러싼 갈등은 2016년 1월 박근혜 대통령이 신년기자회견에서 안보와 국익에 따라 사드(THAAD) 배치를 검토하겠다고 밝히면서 시작되었다. 그에 따라 한미 양국은 2016년 2월 7일 북한 장거리 미사일 발사 직후 사드 배치에 대한 공식협의를 결정하였다. 2016년 3월 4일 사드 배치 논의를 위한 한미공동실무단이 공식 출범하였고, 7월 8일 한미 양국은 사드 배치 결정을 공식적으로 발표하였다. 국방부와 성주군 간 갈등은 2016년 7월 13일 사드 배치 부지가 성주군 성산포대로 발표되면서 본격화되었다. 사드 배치 부지가 발표되자 성주군과 주민들은 국방부의 일방적인 조치를 규탄하고, 투쟁위원회를 구성하였다. 국방부는 성주군과 군민의 격렬한 반대가 지속되는 상황에서 성주군수의 제3후보지 요구에 대하여 세 곳의 후보지를 검토하게 된다. 2016년 8월 29일 한미공동실무단이 제3후보지 세 곳을 현장 실사하고, 국방부는 현장 실사를 바탕으로 2016년 9월 30일 사드 배치 입지를 기존의 성산포대에서 성주골프장으로 변경한다고 발표하였다. 사드 부지가 성주골프장으로 결정되자 인접한 김천시와 주민들이 사드배치 반대를 위한 촛불집회와 결의대회를 개최하였다. 이러한 김천시민의 반대에도 불구하고 국방부는 롯데와 남양주 군용지-성주골프장 맞교환에 합의하고, 2017년 2월 28일 사드부지 교환계약을 체결하였다. 그에 따라 2017년 4월 26일 주한미군은 사드 발사대 2기 등 일부 장비를 반입하였다. 2017년 7월 29일 문재인 대통령은 미국측과 사드 잔여 발사대 임시배치 협의를 지시하였고, 8월 국방부와 환경부는 사드 사격통제레이더에 대한 환경영향평가를 실시하여 인체허용 기준치 이하라고 밝혔으며, 9월 환경부는 사드 배치에 필요한 소규모 환경영향평가 보고에서 '조건부 동의'를 결정하였다. 2017년 9월 7일 국방부는 사드 잔여발사대 4기 임시배치를 완료하면서 갈등이 일단락되었다.

사드 배치 갈등에서 보는 바와 같이 중앙정부는 일방적으로 결정하고 지방정부는 반발하는 식의 전형적인 양상을 보이고 있다. 중앙정부는 지방정부의 이해관계에 관심을 가지지 않았을 뿐만 아니라 이를 조정하기 위한 적극적인 노력도 기울이지 않았다. 국방부는 군사적 효용, 조속한 사드 배치, 국가안보 등을 중시하면서 지방정부나 주민들의 이해관계인 지역의 피해 최소화, 주민의 안전과 건강, 자치권과 자위권 등에 대해서는 관심을 두지 않았고, 상충되는 이해관계를 조정하기 위해 노력하지도 않았다. 즉, 사드 배치 관련 선례(국외 사례)와 전문연구기관의 판단을 적극적으로 모색하지 않았다는 것이다. 그에 따라 중앙정부는 일방적으로 결정하고, 지방정부와 주민들은 시위, 반대, 투쟁으로 맞대응하였다. 지방정부의 저항이 사드 배치를 무력화시킬 정도로 거세지자 중앙정부는 사후 협의절차를 밟고자 하였으나 크게 성과를 거두지는 못하였다.

3절 — 국정참여제도의 개선대안

1. 입법과정: 지방정부의 의견 반영 보장

이 대안은 입법과정에 대한 지방정부의 제한적 · 형식적 참여를 개선하기 위한 대안이다. 지방정부는 입법과정에 있어서 청원이나 공청회를 통하여 참여할 수 있고(국회법 제123조), 행정부 제출 법률안의 추진 과정에서 관계기관의 협의 및 입법 예고 단계에서 참여할 수 있으며, 지방정부 4대 협의체를 통하여 참여할 수도 있다(지방자치법 제165조). 그러나 제도적 규정에도 불구하고 지방정부의 입법과정 참여는 매우 제한적이고, 제시된 의견의 반영 여부는 오로지 중앙정부의 의지와 판단에 좌우된다는 점에서 형식적이라고 할 수 있다. 2011년 주택경기 활성화를 위한 취득세 50% 감면을 위한 법률 개정에서 지방정부 4대 협의체가 적극적으로 반대의사를 제시하였으나 행정부와 국회는 강행한 바 있다.

이러한 문제를 개선하기 위해서는 제출된 의견의 반영을 담보할 수 있는 장치를 마련해야 한다. 즉, 중앙정부는 제출된 의견의 타당성 여부를 밀도 있게 심사하고, 일정한 기간 내에 반영결과를 통보하며, 타당성이 없어 반영하지 못한 경우에도 납득할 만한 이유를 통보하게 할 필요가 있다. 이는 지방정부에서 제출한 의견의 반영에 대한 책임을 중앙정부에게 넘기는 것이다. 일본은 헌법(제95조)에 특정의 지방정부에만 적용되는 특별법의 제정에는 해당 지방정부의 주민투표에서 과반수의 동의를 얻어야 한다고 규정하고 있다. 우리의 경우 헌법은 아니더라도 지방자치법과 국회법의 개정을 통해 입법과정에서 제출된 지방정부의 의견을 가능한 한 반영하도록 담보하는 장치를 마련할 필요가 있다.

제주특별자치도의 경우 특별한 지위로 인하여 해당 지방정부 관련 법률의 제출에 있어서 강력한 의견 제시 및 반영을 담보할 수 있는 권한을 부여받고 있다. 제주특별자치도 설치 및 국제자유도시 조성을 위한 특별법 제19조(법률안 의견 제출 및 입법반영)에는 도지사는 도의회 재적의원 3분의 2 이상의 동의를 받아 제주도와 관련하여 법률에 반영할 필요가 있는 사항에 대한 의견을 제주특별자치도지원위원회에 제출할 수 있고 지원위원회는 제출된 의견을 관계 중앙행정기관의 장에게 통보해야 한다고 규정하고 있다. 관계 중앙행정기관의 장은 내용의 타당성을 검토하여 일정한 기간(37일) 이내에 지원위원회에 통보해야 하며, 이 경우 타당성이 없다고 인정할 때에는 그 사유와 내용을 구체적으로 밝혀 통보해야 하고 타당하다고 인정할 때에는 관계 법률에 그 내용이 반영될 수 있도록 적극 협력해야 한다고 규정하고 있다.

제주도에 한정된 규정을 전국으로 확대하게 되면 선례가 없는 규정을 새롭게 마련하는 것보다는 정치적 실현가능성이 높을 것이다. 따라서 제주도의 사례를 확대 적용하되, 중앙－지방 간 역할분담이나 지방행정·지방재정·지방세 등 지방자치에 중대한 영향을 미치는 법률안에 대해서는 지방정부 4대 협의체가 의견을 제시할 수 있고, 중앙정부는 제시된 의견의 타당성 여부를 심사하여 반영 여부를 결정하며, 반영하지 않는 경우에도 납득할 만한 이유를 들어 통보해 줄 것을 규정해야 한다. 그리고 국토나 환경 등에 대하여 개별법에 규정된 지방정부 참여규정도 단순히 의견을 청취해야 한다는 규정으로 끝날 것이 아니라 타당성 여부를 심사하고 반영되지 않을 경우에는 납득할 만한 이유를 통보해야 한다는 내용으로 개정해야 한다.

2. 국가계획 수립: 구체적·직접적 참여 강화

국가계획 수립에 대한 지방정부의 참여는 새로운 지식과 대안을 모색하기 위한 적극적 장치라기보다는 의견수렴 절차를 갖추지 않아 발생할 수 있는 비판이나 공격을 피하기 위한 방어장치라는 의미가 강하다. 아울러 지방정부의 의견수렴은 선언적, 포괄적, 간접적 규정이라고 할 수 있다. 지방분권특별법(제17조)은 지방정부협의체의 의견을 국정에 반영해야 한다는 선언적 규정을 두고 있고, 동법 제44조와 국가균형발전특별법 제22조에는 위원회 구성에서 지방정부 4대 협의체의 추천을 받은 전문가를 포함하도록 하여 지방정부의 간접적 의견투입을 규정하고 있다.

지방정부의 참여에 대한 선언적·포괄적 규정은 구체적인 내용으로 개정할 필요가 있다. 지방분권이나 지방자치체제 개편과 같이 지방정부에 중대한 영향을 미치는 정책에 대해서는 입법과정에서의 참여와 유사하게 의견청취를 의무화하고, 제출된 의견에 대해서는 타당성을 검토하여 일정한 기간 내에 반영 여부를 알려주고 반영되지 않을 경우 납득할 만한 이유를 통보하는 것을 의무화할 필요가 있다. 지방정부의 간접적 참여나 대리참여 문제도 가능한 한 폐지할 필요가 있다. 위원회 구성에 있어서 지방정부 4대 협의체가 추천하는 전문가를 포함시키는 방법보다는 4대 협의체 대표들의 직접적 참여를 보장할 필요가 있지만, 그와 함께 기본 전제로 위원회의 권한과 위상을 강화해야 한다. 위원장은 민간인이나 총리가 담당하더라도 대통령이 관심을 갖고 수시로 참여한다면 위원회에서 다루어지는 의제와 심의결과는 국회에도 영향력을 발휘할 것이고, 그 결과 지방정부 4대 협의체 대표들도 적극적으로 참여할 수 있는 명분이 생길 것이다.

3. 협의 · 조정: 대등성 강화

중앙–지방정부 간 협의·조정 제도는 상호 대등하고 공정한 수준에서 대화하고 협의할 수 있도록 하는 장치가 아니므로 개선될 필요가 있다. 사회보장기본법(제26조)에는 지방정부의 사회보장제도 신설 또는 변경 시 보건복지부장관과 협의하도록 하고 여의치 않을 경우 국무총리 소속 사회보장위원회가 조정하도록 규정하고 있다. 중앙–지방 간 협의조정위원회 구성(지방자치법 제168조)과 지방재정법상 지방재정부담금심의위원회 구성(제27조의2)에 있어서도 공정한 협의를 담보할 수 없도록 되어 있다. 이를 개선하기 위해 대등한 수준에서 협의·조정이 이루어지도록 관련 규정을 개정해야 한다. 사회보장제도의 신설과 변경에 있어서 지방자치단체장과 보건복지부장관이 대등한 입장에서 협의하도록 규정하고, 협의가 이루어지지 않을 경우 국무총리 소속 사회보장위원회가 아닌 중립적인 위원회를 통해 조정하도록 규정해야 할 것이다. 중립적 위원회를 찾기 어렵다면 사회보장위원회 구성에서 지방정부 4대 협의체가 참여하도록 규정을 개정해야 할 것이다.

중앙－지방 간 협의·조정관련 규정의 개정뿐만 아니라 협의·조정 위원회의 구성을 바꾸는 대안까지 고려할 필요가 있다. 먼저 지방자치법(제167조)에 규정된 행정협의조정위원회의 구성에서 중앙과 지방의 의견이 공정하게 대변될 수 있도록 해야 한다. 현재 중앙부처 관련 인사는 13명 중 8명이고 나머지 5명도 안건과 관련된 중앙행정관서의 장과 시·도지사 중에서 위원장이 임명한 사람이기 때문에 지방정부의 의견을 반영할 인사는 소수에 불과하다. 중앙부처의 장관, 시·도지사, 중립적 전문가(중앙과 지방이 동등하게 추천) 등으로 균형 있는 위원 구성이 되도록 규정을 개정해야 한다. 또한 지방재정법상의 지방재정부담금심의위원회도 15명 중 11명이 중앙정부의 입장을 대변하고 4명만 지방정부의 입장을 대변하는 인사로 구성되어 있기 때문에 재정부담금심의위원회 구성의 균형성을 확보해야 한다. 즉, 재정부담금심의위원회는 행정협의조정위원회와 유사하게 중앙부처 장관, 시·도지사, 중앙과 지방이 동등하게 추천한 전문가로 구성하여 중앙과 지방이 대등한 입장에서 협의할 수 있도록 해야 한다는 것이다.

중앙과 지방정부 간 협의·조정의 실질적 대등성을 확보하기 위해서는 지방정부 4대 협의체의 국정참여를 강화해야 한다. 이를 위해 헌법 개정 때까지는 지방정부 4대 협의체의 위상과 권한을 강화하는 대안을 고려할 수 있는데, 지방정부 대표의 국무회의 참석을 제도적으로 보장해야 한다. 현실적으로 시·도지사나 시장·군수·구청장 전체를 국무회의에 참석시키기 어려우므로 지방정부 4대 협의체 대표를 국무회의에 참석시키는 것이다. 이 대안은 국무회의 구성에 관한 헌법 규정을 개정하지 않고도 국무회의 배석자를 규정한 정부조직법의 개정으로 실현가능하다.

지방정부협의체의 실질적 국정참여를 위해서는 '중앙과 지방이 협의할 수 있는 법률'을 제정하여 중앙부처 장관과 지방 4대 협의체 대표가 대등한 입장에서 협의할 수 있는 기구를 설립해야 한다. 심익섭(2007: 121)이 제안한 지방

국정참여회의 설립 대안도 명칭만 약간 다를 뿐 내용은 유사하다. 그에 따르면 지방국정참여회의는 법률에 근거하여 지역대표성을 띤 구성원, 즉 시·도지사, 시장·군수·구청장, 시·도의회의장, 시·군·구의회의장 등의 대표들로 구성되고, 지방자치에 중대한 영향을 미치는 법률안이나 국가정책에 대하여 중앙정부와 대등한 입장에서 협의하고 결정할 수 있다. 그동안 국회에서도 중앙–지방 간 협의기구의 설치에 관한 법률이 꾸준히 논의되었는데, 2012년 10월 이철우 의원이 대표 발의한 법률안, 2015년 5월 김민기 의원이 대표 발의한 법률안, 그리고 2014년 12월 지방자치발전위원회가 제시한 법률안 등이 대표적이다.

표 10-4 중앙-지방 간 협력기구 대안별 비교

구분	이철우의원 대표 발의	지방자치발전위원회	김민기의원 대표 발의
법률명	중앙지방협력회의 설치에 관한 법률안	중앙지방협력회의 설치에 관한 법률	중앙지방협력회의 설치 및 운영에 관한 법률안
기구명	중앙·지방협력회의	중앙·지방협력회의	중앙·지방협력회의
구성원	대통령, 국무총리, 기재부장관, 행안부장관, 시·도지사	국무총리, 기재부장관, 행안부장관, 시·도지사	대통령, 국무총리, 기재부장관, 행안부장관, 4지방협의체 회원
의장·부의장	대통령(의장), 시·도지사협회장(부의장)	총리(의장), 행안부장관과 시·도지사협회장(부의장)	대통령(의장), 4지방협의회장(부의장)
개최 수	매 짝수월(임시회 개최 가능)	규정 없음	연 1회(임시회 개최 가)
협의내용	중앙-지방 역할 분담, 사무 및 특행 이양, 지방에 중대한 영향을 미치는 지방세·지방재정	지방분권정책, 지방정부에 중대한 영향을 미치는 법령과 정책의 변경 및 시책에 관한 사항	중앙-지방 역할 분담, 지방행정·지방재정·지방세제 관련 사항, 국가정책 중 지방자치에 영향을 미치는 사항

표에서 보는 바와 같이 세 개 법률의 경우 협력회의의 구성과 협의대상에서 다소 차이가 있다. 먼저 구성에 있어서 대통령을 포함시키는 대안과 그렇지 않은 대안, 시·도지사만 참여시키는 대안과 지방정부 4대 협의체를 포함

시키는 대안으로 구분된다. 그 다음 협의대상을 정책에 한정시키는 대안, 법률
까지 포함시키는 대안, 지방분권과 중앙－지방 역할분담에 초점을 두는 대안,
지방행정과 지방재정 등 보다 포괄적으로 규정한 대안으로 구분할 수 있다.

　이러한 논의를 바탕으로 정부는 2019년 12월 24일 국무회의에서 중앙지
방협력회의의 구성 및 운영에 관한 법률안을 의결하고, 이를 국회에 제출하였
다. 중앙지방협력회의는 대통령이 주재하는 비정기적인 시·도지사 간담회를
정례화한 회의체로서 대통령의 공약사항인 제2국무회의를 염두에 둔 것이다.

❖ '제2국무회의' 성격 중앙지방협력회의 제도화

　대통령과 시·도지사가 모여 지방자치와 균형발전 등을 논의하는 '제2국무회의'
가 제도화된다. 행정안전부는 이런 내용을 담은 '중앙지방협력회의의 구성 및 운영
에 관한 법률' 제정안이 국무회의를 통과했다고 24일 밝혔다. 중앙지방협력회의는
대통령이 주재하는 비정기적 시·도지사 간담회를 정례화한 회의체로, 정부는 이
르면 오는 27일 이 제정안을 국회에 제출할 방침이다. 협력회의는 대통령이 의장
을, 국무총리와 시·도지사협의회장이 공동부의장을 맡고 17개 시·도의 시·도
지사 전원이 구성원으로 참여한다. 경제부총리, 사회부총리, 행안부장관 등 주요
중앙행정기관장과 시장·군수·구청장협의회장, 시·도의회의장협의회장, 시·군
·구의회의장협의회장 등 지방협의체의 회장들도 정식 구성원이 된다. 협력회의에
서는 중앙정부와 지방정부 사이의 협력, 권한·사무·재원 배분 등 지방자치와 균
형발전에 관계된 사항들이 폭넓게 논의될 계획이다. 원활한 회의를 위해 실무협의
회도 운영된다. 실무협의회는 행안부 장관과 시·도지사 가운데 한 명이 공동의장
을 맡고, 시·도 부단체장들과 관계부처 차관들로 꾸려진다. 중앙정부와 지방정부
는 회의 결과를 존중하고 성실히 이행해야 한다고 법률안에 규정돼 있다. 행안부
관계자는 "회의 결과를 이행해야 한다는 법적 강제성은 없지만, 대통령과 시·도
지사가 직전 회의 결과 이행 여부를 점검하고, 평가하기 때문에 정치적 구속력이
있다"고 설명했다. 회의 개최 시기, 조건, 심의 방법 등 구체적인 사항은 시행령을
통해 앞으로 결정된다. 정부는 지난해 3월 '제2국무회의' 성격의 '국가자치분권회
의'를 신설하고자 개헌안을 내놨지만, 국회에서 무산됨에 따라 같은 기능을 하는
협력회의를 법률에 명시한 것이다. 진영 행안부 장관은 "중앙지방협력회의를 통해

중앙과 지방이 국정운영의 동반자로서 소통과 협력을 강화할 것으로 기대한다"며 "이를 통해 자치분권과 균형발전의 실질적 성과를 창출해 활력이 넘치는 지역사회를 만들어 나가겠다"고 말했다.

〈출처: 한겨레, 2019.12.24.〉

중앙지방협력회의는 대통령이 의장을 맡고, 국무총리와 시·도지사협의회장이 공동부의장을 맡으며, 17개 시·도지사 전원이 구성원으로 참여한다. 경제부총리, 사회부총리, 행안부장관 등 주요 중앙행정기관장과 시장·군수·구청장협의회장, 시·도의회의장협의회장, 시·군·구의회의장협의회장 등 지방협의체의 회장들도 정식 구성원이 된다. 일본의 경우 '국가와 지방의 협의의 장에 관한 법률'에 의해 정부측은 내각관방장관, 특명담당대신, 총무대신, 재무대신, 총리 지명의 국무대신이고, 지방측은 지방6단체 대표로 구성되며, 이외에도 의원이 아닌 국무대신과 지방자치단체장 및 지방의회 의장이 임시적으로 참석할 수 있도록 하고 있다(하동현, 2016: 32-33; 심재승, 2015: 235). 이러한 점에서 우리나라 중앙지방협력회의의 구성원은 다소 많지만 관계 지방정부의 대표들이 참여할 수 있다는 점에서 긍정적이다.

중앙지방협력회의에서 다루는 의제의 범위는 중앙정부와 지방정부 사이의 협력, 권한·사무·재원의 배분 등 지방자치와 균형발전에 관계된 사항들이 포함되어 있다. 또한 원활한 회의 진행을 위해 실무협의회도 운영되는데, 행안부 장관과 시·도지사 가운데 한 명이 공동의장을 맡고, 시·도 부단체장들과 관계부처 차관들로 꾸려진다. 일본의 경우 협의의 대상은 국가와 지방정부의 역할분담에 관한 사항, 지방행정·지방재정·지방세제 등에 관한 사항, 경제 및 재정정책, 사회보장에 관한 정책, 교육에 관한 정책, 그 밖의 지방자치에 영향을 미치는 국가정책 등이다(하동현, 2016: 36; 심재승, 2015: 235). 우리의 경우에도 지방자치와 균형발전에 관한 사항에서 출발하되 점차 지방정부에 중대한 영향을 미치는 법률의 제·개정과 국가정책 등으로까지 확대할 필요가 있을 것이다.

또한 법률안에는 회의 결과에 대한 존중과 성실한 이행을 규정하고 있다. 즉, 중앙정부와 지방정부는 중앙지방협력회의 결과를 존중하고 성실히 이행해야 한다는 것이다. 이러한 규정이 '회의 결과를 이행해야 한다'는 강제 조항은 아니지만, 대통령과 시·도지사가 직전 회의 결과의 이행 여부를 점검·평가하기 때문에 정치적 구속력을 가질 수 있다. 이러한 중앙지방협력회의는 단기적으로는 지방정부가 국정에 참여할 수 있는 통로가 될 수 있고, 중장기적으로는 중앙－지방 간 관계를 수직적인 통제에서 수평적인 경쟁관계로 전환할 수 있다는 점에서 중요한 의의를 찾을 수 있다. 다만 협력회의라는 명칭이 단순한 협력사항에 한정될 수 있다는 해석의 여지를 줄 수 있으므로 새로운 명칭의 사용과 더불어 의제를 협력사항뿐만 아니라 지방자치에 영향을 미치는 법률과 국가정책 등으로 확대할 필요가 있을 것이다.

4. 국가정책 결정: 지방주도적 참여

지방정부의 실질적인 국정참여를 확보하기 위해서는 중앙정부에 의한 형식적, 소극적, 방어적 참여가 아닌 지방의 적극적이고 주도적인 참여를 유도해야 한다. 이는 국가정책결정에서 지방의 의견을 수렴하거나 청취하는 방식에서 탈피하여 지방정부의 기획과 아이디어 제안을 장려하여 지방주도권을 강화하는 방식이다. 정책주도권(policy initiative)은 정책의 결정에 있어서 지도적인 위치에서 선도적이고 적극적인 역할을 수행하는 것이라고 정의할 수 있는데(하혜수·양기용, 2002), 지방정부의 정책주도권은 중앙－지방정부 간 관계에 있어서 중앙정부의 역할이 부재하거나 소극적인 정책영역에서 전국적 또는 광역적 정책효과를 지니는 정책의 결정, 즉 정책의제의 설정과 정책대안의 선택에 있어서 지방정부가 선도적인 위치에서 적극적인 역할을 수행하는 것이다.

지방정부의 정책주도권은 다음 세 가지 유형으로 구분할 수 있다(하혜수·양기용, 2002: 211－212).

첫째는 혁신적(innovative) 정책주도권으로 지방정부에서 혁신적 정책을 채택하고 이를 중앙정부에서 채택하도록 촉구함으로써 주도적인 역할을 수행하는 유형이다. 따라서 국가정책결정에서 지방정부가 주도적인 역할을 수행하는 것이 아니라 특정 지방정부 수준에서 혁신적·실험적인 정책의 추진과 다른 지방정부로의 확산을 통하여 중앙정부의 정책채택을 요구함으로써 결과적으로 지방정부의 주도적인 역할이 이루어지는 방식이다.

둘째는 상보적(compensatory) 정책주도권으로 중앙정부의 정책노력이 미진하거나 소극적인 정책결정사항에 대하여 지방정부가 선도적인 역할을 통하여 중앙정부의 정책추진을 보완해 주는 유형이다.

셋째는 대결적(confrontational) 정책주도권으로 중앙정부의 적극적인 역할이 존재하는 국가정책결정에 대하여 지방정부가 주도적으로 대응함으로써 직접적인 대결이 이루어지는 유형이다. 이러한 대결적 양상에서는 상호 전략적인 양보를 통하여 상생의 결과를 도출할 수도 있지만 극단적 투쟁으로 인해 정책추진에 실패할 가능성이 더 크다. 그러나 두 당사자는 직접적인 대결상황을 피하기 위하여 사전협의 등의 적절한 대응장치를 강구할 것이기 때문에 이러한 유형이 현실적으로 나타날 가능성은 높지 않다.

지방정부의 정책주도권은 지방정부의 적극적이고 선도적인 노력을 통해 이루어질 수 있지만, 중앙정부에서 제도적 여건을 조성할 필요도 있다. 예컨대, 사회보장정책에 있어서 기획단계부터 지방정부의 여건을 반영할 수 있는 조치를 포함하는 등 지방의 의견수렴 절차를 강화하는 대안이 이에 속한다(박혜자, 2008: 155). 영국의 지역협정이나 지역공공서비스협정과 같이 신규 복지정책에 대해서는 지역의 선택성을 강화할 수 있다는 것이다. 이러한 서비스협정은 중앙과 지방이 대등한 입장에서 협의하는 방식이지만 지방의 여건을 고려하여 지방정부가 현지 특성에 맞는 정책을 제안하고 그에 기초하여 중앙과 지방이 협약을 체결한다는 점에서 지방의 적극적인 참여를 유도하는 대안이 될 것이다.

미국의 연방과 주정부 관계에서 활용되고 있는 면책조치(program waiver) 역시 지방의 주도적인 참여를 보장하는 방법이다. 이는 연방의 사회보장정책 추진에 있어서 주 및 지방의 특수여건을 반영할 수 있도록 함으로써 주 및 지방정부의 적극적·주도적인 참여를 유도할 수 있는 방식이다. 미국의 경우 주정부나 지방정부가 해당 지역의 특성을 고려한 연방의 사회보장 프로그램의 수정안을 기획하여 제안하면, 연방정부가 타당성과 적정성을 심사하고 검토하여 예외조치를 승인하고 있다. 우리나라에서도 국가정책의 결정에 있어서 지방정부의 의견수렴에 머물지 말고 지방정부의 독자적인 기획과 아이디어에 기초하여 국가정책에 대한 수정안까지 제안하도록 함으로써 지방정부의 주도적인 참여를 강화해야 할 것이다.

4절 ── 결론

우리나라의 지방정부 국정참여는 여전히 지방의 의견청취 수준에 머물러 있지만 그마저도 제한적, 형식적, 방어적, 소극적, 사후적, 집행적 수준에 그치고 있다. 일부 협의·조정제도를 규정하고 있지만 중앙정부에 치우친 비대칭적 특성을 보이고 있다. 상호 협의나 공동결정은 고사하고 의견수렴조차도 형식적, 소극적, 집행적 수준에 그치고 있다. 또한 국가정책의 결정에서는 중앙정부가 일방적으로 강행하고 지방이 반발하면 사후적으로 협의하는 형식적 참여에 그치고 있다.

중앙-지방 관계와 지방의 국정참여는 상호 보완적 관계에 있다고 볼 수 있다. 한편으로는 중앙-지방 관계에 상응하는 국정참여제도를 설계해야 하지만, 중앙-지방 관계를 개선하기 위해서도 지방의 국정참여제도를 강화해야 한다. 우선 우리나라의 중앙-지방 관계가 일부 영역을 중심으로 중앙우위적 관계에서 점차 상호의존관계로 이행하고 있는 점에 유의하여 지방의 국정참여제도를 그에 상응하는 수준으로 개선해야 할 것이다. 그에 따라 국정참여제도는 지방정부의 강력한 의견반영 보장, 구체적·직접적 참여 강화, 대등한 협의·조정제도 강화, 지방의 적극적인 참여 유도에 집중할 필요가 있다. 더 나아가 중앙 – 지방 관계가 다수 영역에서 여전히 중앙우위의 관계에 머물러 있기 때문에 지방분권의 추진이나 지방자치에 영향을 미치는 법률과 정책의 결정에 있어서 중앙과 지방이 상호 대등한 입장에서 협의할 수 있는 장을 만들어야 한다.

지방정부의 국정참여를 실현하기 위해서는 개별적 수준의 국정참여보다 는 집합적 수준의 국정참여를 보장할 필요가 있다. 지방정부 4대 협의체 등에 의한 집합적 수준의 국정참여는 개별 지방정부의 입법과정 참여, 국가계획수 립 참여, 협의·조정제도 등을 강화하는 의미를 가질 수 있다. 더욱이 집합적 수준의 국정참여 중에서도 지방정부의 의견이 실질적으로 반영될 수 있는 제 도의 도입이 절실하다. 현재 국회에 제출된 법률안에 포함된 중앙지방협력회의 는 중앙정부 대표와 지방정부 대표들이 대등한 입장에서 협의하고 결정한다는 점에서 지방정부의 국정참여를 확대할 수 있는 효과적인 대안이 될 것이다.

대표제하의 주민분권 대안

CHAPTER 11

대표제하의 주민분권 대안

지방분권은 주민의 권력 행사 가능성을 높인다는 점에서 정당화된다. 주민의 통제 범위 안에 있는 지방정부에게 권한을 넘기는 것은 주민들의 권력을 증대시킬 수 있기 때문이다. 최근에는 지방정부로의 권한이양에 더하여 주민들에게 권한을 이양하는 주민분권이 강조되고 있다. 주민에게 권한을 넘기는 방식은 두 가지로 구분된다. 하나는 대표제(대의제)하에서 개별 사안에 대한 주민의 결정권을 강화하는 것이고, 다른 하나는 대표를 선출하지 않고 전체 주민들이 토론하면서 정책을 결정하는 주민총회제를 도입하는 것이다. 주민총회제는 다음 장에서 다루기 때문에 이 장에서는 대표제를 보완하기 위한 개별 정책에 대한 주민결정 대안을 모색할 것이다. 개별 정책에 대한 결정권을 이양하는 방식의 주민분권은 주민의 직접결정, 주민의 실질적 참여, 그리고 협치의 세 가지 형태를 포함한다. 첫째는 주민발의·주민표결·주민소환 등과 같이 주민에게 결정권을 이양하는 것이고, 둘째는 정책결정에 대한 참여권을 주민에게 부여하는 것이며, 셋째는 정부와 주민이 협의하여(공동으로) 정책결정을 내리는 것이다.

1절 ─ 주민분권

1. 주민분권의 개념

주민분권은 '주민'과 '분권'이 결합된 용어로 정부의 권한을 주민에게 이양하는 것이다. 여기서 주민은 지방자치법에 의해 지방정부의 구역 안에 주소를 둔 사람을 의미한다. 정부의 권한을 위탁받아 처리하는 민간기업은 주민을 고용하고 있지만 주민분권에서 말하는 주민에서 제외된다. 민간기업은 기본적으로 주민들의 공동이익보다는 기관의 이윤을 추구하기 때문이다. 시민단체(NGO와 NPO)는 엄밀히 말해 주민은 아니지만 일반시민의 이익을 대변하는 주민들의 모임으로서 협치에 있어서는 주민의 지위를 가질 수 있다. 그런데, 주민분권의 방식은 대표제(대의제)하에서 개별 사안에 대한 주민의 결정권을 강화하는 방식과 대표를 선출하지 않고 전체 주민들이 토론하면서 정책을 결정하는 방식으로 구분할 수 있다. 본서에서는 전자를 대표제하의 주민분권으로, 후자를 주민총회제로 부르고자 한다.

개별 사안에 대한 결정권을 주민에게 이양하는 주민분권은 다음 세 가지 형태를 띨 것이다. 첫째, 정책결정에 관한 권한을 주민들에게 부여하는 것으로 주민발의제와 주민투표제 그리고 주민소환제 등이 대표적이다. 둘째, 정책에 대한 의견과 아이디어 제시권을 주민에게 부여하는 것으로 공청회, 설명회, 민원모니터제, 주민감사청구제, 주민소송제 등을 들 수 있다. 셋째, 정부와 주민이 공동으로 정책을 결정하는 협치(거버넌스)로서 숙의형 공론조사, 원탁회의, 주민참여예산제, 주민배심원제 등을 들 수 있다.

2. 주민분권의 유형

1) 주민직접결정

주민직접결정은 주민들이 정책을 직접 결정하는 방식이다. 주민직접결정은 지방의원과 자치단체장이 주민의 의사에 반하거나 기대에 못 미치는 정책 결정을 내릴 때 효과적으로 견제할 수 있는 대안이다. 지방분권의 추진에서 주민들에게 정책결정권한을 주지 않는다면 지방정부에 견제 없는 권력을 부여 하는 결과를 초래할 것이므로 지방정부의 민주적 운영을 위해서는 주민들의 정책결정권을 강화해야 한다(윤재선, 2000: 257 – 258). 주민분권 없는 지방분권 은 지방토호의 권력을 강화함으로써 지역사회의 지배적 권력관계를 강화하는 결과를 가져올 수 있다는 주장도 그와 맥을 같이한다(강준만, 2015: 205). 이처 럼 지방단위에서 민주적 제도의 도입에도 불구하고 주민의 실질적 참여가 부 족한 현상을 두고 '이중적 지방민주주의'(dual local democracy)라고 부른다(배유 일, 2018: 12 – 13). 1990년대 이후 지방분권이 지방에서의 민주적 제도를 구축 하는 데 기여했음에도 불구하고 지방의 정치무대는 여전히 지역엘리트가 주도 하고 있고 시민의 영향력은 제한되어 있다는 것이다.

　　주민들의 직접결정을 허용하는 제도는 주민발의제, 주민투표제, 주민소환 제를 들 수 있다. 주민발의제는 주민이 법률과 조례, 심지어는 헌법을 발의하 는 제도이다. 우리나라의 주민발의제도는 2000년 지방자치법의 개정에 의해 조례 제·개정 청구권이라는 이름으로 도입되었고, 2009년에 일부 개정되었 다. 주민발의제를 주민결정방식에 포함시킨 것은 선진국의 경우 주민들의 발 의와 함께 법률이 결정되도록 하고 있기 때문이다(김영기, 2011). 이러한 점에 서 우리나라의 주민발의제는 무늬만 존재할 뿐 실질적인 내용은 미흡한 수준 이다. 조례의 발의가 아닌 청구라는 명칭에서 확인할 수 있듯이 주민이 지방 의회에 조례를 발의하는 것이 아니라 자치단체장에게 조례 제·개정을 청구하 는 제도인 것이다. 더욱이 국회의 전유물인 법률에 대해서는 주민발의는 물론 이거니와 법률 개정 청구도 허용하지 않고 있다.

　　주민들이 직접 주요 정책을 결정하는 주민투표제는 2004년에 도입되었 다. 원전폐기물처리장 입지결정에서 주민투표가 실시되었고, 제주특별자치도 도입에 대해서도 주민투표로 결정하였다. 그러나 이러한 주민투표도 원전폐기 물처리장의 결정처럼 그 자체로서 최종 결정일 수 있지만 자치구역개편처럼 법률 제정을 위한 선행조건으로 참고사항에 그치는 경우도 있다. 보다 강력한 형태의 주민직접결정제도는 주민소환제도인데, 주민들이 대표에 대하여 직접 소환하여 해직을 결정하는 제도이다. 우리나라에서 주민소환제는 2007년 도입된 이후 2014년까지 강정마을 해군기지 건설을 추진한 제주도지사 소환, 화장장 설치를 추진한 하남시장과 시의원 소환, 성추행에 대한 포천시장 소환 등 9건이 추진되었으나 성공사례는 하남시의원 2명에 불과하다(배유일, 2018: 267).

2) 주민참여

주민참여는 정책결정과정에 주민이 참여하는 제도, 즉 주민의 의견과 아이디어를 정책에 반영하는 제도이다. 주민참여는 그 내용과 수준에 따라 소극적 참여(passive participation), 협의형 참여(consultation), 공동결정(co-decision), 주민주도(citizen initiative) 등으로 구분할 수 있다(하혜수, 2019). 여기서 소극적 참여는 정보수집, 정보제공, 의견제시, 형식적 참여 등을 포함하고, 협의형 참여는 자문, 협의, 의견교환, 대안도출 등을 포함하며, 공동결정형 참여는 상호작용, 합의형성, 권한공유, 공동행동 등을 포함한다. 그리고 주민주도형 참여는 자발적 참여, 시민통제, 지속적 참여 등을 포함한다. 이렇게 보면, 주민참여는 단순한 의견투입에서부터 주민발의, 주민직접결정, 그리고 협치에 이르기까지 다양한 단계를 포함하는 개념이라고 할 수 있다. 주민직접결정과 협치의 경우 별도의 항목으로 구분하여 살펴보기 때문에 주민참여 부분에서는 의견제시형과 주민감시형에 한정하여 살펴볼 것이다.

주민의견 제시형 참여는 공청회, 설명회, 자문위원회, 반상회, 민원모니터제 등을 포함한다. 공청회는 정부의 주요 정책현안에 대하여 주민의 다양한 의견을 수렴하기 위한 정책토론회의 일종이다. 이러한 공청회는 계획수립과정에서 이해관계 주민과 지방정부의 의견을 청취하여 계획의 실효성을 제고하는 기능을 수행한다. 설명회는 주민 간담회라고도 하며, 시정의 방향설정과 정책추진에 앞서 주민들에게 그 취지를 설명하고 이해를 구하는 절차이다. 자문위원회는 해당 분야의 전문가, 교수, 주민단체, 주민대표 등으로 구성된 자문위원들의 의견과 자문을 정책에 반영하는 수단이다. 반상회 제도는 반의 주민들이 모여 의견을 교환하고 제시된 의견을 지방정부에 전달하는 장치이다. 민원모니터제는 모집된 모니터요원들이 주민의 광범위한 의견을 수집하여 시정에 제시하는 방식이다. 모니터요원들은 서면, 전화, 방문, 면담 등을 통하여 주민의견, 불편 및 고충사항, 행정에 대한 건의, 설문조사 등을 담당한다.

주민감시형 참여제도는 주민감사청구제와 주민소송제를 예로 들 수 있다. 주민감사청구제는 행정기관이나 공직자의 위법·부당한 조치나 행위로 인하여 일반주민들의 불편이 가중될 경우 또는 특정 주민의 손실과 피해가 발생한 경우에 이해관계자 또는 일반 주민들이 관련 감사기관에 감사를 청구하여 시정을 요구하는 제도이다. 그리고 주민소송제는 주민감사청구제를 보완하기 위한 제도인데, 주민은 공금의 지출에 관한 사항, 재산의 취득·관리·처분에 관한 사항, 해당 지방정부를 당사자로 하는 매매·임차·도급 계약의 체결·이행에 관한 사항 또는 지방세·사용료·수수료·과태료 등 공금의 부과·징수를 게을리한 사항에 대하여 감사를 청구할 수 있다. 또한 그와 관련하여 위법한 행위나 업무를 게을리 한 사실에 대하여 해당 자치단체장(해당 사항의 사무처리에 관한 권한을 소속 기관의 장에게 위임한 경우에는 그 소속 기관의 장을 말함)을 대상으로 소송을 제기할 수 있다. 주민소송은 주민감사청구가 수리된 후 60일이 끝난 날로부터, 해당 감사결과나 조치요구에 대한 통지를 받은 날로부터, 해당 조치를 요구할 때에 지정한 처리기간이 끝난 날로부터, 해당 이행 조치결과에 대한 통지를 받은 날로부터 90일 이내에 제기해야 한다.

3) 주민협치

주민협치는 정부와 주민이 공동으로 주요 정책을 결정하는 방식이다. 협치 또는 거버넌스에 대한 정의는 매우 다양한데, 이명석(2002: 322-326)은 공통문제 해결기제(최광의 개념), 정부관련 공동문제 해결기제(광의 개념), 정부와 시민사회 간 협력(협의의 개념)으로 구분한다. 그러나 최광의 개념은 공통문제 해결을 위한 모든 방식이나 기제를 포함하기 때문에 협치라고 부르기 어려워, 여기서는 협의의 개념과 광의의 개념으로 구분하여 살펴보고자 한다.

첫째, 좁은 의미의 협치를 살펴보자면, 안셀(Chris Ansell)과 가쉬(Alison Gash)는 협력적 거버넌스(collaborative governance)를 정부와 비정부 이해관계자 간의 공동결정이라고 정의한다(Ansell & Gash, 2008: 544). 즉, 공공정책의 결정 과 집행, 공공사업과 자산의 관리에 관한 집단적 의사결정과정에 비정부의 이 해관계자를 직접 참여시키는 제도적 장치라는 것이다. 피에르(Jon Pierre)는 협 치를 사회체제의 조정과정에 있어서 정부 역할에 관련된 것으로서 구거버넌스 와 뉴거버넌스를 포함하는 개념이라고 주장한다(Pierre, 2000). 여기서 구거버넌 스는 정부의 주도적 역할에 관한 것인 데 반해, 뉴거버넌스는 정부와 시민사 회 간 네트워크가 주도적 역할을 하는 것이다. 박재창(2010)은 공적 기관(혹은 설 계)과 사적 구조(혹은 역동성)의 연성적 교합현상으로 정의한다. 즉, 거버넌스는 국 가(공공성), 시장(경제성), 시민사회(자발성)가 수평적으로 융합된 구조라는 것이다.

둘째는 넓은 의미의 협치인데, 로즈(Rod A.W. Rhodes)는 상호의존성, 자원 교환, 게임의 규칙, 국가로부터의 자율성을 특징으로 하는 자율조직 간의 네트 워크라고 정의한다(Rhodes, 1996).[1] 이와 달리 키에르(Anne Mette Kjær)는 협치 를 조정과 게임의 규칙에 관한 것이라고 정의한다(Kjær, 2004: 7). 즉 전통적인 의미의 정부(규칙의 제정과 적용 그리고 집행)를 포함하여 정부의 사회조정능력을 포함한다는 것이다. 프로반(Keith G. Provan)과 케니스(Patrick Kenis)는 협치를 수평적 관계에 근거한 네트워크적 조정양식으로 정의하고 있고(Provan & Kenis, 2008), 김석준 외(2000: 57)는 협치를 정부와 시민사회의 다양한 이해당사 자들이 보다 반응적이고, 효율적이며, 책임성 있는 조정기제를 제도화하여 문 제를 해결하고자 하는 정책형성양식으로 정의한다.

이러한 관점을 종합하면 협치 또는 거버넌스는 정부와 시민사회가 수평 적인 네트워크 관계를 갖고 공동으로 정책을 결정하는 체제라고 할 수 있다. 일본에서는 정부와 시민사회 간 공동결정에 착안하여 공치 또는 협치라고 번 역한다. 우리나라의 경우 국정관리, 협치, 거버넌스 등으로 다양하게 사용하고

---

1 로즈는 최소국가(minimal state), 신공공관리주의(NPM), 좋은 거버넌스(good governance), 사회적 사이버네틱스(socio-cybernetics), 자율적 네트워크(self-organizing networks) 등 도 협치의 개념에 포함시키고 있다(Rhodes, 2000).

있으나 내용과 강조점은 유사하다. 협치는 수직적 계층제 관계에 기반한 정부의 개념과는 다르다. 정부는 전통적으로 관이 통치하고 시민사회가 통치 받는 관계를 전제로 하기 때문에 계층제와 명령복종이 지배적인 기제였다면, 협치는 정부와 시민사회 간 상호 대등하고 수평적인 관계를 상정하기 때문에 신뢰, 상호주의, 외교 등이 지배적인 기제가 된다. 이러한 관점에서 정부를 구거버넌스라고 하고 협치를 뉴거버넌스라고 구분하는 것이다.

이러한 협치는 유사개념과 구분할 필요가 있다. 첫째는 신공공관리주의(NPM: New Public Management)인데, NPM은 정부부문에 민간관리방식의 도입을 강조한다. 즉, NPM은 성과기준, 결과중심, 금전가치(VFM: Value for Money), 고객선택 등을 강조한다. NPM에서도 조정(steering)이 핵심적 개념이기 때문에 협치와 전혀 관련이 없다고 보기는 어렵다. NPM과 협치 모두 지시나 명령보다는 방향을 잡고 다양한 행위자들의 협력적 활동을 촉진하는 데 중점을 둔다는 점에서 공통적인 측면이 있다. 그러나 신공공관리론은 시장적 조정을 강조한다는 점에서 계층제와 네트워크의 결합을 의미하는 협치와 차이가 있다고 할 수 있다.

둘째는 레짐의 개념인데, 레짐(regime)은 정부와 이익집단(주로 기업엘리트) 간의 비공식적인 연합방식을 의미한다. 지방레짐(local regime)은 지방수준에서 이루어지는 지방정부와 이익집단 간 비공식적 통치연합으로서 이들은 장기간에 걸쳐 공공정책을 결정하고 추진한다. 여기서 이익집단은 모든 비공식적 이익집단이 아니라 통치적 의사결정에 접근할 수 있는 안정적 지위를 갖는 이익집단을 의미한다. 그러나 레짐과 협치의 핵심적 차이점은 레짐이 특정 이슈를 중심으로 형성되는 데 반해, 협치는 공공문제 일반을 중심으로 형성된다는 것이다. 또한 레짐은 정부와 기업집단 간 연합을 강조하는 데 반해, 협치는 정부와 시민사회, NGO 등 다양한 행위자 간의 결합을 포함한다.

셋째는 파트너십과 협력이다. 파트너십(partnership)은 둘 이상의 행위주체가 상호 동등한 입장에서 협력하는 관계를 의미한다는 점에서 협치와 유사한 개념이다. 그러나 파트너십은 정책결정보다는 정책집행이나 사업추진단계의 협력을 의미한다는 점에서 공동정책결정을 의미하는 협치와 차이가 있다. 그리고 공－사파트너십에서와 같이 파트너십은 여전히 정부의 주도적 역할이나 우위를 인정하는 경우가 대부분이어서 상호 대등한 관계를 전제로 하는 협치와는 다르다. 협력(cooperation)은 서로 힘을 합친다는 포괄적 의미를 갖는 개념으로 협치에 미치지 못하는 관계를 의미한다. 즉, 협력은 대등한 수준에서의 공동결정이 아닌 정책결정 참여나 집행단계의 협력을 포함한다는 점에서 거버넌스와 차이가 난다.

마지막은 시민참여이다. 시민참여는 일반시민이 정부와 정책에 참여하여 의견을 개진하는 개념으로 거버넌스의 한 형태로 볼 수 있다. 그러나 시민참여는 대등한 관계에서 공동결정하는 거버넌스에 미치지 못하는 형태까지 포함한다는 점에서 협치와 동일하다고 보기는 어렵다. 즉, 시민참여는 시민들이 갖는 권력에 따라 의견조사, 의견제시, 협의, 공동결정, 시민주도 등으로 구분되는 것에서 알 수 있듯이 협치가 가장 높은 수준의 시민참여를 의미하지만 모든 시민참여가 협치일 수 없다는 점에서 양자의 개념은 다른 것이다. 협치는 대등성과 상호의존성에 기초하여 정부와 시민이 공동으로 정책을 결정하는 체제이다.

우리나라의 협치제도는 숙의형 공론조사, 주민참여예산제, 주민배심제 등을 들 수 있다. 숙의형 공론조사는 무작위로 선발된 주민들에게 정책에 대한 정보와 찬반의견 그리고 기대효과를 제공하고 주민들이 정책대안을 선택하는 방식이다. 이는 지방정부와 시민이 공동으로 결정하는 방식은 아니지만 정부가 주민의 선택을 전적으로 수용하기 때문에 협치에 준하는 방식으로 간주될 수 있다. 주민참여예산제는 지방정부의 예산편성과정에 주민을 참여시키거나 일부 예산 항목에 대해서는 주민들이 직접 편성하는 방식이다. 주민배심제는 무작위로 추출된 주민들로 구성된 배심원단이 쟁점 정책에 대하여 평결(評決)하면, 지방정부에서 그 결과를 받아들이는 방식이다.

2절 ─ 주민분권의 과제와 대안

1. 주민직접결정제도의 과제와 대안

1) 주민발의제

우리나라 주민발의제의 문제점은 주민에 의한 조례발의가 아닌 조례발의 청구권을 도입하고 있다는 점이다. 현행 조례 제·개정 청구제에 따르면, 일정 수 이상의 주민은 조례 제·개정을 자치단체장에게 청구할 수 있고, 청구를 받은 자치단체장은 조례의 제정·개정·폐지 청구서와 조례의 제정·개정·폐지안을 지방의회에 제출하게 된다.[2] 주민발의제의 문제점을 해결하기 위한 단기적 대안은 조례 제·개정 청구를 위한 주민수 요건을 조정하는 것이다. 주민수를 너무 적게 하면 주민의 대표성 문제와 더불어 소수의 이해관계자에 의해 조례 제·개정 청구가 좌우되어 지방정부의 불필요한 부담을 초래할 수 있고, 반대로 주민수를 너무 많게 하면 주민발의를 위축시킬 수 있다. 현재 19세 이상 인구의 1%를 하한선으로 정하고 있는데, 시·도의 경우 인구 2만~10만 이상의 연서 요건은 과중하므로 더 낮추어야 할 것이다. 장기적으로는 주민들이 조례의 제정·개정·폐지안을 발의하면 주민투표로서 결정할 수 있는 '주민조례발의제'로 개선해야 할 것이다.

또한 주민조례 발의제를 바탕으로 법률안과 개헌안에 대한 주민발의제를 도입할 필요가 있다. 법률안과 헌법개정안의 경우 국회와 중앙정부가 모든 권한을 가지고 있고, 주민들에게는 그에 관한 일말의 권한도 허용하지 않고 있다. 미국은 주민의 법률발의를 허용하고 있고 스위스는 법률안뿐만 아니라 헌법개정안에 대해서도 주민발의를 인정하고 있는 것과는 대조적이다. 다음 박스는 미국 연방하원의원을 역임한 김창준의 국민 법안발의제 도입에 관한 주장이다.

---

2 지방자치법 시행령 제12조는 법 제15조 제1항에 따라 조례의 제정·개정·폐지를 청구하려는 청구인의 대표자는 청구의 취지와 이유 등을 적은 조례의 제정·개정·폐지 청구서와 조례의 제정·개정·폐지안을 첨부하여 해당 지방자치단체의 장에게 문서로 대표자증명서의 발급을 신청하여야 한다.

358 지방분권 오디세이

❖ 18대 국회, 국민 법안발의제 도입하자

대한민국 18대 국회가 새롭게 출범한 것을 계기로 국민의 뜻이 국정에 최대한 반영되고, 국회의 권위와 존엄성을 살리기 위한 몇 가지 제언을 하고자 한다. 우선 국민발의제를 도입할 것을 제안한다. 뜻있는 국민이 모여 총유권자 1%의 서명을 받으면 각종 법안을 상정할 수 있는 권리를 주어야 한다. 법안 상정이 더는 국회의 원만이 할 수 있는 특권이어서는 안 된다. 1978년 미국 캘리포니아 주에서는 높은 재산세에 항의하는 주민들이 재산세 동결법안을 주민투표로 발의하고, 주 의회는 이를 통과시킨 사례가 있다. 'Proposition 13'으로 잘 알려진 이 사례는 모든 권력의 근원이 국민에게 있다는 풀뿌리 민주주의의 원리를 새삼 일깨워준다. 한국에서도 일부 지방자치단체가 주민발의제를 시행하고 있는 것으로 안다. 이 제도를 도입해 주요 현안과 관련해 국민이 직접 정치에 참여할 기회를 주면 길거리 시위도 줄어들 것이다.

둘째로는 국회의원이 다른 국회의원을 징계 처분할 수 있는 제도를 강화하자. 의원끼리 언성을 높이며 멱살을 잡고 몸싸움을 할 필요가 없다. 이런 모습이 텔레비전을 통해 국민에게 비치니 국회의원에 대한 존엄성이 바닥을 치는 것이다. 미국 의회의 경우 신성한 의사당 발언대에서 좀 지나친 단어를 쓰면 대개 반대당 의원이 '이의(objection)'를 외친다. 의장은 바로 발언을 중지시키고, 그 내용이 '국회의원답지 않다'고 판단될 경우 사과를 요구하며, 심한 경우 윤리위원회에 넘긴다. … 중략 …. 최근 한국에서 일부 국회의원이 국회에는 나가지 않고 쇠고기 반대시위에 참가해 '청와대 진격'을 부추긴 일은 미국에서는 '국회의원답지 않은 행동'으로 마땅히 국회 윤리위원회에 넘겨진다. … 중략 …. 국회의원의 존엄성을 유지하면서 국민의 존경을 받으려면 국회의원들끼리 서로 견제하는 강력한 국회 윤리위원회가 필요하다. … 중략 …. 국회의원은 특권계급이 아니라 국민이 대신 뽑아준 대의원에 불과하다. 의회를 영어로 'House of Representatives'라 부르는 것은 바로 이런 이유에서다.

〈출처: 김창준, 동아일보, 2008.07.09.〉

박스에서 보는 바와 같이 김창준 의원은 국민 법안발의제 도입을 주장하면서 1978년 캘리포니아주에서 주민투표를 통한 법률안을 발의하고 재산세를 동결한 사례를 소개하고 있다. 그에 따라 우리나라의 지방정부에서 도입하고 있는 주민조례 발의제를 바탕으로 국민 법안발의제를 제안하고 있는데, 총유 권자 1%의 서명을 받아 법률안을 상정할 수 있도록 권리를 부여해야 한다는 것이다. 이러한 제안처럼 우리나라의 경우에도 정책에 대한 주민참여를 확대 하기 위해서는 주민들에게도 법률안 발의권을 부여하고, 더 나아가 개헌을 전 제로 한 헌법개정안 발의권 부여에 대해서도 전향적인 검토가 필요할 것이다.

2) 주민투표제

주민투표제는 지방자치단체의 주요 정책 사안을 직접 주민표결(referandum) 을 통해 결정하는 제도이다. 지방세 인상과 같이 지역주민에게 부담을 초래하 는 정책이나 자치구역의 통폐합과 같은 쟁점에 대하여 주민의 투표로써 결정 하는 것이다. 미국의 경우 조세인상 등을, 일본의 경우 원전발전소나 핵폐기물 처리장의 입지나 시·정·촌합병 등을 주민투표로 결정하고 있다. 우리나라의 경우 지방자치법 제14조에 지방자치단체의 장은 주민에게 과도한 부담을 주 거나 중대한 영향을 미치는 지방자치단체의 주요 결정사항 등을 주민투표에 부칠 수 있다고 규정하고 있고, 주민투표의 대상·발의자·발의요건, 그 밖에 투표절차 등에 관한 사항은 따로 법률(주민투표법)로 정하도록 하고 있다.

우리나라 주민투표제의 문제점은 제도의 문턱이 지나치게 높다는 것이다. 즉, 주민투표의 발의 및 확정요건이 까다로워 제도의 활용이 어렵다는 것이다. 주민투표법에 의하면 주민투표는 지방정부 관할구역 내 총유권자 5~10%의 서명으로 발의되고 유권자의 3분의 1의 투표참여에 투표참여자의 과반수 찬 성으로 결정된다. 이러한 3분의 1 투표참여 요건이 매우 높아 투표함도 열어 보지 못하는 경우도 있을 정도로 주민투표제의 실효성이 낮은 편이다. 선거일 이 공휴일로 정해진 총선이나 지방선거에서도 투표율이 높지 않은 상황에서 평일에 실시되는 주민투표의 참여율 조건은 충족하기 어려운 수준이라고 할 수 있다. 또한 자치구역 개편 등 법률 제·개정이 필요한 경우나 군공항 이전 등과 같은 국가정책의 경우 주민투표 그 자체로서 정책이 확정되지 않는다.

주민투표에서 제외되는 사항도 많은 편이다. 주민투표법에 의하면 주민투표의 대상은 주민에게 과도한 부담을 주거나 중대한 영향을 미치는 지방자치단체의 주요 결정사항으로 해당 지방자치단체의 조례로 정하는 사항을 포함한다. 그러나 주민투표에 부의할 수 없는 예외조항이 더 많다. 즉, 법령에 위반되거나 재판 중인 사항, 국가 또는 다른 지방정부의 권한 또는 사무에 속하는 사항, 지방정부의 예산·회계·계약 및 재산관리, 지방세·사용료·수수료·분담금 등 각종 공과금의 부과 또는 감면, 행정기구의 설치·변경에 관한 사항, 인사·정원 등 신분과 보수에 관한 사항은 주민투표의 대상에서 제외되고, 동일한 사항(그 사항과 취지가 동일한 경우를 포함)에 대하여 주민투표가 실시된 후 2년이 경과되지 아니한 사항 역시 주민투표의 대상에서 제외된다.

이러한 이유 때문에 주민투표의 활용실적이 많지 않다. 지금까지 활용된 주민투표 사례는 방폐장 입지 관련 주민투표, 무상복지 관련 주민투표, 자치구역개편 주민투표, 그리고 대구공항 입지 관련 주민투표 등으로 다수 있지만, 가장 주목을 받은 주민투표는 서울시 무상급식 범위에 대한 주민투표와 제주도 자치체제 개편에 관한 주민투표라고 할 수 있다. 서울시 무상급식 범위에 대한 주민투표는 주민의 표결로써 정책이 결정된 데 반해, 제주도의 자치체제 개편에 관한 주민투표는 그 자체로 정책이 결정되지 않고 참고사항이 된다는 점에서 차이가 있다.

❖ 서울시 무상급식 관련 주민투표 사례

2010년 6.2 지방선거 당시 한나라당 출신인 서울시장 오세훈은 재선에 성공했으나, 서울시의회는 야당이 3분의 2 이상을 차지하게 되고, 서울특별시 교육감도 진보 성향의 곽노현 후보가 당선되었다. 서울시는 소외 계층을 대상으로 하는 매우 제한적 무상급식을 시행중에 있었으나, 주로 야당이 다수인 서울시의회 및 교육감은 전면 무상급식을 주장하였다. 그에 대한 대응으로 서울시는 8%에 불과한 무상급식 대상을 30%로 확대한다는 방침을 정하고 최대 하위 50%까지는 무상급식을 할 수 있다는 입장을 밝혔다. 그러나 서울시의회는 2011년 1월 6일 서울시와 한나라당의 반대에도 불구하고 의장 직권으로 무상급식 조례안을 통과시켰다. 서울시는 서울시의회 민주당 의원들이 단독으로 처리시킨 무상급식조례안에 대해 공포를 거부함과 동시에 법원에 무효소송을 내기로 했다. 서울시의회는 오세훈 시장의 공포 거부에 따라 익일 시의회 의장 직권으로 공포했다. 오 시장은 이에 따라 무상급식 때문에 교착 상태에 빠진 시정을 더 이상 방치할 수 없는 만큼 무상급식 전면 실시 여부를 시민들의 판단으로 결정하자고 제안했다. 그에 따라 2011년 8월 24일 주민투표가 실시되었고 투표결과 최종투표율 25.7%로 투표함을 개봉할 수 있는 투표율 33.4%를 달성하지 못하여 투표함이 폐기됨과 동시에 1안(소득 하위 50% 학생을 대상으로 2014년까지 단계적 무상급식 실시)과 2안(모든 학생을 대상으로 전면적 무상급식 실시) 모두 부결 처리되었다. 2011년 8월 6일 주민투표에서 패배할 경우 시장직을 내려놓겠다고 밝혔던 오세훈은 8월 26일 시장직을 사퇴했다.

〈출처: 위키백과〉

 서울시의 주민투표는 시의회의 무상급식 조례에 대한 대응에서 시작되었다고 볼 수 있다. 서울시장은 시의회의 의결에 대하여 재의결 요구를 하지 않고 공포를 거부하였다. 지방자치법에 의하면 시의회에서 의결된 조례안에 대하여 시장이 재의를 요구할 경우 시의회에서 재적의원 과반수 출석에 출석의원 3분의 2 이상의 찬성으로 재의결하면 조례로 확정된다. 시장이 재의를 요구하지 않은 이유는 민주당이 다수를 차지하고 있는 시의회의 구조상 재의결될 가능성이 높다는 판단 때문이었을 것이다. 그리고 서울시장은 조례의 무효나 위법성을 주장하였으나 대법원 제소와 같은 적극적인 조치를 취하지는 않았다. 시장은 시의회에서 재의결된 조례안이 법령에 위반될 경우 대법원에 제소할 수 있음에도 불구하고 이러한 조치를 취하는 대신 주민투표를 제안하였다. 그러나 주민투표제의 문턱이 높아 투표함도 열어보지 못하고 주민투표안은 부결되었고, 시장은 약속한 대로 사퇴하였다. 유권자의 3분의 1 이상 투표 참여 요건을 채우지 못해 무상급식에 대한 시민들의 의견을 확인하지도 못했던 것이다.

 제주도 자치체제(자치계층제) 개편에 대한 주민투표는 제도의 문턱이 높은 것은 동일하지만 다른 제약조건이 붙어 있다. 즉, 자치체제 개편에 대한 주민투표는 그 자체로 정책의 채택이 확정되지 않고 단순 참고사항으로 활용된다는 것이다. 물론 주민투표 결과를 무시할 경우 정치적 부담을 안을 수 있지만 위법이 아니라는 점에서 주민투표의 한계를 지적하지 않을 수 없다.

❖ 제주도 주민투표 사례

2004년 7월 주민투표법이 시행된 후 제주도에서 전국 최초로 주민투표가 실시되었다. 제주도는 2005년 7월 27일 제주도 자치계층구조 개편에 대한 주민투표를 실시하였다. 특이한 것은 계층구조 개편에 대한 찬반 투표가 아니라 두 가지 대안에 대한 찬성의견을 묻는 내용이었다. 전체 유권자 40만 2003명 가운데 36.73%인 14만 7656명이 투표에 참여하여 투표 요건이 충족되었고, 투표결과 혁신적 대안(단일광역자치안)이 57%, 점진적 대안(현행 유지안)이 43%의 찬성을 얻었다. 그러나 지역별로는 다소 차이를 보여 제주시와 북제주군에서는 혁신안 지지율이 각각 64.5%와 57.2%로 나왔으나 서귀포시와 남제주군은 점진안 지지율이 각각 55.3%와 54%로 더 높았다. 이에 대해 자치단체장 3명 등은 주민투표 실시가 제주시장과 서귀포시장 등의 권한을 침해했다며 헌법재판소에 권한쟁의를 신청하였다. 헌법재판소는 그에 대하여 8대 1로 각하 결정을 내렸다. 이후 제주특별자치도 설치 등에 관한 법률에 의해 제주도는 단일 자치계층으로 개편되었고, 4개 시·군의 자치권은 폐지되었다.

〈출처: 지식백과〉

제주도 자치계층구조 개편에 관한 주민투표 사례는 일반적인 주민투표와 다르다. 일반적인 주민투표는 대개 주민투표법에 정해진 요건인 유권자 3분의 1 이상 투표 참여에 투표자의 과반수가 찬성하면 해당 정책은 결정되는 것이다. 그러나 자치체제 개편에 관한 주민투표는 그 자체로 정책의 채택이나 추진을 보장하지 못한다. 이 경우 주민투표는 어디까지나 참고사항에 그치며, 국회에서 입법을 제·개정해야 정책이 최종 확정된다. 제주도의 경우 시·군의

폐지가 포함된 주민투표에 대하여 시장·군수가 아닌 도지사가 주민투표를 실시하였다는 이유로 권한쟁의 신청이 있었지만 헌법재판소에서 각하되었다. 그이유인즉 자치단체장의 주민투표 실시권은 중앙행정기관장으로부터 주민투표 요구를 받은 뒤에야 성립하기 때문에 행정자치부 장관이 제주도지사에게 자치체제 개편에 관한 주민투표를 요구했다고 해서 주민투표를 요구받지 않은 제주시장과 서귀포시장의 권한이 침해되었다고 볼 수 없다는 것이다. 또한 지방정부 통합과 관련하여 주민투표를 실시하였다고 하더라도 국회 입법을 거치지 않는 이상 투표 결과가 구속력을 갖지 않으므로 주민투표 실시만으로 청구인의 지방자치권이 침해되거나 침해될 위험이 있다고는 보기 어렵다고 판시하였다.

제주도 주민투표의 경우 일부 지역에서 과반수 찬성을 얻지 못했다는 문제 제기도 있었으나 헌법재판소는 서귀포시와 남제주군에서 과반수 지지를 얻지 못하였지만 전체적으로 과반수를 얻었기 때문에 큰 문제가 없다고 하였다. 제주도 자치계층구조 개편에 관한 주민투표는 4개 시·군 폐지에 대한 것이 아니라 시·군의 폐지를 통한 새로운 광역지방정부의 설치에 대한 것이고, 더욱이 자치체제 개편은 법률에 의해 추진되는 사항으로 그에 대한 주민투표 결과도 참고사항에 불과하다는 것이다. 그에 따라 투표결과를 반영할 것인지의 여부는 전적으로 입법형성권자(국회의원)의 재량적 판단에 속하는 사항이므로 주민투표 결과 과반수를 얻지 못했다고 해도 법률의 제·개정으로 자치계층구조를 개편하였다면 문제가 없다는 것이다. 이상의 논리로 인해 자치체제 개편에 대한 주민투표는 일반적 주민투표와 다른 것이다.

이러한 관점에서 주민투표제를 개선하기 위해서는 첫째, 제도의 문턱을 낮춰야 한다. 우선 관할구역 내 총유권자의 5~10% 서명을 받아 발의하도록 한 규정을 2~5%의 서명으로 완화해야 한다. 그리고 유권자의 3분의 1 이상 투표참여 요건을 4분의 1 이상 또는 5분의 1 이상으로 완화해야 한다. 현재 유권자의 3분의 1 이상 투표참여 요건 때문에 투표함을 열지 못하여 주민의 뜻을 확인하지 못하는 경우가 대다수이다. 둘째, 주민투표 제외대상의 축소가 필요하다. 법령에 위반되거나 재판 중인 사항과 주민투표가 실시된 후 2년이 경과되지 않은 사항은 제외하는 것이 타당하다. 그러나 지방정부의 예산·회계·계약 및 재산관리, 지방세·사용료·수수료·분담금의 부과 또는 감면 사항, 행정기구의 설치·변경, 공무원의 신분과 보수 등을 제외한 것은 지방자치, 특히 주민자치의 기본 정신에 비추어볼 때 타당하지 않다고 판단된다. 따라서 주민투표를 통해 최종 결정하지는 않더라도 주민의 뜻을 확인해야 하고, 그에 따라 정책을 수정하거나 보완할 수 있는 기회를 제공해야 할 것이다.

3) 주민소환제

주민소환제는 주민들이 지방정부의 행정처분이나 결정에 심각한 문제점이 있다고 판단할 경우, 자치단체장과 지방의원을 소환하여 해직할 수 있는 제도이다. 지방자치법 제20조는 주민은 그 지방자치단체의 장 및 지방의회의원(비례대표 지방의회의원은 제외한다)을 소환할 권리를 가지며, 주민소환의 투표청구권자·청구요건·절차 및 효력 등에 관하여는 따로 법률(주민소환법)로 정하도록 규정하고 있다. 주민소환제는 선출직 공무원에 대한 가장 확실하고 직접적인 통제수단으로서 자치단체장들의 독단적인 행정운영과 비리 등 지방자치제도의 폐단을 막기 위해 도입되었다. 그에 따라 일정 비율의 주민들이 소환을 청구하면 선출직 공직자에 대해 임기 전에 선거를 다시 실시하고, 선거에서 지면 공직을 떠나게 하는 것이다.

우리나라에서는 2006년 5월 24일 주민소환에 관한 법률이 제정되어 2007년 7월부터 시행되었는데, 이 법에 따라 자치단체장과 투표로 선출된 지방의회 의원을 소환할 수 있다. 특별시장·광역시장·도지사는 관할구역 내 주민소환투표 청구권자 총수의 10% 이상의 서명을 받아야 하고, 시장·군수와 자치구의 구청장은 15% 이상, 시·도의회 의원 및 시·군·자치구의회 의원은 20% 이상의 서명을 받아 관할 선거관리위원회에 청구할 수 있다. 주민소환투표가 실시되어 관할구역 내 유권자 총수의 3분의 1 이상이 투표하고, 유효투표 총수의 과반수가 찬성하면 해직이 확정된다. 그러나 주민소환투표의 청구에는 일정한 제한이 따른다. 선출직 지방공직자의 임기개시일부터 1년이 경과하지 아니한 때, 선출직 지방공직자의 임기만료일부터 1년 미만일 때, 그리고 해당

선출직 지방공직자에 대한 주민소환투표를 실시한 날부터 1년 이내인 때에는
주민소환청구가 금지된다. 이는 주민소환의 정치적 악용을 방지하여 지방행정
을 안정화하기 위한 조치이다.

❖ 하남시 주민소환 사례

2007년 주민소환법률 시행 후 전국 최초의 사례는 하남시장과 시의원에 대한
주민소환이다. 김황식 하남시장은 2006년 10월 광역화장장 유치계획을 발표하고,
2007년 6월 주민 1천여 명이 참석한 가운데 상산곡동 산 145번지 일원에 광역
화장장 최종후보지를 선정하였다고 밝혔다. 그에 대하여 광역화장장 유치 반대 주
민들은 주민소환추진위원회를 구성하고, 김시장과 동조한 시의원 3명을 대상으로
독선과 졸속 행정을 이유로 주민소환절차를 진행하였다. 김시장 등은 주민추진위
원회가 제출한 서명 대리기재, 주소기재 누락, 서명누락 및 중복 등을 확인하고 주
민소환투표 무효확인 소송을 제기하였다. 2007년 9월 13일 수원지방법원은 "주
민들이 선관위에 제출한 서명부에 청구사유가 기재되지 않은 것이 포함되어 있어
유효 서명자수를 채우지 못했다"며 주민소환투표청구는 무효라고 판결하였다. 그
에 따라 김시장 등 4명에 대한 주민소환투표 절차는 정지되었다. 법원의 무효판결
로 주민소환투표가 무산되자 주민소환추진위원회는 2007년 10월에 다시 서명을
받아 주민소환투표를 재청구하였다. 2007년 12월 12일 실시된 주민소환투표 결
과 김시장과 시의원 1명은 투표율 미달(각각 31.1%와 23.8%)로 소환되지 않았
고, 시의원 2명은 투표율(37.6%)의 충족으로 소환이 최종 확정되었다.
〈출처: 연합뉴스, 2007.07.23.; 조선일보, 2007.12.13.〉

위 박스에서 보는 바와 같이 우리나라 최초의 주민소환청구는 유효 서명
자수의 미달로 무효판정을 받았다. 그러나 재추진을 통해 시장과 시의원 1명
은 투표율 미달로 소환을 피하고 2명의 시의원만이 소환 확정되었다. 이 사례
에서 알 수 있는 것은 우선 유효 서명자 수를 확보하기가 어렵다는 사실인데,
주요 원인은 소환청구 사유가 기재되지 않은 서명자가 포함되어 있었기 때문
이다. 그보다 더 큰 문제점은 소환투표요건이라고 할 수 있다. 유권자의 3분의

1 이상 투표 참여에 투표자의 과반수 찬성을 받아야 소환이 확정되는데, 투표
참여율을 확보하기 어렵다는 것이다. 그에 따라 하남시장과 시의원 1명에 대한
소환투표는 투표율 요건에 미달하여 투표함도 개봉하지 못한 채 종료되었다.
　2007년 법률 시행 이후 지금까지 주민소환에 성공한 경우는 하남시의원
2명뿐이다. 이후 12년 동안 95건의 주민소환이 추진되었으나 소환투표까지 간
사례는 9건에 불과하다. 소환추진 도중 철회 또는 요건 미충족으로 소환투표
자체를 실시하지 못한 경우가 86건에 이른다. [표 11 - 1]은 주민소환투표 실
시사례를 나타낸 것이다.

표 11-1 주민소환투표 실시사례

지역	소환 대상	투표일	추진사유	투표율(%)	투표 결과
경기 하남	시의원	2007년 12월 12일	화장장 건립추진 관련 갈등	37.6	소환
경기 하남	시의원	2007년 12월 12일	화장장 건립추진 관련 갈등	37.6	소환
경기 하남	시의원	2007년 12월 12일	화장장 건립추진 관련 갈등	23.8	소환 무산
경기 하남	시장	2007년 12월 12일	화장장 건립추진 관련 갈등	31.1	소환 무산
제주	도지사	2009년 8월 26일	제주 해군기지 건설	11.0	소환 무산
경기 과천	시장	2011년 11월 16일	보금자리지구 지정 수용	17.8	소환 무산
강원 삼척	시장	2012년 10월 31일	원자력발전소 건립 강행	25.9	소환 무산
전남 구례	군수	2013년 12월 4일	법정구속으로 군정 공백 유발	8.3	소환 무산
경북 포항	시의원	2019년 12월 18일	SRF 민원 해결 갈등	21.7	소환 무산

　자치단체장의 경우 하남시장, 과천시장, 삼척시장, 구례군수 등이 소환투
표까지 갔지만 투표율 미달로 소환되지 않았다. 지방의원의 경우 하남시의원
3명과 포항시의원이 소환투표까지 갔으나 하남시의원 2명만이 소환 확정되었

다. 광역단체장의 경우 김태환 제주지사만 주민투표까지 갔지만 투표율 미달로 소환되지 않았다. 그 외 오세훈 서울시장, 김신호 대전교육감, 박원순 서울시장, 홍준표 경남지사, 박종훈 경남교육감 등의 경우에도 주민소환 대상에 올랐으나 소환투표까지 진행되지 않았다. 주민소환의 사유를 보면, 하남시장과 3명의 시의원은 광역화장장 건립추진으로 소환 추진되었고, 제주도지사는 해군기지 건설 때문에 추진되었으며, 과천시장은 보금자리지구 지정 수용으로 추진되었다. 삼척시장은 원자력발전소 건립 강행으로, 구례군수는 법정 구속으로, 포항시의원은 고형폐기물(SRF: Solid Refuse Fuel) 처리시설 중단 관련 주민민원에 대한 소극적 대응으로 주민소환이 추진되었다.

주민소환제의 성과가 낮은 것은 무엇보다 청구요건이 까다롭기 때문이다. 주민소환은 유권자 10~20%의 서명으로 청구할 수 있는데, 유효 서명을 확보하지 못해 불발되는 경우가 많다. 또한 실제 소환의 성립요건도 까다롭다. 소환청구가 수용되어 소환투표가 이루어질 경우 유권자 3분의 1 이상의 투표 참여에 투표참여자의 과반수 찬성이 있어야만 소환이 확정되고 해직된다. 그러나 총선과 지방선거에서도 투표율이 높지 않은 상황에서 일회적 주민소환투표에서 유권자의 3분의 1 이상 투표참여 요건을 채우기가 쉽지 않다.

이처럼 우리나라는 주민소환제의 도입에도 불구하고 일본의 제도 등에 비추어 주민들의 높은 참여요구에 맞지 않는 제도를 유지하고 있다고 주장한다(김형기 엮음, 2003: 66). 일본의 경우 우리나라와 달리 주민투표의 성립요건에 대하여 법률이 아닌 조례로 정하도록 하고 있다. 조례는 지방정부의 여건에 따라 매우 다양한 제도를 허용하고 있다. 즉, 주민들의 투표참여요건은 3분의 1 이상으로 고정되어 있지 않고 4분의 1 이상이나 10분의 1 이상 등으로 다양하기 때문에 유권자의 3분의 1 이상 투표참여가 이루어지지 않더라도 주민투표로써 정책을 결정할 수 있고, 더욱이 주민소환에서도 당연히 3분의 1 이상 투표참여가 없더라도 소환이 진행된다. 우리나라의 경우에도 주민투표와 주민소환의 성립요건을 완화하여 주민직접결정제도의 문턱을 낮출 필요가 있다.

2. 주민참여제도의 과제와 대안

주민참여제도의 문제점을 개선하기 위한 대안을 살펴보자면, 첫째로 의견 제시에 중점을 둔 공청회, 설명회, 자문위원회 등에 있어서는 주민들의 적극적 참여를 유도해야 할 것이다. 이러한 의견제시형 주민참여의 경우 홍보 부족, 의견 제시에 대한 피드백 부족, 정책 반영률 저조, 그리고 참여범위의 협소성 등의 문제점을 드러낸다. 최근 다양한 참여제도의 시행에도 불구하고 참여경 험이 없는 주민이 다수이고, 특히 참여수단의 존재뿐만 아니라 참여방법에 대 해서조차 모르고 있는 경우가 많다. 이러한 참여를 촉진하기 위해서는 참여수 단과 방법에 대한 홍보 강화, 의견 제시에 대한 환류 강화, 정책반영률 제고, 그리고 참여에 대한 인센티브 제공 등이 마련되어야 할 것이다.

둘째, 주민감시형 참여인 주민감사청구제와 주민소송제 등에 있어서도 제 도의 문턱을 낮추어 적극적이고 광범위한 활용을 유도해야 할 것이다. 비근한 예로 주민감사청구제는 감사청구를 위한 주민 수를 너무 높게 잡아 활용 실적 이 매우 저조한 실정이다. 지방자치법에 의하면 주민들은 지방정부와 자치단 체장의 권한에 속하는 사무의 처리가 법령에 위반되거나 공익을 현저히 해친 다고 인정되면 감사를 청구할 수 있는데, 시·도는 19세 이상의 주민 500명, 인구 50만 이상 대도시는 300명, 그 밖의 시·군 및 자치구는 200명을 넘지 아니하는 범위에서 조례로 정하는 주민 수 이상의 연서로 청구할 수 있다고 규정하고 있다. 감사청구의 악용을 방지하는 차원에서 적정한 주민 수를 규정 할 필요성은 인정되지만 지나치게 많은 수를 규정하고 있다고 판단된다. 따라 서 주민감사청구 요건을 현재보다 절반 수준 이하로 낮추어 적극적인 감사청 구가 이루어지도록 할 필요가 있다. 감사청구요건을 낮출 경우 빈번한 감사청 구로 인한 행정 부담의 증가를 우려하고 있지만, 감사청구의 취지와 내용을 살펴보면 타당성을 확인할 수 있으므로 감사청구의 악용에 의한 행정 부담은 높지 않을 것으로 생각된다.

셋째, 주민참여는 형식적인 참여가 아닌 실질적인 참여가 이루어지도록 제도를 개선해야 한다. 주민들에게 정책에 대한 실질적인 권한을 주기 위해서는 주민직접결정과 주민협치제도를 도입해야 하지만, 전통적인 참여제도 역시 소외된 계층의 참여, 사이버 수단을 통한 참여, 그리고 쌍방향 참여 등을 통해 손쉬운 참여뿐만 아니라 참여의욕의 고취에 주력해야 할 것이다. 참여에 대한 환류 기능만 강화해도 주민들에게 효능감을 줄 수 있으며, 더 나아가 주민의 생활과 직접적인 관련성이 높은 정책에 대한 참여프로그램을 확대한다면 주민들의 관심과 적극적인 의견제시를 기대할 수 있을 것이다.

3. 주민협치제도의 과제와 대안

1) 숙의형 공론조사

주민협치제도와 관련하여 최근 관심을 받고 있는 제도는 공론화에 관한 다양한 제도들이다. 공론은 사회 대중의 공통된 의견을 지칭하는 여론과 달리 공적인 토론을 통해 도출된 의견을 말한다. 공론화는 공론을 형성하는 과정, 즉 사적인 개인이 함께 모여 공적인 의제에 대하여 논의하고 숙고하여 합의를 통해 공공의 의견을 도출하는 과정이다(윤순진, 2018: 58). 공론화는 다양한 시민들이 참여하여 합의된 공공의견을 도출한다는 점에서 대의민주주의를 보완하는 방법이라고 할 수 있다. 숙의형 공론조사는 다양한 이해관계자들의 대화와 토론 그리고 숙의를 통해 합의를 도출한다는 점에서 합의형성적 접근(consensus building approach)이라고 부른다. 합의형성적 접근은 정부에 의한 일방적인 정보제공이나 공청회, 설명회 등을 통한 소극적 의견수렴의 차원을 넘어서 정부와 이해관계자 및 주민이 동등한 자격으로 의사결정과정에 참여하여 합의하는 논의과정을 중시한다(정정화, 2018: 103). 이러한 합의형성적 접근, 즉 공론화방법 중에서 가장 많이 활용되는 제도는 숙의형 공론조사이다.

숙의형 공론조사(deliberative opinion poll)는 과학적 의견조사에 토론이 결합된 조사방법이라고 할 수 있다. 여론조사는 어떤 이슈에 대하여 전문적 지식이 없는 상태에서 답변을 요구하는 데 반해, 공론조사는 해당 이슈에 대한 정보제공과 토론을 통해 충분한 지식을 가진 상태에서 의견을 제시하게 된다.

공론조사의 절차를 보면, 1단계로 통상의 의견조사와 마찬가지로 과학적 표본 추출법에 의해 1차 의견조사를 실시하고, 거기에서 나타난 의견분포와 인구통계학적 특성을 고려하여 대표성을 갖는 토론참여자 표본(200~400명 정도)을 추출한다. 2단계로 해당 사안에 관한 찬반 양측의 주장과 논거를 정리한 자료집을 제공하고, 토론참여자를 10~15명의 소그룹으로 배정하여 분임토론을 실시한 후 전문가들과 토론한다. 3단계로 공론(public judgment)을 확인하는 2차 의견조사를 실시하는데, 특정 이슈에 대한 다양한 시각과 주장에 관한 정보를 제공하고 동료 시민 및 전문가들과의 토론을 통해 형성된 의견(공론)을 조사하게 된다. 1차 조사와 2차 조사 간의 차이는 공론화의 결과로 나타난 의견변경으로 간주된다.

❖ 신고리 5·6호기 숙의형 공론조사

문재인 정부는 2017년 6월 공정률 28.8%였던 신고리 5·6호기 건설을 일시 중단하고 7월 24일 공론조사방식을 통해 건설 재개 여부를 결정하기 위해 공론화위원회(9명)를 출범시켰다. 공론화위원회는 법률, 조사, 숙의, 소통 등 4개 분과위원회를 구성하고, 분과별로 전문적인 자문을 받기 위해 자문위원을 위촉하였다. 공론화위원회는 건설 중단과 재개를 주장하는 양측 대표단체와의 협의를 위해 소통협의회를 구성하여 운영하였다. 건설 재개 측에서는 한국원자력산업회의, 한국원자력학회, ㈜한국수력원자력이 참여하였고, 건설 중단 측에서는 안전한 세상을 위한 신고리 5·6호기 백지화 시민행동이 참여하였다. 공론화위원회는 공론화 수행업체로 한국리서치컨소시엄(한국리서치, 월드리서치, 한국갈등해소센터로 구성)을 선정하고 8월 25일~9월 13일까지 20,006명을 무작위로 추출하여 건설 중단과 재개 그리고 유보 등의 입장을 묻는 1차 설문조사를 실시한 후 시민참여단 참여 의사를 가진 5,047명을 선정하고, 다시 성별, 연령, 건설에 대한 입장 등을 고려하여 최종 500명으로 시민참여단을 구성하였다. 시민참여단이 확정된 9월 13일부터 10월 15일까지 33일간 학습과 토론을 통해 공론화과정을 거쳤다. 9월 16일 시민참여단을 대상으로 오리엔테이션을 가졌고, 참석자 478명을 대상으로 2차 설문조사를 실시하였다. 이후 공론화위원회는 10월 12일까지 약 1.5개월 정도 시민참여단을 대상으로 다양한 숙의 프로그램을 진행하였다. 즉, 숙의자료집, E-learn-ing, 시민참여단 전용 온라인 Q&A, 종합토론회, 지역순회 공개토론회, TV 토론회, 미래세대 토론회 등을 제공하였다. 시민참여단은 10월 13일부터 15일까지 2박 3일 동안 종합토론회라는 이름의 마지막 숙의과정을 가졌다. 종합토론회 1일차에 학습효과와 개인 특성 파악을 위해 3차 설문조사를 실시하고, 3일차 마지막 날에는 공론화과정을 평가하고 최종 결과를 도출하기 위해 4차 설문조사를 실시하였다. 공론화위원회는 마지막 4차 설문조사 결과를 토대로 세 가지 정책권고안, 즉 건설 재개, 원자력발전 축소, 건설재개에 따른 보완조치 등을 제출하였다.

〈출처: 언론기사에서 정리〉

신고리 5·6호기 건설 재개 여부에 대한 숙의형 공론조사의 경우 주민과 이해관계자의 수용성 제고를 통한 갈등해결이라는 관점에서는 의미 있는 성과를 거두었다고 할 수 있다. 또한 시민참여단의 구성, 자료제공, 토론회 진행 등에 있어서 공정성과 투명성이 확인되었다는 점도 성과로 볼 수 있다. 그럼에도 불구하고 다음 두 가지 과제가 발견된다.

첫째, 시민참여단의 구성과 관련된 문제이다. 신고리 5·6호기 건설재개 공론조사에 있어서는 주변 지역주민들을 제외하였다. 소수 이해관계자의 과도한 의견투입을 방지하기 위한 것으로 이해되는 측면이 있지만 대표성 확보라는 관점에서 재고해야 할 사항이다. 대구공항 입지관련 주민투표 방식에 대한 숙의형 공론조사에서 나타난 바와 같이 이해관계 주민(군위군 주민과 의성군 주민)들은 자신들의 이해관계에서 벗어나지 못하는 경향이 있는데, 이 경우 이해관계주민을 포함하여 중립적인 시민들로 시민참여단을 구성할 필요가 있다. 그리고 미래세대에 대한 의견을 어떻게 반영할 것인가 하는 과제도 제기될 수 있지만 이는 근본적으로 해결이 불가능한 문제이다.

둘째, 숙의형 주민공론조사의 성과에 대한 부분이다. 신고리 공론조사에서 1차 조사결과와 4차 조사결과를 비교한 결과, 건설 재개에서 건설 중단으로 의견이 바뀐 경우는 2.2%(10명)에 불과하고 건설 중단에서 건설 재개로 의견이 바뀐 경우는 5.3%(23명)라며 성과가 낮다(강은숙, 2018: 14)고 주장하는 반면 1차 조사에서 판단 유보라고 응답한 사람이 35.8%였으나 4차 조사에서 3.3%로 낮아진 것도 바뀐 의견으로 보아야 한다는 주장(김춘석, 2018: 19 – 20)도 있다. 두 가지 상반되는 주장을 종합하면, 정책에 대한 찬성과 반대뿐만 아니라 판단유보를 공론화과정 이후 판단 확정으로 수정하였다면 이것도 공론화의 성과로 보아야 할 것이다.

대구시에서 전국 최초로 도입하여 성과를 거두고 있는 시민원탁회의도 숙의형 공론조사방식과 유사하다. 시민원탁회의는 시민들이 원탁에 둘러앉아 쟁점에 대하여 토론하고 협의하여 결정하는 방식이다. 또한 대구시 신청사에 대해서도 숙의형 공론조사를 통해 입지를 결정함으로써 지역 간 갈등을 줄이고 결정의 수용성을 높일 수 있었다. 그러나 대구공항 통합 이전은 이전후보지 결정이 아닌 주민투표방식에 대하여 숙의형 공론조사를 실시함으로써 갈등을 해결하지 못한 사례에 속한다.

❖ 대구공항 이전 관련 숙의형 주민의견조사 에피소드

저자는 2019년 대구공항 이전을 위한 숙의형 공론조사위원장을 맡아 숙의과정을 현장에서 지켜본 경험이 있다. 대구 군공항 이전은 2012년 군공항 이전 및 지원 특별법이 제정되면서 시작되었고, 2014년 국방부에 군공항 이전사업단이 설치되고, 대구, 광주, 수원 비행장의 이전이 추진되었다. 대구 공항 통합 이전은 2014년 5월 대구시장의 건의에 의해 시작되었고, 2017년 2월 예비 이전후보지 선정, 2018년 3월 2개의 이전후보지(단독: 군위군 우보일대, 공동: 의성군 비안 · 군위군 소보일대)를 선정하였다. 2018년 11월에 이전부지 선정기준(주민투표방식)을 수립하였으나 지방정부 간 의견이 달라 합의에 이르지 못하였다. 2019년 11월 국방부의 선정위원회에서 지역주민의 직접 참여를 통해 이전부지 선정기준(주민투표방식)을 마련하기로 의결하고, 22~24일 대전에서 200명의 주민들을 대상으로 숙의형 공론조사를 실시하였다. 숙의형 공론조사에서는 사전 설명, 분임토의, 대안에 대한 전문가 의견, 질의응답을 거쳐 4개 대안 중 하나를 선택하였다. 4개 주민투표방식 중에서 대안 1(이전후보지 관점)에 99명(49.5%)이 찬성하였고, 대안 3(후보지관점+참여율)에 101명(50.5%)이 찬성하여 최종적으로 대안 3

이 결정되었다. 숙의형 공론과정에서 주민들은 매우 높은 이해도와 판단력을 보여주었는데, 그에 따라 우리나라 주민자치의 미래가 밝다고 생각하였다. 이러한 주민투표 결과에 따라 우보(단독), 소보(공동), 비안(공동)에 대하여 주민투표를 실시하여 찬성률(50%)과 투표율(50%)을 계산하여 가장 높은 곳을 최종후보지로 선정하게 되었다. 2020년 1월 21일 주민투표 결과 단독후보지는 투표율 80.61%에 찬성률 76.27%로 78.44점을 받았고, 공동후보지 중 의성군 비안은 투표율 88.69%에 찬성률 90.36%로 89.52점을 받았다. 그러나 군위군수는 단독후보지를 신청하고 의성군수는 공동후보지를 신청하면서 갈등은 재연되었고, 이후 군위군 대구 편입 등과 같은 인센티브를 강화하면서 갈등이 해결되었다.

대구공항 통합 이전 주민투표방식에 대한 숙의형 주민의견조사에서 200명 중 101명이 대안 3에 찬성하고 99명이 대안 1에 찬성하였다. 기본적으로 군위군은 대안 1을 선호하고 의성군은 대안 3을 선호하는 상황에서 군위군민이 1명 더 대안 3을 선호한 것으로 볼 수 있다. 교차 투표자가 더 많을 수 있다는 해석에도 불구하고 주민들은 기본적으로 합리적 판단과 결정을 내리면서도 자신의 군이 선호하는 대안에서 크게 탈피하기 어렵다는 사실을 확인하였다. 더 큰 문제점은 위의 사안이 이전후보지의 결정이 아닌 주민투표방식에 대한 숙의형 공론조사였다는 사실이다. 군위군수는 주민투표 결과에 관계없이 단독후보지를 신청하였고, 의성군수는 주민투표 결과를 반영하여 공동후보지를 신청하였다. 군공항 이전특별법은 자치단체장이 주민투표결과를 충실히 반영하여 유치 신청할 수 있다고 규정하고 있다. 그에 따라 군위군수가 신청하지 않은 공동후보지는 요건을 충족하지 못하였고, 신청된 단독후보지는 주민투표결과를 반영한 것이 아니라는 이유로 수용되지 않았다. 이후 군위군이 군 영외관사의 군위 배치, 군위군의 대구편입 등과 같은 인센티브를 수용하면서 갈등이 해결되었다.

이상에서 살펴본 바와 같이 숙의형 공론조사의 성공조건으로는 주민참여, 대표성, 공론과정, 그리고 합의형성과 정책갈등 해소 등으로 구분하여 살펴볼 수 있다. 첫째, 공론조사방식을 포함한 숙의민주주의는 우선적으로 주민들의 적극적인 참여가 있어야 성공할 수 있다. 무엇보다 주민의 참여 동기를 높여야 하는데(김정인, 2018: 16), 소수 주민의 의견이 과도하게 반영될 수 있고 일부 편향된 주민의 의견에 따라 정책이 결정될 수 있기 때문이다. 따라서 주민의 생활과 밀접히 관련된 정책이슈에 대한 공론화를 실시함으로써 주민의 적극적인 참여를 유도할 필요가 있다.

둘째, 시민참여단 구성에 있어서 대표성을 확보해야 한다. 대표성 확보와 관련하여 묘사적 대표성(descriptive representation)과 반응적 대표성(responsive representation)으로 구분할 수 있다(최태현, 2018: 504). 전자는 시민참여단의 구성이 모집단인 유권자집단의 특성을 반영하는 것이고, 후자는 시민참여단의 대표자가 유권자의 의사를 반영해야 한다는 것이다. 이러한 관점에서 숙의형 공론조사 방식은 반응적 대표성을 확보하기 어렵다는 한계가 있다. 무작위 표본추출을 통해 시민참여단을 구성함으로써 묘사적 대표성을 확보한다고 하더라도 자발적 참여자들로 구성되어 선택편향이 생길 수 있기 때문이다. 선발된 대표가 전체주민의 의사를 대변한다는 보장이 없으므로 이해관계자를 배제하는 방식이나 이해관계 주민만으로 구성하는 방식 모두 한계가 있을 것이다. 이는 협치의 한계로 지적되는 책임성 확보와 관련되는데, 시민참여단의 결정이 잘못되거나 유권자의 의사에 반하는 경우 선출직 대표와는 달리 그들에게 책임을 물을 수 있는 장치가 없다는 것이다. 이러한 문제점을 고려하여 공론조사의 결과를 권고 수준으로 활용할 필요가 있다는 주장도 제기된다(최태현, 2018: 519). 대의민주주의와 공론조사의 결합을 통하여 대의민주주의에 의한 책임성과 공론조사에 의한 숙의를 조화시켜야 한다는 것이다.

셋째, 숙의적 의사결정과정을 담보해야 한다. 정보제공, 토론시간, 그리고 토론과정의 공정성 등이 확보될 수 있도록 해야 한다. 이러한 요인이 확보될 경우에도 참여자들의 숙의역량(deliberative capacity)은 매우 중요한 요인이다. 따라서 고등학교나 대학교 때부터 토론 방식의 수업을 강화하여 담론과 숙의 능력을 갖추도록 할 필요가 있다.

넷째, 숙의형 공론조사에 적합한 이슈의 선정이다. 숙의형 공론조사의 성과는 1차 의견조사 결과에서 공론화 과정을 거친 이후 2차 의견조사에서 변화된 내용인데, 이슈의 특성이 중요하게 고려되어야 한다. 원자력발전소, 북핵문제, 그리고 무상복지 등 이념적 성향에 따라 찬반이 갈리는 이슈에 대해서는 공론조사를 활용하기 어려울 것이다. 종교적 신념이나 이념적 성향에 의해 찬반의견이 굳어진 문제 역시 정보제공과 토론과정을 거치더라도 그에 대한 의견이 변화되기 어려워 숙의형 공론조사 의제로 적합하지 않다. 반대로 충분한 정보제공과 토론과정 등 숙의과정을 통해 의견과 태도가 변할 수 있는 생활자치 이슈를 중심으로 숙의형 공론조사를 실시하는 것은 바람직할 것이다. 따라서 원자력발전소 건설 여부보다는 연도별 에너지 비율변화(수력, 화력, 원자력의 비율)에 대하여 공론조사를 활용하는 것이 더 적절할 것이다. 일본에서 주민생활과 밀접한 관련을 갖는 제설정책에 대하여 공론조사방법을 활용하여 주민들의 적극적인 참여뿐만 아니라 합의형성과 주민의 숙의역량 제고 효과를 거둔 것(김정인, 2018) 역시 공론조사에 적합한 이슈 선정에 대한 시사점을 제공해준다.

2) 주민참여예산제도

주민참여예산제도는 지방정부의 예산결정과정에 대한 주민들의 실질적인 영향력을 증대시키기 위해 예산편성 과정에 해당 지역주민들의 직접참여를 보장하는 제도이다. 주민참여예산제를 통해 예산규모와 내역의 투명한 공개, 예산의 우선순위 결정, 실현 가능한 예산안의 편성 등을 확보할 수 있다. 즉, 예산편성과정에 주민참여를 확대함으로써 지방재정 운영의 투명성과 공정성 및 효율성을 제고하고, 궁극적으로 재정민주주의의 이념을 구현할 수 있다. 우리나라의 주민참여예산제는 지방재정법에 근거해 있는데, 지방재정법 제39조(지방예산편성과정에의 주민참여)는 지방자치단체의 장은 대통령령이 정하는 바에 따라 지방예산편성과정에 주민이 참여할 수 있는 절차를 마련하여 시행하여야 한다고 규정하고 있다. 그에 따라 지방정부는 주민참여예산제를 의무적으로 도입해야 한다.

2013년 기준으로 주민참여예산제도를 도입하고 있는 225개 기초지방정부 중 관주도형은 90개이고, 민관협의형은 83개이며, 민관협치형은 52개로 나타나 정부와 주민이 공동으로 결정하는 협치형 주민참여예산제를 도입하고 있는 비율은 낮은 편이다. 주민참여예산제의 유형 선택에 미치는 요인에 관한 연구에서는 상반된 결과를 보이고 있다. 즉, 자치단체장의 정치적 성향이 진보적일수록 민관협치형 주민참여예산제를 채택한다는 연구(남승우·권영주, 2013)가 있는가 하면, 자치단체장의 정치적 성향은 주민참여예산제 유형의 선택에 유의한 영향을 미치지 않는다는 연구(이상연·이시경, 2017)도 있다.

협치방식의 주민참여예산제는 예산편성과정에서 주민들의 의사가 실질적으로 반영되거나 지방정부와 주민이 공동으로 결정하는 데 의의가 있다. 이러한 관점에서 우리나라 주민참여예산제에서 주민들이 결정한 예산 비중이 낮다는 점에서 협치방식의 실질적인 작동은 미흡한 편이다. 2019년 기준 전체 예산 중에서 주민참여예산 공모사업 예산(주민들이 결정한 예산의 비중)이 차지하는 비중은 매우 낮은 편이고, 더욱이 2018년에 비해 크게 감소한 것으로 나타났다. [표 11-2]는 2018~2019년 17개 시·도의 주민참여예산 공모사업 현황을 비교한 것이다.

표에서 보는 바와 같이 2019년 일반회계의 주민참여예산 공모사업 반영비율은 0.139%로 매우 미흡하다. 지난해 0.37%와 비교할 때 절반에도 미치지 못하는 수준이다. 예산 규모 면에서도 지난해 4천 2백 85억 2백만원이었으나 2019년은 2천 5백 35억 9천 9백만원으로 59.2% 감소하였다. 사실 주민참여예산 반영비율이 전혀 없는 곳도 울산, 충북, 전남, 경북 등 네 곳에 이른다. 주민참여예산제가 주민과의 협치가 아닌 단순 의견반영제도로 운영되고 있음을 말해주고 있다. 앞으로 예산편성과정에서 주민편성 예산비율을 높여 협치방식에 상응하는 주민참여예산제를 운영해야 할 것이다. 주민편성 예산비율이 어느 정도가 적정한지는 주민들과 협의하여 정해야 할 문제이지만 주민들의 실질적인 의견 반영을 위해서는 주민들이 주도적으로 편성할 수 있는 예산의 항목과 비중을 점차 높여가야 할 것이다.

주민참여예산제는 주민의 적극적인 참여를 유도하고 주민과의 공동결정을 도모할 수 있다는 장점도 있지만 지방의회의 예산심의기능을 약화시킬 수 있다는 비판도 제기되고 있다. 그에 따라 주민참여예산제는 지방의회의 기능

표 11-2 17개 시·도 주민참여예산 공모사업 현황　　　　　　　　(단위: 원)

시도	2018년 당초예산 기준		2019년 당초예산 기준	
	예산액	반영비율	예산액	반영비율
합계	4285억 200만	0.371%	1749억 300만	0.139%
서울	541억 8300만	0.241%	570억 3700만	0.236%
부산	184억	0.220%	75억 8000만	0.086%
대구	129억 5600만	0.227%	134억 7500만	0.216%
인천	13억 7900만	0.021%	146억 200만	0.203%
광주	66억 200만	0.180%	75억 4500만	0.203%
대전	29억 5500만	0.085%	30억 1700만	0.078%
울산	1179억 2400만	4.300%	0	0.000%
세종	69억 2500만	0.612%	15억 1200만	0.131%
경기	16억 3500만	0.009%	281억 6600만	0.134%
강원	0	0.000%	23억 4800만	0.049%
충북	1769억 8300만	4.764%	0	0.000%
충남	51억 6800만	0.100%	67억 7500만	0.118%
전북	0	0.000%	77억 8400만	0.138%
전남	33억 4200만	0.055%	0	0.000%
경북	0	0.000%	0	0.000%
경남	5000만	0.001%	50억 6200만	0.067%
제주	200억	0.478%	200억	0.445%

자료: 내일신문(2019년 10월 21일).

을 대체하는 것이 아니라 보완하는 방식으로, 더 나아가 지방의회와 주민집단의 협치를 강화하는 방식으로 운영할 필요가 있다. 즉, 주민참여에 의한 예산편성이라고 하더라도 지방의회의 예산심의에 앞서 주민과 충분히 협의하는 운영의 묘를 살릴 필요가 있다.

3) 주민배심원제도

　주민배심원제도는 정부와 주민 간에 갈등이 첨예한 정책결정에 있어서 배심제원리를 활용하는 것이다. 소송에서 배심제는 법률 전문가가 아닌 일반 시민들 중에서 선택된 배심원들이 심리 또는 기소에 참여하는 제도이다. 배심제의 경우 피고인의 유·무죄 여부를 판단하는 소배심 제도와 형사 피의자의 기소 여부를 판단하는 대배심 제도가 있다. 여기서 평결(評決)은 평가하여 결정하는 개념으로 판결과는 다르다. 그러나 배심원제를 협치 또는 공동결정으로 인정하는 것은 대개 평결이 판결로 수용되기 때문이다.

주민배심원제는 이러한 형사사건의 배심제에 착안하여 무작위로 차출된 일반 주민들로 구성된 배심원단이 쟁점이 되는 정책에 대하여 심의하고 결정하는 제도이다. 주민배심원제는 일반주민이 주요 정책에 대하여 심의하고 결정을 내리도록 함으로써 의사결정의 투명성을 확보하고 정부에 대한 주민의 신뢰를 얻을 수 있는 방안이 된다. 이러한 주민배심원제는 국회의원 공천에서 활용된 바 있는데, 유권자와 전문가로 구성된 숙의배심원단이 후보들의 정책토론과 질의응답, 정견 발표 등을 참고하여 분과별 숙의과정을 실시한 뒤 현장 투표를 통해 국회의원 공천자를 뽑았다. 2016년 3월 국민의당은 우리나라 정당 중 최초로 이 제도를 도입하여 광주 8개 지역구 가운데 6곳의 국회의원 후보를 선정한 바 있다.

주민배심원제는 공정하고 합리적인 토론을 확보하기 어렵다는 점과 적극적인 주민배심원의 확보가 어렵다는 점이 극복과제이다. 울산시 북구 음식물자원화시설의 설치에 대하여 주민들이 격렬하게 반대하자 구청장이 2004년 12월 주민배심원단을 구성하여 결정하자고 제의하자 주민들이 이를 수용하였다(김도희, 2005). 이 사례에서 보는 바와 같이 주민배심원단의 구성이 공정하고 객관적이어야 하고, 운영과정이 민주적이어야 한다. 울산시 북구의 시민배심원단은 13개 시민단체에서 39명이 추천되고 종교계에서 4명이 추천되어 전체 43명으로 구성되었다. 운영과정 역시 구청과 주민의 진술 청취, 유사 시설의 견학, 공개 토론회 등을 통해 배심원들이 편견 없이 결정할 수 있도록 하였다.

주민배심원제의 실질적인 운영 확보 역시 중요한 과제이다. 지방정부는 주민배심원들의 평결사항을 참고만 하거나 정당화하는 수단으로 사용할 뿐 실질적인 정책결정의 수단으로 활용하지 않을 수 있다. 또한 정책결정이 아닌 집행과 평가 단계에서 주민배심원제를 활용할 수도 있다. 최근에는 자치단체장 공약사항의 이행평가에 대한 주민배심원제의 운영도 발견되고 있다. 이러한 사례는 실질적인 정책에 대한 공동결정이라고 보기 어렵다. 실질적인 주민협치는 정책집행이 아닌 정책결정단계에서 이루어지는 것이므로, 주민배심원 제도의 활용에 있어서도 중요한 정책의 결정단계에서 활용할 필요가 있을 것이다.

3절 ── 결론

주민분권은 정책결정에 관한 권한을 주민들에게 넘겨주는 것이다. 이는 대통령과 국회의원 그리고 자치단체장 등을 선출하는 권한과는 그 차원이 다르다. 선거권은 주민들을 대신하여 정책을 결정할 대표를 선출하는 것이므로 정책에 대한 직접적인 결정권으로 보기 어렵다. 대의민주주의 하에서도 주민들은 정책결정과정에 참여할 수 있지만 그 정도는 매우 낮고 정책결정에 대한 주민의 의견 반영 수준도 높지 않다. 그러나 주민분권은 주민대표(정확히는 주민대표와 이들의 명령을 받는 관료집단)에게 집중된 권한을 주민들에게 이양한다는 점에서 대표 선출권과는 차이가 난다. 따라서 주민분권은 주민의 직접결정권, 광범위하고 실질적인 주민참여, 정부와 주민의 공동결정(협치) 등을 포함한다고 할 수 있다.

주민분권은 주민의 이해관계에 미치는 정책에 대한 결정권을 주민에게 돌려준다는 의미에서 지방분권과 밀접하게 관련되어 있다. 중앙의 권한을 지방정부로 이양하는 지방분권은 주민분권의 전제조건이자 보충조건이라고 할 수 있다. 한편으로는 지방분권의 수준이 높아질수록 지방정부에서 결정하는 사항이 늘어나고 이는 주민들의 참여, 결정, 협치의 영역을 넓히는 데 기여할 수 있을 것이며, 다른 한편으로는 주민분권의 추진은 주민자치의 역량, 의지, 성과를 제고하여 지방분권을 촉진하는 데 기여할 수 있을 것이다. 따라서 주민분권과 지방분권은 상호 보완적인 관계에 있으므로 지방분권의 추진에 있어서 주민분권을 핵심 요소로 다루어야 할 것이다.

주민분권의 수준을 제고하는 데 따르는 한계는 결정에 대한 책임을 묻기 어렵다는 것이다. 주민발의, 주민투표, 주민소환 등에 대하여 법률로써 요건과 절차를 엄격히 규정하여 주민의 결정에 따른 부작용을 방지하려는 것도 이 때문일 것이다. 주민참여의 경우에는 주민대표와 관료집단이 최종적인 결정을 내리고 주민들은 의견을 제시하므로 책임의 문제는 크지 않다. 그러나 정부와 시민대표가 공동으로 결정하는 협치의 경우 정책결정에 대한 책임의 문제가 제기될 수 있다. 공무원의 경우 감사와 징계제도가 있지만 주민의 경우 책임을 물을 수 있는 근거가 없고 제도적 장치를 마련하기도 어렵다. 그에 따라 숙의형 공론조사, 시민원탁회의, 주민참여예산제, 주민배심원제 등과 같은 협치제도의 운영에 있어서 주민들의 결정에 대한 책임성 확보가 중요한 과제로 부각된다.

이러한 문제에 대응하기 위해서는 주민의 적극적인 참여를 위축시키지 않으면서 결정에 대한 책임을 확보하는 노력이 필요할 것이다. 하나의 대안으로 숙의형 공론조사와 주민투표를 결합하는 것이다. 주민투표로서 지역문제를 결정할 경우 다각적인 홍보에도 불구하고 주민들은 정확하게 인식하지 못하는 상황에서 투표에 참여할 수 있고, 숙의형 공론조사는 결정에 대한 책임 확보의 문제 때문에 온전한 형태의 협치를 실현하기 어려운 한계가 있다. 따라서 숙의형 공론조사에서 활용하는 무작위로 선발된 주민들에게 상호 토론, 전문가들과의 토론, 질의응답 기회 등을 통해 공론을 확인하고, 그 결과를 주민들에게 널리 홍보한 후 주민투표로써 정책을 결정할 수 있을 것이다. 이러한 방식은 주민소환과 주민경선 등 다른 주민참여제도에도 적용할 수 있을 것이다.

주민총회제를 통한 주민분권

CHAPTER 12

주민총회제를 통한 주민분권

주민이 직접 정책을 결정하는 방식은 크게 두 가지 형태로 구분된다. 하나는 대표제를 근간으로 하면서 이를 보완하기 위해 개별 사안에 대하여 참여하고, 결정하며, 협치(공동결정)하는 방식이다. 그에 따라 주민들은 일반적인 정책 사안에 대해서는 선출된 대표(단체장과 지방의원)에게 결정권을 위임하고, 쟁점이 되는 일부 개별 사안에 대해서만 직접 결정한다. 다른 하나는 주민들이 대표를 선출하지 않고 함께 모여 정책을 결정하는 방식이다. 그에 따라 전체 주민들은 개별 정책이 아닌 모든 정책을 중심으로 정기적으로 결정하는데, 이는 전체 주민들이 모여서 회의를 통해 결정한다는 점에서 주민총회제라고 부른다. 개별 사안에 대한 결정권을 주민에게 이양하는 주민분권에 대해서는 제11장에서 살펴보았으므로 이 장에서는 주민총회제의 개념과 운영원리를 고찰하고, 우리나라의 주민총회제 도입 대안을 모색하고자 한다.

1절 ─ 서론

주민총회제는 전체 주민들이 한 자리에 모여서 의논하고 토의하면서 정책을 결정하고 의결하는 체제이다. 주민들이 직접 결정한다는 점에서 선출된 대표가 정책을 결정하는 대표제(또는 대의제)와 다르다. 다수 주민에 의한 통치(정책결정)를 의미하는 민주주의는 직접민주제와 간접민주제(대의민주제)로 구분된다. 직접민주제는 국민들이 투표를 통해 법률과 정책에 대한 승인과 거부, 즉 정부의 주요 정책을 직접 결정하는 방식이다. 이러한 방식을 연장하여 지방차원에서 구현한 것이 지방민주주의(또는 풀뿌리민주주의)이다.[1] 그러나 사회의 복잡성이 증대되고 인구가 급증하면서 주민의 직접 결정은 일정한 한계를 갖게 되었다. 사회의 복잡성 증대는 정치와 행정의 전문적 대응을 요구하였고, 인구의 폭발적 증가는 모든 사안에 대한 주민의 직접결정을 어렵게 하였다. 그에 따라 국가통치에 있어서는 국민이 선출한 대통령과 국회의원이 주요 정책을 결정하고, 지방에서는 지역주민들이 선출한 자치단체장과 지방의원이 지방의 주요 정책을 결정하는 대의민주제(대표민주제)가 보편적인 형태로 자리잡게 되었다.

이러한 대의민주제는 효율성이라는 측면에서 유용한 제도적 수단이 되지만 주민들의 의사 반영이라는 점에서는 일정한 한계를 드러내고 있다. 첫째, 주민의 뜻이 대표를 통해 전달되는 과정에서 왜곡이 생길 수 있다. 이는 전문용어로 대리인 문제(agency problem)라고 하는데, 대리인(주민대표)이 주인(주민)의 감시가 소홀한 틈을 타서 주인의 의견을 충실히 반영하지 않는 문제가 발생한다는 것이다. 국회의원과 지방의원은 주민이 선출한 주민의 대리인으로서 주민들의 의사를 충실히 반영해야 하는데, 자신의 재선에 우선적으로 관심을 갖기 때문에 이기적 행태를 보일 수 있다. 이처럼 주민의 대표가 정책결정에

---

1 풀뿌리민주주의(grass-roots democracy)는 선출된 대표에 의한 간접민주주의와 달리 일반 대중의 직접적 참여를 강조하는 참여민주주의를 의미한다. 풀뿌리는 통치의 가장 말단에 있는 민초(民草)를 의미하는데, 지방자치제가 민초의 직접적 참여를 증대시킨다는 점에서 풀뿌리민주주의는 지방자치 또는 지방민주주의와 거의 동의어로 사용되고 있다.

있어서 주민의 의사를 충실히 반영하지 않는 것은 주민의 대표로서 당연히 기울여야 할 도덕적 의무를 소홀히 하는 도덕적 해이(moral hazard)에 빠지는 것이다. 이 경우 주민들이 다음 선거에서 심판하여 대리인을 교체할 수 있지만 그 시간적 간극이 너무 크기 때문에 즉각적이고 효과적인 통제가 이루어지기 어렵다.

둘째, 간접적 참여로 인해 정치적 무관심이 증대되고 있다. 정치적 무관심은 정치와 정부에 대한 신뢰부족, 정치인의 도덕적 해이, 정치적 효능감 부족 등 다양한 요인에 의해 초래되는데, 이들 요인들은 대부분 대의민주제와 밀접하게 연관되어 있다고 할 수 있다. 자신이 직접 정책을 결정하지 않고 대표자를 통해 간접적으로 참여하기 때문에 자신의 의사가 왜곡되거나 정책에 반영되지 않아 정치에 무관심하거나 참여하지 않게 된다. 또한 대표자를 통한 간접참여를 통해서는 정책의 방향을 바꾸거나 정책의 내용 변화에 영향을 미칠 수 있다는 정치적 효능감(political efficacy)이 매우 낮기 때문에 적극적으로 참여하지 않게 된다. 국민의 대표를 선출하는 총선(국회의원선거)과 지방선거에서 투표율이 계속 낮아지고 있는 데서 이러한 증거를 찾을 수 있다.

이러한 대의민주제의 문제점에 대한 대응은 두 가지 방식으로 전개되고 있다. 하나의 방식은 대표제(대의제)의 근간을 유지하면서 그 문제점을 부분적으로 보완하기 위해 참여민주제를 도입하는 것이다. 참여민주제는 정책결정에 대한 일반 주민의 참여 기회를 확대하여 보다 많은 주민들의 자발적 참여를 강조하는 제도이다. 다만, 대의민주제에서도 주민의 참여는 이루어질 수 있으므로 참여민주제는 직접민주제에서만 실현되는 것은 아니다. 그러나 참여민주제의 최근 경향은 일반 주민의 직접적 참여를 통한 정책결정을 의미하는 직접민주제를 강조하며, 이러한 직접민주제 중에서도 자유롭고 심층적인 토론을 통한 참여를 가능하게 하는 숙의민주제(또는 심의민주제)에 중점을 둔다. 그에 따라 오늘날 직접민주제 방식인 주민발의, 주민투표, 주민소환 등이 도입되고 있고, 숙의민주제의 방식인 주민공론조사와 주민참여예산제 등이 확대되고 있다.

다른 방식은 대표제(대의제)를 대체하는 새로운 제도의 도입이다. 전체 주민들이 광장에 모여 함께 의논하고 토론하면서 정책을 결정하는 주민총회제가 그것이다. 주민총회제가 참여민주제 방식과 다른 점은 후자가 일부 정책 사안에 대하여 주민들이 직접 결정함으로써 대의민주제를 보완하는 것이지만, 주민총회제는 대표를 선출하지 않고 주민들이 모든 정책 사안에 대하여 직접 결정한다는 점에서 다르다.[2] 그에 따라 주민총회제는 직접민주제를 구현할 수 있는 최적의 대안으로 평가받고 있다. 주민총회제는 인구 규모가 작고 공동체의식이 살아있는 지방차원에서 직접민주주의를 가능하게 하고, 평범한 주민들(民草)의 의사에 따른 지방정부의 운영과 정책 결정을 통해 풀뿌리민주주의의 구현에 기여할 수 있다.

2절 ― 지방정부의 기관구성 유형

기관은 정책결정에 참여하는 지위에 있는 개인 또는 집단이라고 하는데, 이러한 기관을 구성하는 방식은 여러 가지가 있을 수 있다. 지방정부의 기관구성 유형은 크게 대표형(대의형)과 직접형으로 구분할 수 있다. 대표형은 주민들이 지방의원과 자치단체장 등의 주민대표를 선출하고, 그 대표자들이 주민을 대신하여 의결기능과 집행기능을 담당하는 형태이다. 대표제는 의결기관과 집행기관의 구성형태에 따라서 일원형인 기관통합형, 이원형인 기관대립형, 두 가지 유형의 중간 형태인 절충형으로 나눌 수 있다. 그와 달리 직접형은 주민들이 대표자를 선출하지 않고 직접 참여하여 정책을 결정하는 형태이다. 직접형은 전체 주민이 함께 모여 정책을 결정하는 '주민총회제 원형'과 대표제-주민총회제를 병용하는 '주민총회제 수정형'으로 구분할 수 있다.

---

2 최근 들어 주민총회제의 경우에도 대표들을 구성하는 수정된 제도가 도입되고 있지만, 원래 형태의 주민총회제는 주민들이 모여 직접 정책을 결정하는 방식이고, 더욱이 수정된 제도에서도 궁극적인 권한은 주민총회에 부여되기 때문에 주민총회제는 대의제를 대체하는 제도라고 할 수 있다.

1. 대표제 기관구성

1) 기관통합형

기관통합형은 선출직 주민대표들로 기관을 구성하되, 의결기관과 집행기관을 분리하지 않고 통합 운영하는 유형이다. 기관통합형에서는 지방의회가 중심적 역할을 수행하는데, 지방의회는 의결기관인 동시에 집행기관이 된다. 다시 말해 지방의회에서 다수 의석을 차지한 정당에서 지방의회 의장을 맡는데, 지방의회 의장이 자치단체장(집행기관의 장)을 겸하게 된다. 내각책임제를 채택하고 있는 영국, 호주, 뉴질랜드, 캐나다 등 대다수 영연방 국가들에서는 기관통합형을 선택하고 있다. 기관통합형을 채택하고 있는 국가의 경우 주민의 참여 폭이 넓고 주민의 자치의식이 높은 특징을 지니고 있다. 최근에는 기관통합형 국가에서도 런던광역시(Greater London Authority)와 토론토시(Toronto City)에서 보는 바와 같이 시장을 직선함으로써 집행기관의 권위와 역할을 강화하고 있다.

기관통합형은 의결기관과 집행기관의 관계에 대한 가장 고전적인 유형으로서 세부적인 운영형태에 따라 다시 영국식의 의회형과 미국식의 위원회형으로 구분될 수 있다. 그러나 기본적으로 지방의회에서 집행기관을 하위에 두면서 정책집행에 대한 최종적인 책임을 지는 공통점을 갖는다. [그림 12-1]에서 보는 바와 같이 영국식 의회형은 지방의회 의장이 지방정부를 대표하고, 집행기관의 장을 겸하고 있다. 그에 따라 지방의회의 분과위원회가 사무국(집행조직)의 각 전담 업무조직과 연계를 맺으면서 정책집행을 담당한다.

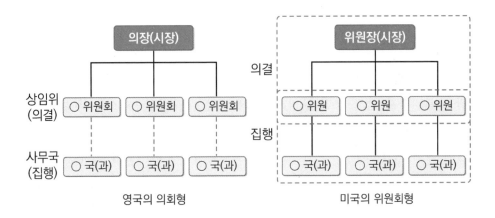

그림 12-1 기관통합형의 기관구성 유형

그에 반해 미국의 일부 주에서 도입하고 있는 미국식 위원회형은 일반적인 이사회와 유사하게 위원 중 한 사람이 지방정부를 대표하고, 각 위원들이 집행기관을 지휘·감독하고 관리한다. 특히 위원회는 보통 5인 정도의 소규모로 구성되며, 위원장을 중심으로 위원들이 의결기능과 집행기능을 동시에 수행한다는 특징을 갖는다. 기관통합형의 지방정부 형태에서는 지방의회가 관료조직을 장악하여 집행기능을 수행하기 때문에 개념상으로는 독립적인 집행기관이 존재할 수 없다. 그러나 기능상으로는 의결기관과 집행기관이 구분될 수 있다.

기관통합형의 장점은 첫째, 주민의 의사 반영이 용이하다. 주민에 의하여 선출된 지방의원이 집행에 관여하므로 주민의 의사를 보다 정확히 반영할 수 있다는 것이다. 둘째, 의결기관과 집행기관 간에 대립과 갈등이 적다. 셋째, 정책결정과 집행에서 다수의 합의나 심의과정을 거치므로 업무의 처리가 신중할 수 있다.

그에 반해 기관통합형의 단점으로는 첫째, 집행기능이 여러 사람에게 분산되어 있으므로 최종 행정성과에 대한 책임을 묻는 데 어려움이 있다. 둘째, 정치수준이 낮은 나라에서는 행정의 정치화가 과도하게 진행될 수 있다. 기본적으로 의원들이 직접 정책의제를 설정하고, 정책을 결정하며, 정책집행의 기준을 확정하기 때문에 집행공무원들의 재량 범위는 대단히 제한적일 수밖에 없다. 셋째, 의결기관과 집행기관이 통합되어 있기 때문에 견제와 균형의 원리가 작동하지 않아 권력이 남용될 가능성이 있다. 넷째, 행정에 대한 전문적 대응이 곤란하다. 주민에 의하여 선출된 지방의원들은 행정에 관한 지식과 전문성이 부족하기 때문이다. 그에 따라 기관통합형에서는 행정의 전문성이나 효율성보다는 행정의 민주성을 강조하는 경향이 강하다.

2) 기관대립형

기관대립형은 선출직 주민대표들로 기관을 구성하되, 의결기관과 집행기관을 대립시켜 견제와 균형의 원리를 구현하는 기관구성 유형이다. 기본적으로 지방의회는 의결기능을 수행하고 자치단체장은 집행기능을 수행하는데, 지방의회와 집행기관의 상대적 위상에 따라 다양한 유형이 나타난다. 예를 들면, 자치단체장의 권한이 상대적으로 강한 강시장－약의회형, 지방의회의 권한이 상대적으로 강한 약시장－강의회형, 강시장형에서 행정전문성을 확보하기 위한 시장－수석행정관형, 강의회형에서 행정전문성을 보완하기 위한 의회－시지배인형 등이 있다.

기관대립형에서는 주민이 지방의원과 집행부의 장을 선출하지만, 주민발의, 주민소환, 주민투표 등의 직접민주주의 제도들이 도입되기도 한다. 이러한 제도는 중앙정부의 대통령제를 연상시키는 것으로 미국, 프랑스, 한국, 멕시코와 같은 대통령제 국가에서 많이 채택되고 있는데, 특히 중앙집권적 전통이 강한 프랑스, 스페인, 이탈리아 등지에서는 집행부 우위의 기관대립형을 택하고 있다. 일본의 경우 서양제도를 수입하는 과정에서 중앙정부는 내각제를 채택하고, 지방정부는 집행기관이 강한 기관대립형을 채택하였다.

기관대립형은 집행기관의 구성방식에 따라 직선형과 간선형으로 구분할 수 있다. 집행기관 직선형은 의결기관과 마찬가지로 집행기관의 장을 주민직선으로 선출하는 기관구성 유형이다. 직선형의 대표적인 형태가 우리나라와 일본에서 채택하고 있는 강시장－의회형(강시장－약의회형)이다. 직선형의 경

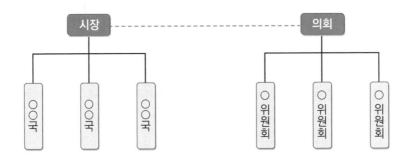

그림 12-2 기관대립형의 기관구성 형태

우 지방의회와 집행기관 모두 주민의 직접선거에 의해 구성되는데, 지방의회 는 의결기능을 수행하고 자치단체장(시장)은 집행기능을 전담한다. 따라서 직 무에 관한 권한과 책임이 분리되어 있고, 의결기관과 집행기관은 각각 주민에 대하여 최종 책임을 지게 된다. 직선형 강시장제에서는 집행기관이 정책집행 에 관한 전권을 부여받는데, 집행기관의 장은 정치적 역할과 행정적 역할을 동시에 수행한다. 따라서 지역의 정치권력구조에서 자치단체장이 가장 부각되 는 인물이며 영향력도 크게 된다. 최근 들어 대도시 지역을 중심으로 시장의 정치적 기능에 대한 수요가 증대되는 상황에서 시장의 행정적 기능을 보좌할 수 있는 전문행정인을 수석행정관(CAO: chief administrative officer)으로 두는 유 형도 나타나고 있는데, 이러한 형태도 강시장-의회형의 변형으로 볼 수 있다.

집행기관 간선형은 집행기관의 장을 지방의회에서 선출하는 기관구성 유 형이다. 간선형은 약시장-의회형으로 부를 수 있으며, 미국의 일부 시와 프 랑스·독일의 기초지방정부에서 채택되고 있다(정세욱, 2000: 489-491; 김종표, 1996: 113-116). 간선형은 기본적으로 주민에 의하여 선출된 지방의회가 시장 을 선출하는 방식을 채택하지만, 시장을 한 사람으로 하지 않고 소수의 위원들 로 구성된 집행위원회를 두는 경우도 있다. 이처럼 지방의회가 집행기관을 구 성하는 주체이면서 의결권을 가지고 있으므로, 집행기관은 지방의회에 대하여 직접적 책임을 지고 주민에 대하여는 지방의회를 통하여 간접적 책임을 진다.

　기관대립형에서 의결기관과 집행기관의 관계는 직선형과 간선형으로 구분하여 살펴볼 수 있다. 집행기관장 직선형의 경우 집행기관에게는 재의요구권과 선결처분권을 부여하고, 지방의회에게는 심의·의결권, 출석요구권, 조사·감사권을 부여하여 견제와 균형을 꾀하려고 한다. 그리고 양 기관 사이에 대립과 갈등이 심화되면 집행기관에는 지방의회 해산권을, 의결기관에는 집행기관에 대한 불신임권을 부여하는 경우도 있다. 그에 따라 정치수준이 낮은 곳에서는 두 기관의 불신과 반목으로 인해 행정이 혼란과 지체에 빠지기도 한다. 또한 행정 및 재정운용 능력이 필수적인 상황에서 행정전문성이 떨어지는 정치인이 집행기관장으로 선출되는 경우 지역발전에 장애를 초래할 가능성도 있다.

　집행기관장 간선형의 경우 직선형과 달리 의결기관의 의결 및 심의의 범위가 넓어지는 것이 일반적이다. 따라서 예산의 편성과정, 인사권 및 조직권 행사 등에서 지방의회의 관여범위가 넓을 수밖에 없다. 주요 사업의 추진에서는 지방의회의 사전 동의가 항상 전제되어 있기 때문에 원활한 집행이 가능하게 된다. 그리고 시장의 지방의회 해산권과 같은 권한은 인정되지 않는다.

　우리나라의 경험에 기초할 때 기관분리형은 긍정적 측면과 부정적 측면이 동시에 나타날 수 있다(최진혁, 2016: 98-100). 긍정적 측면으로는 첫째, 주민통제의 실효성 제고와 그에 따른 주민중심의 지방행정 구현이다. 의결기관과 집행기관 모두 주민의 직접 선거에 의해 선출되기 때문에 정책의 결정과 집행에 대한 주민의 통제가 용이하고, 그 결과 주민중심의 행정이 이루어질 수 있다. 둘째, 주민의 적극적 참여와 그에 따른 행정의 투명성 제고이다. 지방의회의 의결과정뿐만 아니라 집행기관의 정책집행과정에서도 주민들의 적극적인 참여가 이루어지고, 그 결과 지방행정의 투명성이 강화될 수 있다. 부정적 측면으로는 첫째, 단체장과 지방의회간 소모적 갈등의 초래이다. 정당소속의 차이와 자치역량의 미흡으로 지방의회와 집행기관 간에 상호 반목과 갈등이 증대될 수 있다. 둘째, 특정 정당의 권력독점에 따른 견제와 균형의 곤란이다. 지역에 따라 특정 정당이 권력을 독점함으로써 지방의회와 집행기관 간에 견제와 균형이 이루어지기보다는 야합과 결탁 등 독점의 폐해가 나타날 수 있다.

3) 절충형

절충형은 기관통합형과 기관대립형을 적절히 조합하여 두 유형의 장점을 구현하려는 시도의 일환으로 등장하였다. 절충형은 기본적으로 의결기관으로서의 역할을 하는 지방의회가 있고 지방의회에 대하여 집행 책임을 지는 자치단체장이나 이사회가 있는데, 이들 아래에 집행기관이 조직되어 행정업무를 관장한다. 우리에게 많이 알려진 절충형은 의회－시정관리관형이다. [그림 12－3]에서 보는 바와 같이 지방의회가 일정한 임기의 행정전문가를 시정관리관 또는 시지배인(council－manager)으로 선임하여 그에게 행정권한의 전부를 위임하는 기관구성 유형이다.

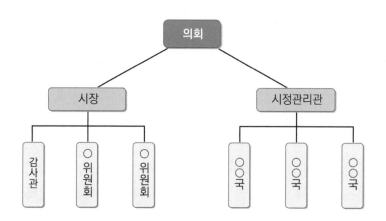

그림 12-3 절충형(시정관리관형)의 기관구성 형태

시정관리관형에 있어서 시장은 시의회에서 호선되거나 시민에 의해 직접 선출되지만 시의회를 주재하는 의장의 역할과 지방정부의 의례적 대표자 역할만 수행할 뿐 실질적인 정책집행은 시정관리관(또는 시지배인)이 담당한다. 즉, 시정관리관은 공무원의 임명과 예산안의 작성 등 행정에 관한 모든 권한을 행사한다. 시정관리관형은 주로 미국의 중소도시에서 많이 활용되는 방식으로서 지방행정의 효율성과 전문성을 확보하고, 소위 경영마인드를 행정에 도입하기

위하여 도시개혁(urban reform) 운동의 일환으로 창안되고 확산된 기관구성 유형이다. 시정관리관은 지방의회에 의하여 계약을 통해 임명되고 지방의회에 일차적인 책임을 진다는 점에서 정치·행정 이원론에 의한 기관구성 방식이라고 할 수 있고, 시정관리관이 인사권과 조직권을 가지고 지방의회에서 결정된 정책을 집행하기 때문에 행정의 전문성과 효율성을 높이는 데 기여할 수 있다(Stillman, 1974: 6–24). 그러나 집행기관이 형식적인 시장과 시정관리관으로 이원화되어 있어서 행정책임이 분산되는 등의 문제점이 발생될 수 있다.

　절충형 기관구성의 장점은 기관통합형과 기관대립형의 장점을 활용할 수 있다는 점이다. 즉 기관통합형의 장점인 주민의사의 반영과 지방의회 중심의 일원적 행정추진이 가능하고, 기관대립형의 장점인 행정의 효율성과 전문성을 확보할 수 있다. 또한 자치단체장과 지방의회의 극단적 대립을 예방할 수 있고, 지방의회로부터 집행사무에 대한 전권을 위임받기 때문에 원활한 업무처리가 가능하다. 그러나 전문행정인인 시정관리관의 정치적 리더십 부족으로 시정의 강력한 추진이 어려운 단점이 예상된다(정세욱, 2000: 493). 그에 따라 시정관리관은 집행조직을 관리하면서 정치적 역할까지 담당하게 되는데, 이러한 복합적인 역할 수행이 균형 있고 효과적인 시정관리를 가능하게 하기 때문이다(이달곤 외, 2012). 절충형의 도입 초기에는 도시계획이나 토목공사 등 기술적 전문성을 가진 시정관리관(또는 시지배인)을 선호하였으나 최근에는 경영 또는 행정 전문가를 선호하는 경우가 늘어나고 있다.

2. 주민총회형

1) 주민총회제의 운영원리

　주민총회는 '주민'과 '총회'가 결합된 용어인데, 여기서 주민은 해당 지역에 거주하는 투표권을 가진 사람이고, 총회는 구성원 전체가 모여서 정책을 의논하고 결정하는 회의체이다. 이러한 개념을 유추하면 주민총회제는 주민들이 대표를 선출하는 대신 직접 광장에 모여 정책을 의논하고 결정하는 회의제도라고 할 수 있다. 주민총회제는 타운미팅(town meeting)에서 유래한 제도인데, 여기서 타운은 시보다는 작고 마을보다는 큰 취락으로 우리나라의 읍·면·동에 해당된다. 타운미팅은 우리말로 주민총회라고 번역되고 있고, 타운 단위에서 투표권을 가진 모든 주민들이 직접 참여하여 표결을 통해 정책을 결정하는 제도이다. 최근 들어 참석률 저조, 토론운영의 미숙, 이익집단에 의한 악용 등의 문제점에 대응하기 위해 수정된 형태가 시도되고 있다. 그 중 대표적인 예로 타운홀 미팅(town hall meeting)을 들 수 있는데, 여기서는 모든 주민들이 참석하여 이슈에 대한 설명을 듣고 자신의 견해를 표명하지만 표결은 하지 않는다. 선출직 대표가 타운홀 미팅에서 수렴된 주민의견을 반영하여 정책을 결정한다.

오늘날 지방자치는 기본적으로 선출된 대표자들이 주민들을 대신하여 자치법규와 정책을 결정하는 대의민주제에 기초해 있고, 이러한 대의민주제를 보완하기 위해 주요한 개별 사안에 대한 주민결정을 인정하고 있다. 즉 주민들은 조례와 정책을 발의하고(주민발의제), 부의된 주요 정책에 대하여 표결하며(주민투표제), 선출직 대표를 소환하여 해직할 수 있다(주민소환제). 그에 반해 주민총회제는 대의기관을 구성하는 대신 투표권을 가진 모든 주민들이 함께 모여 지방의 중요 정책을 결정하는 의결기관이다. 따라서 주민총회제는 유권자의 직접참여라는 점에서 주민발의·주민투표·주민소환제와 동일하지만 그 자체가 의결기관의 역할을 수행한다는 점에서 다르다고 할 수 있다(김영기, 2014: 63).

주민총회제의 원형은 아테네의 민회에서 발견된다. 당시 아테네의 시민(성인 남자)은 3만 명으로 추정되었는데, 여기에 여성과 어린이 그리고 노예를 추가하면 전체 인구는 10만 명 규모였다(김영기, 2014: 30; Hansen, 1999). 아테네의 민회는 주민 전체의 회의체로서, 군역을 마친 20세 이상의 시민들만 참여할 수 있었고 의결정족수는 6천 명이었다는 기록이 남아 있다. 선착순으로 도착한 의결정족수 6천 명만이 출석수당을 받을 수 있었고, 그 외 시민은 회의장에 왔더라도 입장이 거부되고 출석 수당도 받지 못했다고 한다(Hansen, 1999: 131; 김영기, 2014: 41-42).

　　아테네는 민회와 더불어 집행기관인 평의회(공직자단)를 운영하고 있었다. 공직자단 구성의 주요 원칙은 순번제(공직은 차례로 맡아야 한다), 추첨제(모든 공직은 추첨을 통해 선발한다), 1회 담당(누구나 동일한 공직을 한 차례 이상 맡아서는 안 된다), 그리고 봉급제(공직자에게 봉급을 지불해야 한다) 등이다(김영기, 2014: 37-38). 매우 특징적인 원칙은 순번제와 추첨제라고 할 수 있다. 공직자는 특정인에 한정되지 않으며 모든 시민들이 돌아가면서 담당한다는 것이고, 그것도 추첨을 통해 결정한다는 것이다. 민회의 집행기관이자 준비기구인 평의회의 구성에 있어서 시민들이 추첨하여 순번제로 담당하도록 한 것은 시민에 의한 정책결정에 더하여 그 집행까지도 모든 시민들이 담당하도록 함으로써 정책결정과 집행 사이에 발생하는 왜곡을 줄일 수 있었다고 할 수 있다.

　　오늘날 주민총회제(OTM: Open Town Meeting)와 대표제의 중간형태도 발견된다. 주민총회제와 대표제를 절충한 대표제 주민총회제(RTM: Representative Town Meeting)가 그것이다(김영기, 2014: 175-182). 현재 미국의 매사추세츠주에서 42개 타운, 코네티컷주에서 7개 타운, 메인과 버몬트주에서 각각 1개 타운이 '대표제 주민총회제'를 채택하고 있다. 대표제 주민총회제는 주민이 총회에 참석하여 정책을 결정하는 대표들을 선출한다는 점에서 대표제 기관구성과 유사하다. 그러나 전체 주민들이 참여하여 주민총회 안건에 대하여 토론하는 예비 주민총회를 갖는다는 점과 최종적인 사항은 주민표결을 통해 결정한다는 점에서 대표제 기관구성과는 다르다고 할 수 있다. 다시 말해 RTM에 있어서 정책의결은 회의에 참석한 주민대표의 3분의 2 표결에 의해 이루어지고, 대표제 주민총회에서 정책이 결정되었더라도 그에 반대하는 주민투표를 실시할 수 있다. 일본에서 검토되고 있는 주민총회제 역시 대표제 주민총회제와 유사하다(고선규, 2018: 104). 즉, 일반적인 사항은 주민총회 운영위원회(일부 주민으로 구성)에서 처리하고, 조례·예산·결산 등 중요한 안건에 대해서는 주민총회에서 처리하도록 한다는 것이다. [그림 12-4]는 주민총회형 기관구성 유형을 도식화한 것이다.

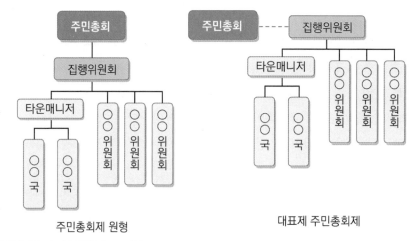

주민총회제 원형   대표제 주민총회제

그림 12-4 주민총회형의 도식화

주민총회제의 원형이라고 할 수 있는 OTM은 정책결정과 정책집행을 분리하고 있다. 주민총회에서 정책결정을 내리고 집행위원회(주민총회에서 선출되거나 집행위원장이 임명하는 공직자단)에서 정책을 집행한다. 주민총회에서 주요 정책사안에 대한 결정권과 의결권을 가지며, 주민총회에서 선출된 집행위원회에서 정책집행을 담당한다는 점에서 주민총회가 모든 권한을 행사하고 있다. 다시 말해, 집행위원회에서 정책집행을 담당하지만 해당 권한은 주민총회에서 위임한 것이라는 점에서 주민총회가 최종적인 권한을 갖는다고 할 수 있다. 오늘날 주민직선의 자치단체장을 수반으로 집행부가 정책집행을 담당하는 체제와는 달리 주민총회가 정책결정과 정책집행을 관장하는 체제이다.

그러나 최근 시도되고 있는 RTM에서는 대의기구(집행위원회)를 주민총회에서 선출하고, 그러한 집행위원회에서 정책을 결정하고 의결한다. 일본식 RTM에서는 일반적인 사항은 주민총회 운영위원회(일종의 집행위원회)에서 결정하고, 조례와 예산 등 중요한 사항에 대해서는 주민총회에서 결정한다. 그러나 두 유형 모두 정책집행은 집행위원회(또는 운영위원회)에서 임명하는 관료조직에서 담당한다. 최근 미국의 타운미팅에서는 정책의 효과적인 집행을 위해 타운관리관(town manager) 제도를 도입하였다. 타운관리관제는 집행위원회에서

행정에 관한 지식과 경험을 가진 전문가를 임명하여 조직권과 인사권을 부여
하는 제도로서 타운관리관을 중심으로 한 관료조직에서 정책집행을 담당한다.
이러한 타운관리관제는 전문행정가가 정책집행을 총괄한다는 점에서 의회 –
시정관리관형와 동일하지만 지방의회가 아닌 집행위원회에서 타운관리관을
임명한다는 점에서 차이가 난다.

2) 주민총회제의 장단점

주민총회제에는 장점과 동시에 단점도 존재한다(김영기, 2014: 316 – 318; 고
선규, 2018: 107 – 108). 주민총회제의 장점은 첫째, 주민의 실질적 통제의 구현
이다. 대표제(대의제)에서는 주민들이 대표선출을 통해 지방정부의 정책에 대
한 간접적 통제를 할 수 있지만, 주민총회제에서는 주민들이 상시적으로 정책
결정에 참여하여 지방정부의 정책에 대한 실질적 통제를 할 수 있다. 둘째, 대
리인 문제의 해결이다. 대의제에서는 주민대표들이 주민의 의사를 대리하기보
다는 자신의 이해관계에 중점을 둘 수 있지만, 주민총회제에서는 주민들이 대
표를 선출하지 않고 직접 정책을 결정함으로써 대리인 문제를 원천적으로 차
단할 수 있다. 아울러 주민총회제는 학생과 외국인 노동자의 참여 보장을 통
해 지역실정에 맞는 민주적 의사결정을 가능하게 한다. 셋째, 주민의 자치의식
제고와 책임성 제고이다. 대의제에서는 효능감의 저하 등으로 인해 주민참여
가 저조하지만, 주민총회제에서는 주민들이 지역문제에 적극적인 관심을 가지
고 참여하고, 지역의 미래를 결정하며, 자신들의 결정에 대한 책임의식을 갖게
된다.

모든 제도가 양면성을 갖듯이 주민총회제 역시 단점을 가지고 있다. 주민
총회제의 단점은 첫째, 지속적인 낮은 출석률이다. 유권자의 등록 절차 개선과
불출석자에 대한 벌과금 부과 등의 노력에도 불구하고 주민총회에 참석하는
주민의 비율은 낮은 편이다. 그러나 이는 모든 선거에도 동일하게 적용된다는
점에서 주민총회제만의 단점으로 보기는 어렵다. 둘째, 대표성의 문제이다. 주
민총회제의 경험에 기초할 때 사회경제적 지위가 낮은 유권자의 참석률이 낮

고 사회경제적 지위가 높은 유권자의 참석률이 높기 때문에 대표성의 문제를 야기할 수 있다. 셋째, 과두제의 지배 현상이다. 유권자의 낮은 출석률 때문에 주민총회가 소수 공직자들의 논리와 이해관계에 의해 지배되는 경향이 있다. 이 역시 모든 회의체에 공통적으로 나타나는 문제점이다. 넷째, 시간과 장소 확보의 어려움 등으로 인해 긴급사항에 대한 대처가 곤란할 수 있다. 이것은 대표제가 아닌 주민총회제에서만 나타날 수 있는 단점이라고 할 수 있기 때문에 특히 주의해야 한다.

3절 ── 주민총회제 도입 대안

1. 군단위의 주민총회제 대안

농촌지역의 군은 노령화와 저출산 그리고 수도권 집중현상에 의해 소멸위기에 처해 있다. 인구 2~3만 명에 재정자립도 5% 이하인 군이 다수이다. 이처럼 소멸위기에 처한 군의 경우 인구 50만 이상의 대도시와는 다른 형태의 기관구성 방식이 필요할 것이다. 지방자치법과 지방분권특별법에 의해 인구 50만 이상 대도시는 행·재정적 특례를 부여받고 있듯이 지역의 정책결정체제 역시 달라야 할 필요가 있다는 것이다. 자치특례와 차등적 권한이양을 통해 지역의 발전과 경쟁력을 높일 수 있는 것처럼 지역의 특성에 맞는 기관구성방식(또는 정책결정체제)을 허용하는 것은 주민자치와 지방민주주의를 위해 필요한 일이다.

기관구성방식의 다양화를 위한 근거는 다윈(Charles R. Darwin)의 생물학적 다양성(biological diversity)에서 찾을 수 있다. 생물학적 다양성은 생태계의 건강성과 지속가능성을 위한 조건으로 인식되는데, 생물종의 다양성 상실은 생태계의 먹이사슬과 순환체계를 깨뜨리고 종국에는 생태계를 파멸시킬 수 있다는 것이다. 비슷한 논리로 지방정부의 다양성(local diversity)은 지방정부 간 경쟁 촉진과 새로운 정책아이디어의 창출을 통해 국가시스템의 경쟁력을 제고할 수 있다. 인구규모나 재정력이 상이한 다양한 지방정부의 존재는 그 자체만으로 개성 있는 정책의 추진을 가능하게 할 수 있고, 지방정부 간 공정한 경쟁을 촉진할 수 있다. 그에 반해 인구와 재정력에서 차이가 나는 지방정부에게 획일적인 기관구성을 요구할 경우 정책혁신 경쟁이 저하되고, 주민자치에 기초한 지방주도의 정책이 감소할 것이다.

자치역량이 상대적으로 낮은 군지역에 대해서는 주민투표나 조례를 통해 다양한 기관구성 유형 중에서 선택할 수 있도록 허용해야 한다. 우리나라는 현재 도시나 농촌을 막론하고 천편일률적으로 주민대표제를, 그 중에서도 강단체장－약의회의 기관대립형을 요구하고 있다. 이는 주민선출에 의해 구성된 대표들이 지역의 중요정책을 결정하는 대의제기구로서 집행권은 단체장이 행사하고 의결권은 지방의회가 보유하는 유형이다. 앞으로 이들 군지역에 대해서는 기관대립형, 기관통합형, 절충형 중에서 선택할 수 있도록 제도적 문호를 개방해야 할 것이다.

특히 인구가 과소하여 1만 명에서 2만 명 대에 걸쳐 있는 군의 경우 대표제가 아닌 주민총회제를 선택할 수 있도록 해야 한다. 우리나라는 그동안 전체 주민들이 광장에 모여 주요 정책을 결정하는 주민총회제에 대하여 논의는 있었으나 제도적 문호는 열어두지 않고 있다. 인구 규모가 대표제와 주민총회제의 채택을 위한 유일한 기준은 아니지만 장소와 시간 그리고 토론가능성 등을 고려한다면 인구 1~2만 명의 군 지역에서는 대의제가 아닌 주민총회제를 도입하여 주민에 의한 정책결정을 허용할 필요가 있는데, 이것이 풀뿌리민주주의를 구현하는 길이다.

중장기적으로는 인구 5만~10만 명 대에 있는 군 지역에 대해서도 주민총회제를 도입할 수 있을 것이다. 다만 이 경우에는 대표제와 주민총회제가 결합된 RTM을 검토할 수 있을 것이다. RTM은 기본적으로 주민대표를 선출하지만, 주민총회를 통한 정책결정의 여지를 남겨 두는 방식이다. 일본식 RTM에서는 일반적인 사항은 선출된 주민대표가 결정하지만 조례와 예산 등 중요한 사항에 대해서는 주민총회에서 결정한다. 미국식 RTM은 주민대표를 통해 정

책을 결정하고 집행하지만, 주민대표의 결정에 반대할 경우 주민총회에 부의
하여 결정할 수 있도록 하는 체제이다. 우리나라의 경우에도 인구 규모가 큰
군 지역에 대해서는 공정하고 효과적인 토론의 곤란성을 고려하여 일반적인
사항은 주민대표를 통해 처리하되, 중요한 사항과 대표의 의결에 반대할 경우
주민총회에서 처리할 수 있도록 할 필요가 있다.

2. 읍·면·동의 주민총회제 도입 대안

1) 현재의 규정: 주민자치회

주민참여와 주민자치에 기초한 풀뿌리민주주의를 활성화하기 위해서는
주민공동체인 읍·면·동 단위에서 자치를 실시해야 한다. 그러나 읍·면·동
에서는 인구기준이나 조세기반 등을 고려할 때 높은 수준의 자치를 실시하기
가 어렵다. 따라서 읍·면·동의 자치역량을 고려한 주민자치를 도입하기 위해
서는 낮은 수준의 자치, 즉 법인격을 부여하는 대신 자치사무와 일부 자치재
정권을 부여하는 대안을 검토해야 할 것이다. 공동체의 문제를 스스로 토의하
고 결정하고 그에 필요한 재원을 자체 조달하도록 하는 조치만으로도 풀뿌리
주민자치를 구현할 수 있기 때문이다. 현재 읍·면·동 자치에 관한 지방분권
특별법의 규정은 주민자치회의 설치와 자치사무 처리권에 관한 내용은 있으나
자치재정권에 대해서는 따로 법률로 정하도록 하고 있다.

❖ **주민자치회에 관한 법률 규정**

◇ 지방분권특별법 제27조(주민자치회의 설치) 풀뿌리자치의 활성화와 민주적
참여의식 고양을 위하여 읍·면·동에 해당 행정구역의 주민으로 구성되는 주민자
치회를 둘 수 있다.

◇ 지방분권특별법 제28조(주민자치회의 기능) ① 제27조에 따라 주민자치회가

설치되는 경우 관계 법령, 조례 또는 규칙으로 정하는 바에 따라 지방자치단체 사무의 일부를 주민자치회에 위임 또는 위탁할 수 있다. ② 주민자치회는 다음 각 호의 업무를 수행한다.

　　1. 주민자치회 구역 내의 주민화합 및 발전을 위한 사항

　　2. 지방자치단체가 위임 또는 위탁하는 사무의 처리에 관한 사항

　　3. 그 밖에 관계 법령, 조례 또는 규칙으로 위임 또는 위탁한 사항

◇ 지방분권특별법 제29조(주민자치회의 구성 등) ① 주민자치회의 위원은 조례로 정하는 바에 따라 지방자치단체의 장이 위촉한다. ② 제1항에 따라 위촉된 위원은 그 직무를 수행할 때에는 지역사회에 대한 봉사자로서 정치적 중립을 지켜야 하며 권한을 남용하여서는 아니 된다. ③ 주민자치회의 설치시기, 구성, 재정 등 주민자치회의 설치 및 운영에 필요한 사항은 따로 법률로 정한다. ④ 행정안전부장관은 주민자치회의 설치 및 운영에 참고하기 위하여 주민자치회를 시범적으로 설치 · 운영할 수 있으며, 이를 위한 행 · 재정적 지원을 할 수 있다.

〈출처: 지방분권특별법〉

위의 박스에서 보는 바와 같이 주민자치회에 관한 지방분권특별법 규정은 다음과 같은 특징을 지니고 있다. 첫째, 읍 · 면 · 동 자치를 위해 주민자치회의 설치를 규정하고, 주민자치회의 구성원인 주민자치위원은 조례로 정하는 바에 따라 자치단체장이 위촉하도록 하고 있다. 주민자치회는 선출직이 아닌 임명직 위원으로 구성하고 있는데, 선출직의 과잉에 대한 경계가 반영된 것이라고 할 수 있다.

둘째, 주민자치회에 자치사무 처리권을 인정하고 있다. 주민자치회는 시 · 군 · 구의 위임 사무뿐만 아니라 읍 · 면 · 동 구역 내의 주민화합과 발전에 관한 사항을 처리할 수 있다. 자치사무의 구체적인 내용에 대해서는 명시하지 않고 있지만 중앙정부와 시 · 군 · 구의 사무를 제외한 읍 · 면 · 동 주민과 관련된 사무에 대해서는 자율적으로 결정하고 집행할 수 있는 것으로 해석할 수 있다.

셋째, 주민자치회의 설치 및 운영에 관한 사항은 별도의 법률로 정하도록

규정하고 있다. 그 때문에 주민자치회를 운영하기 위한 재원에 대한 규정이
없다. 주민자치의 핵심 내용에 해당하는 자치재정권에 대한 내용이 빠져 있는
데, 별도의 법률을 통해 자치재정권을 어느 정도로 부여하느냐에 따라 읍·면·
동 주민자치가 좌우될 것이다.

넷째, 읍·면·동과 주민자치회의 관계에 관한 규정이다. 이에 대해서는
행정안전부장관이 시범적으로 실시하여 양자의 관계를 설정하도록 규정하고
있다. 이러한 규정에 따라 정부에서는 세 가지 모델을 검토한 바 있다. 협력형
은 읍·면·동 사무소와 주민자치회가 대등하게 병렬적으로 설치되는 형태이
다. 읍·면·동 사무소는 현행 기능을 수행하고, 주민자치회는 주민자치기능과
위임·위탁사무 그리고 읍·면·동 사무 중 주민생활과 밀접한 관련이 있는 사
항에 대한 협의·심의기능을 수행한다. 통합형은 의결기구(주민자치회)와 사무
기구(읍·면·동 사무소)를 통합한 형태를 말한다. 주민대표로 구성되는 주민자
치회에서 자치사무를 결정하고, 사무기구(읍·면·동 사무소)에서 집행기능을 담
당한다. 통합형에서는 시·군·구 자치단체장이 사무기구의 조직·인사권을 가
지나 사무기구의 장(새로운 형태의 읍·면·동장) 임명 시 주민자치회와 협의해야
한다. 주민조직형은 주민대표가 주민자치회 사무를 직접 결정할 뿐만 아니라
집행하는 형태이다. 읍·면·동은 폐지되고 그에 속했던 행정기능은 시·군·
구에서 수행한다. 다만 주민대표로 구성되는 의결기관(주민자치회)을 설치하고,
주민자치회의 운영을 지원하기 위해 유급 사무원과 자원봉사자로 구성된 사무
기구를 둘 수 있다.

이러한 점을 고려하면 주민자치회는 회의체의 위상, 선임방식, 자치권 등
에서 주민총회제와 다르다고 할 수 있다. 주민자치회는 주민의 전체회의체가
아니고, 주민자치위원의 선임도 주민총회가 아닌 자치단체장이 위촉하며, 자
치재정권의 보장이 없다는 점에서 주민총회제에 미치지 못한다. 하지만 주민
자치회가 운영되는 상황에서도 주민총회제라는 이름이 종종 발견된다. 아래
기사는 대전 유성구의 주민총회제 운영사례를 보여주고 있다. 현재 주민총회
제에 대한 법적 규정이 없는 상황에서 도입된 주민총회제는 주민자치회와 어
떻게 다른지 그 성격에 대하여 살펴보고자 한다.

❖ 대전 유성구, 재정민주주의 실현을 위한 주민총회 성료

　대전 유성구(구청장 정용래)는 대의민주주의를 보완할 직접민주주의 실험의 장인 '주민총회'를 지난 달 22일 신성동을 시작으로 이달 8일 구즉동까지 11개 전 동을 대상으로 추진했다. 주민총회는 마을사업을 주민이 모여 함께 토론하고 의견을 교환해 최종적으로 내년에 추진할 사업에 대해 직접 결정하는 주민자치의 최종 의사결정기구이다.

　주민자치회 시범동인 진잠동, 원신흥동, 온천1동은 주민자치회가, 나머지 8개동은 동 지역회의가 주민총회를 주관했으며 대전 5개구에서는 유일하게 유성구가 전 동에서 주민총회를 개최했다. 이번 동 주민총회에 참여한 주민들은 주민이 직접 제안한 총 243건의 사업에 대해 숙의·토론 과정을 거쳐 총 79건 9억 9천여만 원 규모의 후보사업을 선정한 후 주민총회에 상정해 주민의 의견을 묻고 내년에 추진할 마을사업을 최종 결정했다.

　주민총회에서 결정할 동별 사업규모는 진잠동, 원신흥동, 온천1동, 노은1동, 노은3동, 관평동 등 6개동이 각각 6천만원이며, 온천2동, 노은2동, 신성동, 전민동, 구즉동 등 5개동은 지난 4월 시에서 주관하는 지역회의 지원사업 공모에 선정돼 추가로 2천만 원을 지원받아 동별 8천만 원이다.

　정용래 유성구청장은 "올해는 동별 예산을 2배로 확대하고 주민총회 진행도 숙의토론을 통해 주민공론을 모으는 방식으로 진행하는 등 주민참여예산제 개선을 위해 노력했다"면서, "앞으로도 주민이 주도하고 마을이 중심 되는 자치분권 도시 실현을 위해 다양한 시도를 해나가겠다"고 말했다. 이번 주민참여예산을 통해 결정된 사업들은 내년도 본예산으로 편성돼 주민 삶의 질을 한층 높일 수 있도록 집행될 예정이다.

〈출처: 대전투데이, 2019.08.13.〉

　위 기사에서 제시된 내용에 따르면, 첫째, 주민총회제는 법적 뒷받침을 받지 않는 임의기구이다. 주민총회의 설치 근거와 운영에 관한 법률이나 조례가 없기 때문에 주민총회에서 결정된 사항은 법적 강제성이 없고 정책 참고사항에 그치게 된다. 둘째, 공동체에 관한 광범위한 사안이 아닌 주민참여예산에 한정하여 운영되고 있다. 그것도 주민이 직접 제안한 예산에 대해서만 주민총

회에서 결정할 뿐 주민공동체의 다양한 사안을 포함하지 않고 있다. 그럼에도 불구하고 법적 근거를 가진 주민총회제의 도입 이전 단계에서 주민참여예산 등에 대하여 주민총회에 부의하는 방식은 주민분권의 확대에 기여할 수 있다는 점에서 긍정적으로 평가된다.

2) 주민총회제 기본 구상

오늘날 인구 규모는 대표제와 주민총회제의 채택을 구분 짓는 유일한 변수는 아니지만 국가별로 미묘한 차이가 발견된다. 미국의 경우 주마다 다른데, 뉴잉글랜드주의 경우 시보다 타운의 인구가 많은 경우도 있다. 남부 3개 주(매사추세츠, 코네티컷, 로드아일랜드)의 경우에는 북부 3개 주(메인, 뉴햄프셔, 버몬트)의 경우보다 인구요인이 더 중요하게 고려되고 있다. 매사추세츠의 경우 타운미팅을 채택하는 시는 최소한 인구 1만 명을 유지하고 있고, 인구 2만 명 미만은 드문 실정이다. 그러나 북부의 경우 타운미팅을 채택하는 시는 인구 5천 명 이하가 다수이고, 인구 1만 명 이하도 많다(김영기, 2014: 174-175).

일본의 경우 1880년대 메이지 헌법의 주민총회제 규정에서는 인구 20만 명 미만을 기준으로 정하고 있다. 1991년 정·촌 제도에 관한 법률에서는 소규모 정·촌 지역과 특별한 사정이 있는 지방정부에 대하여 주민총회제 도입을 규정하였다. 1951년 동경도에 속하는 도서지역인 우즈키무라(宇津木村)는 지방의원 후보자의 부족을 이유로 지방의회를 구성하는 대신 조례로써 주민총회제를 도입하였다. 최근에는 많은 정·촌에서 고령화와 소자화(少子化)로 인한 지방의원 충원 곤란에 직면하여 주민총회제 도입을 검토하고 있다(고선규, 2018: 91-95).

스위스의 경우 인구 2만 명을 기준으로 하여 그 미만의 코뮌은 주민총회제를 채택하고, 2만 명 이상의 코뮌은 지방의회와 집행부를 구성하고 있다(안성호, 2018: 354-362). 그에 따라 스위스는 2,324개 코뮌 중 5분의 4는 최고 입법기관으로 주민총회를 운영하고 있다. 주민들은 주민총회에 참석하여 주요 공직자를 선출하고 행정위원회(집행기관)와 주민이 제출한 의안과 주요 법안 및 청원을 결정한다. 나머지 5분의 1은 주민총회와 함께 또는 주민총회를 대신하여 코뮌의회를 운영하고 있다. 코뮌의회를 운영하는 경우에도 주요 결정은 반드시 주민투표에 회부하도록 함으로써 주민의 직접결정을 중시하고 있다.

전통적으로 주민의 직접결정을 제약하는 요인은 지리적 거리와 인구의 규모였다. 지리적 요인은 교통수단의 발달에 의해 해소되었고, 인구적 요인은 정보통신의 발달에 의해 완화되었다. 더욱이 읍·면·동 자치에서는 인구적 요인이 거의 사라졌다. 2019년 기준 우리나라 대도시 읍·면·동의 평균 인구는 1만 5천 명에서 2만 명 수준이고, 농촌지역의 읍·면·동 평균 인구는 3천 명에서 3천 5백 명 수준에 불과하여 주민들이 광장에 모여 공동체 문제를 토론하고 결정하는 데 제약이 없다. 오늘날 정보통신수단의 발전으로 한 장소에 모이지 않고도 9~10명의 담론장을 운영하고 이를 스마트폰과 결합시킬 경우 실시간으로 전체 주민들의 의견을 수렴할 수 있다.

이러한 관점에서 우리나라는 인구 규모에 관계없이 모든 읍·면·동을 대상으로 주민총회제를 도입하여 전체 주민들이 광장에 모여 공동체 문제를 토의하여 결정하도록 해야 할 것이다. 읍·면·동 단위에서는 주민대표가 아니라 전체 주민들이 직접 공동체 사무를 결정하도록 함으로써 실질적인 주민자치를 구현할 수 있을 것이다. 우리나라의 읍·면·동 인구가 최소 2천 명에서 최대 5만 명에 걸쳐 있지만 주민총회제를 도입하는 데에는 아무런 문제가 없을 것이다. 미국의 타운과 스위스의 코뮌은 2만 명을 기준으로 하고 있지만 일본은 20만 명까지 주민총회제를 고려한 바 있다. 주민총회제를 도입할 경우 읍·면·동과 주민자치회의 관계에 대한 고민도 필요 없다. 주민총회에서 읍·면·동장을 선출하고, 읍·면·동장이 공무원들에 대한 인사권을 가지기 때문에 주민총회는 의결기관이고 읍·면·동장은 집행기관이 되는 것이다.

3) 주민총회제의 운영대안

읍·면·동 단위의 주민총회제 도입 대안을 검토하기 전에 읍·면·동 자치에 관한 칼럼 기사를 살펴볼 필요가 있다. 다음 박스의 내용은 저자가 2010

년 읍·면·동과 주민자치회의 분리를 골자로 한 정부의 읍·면·동 주민자치
제에 대하여 논평한 글이다.

❖ 주민자치에 반하는 읍면동 준자치안

보험시장에서 보험 가입자가 사고 예방에 대한 충분한 주의를 기울이지 않는 경
향을 도덕적 해이(moral hazard)라고 한다. 지방행정 체제개편 대안, 특히 읍·
면·동 준자치단체 대안을 보면서 정부와 국회의원들도 이러한 도덕적 해이에 빠
졌다는 생각이 든다. 읍·면·동에 자치회를 두고, 자치위원은 지자체장이 위촉하
며, 지자체 사무의 일부를 자치회에 위임 또는 위탁할 수 있도록 규정하고 있다.
일본의 자치회(정내회)와 유사한 준자치단체를 도입하겠다는 것으로 풀이된다.

얼핏 보기엔 행정기관에 불과한 읍·면·동을 준자치단체로 격상시킨다는 점에
서 풀뿌리 주민자치를 위해 바람직한 조치로 여겨진다. 하지만 그 내용을 꼼꼼히
따져 보면 자치라는 이름으로 읍·면·동의 기능을 주민 곁에서 떼어내는 것이다.
자치회는 주민 조직이기 때문에 현재 읍·면·동에서 수행하는 민원과 규제 업무
를 맡을 수 없다. 이들 업무는 시·군·구로 이양하고 대신 마을회관, 청소, 축제
등의 업무만 다루게 된다. 그에 따라 일부 읍·면·동 공무원이 자치회로 파견될
수 있지만 대다수는 시·군·구로 철수해야 한다.

읍·면·동은 사람으로 치면 모세 혈관 조직에 해당한다. 모세 혈관을 통해 혈
액에서 기관으로 산소와 영양분이 공급되고 노폐물이 수거된다. 읍·면·동을 통
해 주민의 의견이 국가기관에 전달되고 국가의 정책 또한 읍·면·동을 통해 주민
에게 전파된다. 읍·면·동이 사실상 폐지될 경우 교통수단이 원활하고 주민의 생
활권이 좁은 도시 지역은 문제가 없지만 교통수단이 열악하고 주민의 생활권이 광
범위한 농촌지역에서는 심각한 문제가 생길 수 있다. 특히 대다수 노령인구로 구
성되어 있어 인터넷 등 전자통신 수단보다는 직접 방문에 의한 민원처리에 의존하
고, 읍·면을 중심으로 생활권이 형성돼 있는 군 단위 시골지역에서 읍·면을 폐
지하고 민원업무를 지자체로 이양하는 것은 주민의 생활불편을 가중시킬 수 있다.
또 자치회에서 일부 자치사무를 수행한다지만 지자체에서 알짜 기능은 회수해 가
고 영양가 없는 지엽적인 사무만 맡기기 때문에 주민자치 수준도 떨어뜨릴 것이
다. 현재의 주민자치센터에서 나타나는 예산 부족, 참여 저조, 관 주도의 문제가 나타
날 수 있다.

풀뿌리 주민자치를 위해서는 자치회와 읍·면·동을 분리할 것이 아니라 통합해야 한다. 그에 따라 읍·면·동은 규제, 민원, 주민생활 등 다양한 기능을 수행하면서 주민자치 조직과의 연계를 통해 주민자치도 강화시킬 수 있다. 아파트단지(아파트지역), 생활권(연립·단독주택지역), 이(里·농촌지역) 단위로 자치회를 두고, 읍·면·동의 심의기구로서 자치회의 장들로 구성되는 자치협의회를 설치하며, 읍·면·동장은 자치협의회의 복수 추천을 받아 시·군·구의 장이 임명하면 선출직의 과잉, 선거의 폐해, 주민조직의 공권력 행사문제 등도 해소할 수 있다.

현재 국회에서 제안된 읍·면·동 준자치단체 개편 대안은 주민자치나 주민편의와는 거리가 멀다. 준자치라는 이름으로 포장만 요란할 뿐 주민의 생활과 직결된 민원과 규제 사무를 빼앗는 것이므로 재검토해야 한다. 풀뿌리 주민자치에 도움이 되는 대안을 모르는 것은 무지에 해당하고 알면서도 애써 외면하는 것은 도덕적 해이에 속한다.

〈출처: 하혜수, 서울신문, 2010.06.15.〉

위 글은 읍·면·동을 준자치단체로 전환하는 정부의 계획에 대해서는 원칙적으로 찬성하는 입장을 취하고 있다. 그러나 본격적인 시행 전 여러 가지 측면들을 고려해야 함을 말하고 있는데, 첫째, 읍·면과 동의 특성에 대한 면밀한 고려가 필요하다는 것이다. 읍·면은 동과 달리 생활권이 넓고 교통수단이 열악하며 노령인구가 상대적으로 많은 특성을 지니고 있다. 그에 따라 읍·면·동과 자치회의 분리 대안은 주민불편을 초래할 수 있다는 지적을 하고 있다. 현재 읍·면·동에서는 민원과 규제 등 주민의 생활과 밀접한 사무를 처리하고 있는데, 읍·면·동을 폐지하고 해당 업무를 시·군·구에 이양할 경우 주민들의 불편이 가중된다는 주장이다. 둘째, 읍·면·동장의 선거에 대한 고려이다. 읍·면·동에 자치회를 두고, 읍·면·동의 심의기구로서 자치회의 장들로 구성되는 자치협의회를 설치하며, 읍·면·동장은 자치협의회의 복수 추천을 받아 시·군·구의 장이 임명함으로써 선거의 폐해를 막아야 한다는 것이다. 셋째, 당시에는 주민총회제에 대한 논의가 없는 상황이어서 그에 대한 언급은 하지 않았다. 그러나 주민총회제를 도입할 경우 선출직의 문제, 대리인 문제, 주민의 책임성 저하 문제에 대응할 수 있을 것이다. 특히 읍·면·동장에 대한 별도의 선거를 치르지 않고 주민총회에서 선출할 수 있기 때문에 선거폐해의 문제를 방지할 수 있을 것이다.

(1) 읍·면·동의 지위

읍·면·동 주민총회는 자치권의 보유를 전제로 한다. 읍·면·동의 자치적 지위에 대해서는 시·군·구와 같은 수준의 법인격 부여와 준자치단체 대안 (일부 자치권을 부여하지만 법인격을 부여하지 않는 대안)을 고려할 수 있다. 읍·면·동에 법인격을 부여할 경우 시·도-시·군·구-읍·면·동의 자치3층제가 되어 거래비용이 증가되고 주민의 의견이 왜곡될 것이다. 현재 시·도-시·군·구의 자치2층제를 단층제로 개편해야 한다는 주장도 제기되고 있는 상황에서 자치3층제 개편은 정치적 수용가능성을 떨어뜨릴 수 있다. 읍·면·동에 일부 자치권을 부여하되 법인격을 부여하지 않는 대안은 일정한 기능영역을 중심으로 주민자치를 실현하면서도 자치계층의 증대에 따른 부작용을 줄일 수 있다.

읍·면·동 자치를 주장하는 자치학자들도 준자치단체 대안을 주장하고 있다. 안성호는 읍·면·동에 법인격을 부여하지 않되 의결기구인 주민자치회는 총회(회장은 직선)와 운영위원회(위원 구성은 추천, 선출, 추첨으로 다양화)로 구성하고, 집행기구인 읍·면·동장은 주민 직선 또는 시·군·구청장이 추천한 인물 중에서 주민자치회의 동의를 얻어 임명해야 한다고 주장한다(안성호, 2018: 386-387). 심익섭(2012: 76)은 명시적인 표현은 사용하지 않았지만 법인격을 부여하지 않는다는 점에서 준자치단체 대안을 주장한 것으로 해석된다. 그는 읍·면·동 주민자치회의 위원선출에 대하여 주민의 대표성 확보 차원에서 직선제에 준하는 선출방식이 필요하다고 주장하였다.

이러한 점을 고려할 때 읍·면·동은 법인격을 부여하지 않고 일부 자치권을 갖는 준자치단체로 개편할 필요가 있다. 그에 따라 읍·면·동에 부여된 자치사무에 대해서는 주민의 전체 회의체인 주민총회에서 결정하고, 정책집행에 대해서는 주민총회에서 선출된 운영위원 또는 사무국 공무원들이 담당하도록 해야 할 것이다. 이 경우 현재 읍·면·동과 주민자치회를 어떻게 해야 할 것인가에 대한 문제가 제기될 수 있다. 먼저 읍·면·동에서 수행하는 기능과 인력은 주민총회에 이양할 수 있고, 남게 되는 기능과 인력은 시·군·구로 넘겨주어야 한다. 읍·면·동에서 시·군·구의 위탁사업을 수행하고 있기 때문에 주민총회에서도 국가사무나 시·군·구 사무를 위탁받아 수행할 수 있을 것이다. 김찬동은 대도시의 동사무소를 폐지하고 읍·면·동 폐지로 인해 발생하는 행정 공백은 2~3개의 출장소를 설치하여 대응하면 된다(김찬동, 2014: 136)고 주장하였으나 주민총회에서 위탁받을 경우 출장소 설치는 필요하지 않을 것이다. 그리고 주민선출의 대표들이 아닌 전체 주민이 모인 회의체(주민총회)에서 주요 정책을 의결하고 결정하기 때문에 주민자치위원회는 그 필요성이 없어질 것이다. 따라서 주민의 대표기능을 수행하는 주민자치위원회를 해체하고 대신 주민총회에서 그 역할을 이양 받아야 할 것이다.

(2) 읍·면·동의 자치권

읍·면·동을 준자치단체로 개편할 경우 어느 정도의 자치권을 부여해야 하는지 검토할 필요가 있다. 읍·면·동의 자치권에 대해서는 자치사무 처리권(시·군·구 본청의 사무 중 일부 이관), 자치조직권, 자치재정권 등이 제시되고 있다(안성호, 2018: 387). 또한 읍·면·동의 자치사무로 주민대표기능, 주민공동체기능, 행정보조기능, 주민자치센터에서 수행하고 있는 주민교육프로그램 등이 제시된다(심익섭, 2012: 76). 읍·면·동 단위에 주민총회제를 도입할 경우 자치사무는 지방분권특별법에 규정된 주민화합 및 발전을 위한 사항, 지방정부가 위임 또는 위탁한 사무, 그리고 법령·조례·규칙으로 위임 또는 위탁한 사항 등을 포함하면 될 것이다. 자치조직권의 경우는 읍·면·동 사무기구와 공무원 정원에 대한 자율권을 주민총회에 부여해야 할 것이다.

읍·면·동의 자치권과 관련하여 특히 쟁점이 되고 있는 사항은 자치재정권이다. 심익섭은 주민자치회의 재정으로 중앙정부의 특별지원기금, 주민자치회의 자체재원(수강료, 사용료, 수익사업, 위탁사업), 지방정부의 보조금, 기부금 등을 제시한다(심익섭, 2012: 76). 김찬동은 일본의 주민자치위원회를 참고하여 시·군·구의 지원금과 자체재원(자선바자회 수입)으로 충당해야 한다고 주장한다(김찬동, 2014: 131). 읍·면·동 자치를 위한 재정으로는 첫째, 중앙정부와 시·군

·구의 재정지원을 고려할 수 있다. 이러한 대안은 읍·면·동의 재정의존성을 증대시켜 실질적인 주민자치를 저해할 수 있다. 자체재원이 없다면 공동체 문제의 결정에 대한 주민들의 자율성이 확보되기 어렵다. 공동체 문제 처리와 사무기구 운영에 대한 재정을 외부에 의존하는 한 주민들의 자치는 이루어지기 어렵기 때문이다

둘째, 주민세를 읍·면·동세로 전환하는 대안이 검토될 수 있다(안성호, 2018: 387). 이 대안의 경우 시·군·구의 동의를 받아야 한다는 부담이 있다. 현재 주민세는 시·군·구세로 되어 있으므로 재정력이 열악한 시·군·구, 특히 소멸위기에 처한 군들은 주민세의 읍·면·동세 전환에 반대할 수 있다. 아울러 주민세의 재정수입 자체가 매우 취약하여 읍·면·동 자치의 재원으로 불충분할 수 있다. 특히 농촌의 군단위에서는 규모가 작은 읍·면·동의 인구는 2,000~3,000명 수준에 있으므로 지방세법에 규정된 주민세의 최대 부과금액 10,000원을 적용해도 재정수입은 2천만 원에서 3천만 원에 그친다. 따라서 이러한 자체재원으로는 읍·면·동 자치를 운영하기에 한계가 있을 것이다.

셋째, 기부금 수입을 활용하는 대안이다. 주민들이 공동체 문제를 위해 기부를 하면, 그 부문만큼 국세와 지방세에서 공제해주는 방식이다. 주민들의 공동체 문제에 대한 관심이 증대될수록 기부금 수입이 늘어날 것이고, 그만큼 읍·면·동 주민자치는 활성화될 수 있다. 이 대안의 경우 주민들의 공동체에 대한 관심이 기부 참여로 연결되고, 기부 참여는 주민총회 참여로, 주민총회 참여는 주민들의 관심 증대로 이어지는 읍·면·동 자치의 선순환을 만들어낼 것이다. 특히 직장인이 많은 대도시의 동단위에서는 기부금을 연말소득신고에서 공제해주는 조치만으로도 상당한 재정수입을 기대할 수 있을 것이다. 이 대안은 국세수입과 지방세 수입의 감소 가능성이 단점으로 지적될 수 있지만 조세 공제비율의 한도를 설정하면 과도한 세수입 감소는 발생하지 않을 것이다.

4절 — 결론

　주민총회제는 투표권을 가진 전체 주민들이 광장에 모여 정책을 의결하고 결정한다는 점에서 주민들에게 공동체 문제에 대한 결정권을 이양하는 주민분권의 원리에 가장 부합되는 기관구성 유형이라고 할 수 있다. 대의제(대표제)에서도 주민들은 주민발의, 주민투표, 주민소환 등과 같은 결정권을 보유하지만, 일부 사안에 한정될 뿐이다. 또한 주민총회제는 대의민주제에서 나타나는 정치적 무관심, 대리인 문제, 선거폐해 등의 문제점을 개선할 수 있다. 주민총회제는 전체 주민회의에서 집행부를 선출하기 때문에 지방선거에서 발견되는 정당공천, 흑색선전, 뇌물수수 등의 폐단을 막을 수 있고, 더 나아가 주민의 의사를 왜곡하는 대리인 문제와 정치적 효능감 부족에 따른 정치적 무관심을 줄일 수 있다.

　주민총회제는 전체 주민이 광장에 모여 공동체 문제를 토의하고 결정한다는 점에서 주민총회제 도입 단위의 결정에 있어서 인구 규모를 고려해야 한다. 우리나라의 읍·면·동과 소멸위기의 군 단위는 주민총회제 도입에 적절한 단위라고 평가된다. 농촌의 읍·면·동은 평균 3천 명에서 3천 5백 명의 인구를 가지고 있고, 대도시의 동은 평균 1만 5천 명에서 2만 명의 인구를 가지고 있다. 그리고 소멸위기에 있는 군들은 평균 2만 명에서 2만 5천 명의 인구를 보유하고 있다. 미국의 타운과 스위스의 코뮌 등은 주민총회제 도입에 있어서 2만 명을 중요한 기준으로 삼고 있다. 즉, 2만 명 미만에서는 '주민총회제 원형'을 선택하고, 2만 명 이상에서는 '대표제 주민총회제'를 채택하고 있다. 이러한 관점에서 우리나라의 대다수 읍·면·동과 2만 미만의 군에서는 주민총회제 원형을 도입할 수 있고, 2만 명 이상의 군과 읍·면·동에서는 대표제 주민총회제를 도입할 수 있을 것이다.

　군 단위의 주민총회제는 법률적 근거가 없으므로 지방자치법의 개정이 필요하다. 다행히 행정안전부에서 지방자치법 전부개정안을 국회에 제출해 두고 있는데, 지방정부의 기관구성을 주민투표를 통해 결정할 수 있도록 허용하고 있다. 지방자치법 개정안이 국회를 통과하면 군의 주민들이 투표를 통해 주민총회제를 선택하고, 주민총회제 운영에 관한 조례를 제정하면 될 것이다. 읍·면·동의 자치에 대해서는 현재 지방분권특별법에 규정되어 있는데, 주민자치회는 주민의 선출에 의해 구성되지 않을 뿐만 아니라 집행을 담당하는 읍·면·동장도 자치단체장이 임명하도록 규정되어 있어 진정한 주민자치라고 하기 어렵다. 따라서 읍·면·동의 주민총회제 도입을 명문화하여 풀뿌리 주민자치를 강화할 필요가 있다.

주민총회제의 자치권과 관련하여 군 단위의 경우 현재 군에서 보유하고 있는 자치권을 행사할 수 있을 것이다. 다만 주민대표(군수와 군의회의원)가 아닌 전체 주민에 의한 정책결정이 일상화되기 때문에 지방선거가 이루어지지 않는다. 지방정부의 여건에 따라 정책집행을 담당할 자치단체장을 선출할 경우에도 지방선거가 아닌 주민총회를 활용할 수 있다. 읍·면·동 주민총회의 자치권은 법률적 뒷받침이 필요하다. 현재 주민자치회에 관한 규정만이 있으므로 주민총회제 도입에 관한 명문화된 규정을 두어야 한다. 그리고 주민자치회의 자치사무 외에 자치재정권에 관한 세부적인 규정이 없다. 읍·면·동 주민총회의 자치재정권에 대해서는 주민세의 읍·면·동세 전환과 읍·면·동 기부금제 도입 등을 검토할 수 있다. 전자는 시·군·구의 주민세를 읍·면·동세로 전환하여 주민총회의 재원을 강화하는 대안이고, 후자는 읍·면·동 주민이 기부금을 내면 국세와 지방세에서 공제해주는 대안이다.

주민총회제는 미국의 타운과 스위스의 코뮌에서 도입되고 있고, 최근 들어 일본의 정·촌에서도 도입이 검토되고 있다. 우리나라의 경우 주민자치의 전통이 일천하고, 주민들의 자치의식이 높지 않으며, 군과 읍·면·동의 재정 수준이 불충분한 등 지방자치의 토양이 튼튼하지 못하다. 그러나 주민자치의 본질은 전체 주민들이 참여하여 결정하는 직접민주주의이며, 주민총회제는 이러한 원리에 가장 부합되는 제도이다. 저출산·고령화 시대의 읍·면·동과 소멸위기의 군 지역은 주민총회제 도입에 적합한 규모이다. 더욱이 정보통신기술의 발전을 고려할 때 인구 10만 명 규모의 지방정부에 대해서도 대표제 주민총회제를 도입할 수 있을 것이다. 이러한 측면을 고려할 때 주민총회제 도입여부는 제약요인의 문제가 아니라 정책의지의 문제로 보인다.

참고문헌

국내문헌

강성애·류은영(2008), 여성인적자원의 활용과 국가경쟁력과의 관계 연구: OECD국가를 중심으로, 「한국인사행정학회보」, 7(2): 175-208.

강은숙(2018), 신고리 공론조사 이후의 한국형 공론화의 과제: 신고리 5·6호기 공론화를 위한 시민참여형조사의 성과와 과제에 대한 반론, 「한국정책학회 소식지」, 여름호: 13-17.

강용기(2008), 「현대지방자치론」, 서울: 대영문화사.

강용기(2000), 지방자치단체 단일계층화론에 대한 평가와 대안, 「지방정부의 리더십과 문화산업정책」, 한국행정학회 2000년도 기획세미나 발표논문, 269-282.

강원연구원(2017), 「강원평화특별자치도 설치 기본방안 연구용역」, 강원연구원.

강재호(2005), 지방정부체계 개편론에 대한 비판적 고찰, 「지방정부연구」, 9(3): 179-200.

강준만(205), 「지방식민지 독립선언」, 고양: 도서출판 개마고원.

강형기(2008), 일본의 중앙지방관계 변화와 지방재정의 자기책임 -유바리(夕張)시의 재정파탄과 한국 지방정부에의 교훈, 「한국지방자치학회보」, 20(2): 23-47.

강황묵·남창우(2018), 우리나라 지방정부의 주민참여예산제도 성과 및 영향요인 분석, 「한국공공관리학보」, 32(3): 25-52.

고경훈(2000), 지방정부의 정책형성 분석 -정부 간 관계론의 시각에서-, 고려대학교 박사학위 논문.

고경훈·정인화(2008), 협상의 창 관점에서 바라본 정부 간 갈등 연구, 「한국공공관리학보」, 22(4): 19-48.

고광용(2015), 한국정부의 지방분권화 성과와 제약요인에 관한 연구 -김대중 정부부터 이명박 정부까지 사무, 인사, 재정분야를 중심으로-, 「한국지방자치학회보」, 27(1): 63-91.

고부언(2004), 「제주특별자치도 기본방향 및 실천전략」, 제주발전연구원.

고선규(2018), 지역주민 참여형 직접민주주의 도입과 과제: 일본의 주민총회사례, 「비교민주주의연구」, 14(1): 89－114.

고세훈(2000), 영국 중앙－지방정부 관계의 조정기제: 정당의 역할을 중심으로, 「한국정치
학회보」, 34(3): 255－273.

구정태·김렬·조민경(2008), 재정분권의 정치경제학: 재정분권과 경제성장 간의 이론적
연계가능성, 「대한정치학회보」, 16(1): 109－131.

권영주(2009), 우리나라 사무구분체계의 개선방안 －'법정수임사무(가칭)'의 도입을 중심
으로－, 「한국자치행정학보」, 23(2): 39－62.

권영주(2006), 일본의 시정촌 통합에 관한 연구, 「지방정부연구」, 10(3): 63－79.

권오성(2009), 재정분권화정책은 만병통치약(Panacea)인가?: 국제비교자료를 통한 실증분
석, 「한국행정논집」, 21(1): 105－127.

금창호·최영출(2013), 이명박정부의 지방분권정책 추진시스템의 평가, 「한국자치행정학보」,
27(1): 1－18.

기진서·정회욱(2005), 서남해 도서지역 교육환경실태에 관한 연구, 「교육행정연구」,
23(1): 461－479.

김경동·심익섭(2016), 공공갈등과 방폐장 입지사례연구 －IAD를 통한 경주와 부안의 비교
사례분석, 「한국지방자치학회보」, 28(4): 103－127.

김도희(2005), 주민배심원제를 통한 비선호시설 성공적 입지사례의 정책적 함의 －'북구
음식물자원화시설' 유치사업의 실증적 분석을 중심으로－, 한국행정학회 학술발표논
문집, 203－225.

김병준(2000), 「한국지방자치론 －지방정치·자치행정·자치경영－」, 서울: 법문사.

김병준(2005), 「한국지방자치론 －지방정치·자치행정·자치경영－」, 제2판, 서울: 법문사.

김병준(1997), 일본의 행정계층 및 구역개편 구상과 전개과정 －도주제의 문제와 대도시 지
정시제도를 중심으로, 전남대학교 개교45주년 기념 학술세미나논문집.

김상봉·이명혁(2011), Kingdon의 정책 창 모형에 의한 비축임대주택 정책의 갈등관계 분
석 및 평가, 「한국정책과학학회보」, 15(3): 1－27.

김상헌(2010), 정부규제와 경제성장: 이론적 배경에 기초한 실증분석, 「행정논총」, 48(3):
59－82.

김석준·이선우·문병기·곽진영(2000), 「뉴 거버넌스 연구」, 서울: 대영문화사.

김석태(2019), 「지방자치 철학자들 그리고 한국의 지방자치」, 파주: 한국학술정보.

김성호(2004), 지방자치단체 전국협의체의 국정참여 결과분석, 「한국지방자치학회보」,
16(2): 61－82.

김순은(2001), 우리나라 지방분권의 특징과 과제 -영국과 일본의 지방분권화의 비교를 중심으로-, 「한국사회와 행정연구」, 12(2): 57-75.

김순은(2004), 지방분권 개혁의 단계별 제도적 이슈, 「한국사회와 행정연구」, 15(1): 125-149.

김순은(2001), 영국과 일본의 지방분권 비교 분석, 「한국지방자치학회보」, 13(2): 101-121.

김순은(2003), 지방분권 정책의 집행에 영향을 미친 요인 분석: 일본의 사례를 중심으로, 「지방정부연구」, 7(4): 7-30.

김순은(2011), 영국과 일본의 지방분권 개혁 비교분석: 거대사회론과 지역주권론을 중심으로, 「지방정부연구」, 15(2): 73-96.

김영기(2011), 「주민발의제도론: 미국의 주와 지방정부를 중심으로」, 서울: 대영문화사.

김영기(2014), 「뉴잉글랜드 타운정부론」, 서울: 대영문화사.

김영기(2011), 마이클 샌델의 정의관 비판: 정의란 무엇인가를 중심으로, 「동서사상」, 10: 1-26.

김영란·이수애·권구영(2010), 농촌과 도서지역 노인의 여가실태 및 욕구에 관한 비교연구, 「사회연구」, 19: 105-140.

김영우(2001), 지방자치단체의 정원관리: 프랑스를 중심으로, 「한국지방자치학회보」, 13(3): 271-287.

김영태(2018), 지방분권과 지방재정조정제도: 독일 사례와 한국, 한국정치학회, 「지방분권과 균형발전: 정치학자들의 관찰」, 서울: 푸른길.

김원동(2010), 강원도 폐광지역의 쟁점과 미래 전망 그리고 대응전략: '강원랜드'와 '폐특법'을 중심으로, 「사회과학연구」, 49(2): 133-181.

김의섭(2011), 재정분권과 지방재정의 자율성 제고 -참여정부 이후 재정분권을 중심으로, 「재정정책논집」, 13(2): 113-148.

김익식(1990), 중앙과 지방정부 간의 권한배분의 측정 -지방분권이론의 정립을 위한 시론, 「한국행정학보」, 24(3): 1373-1398.

김익식(1995), 지방행정구역 개편방향과 전략, 나라정책연구회 편저, 「한국형 지방자치의 청사진」, 서울: 길벗.

김재훈(1998), 중앙과 지방 간의 부문별 기능재배분을 위한 시도, 「한국지방자치학회보」, 10(1): 27-44.

김재훈(1997), 집권과 분권의 조화: 환경규제를 중심으로, 「한국행정학보」, 31(1): 39-55.

김정인(2018), 한국 사회에서의 숙의민주주의 제도화 가능성에 관한 연구: 일본 삿포로 시 제설정책 사례를 중심으로, 「한국정책과학학회보」, 22(1): 1－25.

김정환(2016), 「지방소멸: 인구감소로 연쇄 붕괴하는 도시와 지방의 생존전략」, 서울: 와이즈베리.

김종순(2001), 환경규제기능의 중앙－지방 간 분담구조 개편 및 협력체제 강화방안, 「한국행정논집」, 13(4): 953－976.

김종순(2001), 한국의 지속가능한 발전을 위한 중앙－지방 간 협력체제 구축: 환경규제행정을 중심으로, 한국행정학회 2001년도 추계학술대회 발표논문집, 83－102.

김종표(1996), 「지방자치론」, 서울: 법문사.

김준한(1995), 지방자치단체 표준정원 산정방법의 개선 연구, 「한국행정학보」, 29(3): 813－829.

김찬동(2014), 주민자치의 제도설계: 일본의 주민자치회와 주민자치센터를 사례로, 「한국지방자치학회보」, 26(1): 117－138.

김철회(2017), 누리과정 재원부담 정책을 둘러싼 사회적 갈등의 원인에 대한 분석 －IAD 정책분석 틀을 중심으로, 「한국사회와 행정연구」, 28(2): 83－110.

김춘석(2018), 신고리 공론조사 이후의 한국형 공론화의 과제: 신고리 5·6호기 공론화를 위한 시민참여형조사의 성과와 과제에 대한 반론에 대한 답변, 「한국정책학회 소식지」, 여름호: 17－23.

김태영(1999), 「지방자치단체의 표준정원 산정방법의 재개발」, 행정자치부.

김태환(2016), 지방자치단체의 복지재정 집행에 관한 고찰 －서울시 청년수당 갈등을 중심으로－, 「사회법연구」, 30: 35－60.

김형기(2003), 「지방분권 정책대안」, 서울: 도서출판 한울.

김홍환·정순관(2018), 역대정부 지방분권 과제와 성과에 대한 평가, 「지방행정연구」, 32(1): 3－34.

나태준(2009), 이슈 프레이밍 분석을 통한 환경정책의 역량강화에 관한 연구: 지방자치단체 공무원과 민간환경감시단의 배출업소관리업무 프레임을 중심으로, 「한국지방자치학회보」, 21(2): 57－77.

나태준(2006), 정책 인식 프레이밍 접근방법에 따른 갈등의 분석: 교육행정정보시스템 도입 사례를 중심으로, 「한국정책과학학회보」, 10(4): 297－325.

김현조(2009), 「지방자치론」, 서울: 대영문화사.

남궁근(1998), 「비교정책연구 －방법, 이론, 적용－」, 서울: 법문사.

남궁근(2017), 「정책학」, 서울: 법문사.

남승우·권영주(2013), 주민참여예산제 유형의 영향요인에 관한 연구, 「한국자치행정학보」, 27(2): 91－112.

노종호(2009), 우리나라 공무원의 다양성 인식과 효과에 관한 연구: 외국인 공무원 채용에 대한 인식을 중심으로, 「행정논총」, 47(1): 233－253.

노화준(1998), 「정책평가론」, 서울: 법문사.

마강래(2019), 「지방분권이 지방을 망친다: 지방분권의 역설, 균형발전의 역설」, 고양: 개마고원.

문병기(2011), '취득세 50% 감면' 반발 수위 높이는 지자체… 고심 깊은 정부, 「동아일보」, 3월 25일자.

문유석(2015), 정부 간 관계의 관점에서 본 중앙과 지방 간의 관계: 농정분야를 중심으로, 「지방정부연구」, 18(4): 393－416.

문정희·유지곤(1996), 도서지역 정주성 회복을 위한 정책적 접근방법에 관한 연구, 「도시행정학보」, 9: 117－142.

문태훈·김종래(2000), 부분선점제도 도입을 통한 환경행정의 권한배분 조정, 「한국행정학보」, 34(3): 389-408.

박균조(2008), 일본의 지방세법령 개정과 고향세 도입, 「지방재정과 지방세」, 2: 158－168.

박기영(1985), 자치여건과 지방정부의 자치능력, 「한국행정학보」, 19(1): 53－78.

박정민(2008), 역대 정부의 재정분권 성과 분석 -노태우 정부시기부터 노무현 정부시기까지, 「한국거버넌스학회보」, 15(1): 289－313.

박승주·박양호·심익섭·이남영(1999), 「마지막 남은 개혁@2001」, 서울: 교보문고.

박용현(2008), 해양법상 독도의 법적 지위에 관한 연구, 「한국동북아논총」, 49: 339－362.

박재창(2010), 「한국의 거버넌스」, 서울: 도서출판 아르케.

박재창(2012), 「지방분권과 한국 시민사회」, 서울: 대영문화사.

박재창·문태훈·김종래(2000), 「부분선점제도를 활용한 환경관리 조정능력과 정책집행의 실효성 강화방안」, 환경부.

박정수(2016), 정부 간 역할과 재정분담책임: 누리과정과 지방교육재정교부금 사례, 「지방행정연구」, 30(2): 3－29.

박정수(1993), 재정분권화정책의 결정요인에 관한 연구, 「한국행정학보」, 27(1): 157－183.

박지형·홍준현(2007), 시·군 통합의 지역경제성장 효과, 「한국정책학회보」, 16(1): 167-236.

박천오(2008), 한국의 행정문화: 연구의 한계와 과제, 「정부학연구」, 14(2): 215-240.

박희봉·이희정(2010), 사회자본이 국가경쟁력에 미치는 영향: 한·중·일 3국민의 시민의식 분석, 「한국정책과학학회보」, 14(4): 1-29.

박혜자(2002), 지방이양과 중앙-지방정부 간 사무배분체계의 변화, 「한국사회와 행정연구」, 13(3): 125-146.

박혜자(2008), 보건복지행정의 기능과 재정분담에 있어 중앙-지방정부 간 관계의 변화, 「한국지방자치학회보」, 20(3): 135-157.

배유일(2018), 「한국의 이중적 지방민주주의: 아이디어와 제도, 그리고 다양한 지방분권」, 고양: 도서출판 문우사.

배인명(1993), 재정분권화의 결정요인 분석 -미국 州 지방정부관계를 중심으로-, 「한국행정학보」, 27(3): 883-900.

배준구(1999), 프랑스 3대도시의 지위와 조직: 파리, 마르세이유, 리용의 구를 중심으로, 「사회과학연구」, 15: 33-44.

백승기(2008), ACF(Advocacy Coalition Framework) 모형에 의한 정책변동 사례 연구: 출자총액제한제도를 중심으로, 「한국행정학보」, 42(3): 371-394.

백윤철·윤광제(2000), 「프랑스 지방자치학 -법과 제도를 중심으로-」, 서울: 형설출판사.

변영우·박은하(2010), 사회지출과 경제지출이 국가경쟁력에 미치는 영향: OECD 국가자료와 WCS 지수를 이용한 실증분석을 중심으로, 「사회복지정책」, 37(2): 215-239.

성경륭·박양호(2003), 「지방분권형 국가만들기」, 서울: 나남출판사.

소순창(2011), 역대 정부의 지방분권 정책의 평가, 「한국지방자치학회보」, 23(3): 39-68.

소영진(2004), 노무현 정부의 분권혁신 추진방향의 문제점과 개선방안, 「참여와 분권을 위한 정부조직과 운영」, 한국행정학회 하계학술대회 논문집, 550-568.

손정민(2017), 경북 성주군 사드(THAAD) 배치 갈등, 「공존협력연구」, 3(1): 113-128.

소진광(2005), 특별자치도의 외국사례와 교훈: 포르투갈 마데이라 자치주를 중심으로, 제주발전연구원·한국지방자치학회 공동세미나발표논문집, 79-96.

손희준(2011), 지방자치 20년, 지방재정의 평가와 과제, 지방재정학회 세미나자료집.

손희준(2008), 재정분권을 위한 중앙과 지방 간 재원배분 방안, 「한국거버넌스학회보」, 15(2): 157-185.

손희준·강인재·장노순·최근열(2011), 「지방재정론」, 개정4판, 서울: 대영문화사.

송상훈(2011), 「분권시대 지방교부세의 발전방향」, 수원: 경기개발연구원.

신도철(2008), 광역분권형 국가운영의 필요성과 제도개편 방향, 「선진화정책연구」, 1(2): 121－172.

신두섭·염명배(2016), 일본의 고향납세제도 도입 성과와 한국에 대한 시사점, 「재정정책 논집」, 18(4): 147－196.

신두섭·하혜수(2017), 고향발전기부금 제도의 도입 가능성 연구: 기부동기 및 지불의사액 추정, 「지방정부연구」, 21(1): 437－469

신순호(1993), 도서지역 개발을 위한 공공서비스 수행체계, 한국행정학회 하계학술대회 발 표논문집, 185－214.

신순호(1991), 도서지역의 실상과 개발방향의 모색, 「도시행정학보」, 4: 133－156.

신원득·김종성(2001), 「지방정부의 정책주도권에 관한 연구」, 수원: 경기개발연구원.

신현두·박순종(2018), 중앙－지방 간 정책갈등 분석과 그 함의 －서울시 청년수당 지원사 업을 사례로－, 「한국정책학보」, 27(2): 161－191.

심익섭(2007), 지방자치 발전정책을 위한 지방자치단체의 국정참여에 관한 연구 －정부 간 관계를 중심으로－, 「한독사회과학논총」, 19(2): 101－128.

심익섭(2012), 주민자치회의 제도화 방안과 발전방향에 관한 연구, 「지방행정연구」, 26(4): 57－84.

심재승(2015), 지방자치단체의 국정참여 법제화에 관한 고찰: 일본의 ‘국가와 지방의 협의 의 장에 관한 법률’을 중심으로, 「지방정부연구」, 19(2): 227－246.

안성호(2018), 「왜 분권국가인가」, 서울: 박영사.

안성호(1993), 우리나라 지방분권화의 논거, 「한국행정학보」, 27(3): 825－ 845.

안성호(2001), 연방주의적 정부 간 관계의 논거와 실천방안, 「경기논단」, 3(1): 27－46.

안성호(1992), 우리나라 지방분권화 수준, 「한국행정학보」, 26(4): 1303－1324.

안성호(2014), 참여정부 지방분권정책의 평가와 교훈, 「한국사회와 행정연구」, 25(3): 1－33.

안성호(2012), 지방분권의 논거와 과제, 박재창 엮음, 「지방분권과 한국 시민사회」, 서울: 대영문화사.

안용식·강동식·원구환(2001), 「지방행정론」, 서울: 대영문화사.

양기용·김상묵(1998), 행정서비스 성과평가제도의 도입과 적용: 경기도의 경험과 교훈, 「한국정책학회보」, 7(3): 11－30.

양기용·하혜수(2001), 「중앙－지방 간 권력관계」, 수원: 경기개발연구원.

양기호(2017), 지방의 국제화에 나타난 일본의 중앙−지방 간 관계 −지방정부의 정책리더십 재조명, 「일본비평」, 16: 56−83.

양승일(2005), 옹호연합모형(ACF)을 활용한 정책변동 분석 −그린벨트정책을 중심으로−, 「한국도시지리학회지」, 8(1): 41−52.

양영철(2017), 4차산업혁명시대에 행정환경과 중앙정부와 지방정부 간의 관계 변화에 대한 연구, 한국행정학회 학술발표논문집, 2929−2951.

양재진·이명진(2011), 복지국가와 국가 경쟁력의 관계에 대한 연구, 한국행정학회 춘계학술대회 논문집.

엄기철(1997), 도서지역의 개발전략과 발전방향, 「국토」, 185: 40−51.

염명배(2010), 일본 '후루사토(故鄕)납세' 제도에 대한 논의와 '한국형' 고향세(향토발전세) 도입 가능성 검토, 「한국지방재정논집」, 15(3): 71−111.

오영균(2008), 재정분권과 연성예산제약(soft budget constraint)에 관한 연구, 「행정논총」, 46(3): 121−143.

오재일(2014), 「지방자치론」, 서울: 도서출판 오래.

오재일(1993), 중앙·지방관계의 모델에 관한 연구: 일본의 예를 중심으로, 「한국행정학보」, 27(2): 381−399.

오재일(2007), 일본의 행정구역 개편에 관한 고찰 −시·정·촌 통폐합을 중심으로−, 「한국거버넌스학회보」, 14(2): 349−371.

원구환(2004), 참여정부의 중앙−지방정부 관계 분석, 「한국지방자치학회보」, 16(4): 51−70.

원구환(2010), 세입 및 세출분권과 지역경제성장 간의 상관성 분석, 「현대사회와 행정」, 20(1): 49−71.

유재원(1994), 미국의 연방제도와 정부 간 관계, 서정갑 외, 「미국정치의 과정과 정책」, 서울: 나남출판사.

유재원(2010), 시군통합의 추진동력과 정책대안, 「한국행정학보」, 44(1): 179−202.

유재원·안문석·안광일·최성모·김정수(1995), 환경규제권의 분권화효과, 「한국행정학보」, 29(1): 3−21.

유정식·홍훈·박종현(2015), 「행복, 경제학의 혁명」, 서울: 부키.

육동일(2017), 한국지방자치의 성과평가와 발전과제에 관한 실증적 연구: 대전시민들의 인식조사를 중심으로, 「한국지방자치학회보」, 29(1): 29−55.

윤견수(2006), 정부의 결정을 딜레마 상황으로 가게 하는 요인과 그에 대한 대응책에 관한 연구, 「한국행정연구」, 15(1): 71－100.

윤순진(2018), 원자력발전정책을 둘러싼 사회갈등 해결을 위한 쟁점과 과제: 신고리 5·6 호기 공론화에 대한 평가를 중심으로, 「경제와 사회」, 여름호(118): 49－98.

윤재선(2000), 「지방분권과 일본의 의회 -관료지배를 넘어서-」, 서울: 도서출판 소화.

윤재풍(1999), 자치행정권의 의의와 발전방향, 「자치의정」, 1·2: 8－16.

윤종인(2008), 자율통합을 통한 시군구 광역화 방안 모색, 한국행정학회 하계학술대회 발 표논문집.

윤태웅·임승빈(2012), 4대강 개발사업의 정책갈등 사례 비교에 관한 연구, 「한국정책과학 학회보」, 16(3): 29－59.

이규환·이종수(2004), 특정시 지위차등화와 행정특례모형 연구: 행정문화특성을 중심으 로, 「지방행정연구」, 18(4): 75－102.

이근주·이수영(2012), 다양성의 유형화를 위한 시론적 연구, 「한국인사행정학회보」, 11(1): 175－197.

이기우(1990), 국가와 지방자치단체의 관계, 「지방자치연구」, 2(2): 21－46.

이기우(2018), 지방분권에 관한 헌법개정의 과제, 「공법연구」, 46(4): 97－119.

이기우(2007), 참여정부에서의 지방분권정책의 성과와 과제, 「지방자치법연구」, 7(4): 1－29.

이기우(2008), 지방행정체제개편의 논의의 방향과 과제, 내일신문·한국지방자치학회 토론 회 발표논문집.

이달곤(2004), 「지방정부론」, 서울: 박영사.

이달곤·하혜수·정정화·전주상·김철회(2012), 「지방자치론」, 서울: 박영사.

이달곤(1995), 행정계층 및 구역의 개편방향에 관한 연구, 「행정논총」, 33(1): 145－159.

이달곤(1995), 「협상론 -협상의 과정, 구조, 그리고 전략-」, 서울: 법문사.

이달곤(1996), 지방정부 자율성의 거시적 영향요인: 중앙과 지방 간의 행·재정적 관계에 미 치는 변수를 중심으로, 「행정논총」, 34(1): 191－215.

이동우·김광익·박은관·문정호(2003), 「자립적 지역발전을 위한 지역단위 설정 연구」, 안 양: 국토연구원.

이명석(2002), 거버넌스의 개념화: 사회적 조정으로서의 거버넌스, 「한국행정학보」, 36(4): 321－338.

이명석(1999), 제도와 정부규모: 시정부를 중심으로, 「한국행정학보」, 33(4): 211－224.

이상균(2008), 근대화 전후 도서지역 주민생활권의 변화 -안면도 사례를 중심으로, 「문화

역사지리」, 20(1): 89 – 106.

이상대 · 하혜수(1999), 「경기북부 · 접경지역의 발전전략」, 수원: 경기도.

이상연 · 이시경(2017), 주민참여예산제 유형선택에 미치는 영향요인, 「한국행정논집」, 29(2): 357 – 380.

이상윤 · 이종수(2004), 차등분권형 특정시와 행정특례제도 연구, 「한국공공관리학보」, 18(2): 73 – 93.

이선우 · 문병기 · 주재복 · 정재동(2001), 영월 다목적댐 건설사업의 협상론적 재해석: 정책 갈등해결의 모색, 「한국지방자치학회보」, 13(2): 231 – 251.

이순남(2005), Kingdon의 정책흐름모형을 적용한 정책변동 연구: 국군간호사관학교 사례 를 중심으로, 「한국공공관리학보」, 18(2): 261 – 283.

이순배 · 하채수(2009), 시군통합 읍면지역의 경제력 격차 분석: 지역소득의 발생을 중심으 로, 「한국정책과학학회보」, 13(2): 75 – 98.

이승계(2010), 다양성 관리 이론의 고찰과 국내 기업에 주는 시사점, 「현상과 인식」, 봄/여 름: 147 – 186.

이승종(2005), 「지방자치론 –정치와 정책」, 서울: 박영사.

이승종(2006), 노무현 정부의 지방분권정책 평가, 「행정논총」, 43(2): 351 – 379.

이승종(1996), 중앙과 지방과의 관계, 「지방자치연구」, 8(2): 37 – 54.

이승종(2008), 지방역량강화를 위한 광역자치구역의 개편방안, 「행정논총」, 46(3): 361 – 390.

이시원 · 민병익(2001), 시 · 군 통합에 따른 행정구역 개편의 효율성 분석: DEA 분석기법 을 적용한 통합 전후의 비교를 중심으로, 「한국사회와 행정연구」, 12(3): 79 – 101.

이영환 · 황진영 · 신영임(2009), 「지방소득세 · 지방소비세 도입과 향후 과제」, 경제현안분 석 제43호, 국회예산정책처.

이옥연(2012), 일본의 중앙–지방관계 변화에 대한 일고 –로컬거버넌스의 삼중고 (trilemma), 「21세기정치학보」, 22(3): 421 – 445.

이윤수(2019), 끝나지 않은 딜레마 –영남권 신공항 선정 갈등, 「지방행정연구」, 33(2): 131 – 152.

이정만(2009), 일본 중앙지방 간 재정관계의 제도적 기반, 「GRI연구논총」, 11(2): 5 – 26.

이정만(2003), 일본의 차등적 분권제도의 주요 내용 및 시사점 –특례시 제도 및 구조개혁 특구제도를 중심으로–, 정부혁신 · 지방분권위원회 워크숍 자료.

이정만(2012), 지방분권개혁의 부진 요인과 전략적 과제에 관한 연구 –지방분권에 대한 국민 공감대 형성을 중심으로-, 「한국지방자치연구」, 14(3): 287-313.

이재원(2019), 「지방재정론」, 서울: 도서출판 윤성사.

이재원(2009), 포괄보조방식을 통한 분권 지향적 국고보조금 운용 과제, 「한국지방재정논집」, 14(1): 57-89.

이종수(2002), 「일본의 행정개혁 -의사결정자의 증언」, 서울: 한울아카데미.

이종하·황진영(2011), 동아시아 국가에서 여성의 고용, 출산 및 성장 간의 상호관련성: 패널 SVAR 모형을 이용한 실증분석, 「보건사회연구」, 31(1): 3-26.

이창균(2012), 지방분권 추진에 따른 정부 간 재정관계 개선방안에 관한 연구, 「재정정책논집」, 14(3): 93-123.

이창신(2009), 「정의란 무엇인가」, 서울: 김영사.

이태종(2007), 도서지역의 경쟁력 있는 관광자원개발 정책방안, 서울행정학회 동계학술대회 발표논문집, 363-396.

이현우·이미애(2011), 지방행정체제 개편에 따른 지방재정의 변화, 「한국지방재정논집」, 16(1): 143-175.

이혜훈(1997), 영국의 완즈와스구: 중앙주도 지방정부개혁의 선두주자, 이계식·고영선 편, 「아래로부터의 행정개혁」, 서울: 박영사.

임도빈(1997), 지방자치단체의 조직자율권에 대한 비판적 고찰, 「한국행정학보」, 31(3): 57-71.

임석회(1994), 한국 행정구역체계의 문제점과 개편의 방향, 「대한지리학회지」, 29(1): 65-88.

임성일(2013), 우리나라 중앙-지방정부 간 재정관계 재정립, 「저스티스」, 134(3): 394-416.

임성일(2008), 재정분권과 성장: 지역경제 성장을 위한 재정분권 정책수단의 모색, 「응용경제」, 10(2): 35-72.

임성일·최영출(2001), 「영국의 지방정부와 공공개혁」, 서울: 법경사.

임승빈(2009), 「지방자치론」, 서울: 법문사.

임승빈(1999), 6.27 민선자치시대 이후의 정부 간 관계 변화, 한국행정학회 학술발표논문집, 1-17.

전상경(2006), 재정분권화와 연성예산제약 및 지방재정규율, 「지방정부연구」, 10(1): 325-341.

전학선(2016), 프랑스 지방자치단체의 국정참여제도, 「공법학연구」, 19(3): 3-26.

정민석·김동선(2015), 지방교육재정의 현황과 재정확보 방안 -누리교육과정과 관련한 중앙정부와 지방교육청 간의 갈등관계 분석을 중심으로, 「한국갈등관리연구」, 2(1): 125-145.

정병걸(2010), 국가경쟁력과 구성된 위기: 몰락의 이야기로서의 '국가경쟁력 위기론', 「정부학연구」, 16(2): 37-63.

정부혁신지방분권위원회(2004a), 「분권형 선진국가 건설을 위한 지방분권 5개년 종합실행계획」, 정부혁신지방분권위원회.

정부혁신지방분권위원회(2004b), 지방분권 과제별 추진상황에 대한 내부자료.

정부혁신지방분권위원회(2005), 「지방분권 추진실적과 향후계획」, 전국시장군수구청장협의회 간담회 자료.

정부혁신지방분권위원회(2003), 「참여정부 지방분권 추진 로드맵」, 정부혁신지방분권위원회.

정성호·홍창수(2018), 강원 지역의 소멸 가능성에 관한 연구, 「사회과학연구」, 57(1): 3-25.

정세욱·이규환·김현소·정창호(2004), 「인구 50만 이상 대도시특례에 관한 연구」, 전국대도시시장협의회.

정세욱(2000), 자치행정권의 범위와 통제체제에 관한 연구 -자율적 통제와 중앙통제를 중심으로-, 「한국지방자치학회보」, 12(3): 5-27.

정세욱(2000), 「지방행정학」, 서울: 법문사.

정세욱·김순은·안영훈·송창수(2003), 「지방자치단체의 자치권 보장 및 자율적·민주적 통제에 관한 연구보고서」, 전국시장·군수·구청장협의회.

정순관(2009), 지방행정체제 개편논의: 주장의 혼재와 지역의 선택, 「한국정책연구」, 9(2): 1-19.

정순관(2005), 지방행정구역개편 의제에 대한 비판적 논의, 「한국거버넌스학회보」, 12(1): 281-297.

정순관(2016), 한국지방자치의 발전과제와 미래, 지방자치발전위원회 엮음, 「한국지방자치 발전과제와 미래」, 서울: 박영사.

정연정(2002), 인터넷과 집단행동 논리: 올슨(Olsen)의 집단행동의 논리를 중심으로, 「한국정치학회보」, 36(1): 69-86.

정용덕(2002), 「한·일 국가기구 비교연구」, 서울: 대영문화사.

정원식(2005), 외국인직접투자유치정책에 대한 정부 간 관계 연구: 정부 간 관리 중심의 사례 연구, 「한국정책과학학회보」, 9(4): 525-546.

정정화(2018), 공론화를 통한 사회적 합의형성의 성공조건, 「한국정책과학학회보」, 22(1): 101-124.

정재진(2011), 재정분권이 지방재정 건전성에 미친 영향, 「정부학연구」, 17(2): 289-325.

정철현(2005), 「문화연구와 문화정책」, 서울: 서울경제경영.

정준호(2017), 고용성장의 지리적 패턴: 강원도 사례, 「사회과학연구」, 56(1): 61-90.

정홍상·주재복·하혜수(2014), 지방정부 간 지역갈등 분석 틀 설계 및 이의 적용, 「한국행정학보」, 48(3): 349-379.

제성호(2005), 국제법상 도서의 요건과 독도의 법적 지위 -유엔 해양법협약 제121조를 중심으로-, 「중앙법학」, 7(4): 177-195.

조기현·서정섭(2003), 중앙-지방 간 재정관계의 조정, 「한국지방재정논집」, 8(1): 103-134.

조선주(2010), 「성인지예산제도 시행에 따른 재정사업의 편익추정: CVM을 이용한 실증분석」, 한국여성정책연구원 연구보고서.

조성호·최성환·박주혁(2015), 「광역대도시의 특례에 관한 연구」, 수원: 경기연구원.

조아라(2010), 일본의 시정촌 통합과 행정구역 재편의 공간정치, 「대한지리학회지」, 45(1): 119-143.

조임곤(2016), 고령화에 따른 중앙정부와 지방정부 간 재정관계 정립, 서울행정학회 학술대회 발표논문집, 75-90.

조창현(2005), 「지방자치론」, 서울: 박영사.

조혜승(2011), 공유재 관리권한에 대한 정부 간 갈등 조정 및 협력 -재산권 이론을 통한 중앙정부 대 경상남도 낙동강 사업권 사례분석을 중심으로, 서울행정학회 학술대회 발표논문집, 185-203.

주만수(2019), 독일의 정부 간 재정관계 개혁과 우리나라 재정분권에 대한 시사점, 「지방행정연구」, 22(4): 3-38.

주진희·임다희(2016), 재정정책갈등의 현황과 개선방안의 모색 -누리과정 갈등을 중심으로, 「공존협력연구」, 2(2): 1-25.

지방분권촉진위원회(2013), 「지방분권 백서」, 지방분권촉진위원회.

지방이양추진위원회(2002), 「국가사무 전수조사 용역결과」, 지방이양추진위원회.

지방자치발전위원회(2017), 「지방자치발전백서」, 지방자치발전위원회.

지방행정체제개편추진위원회(2012), 「대한민국 백년대계를 위한 지방행정체제 개편」, 서울: 지방행정체제개편추진위원회.

차성수·민은주(2006), 방폐장 부지선정을 둘러싼 갈등과 민주주의, 「환경사회학 연구 ECO」, 10(1): 43－70.

채원호(2005). 일본의 지방세재정 개혁, 「참여정부 혁신성과의 평가와 전망」, 서울행정학회 동계학술대회발표논문집, 별쇄논문.

채원호(2000), 전환기 일본의 지방분권개혁 －1990년대 지방분권개혁을 중심으로－, 「한국행정연구」, 9(3): 193－216.

채원호(2001), 일본의 정치·행정관계에 관한 연구, 「일본연구」, 9: 205－230.

총무처(1994), 「중앙지방사무총람」, 서울: 총무처.

총무처(1996), 「중앙지방사무총람」, 서울: 총무처.

총무처 직무분석기획단(1997), 「신정부혁신론 －OECD국가를 중심으로－」, 서울: 총무처.

최길수(2003), 영유아보육정책의 정부 간 관계 모형정립에 관한 연구 －Wright의 모형을 중심으로, 「한국지방자치학회보」, 15(2): 163－181.

최길수(2004), 지방정부의 자치역량 강화에 관한 연구, 한국행정학회 동계학술대회 발표논문집, 411－444.

최낙범(2005), 일본의 분권개혁과 기초지방정부의 합병, 「한국지방자치학회보」, 17(2): 187－209.

최도림(2012), 다양성에 대한 이론 및 연구 동향과 한국에의 적용 가능성, 「한국인사행정학회보」, 11(1): 111－129.

최병대(2008), 「자치행정의 이해: 사례 분석」, 서울: 대영문화사.

최병호(2007), 재정분권의 이론과 적정한 지방재정의 구조 모색, 「한국지방재정논집」, 12(1): 129－160.

최병호·정종필(2007), 서울시 자치구간 재산세 공동세 제도 추진방안 분석과 대안 모색방안, 「지방정부연구」, 11(2): 65－86.

최병호·정종필·이근재(2008), 기초자치단체의 최소효율 인구규모 및 혼잡효과 분석, 「지방정부연구」, 12(1): 87－105.

최승노(2008), 「지방분권과 지방의 시장친화성」, 서울: 자유기업원.

최영출(2005), 자치단체간 통합시 공공시설운영 절감효과 추정에 관한 연구: 제주도 사례, 「한국지방자치학회보」, 17(4): 47－65.

최영출(2006), 국가경쟁력의 결정요인, 한국행정학회 하계학술대회 발표논문집.

최영출·최외출(2008), 국가경쟁력과 지방분권과의 인과관계분석, 「도시행정학보」, 21(2): 203－226.

최영출·하혜수(2016), 중앙정부와 지방정부 관계모형 비교: 제주특별자치와 관련하여, 「한국지방행정학보」, 13(2): 103−126.

최외출·이성환(1991), 중앙과 지방관계론, 서울: 대영문화사.

최우용(2010), 일본의 기초지방자치단체(시·정·촌) 통합에 관한 법률 및 사례에 관한 연구, 「공법학연구」, 11(4): 423−452.

최유진(2011), 시군통합 후보 도시 선정에 관한 연구: 도시경쟁력의 관점에서, 한국행정학회 하계학술대회 발표논문집.

최진욱(2006), 규제가 국가경쟁력에 미치는 영향: OECD 국가를 중심으로, 「규제연구」, 15(1): 3−25.

최진혁(2003), 참여정부 지방분권화 정책(지방분권로드맵)의 발전적 비평, 「정부정책의 신뢰와 책임성」, 한국행정학회 추계학술대회 발표논문집, 633−649.

최진혁(2011), 국가와 지방자치단체간의 연계(협력)체제에 관한 연구 −프랑스 사례를 중심으로−, 「한국비교정부학보」, 15(1): 49−74.

최진혁(2016), 우리나라 지방정부 기관구성의 다양화 방안: 시론적 접근, 「한국지방자치학회보」, 28(2): 87−111.

최진혁(2018), 프랑스의 최근 지방분권 개혁: 지방행정체제개편과 자치단체간 명확한 권한배분, 한국지방자치학회 지방분권포럼 발표논문집, 1−23.

최태현(2018), 참여 및 숙의제도의 대표성: 신고리 5·6호기 공론화위원회 사례를 중심으로, 「한국행정학보」, 52(4): 501−529.

최철호(2012), 한국의 지방분권개혁의 성과와 과제, 「지방자치법연구」, 12(3): 35−70.

특별취재팀(2009), 한국 메가시티, 글로벌 역량 꼴찌수준, 「동아일보」, 9월 16일.

하능식(2018), 독일과 오스트리아의 공동세제도 운영사례와 시사점, 「지방재정포럼」, 37: 108−120.

하동현(2016), 일본 지방자치단체의 국정참여 −'국가와 지방의 협의의 장'을 사례로−, 「한국지방자치학회보」, 28(1): 25−50.

하동현·주재복·최흥석(2011), 일본 지방자치단체의 조직관리제도 분석 및 시사점, 「지방행정연구」, 25(1): 277−313.

하미승(2002), OECD 회원국의 정부조직정원 비교연구, 「한국행정연구」, 11(1): 89−119.

하정봉(2008), 지방이양사무의 특성별 성과분석 −이양타당도와 집행만족도를 중심으로−, 「한국행정논집」, 20(3): 687−712.

하혜수(2019), 우리나라 지방정부의 국정참여제도 분석: 중앙−지방관계의 관점에서, 「한국지방행정학보」, 16(1): 75－100.

하혜수(2018), 강원특별자치도 도입가능성에 관한 연구: 차등분권이론의 관점에서, 「사회과학연구」, 57(2): 3－35.

하혜수(2017), 지방소멸시대의 지방자치 재검토: 다양화와 차등화, 「한국지방행정학보」, 14(2): 1－24.

하혜수(2009), 지방분권형 지방행정체제 개편대안 연구, 「한국지방자치학회보」, 21(3): 33－52.

하혜수(2004), 차등적 지방분권제도의 한국적 도입가능성에 관한 연구, 「한국행정학보」, 38(6): 153－178.

하혜수(2005), 참여정부의 지방분권 추진성과 평가: 집권2년을 중심으로, 「한국행정연구」, 14(2): 131－158.

하혜수(2003), 지방정부 간 분쟁조정과정에 관한 협상론적 분석, 「한국행정학보」, 37(1): 205－224.

하혜수(2008), 지방분권과 지방행정체제 개편, 내일신문·한국지방자치학회 토론회 발표논문집.

하혜수(2007), 자치계층구조 개편의 성공적 추진요인: 영국과 우리나라의 사례를 중심으로, 「한국행정학보」, 41(2): 47－68.

하혜수(2006), 지방분권 개념의 다차원적 특성에 관한 연구, 「지방정책연구」, 4(1): 89－114.

하혜수(2001), 지방정부의 자율성수준 측정에 관한 연구 －지방공무원의 주관적 인식을 중심으로－, 「한국지방자치학회보」, 13(3): 25－49.

하혜수·김영기(2006), 지방행정구역과 자치계층구조 개혁의 지향점과 기준에 관한 연구 － 경남지역에의 적용－, 「한국행정논집」, 18(1): 1－28.

하혜수·서정해·정홍상·김태운(2013), 「대경권 지역갈등의 유형과 해결방안」, 경북대학교 산학협력단.

하혜수·양기용(2002), 정부 간 정책결정에 있어서 지방정부의 정책주도권에 관한 시론적 연구, 「한국행정학보」, 36(3): 207－227.

하혜수·양덕순(2007), 공무원 정원관리제도의 경로의존성 연구: 지방자치단체의 총액인건비제를 중심으로, 「행정논총」, 45(2): 127－153.

하혜수·이달곤(2011), 지방행정체제 개편에 관한 경로의존성 연구, 「한국비교정부학보」, 15(1): 303－324.

하혜수·이달곤·정홍상(2014), 지방정부 간 윈윈협상을 위한 모형의 개발과 적용에 관한 연구, 「한국행정학보」, 48(4): 295-318.

하혜수·전성만(2019), 우리나라의 중앙-지방관계 분석: 제도·조정양식·자원의 관점에서, 「한국지방자치학회보」, 31(2): 263-292.

하혜수·최영출(2002), 차등적 분권제도에 대한 비교연구: 영·미·일·북유럽을 중심으로, 「한국행정학보」, 36(2): 109-127.

하혜수·최영출(2000), 지방정부의 자치권 확대방안 연구, 수원: 경기개발연구원.

하혜수·최영출·하정봉(2011), 지자체 특례제도에 관한 한·일·영 비교연구: 도서특례를 중심으로, 「한국행정학보」, 45(4): 231-251.

하혜수·최영출·하정봉·문광민(2014), 「재정 자율성 강화를 위한 중앙-지방 재정관계 개편방안」, 서울: 전국시도지사협의회.

하혜수·하정봉(2013), 지자체 통합정책에 대한 한·일 비교 연구 -시·군통합과 시·정·촌 합병을 중심으로-, 「한국비교정부학보」, 17(3): 45-69.

하혜수·하정봉·김남일(2008), 재정력이 낮은 지방정부의 전략적 재정확보에 관한 연구 -경상북도 울릉군 사례-, 「한국행정논집」, 20(2): 469-499.

하혜수·하혜영·문광민(2013), 재정분권이 국가경쟁력에 미치는 영향: 소득수준과 정부규모에 따른 비선형적 효과를 중심으로, 「한국정책과학학회보」, 17(1): 61-68.

한광석(2000), 「지방자치행정체제 발전모형 및 정책효과 분석」, 한국경제연구원·국토연구원·한국지방행정연구원.

한국지방행정연구원(1997), 「행정계층간 사무처리실태총람」, 한국지방행정연구원.

한국지방행정연구원(2017), 「저출산·고령화에 의한 지방소멸 분석」, 원주: 한국지방행정연구원.

한국정치학회(2018), 「지방분권과 균형발전: 정치학자들의 관찰」, 서울: 푸른길.

한국조세연구원(2017), 「OECD 회원국의 조세통계로 본 국제동향」, 세종: 한국조세연구원.

함성득(2003), 「대통령학」, 서울: 나남출판.

행정안전부(2010), 「지방자치단체 자율통합 추진 성과」, 서울: 행정안전부.

행정자치부(2000a), 「선진외국의 지방자치제도(Ⅰ)」, 지방자치제도 연구자료.

행정자치부(2000b), 「선진외국의 지방자치제도(Ⅱ)」, 지방자치제도 연구자료.

행정자치부(2004), 지방분권 과제별 추진상황에 대한 내부자료.

행정자치부(2015), 「지방자치 20년사」, 서울: 행정자치부.

행정안전부(2017), 「지방자치단체 행정구역 및 인구현황」, 서울: 행정자치부.

행정자치부·한국지방행정연구원(2015), 「지방자치 20년 평가 Ⅰ」, 서울: 동진문화사.

현외성(2010), 남해안 도서지역 고령자복지 욕구와 만족도 연구 -한산도와 욕지도를 중심
　　　으로, 「노인복지연구」, 48: 83-106.

형시형(2006), 대도시행정의 차등적 분권화와 행정특례에 관한 연구 -일본의 차등분권과
　　　정령지정도시의 발전사례를 중심으로-, 「한국지방자치학회보」, 18(1): 187-207.

홍준현(1998), 「지방행정계층조정과 행정구역개편방안」, 한국행정연구원.

홍준현(2001), 지방분권화와 지역격차의 상관관계, 「한국지방자치학회보」, 13(1): 161-178.

홍준현(2001), 중앙사무의 지방이양에 있어서 차등이양제도 도입방향, 「한국지방자치학회
　　　보」, 13(3): 5-24.

홍준현(2005), 시·군 통합이 지역내 및 지역 간 균형성장에 미친 효과, 「한국사회와 행정
　　　연구」, 16(1): 299-324.

홍준현·하혜수·최영출(2006), 지방분권 수준 측정을 위한 지방분권 지표의 개발과 적용,
　　　「지방정부연구」, 10(2): 7-30.

홍준형(1998), 자치입법권의 범위와 한계, 「자치의정」, 9·10: 19-28.

국제신문(2018.1.9), 지방분권…시민 힘으로 <2> 재정 분권-돈은 지방으로.

내일신문(2008.10.7), 지방소득세·소비세 규모 대폭 축소.

뉴스1(2013.7.20), 지방정부 "취득세율 영구 인하 절대 불가".

뉴스1(2019.12.27.), 지방소비세율 11% → 21%로… 지방세 8조5천억원 확충.

뉴스1(2015.4.28), 여야, 지방발전위 '지방자치발전 종합계획' 실효성 질타.

동아일보(2004.12.12), "중앙部處 반발이 지방분권 걸림돌".

동아일보(2005.1.10), 중앙-지방공무원, 지방분권 인식 '정반대'.

조선비즈(2017.11.1), 지방 재정분권 두고 기재부·행안부 이견…경제부총리 '제로섬 게임'
　　　언급한 이유는.

조선일보(2005.4.14), 혁신관리수석 신설: 청와대, 국방보좌관은 폐지키로.

조세일보(2013.10.8), 격화되는 지방재정 확충 논란-(중) '창 vs 창'…민의(民意)의 전당서
　　　'승부' 갈리나.

중앙일보(2004.8.29), 시도지사協 "지방분권 실질 추진" 촉구.

국외문헌

Advisory Commission on Intergovernmental Relations(1993), *Local Government Autonomy*, Washington, D. C.: ACIR.

Agranoff, Robert A.(2001), Managing within the Matrix: Do Collaborative Intergovernmental Relations Exist?, *Publius: The Journal of Federalism*, 31(2): 31−56.

Albœk, Erick(1994), The Danish Case: Rational or Political Change?, *Towards the Self−Regulating Municipality: Free Communes and Administrative Modernization in Scandinavia*, Hants: Dartmouth Publishing Company Limited.

Allen, Hubert J. B.(1990), *Cultivating the Grass Roots: Why Local Government Matters*, The Hague: IULA Publication.

Ammons, David N.(1996), *Municipal Benchmarks*, Thousand Oaks: Sage.

Andres, Rodriquez−Pose(2005), *The European Union: Economy, Society and Polity*, Oxford: Oxford University Press.

Angelopoulos, K., A. Philippopoulos & E. Tsionas(2008), Does Public Sector Efficiency Matter? Revisiting the Relation between Fiscal Size and Economic Growth in a World Sample, *Public Choice*, 137: 245−278.

Ansell, Chris and Allison Gash(2008), Collaborative Governance in Theory and Practice, *Journal of Public Administration Research and Theory*, 18(4): 543−571.

Arnstein, Sherry R.(1969), A Ladder of Citizen Participation, *Journal of the American Institute of Planners*, 35(4): 216−224.

Arthur, W. Brian(1994), *Increasing Returns and Path Dependence in the Economy*, Ann Arbor, MI: Univ. of Michigan Press.

Arthur, W. Brian(1996), Increasing Returns and the New World of Business, *Harvard Business Review,* 1996(July−Aug): 1−10.

Arzaghi, M & J. V. Henderson(2005), Why Countries are Fiscally Decentralizing, *Journal of Public Economics*, 89(7): 1157-1189.

Atran, Scott and R. Axelrod(2008), Reframing Sacred Values, *Negotiation Journal*, 24(3): 221−246.

Audit Commission(1986), *Performance Review in Local Government: A Handbook for Auditors and Local Authorities*, London: HMSO.

Bache, I.(2003), Governing through Governance: Education Policy under New Labour, *Political Studies*, 51(2): 300−314.

Bahl, Roy W. & Johannes F. Linn(1992), *Urban Public Finance in Developing Countries*,

Oxford: Oxford University Press.

Baldersheim, Harald and Krister Ståhlberg, eds.(1994), *Towards the Self−Regulating Municipality: Free Communes and Administrative Modernization in Scandinavia*, Hants: Dartmouth Publishing Company Limited.

Balme, R. and Qi Ye(2014), Multi−Level Governance and the Environment: Intergovernmental Relations and Innovation in Environmental Policy, *Environmental Policy and Governance*, 24(3): 147−154.

Barnes, William, Myles Gartland, Martin Stack(2004), Old Habits Die Hard: Path Dependency and Behavioral Lock−in, *Journal of Economic Issues*, XXXVIII(2): 371−377.

Barro, R.(1991), Economic Growth in a Cross Section of Countries, *Quarterly Journal of Economics*, 106(2): 407−443.

Beer, Samuel H.(1978), Federalism, Nationalism, and Democracy in America, *American Political Science Review*, 72(1): 9−21.

Beetham, David(2005), *Democracy*, Oxford: Oneworld Publications.

Bell, Stephen, Anrdew Hindmoor and Frank Mols(2010), Persuasion as Governance: A State−Centric Relational Perspective, *Public Administration*, 88(3): 851−870.

Berman, David R. and Lawrence L. Martin(1988), State−Local Relations: An Examination of Local Discretion, *Public Administration Review*, 48(2): 637−641.

Bjørnskov, Christian, Axel Drehe, and Justina A. V. Fischer(2008), On Decentralization and Life Satisfaction, *Economics Letters*, 99: 147−151.

Blair, J. P. and Z. Zhang(1994), Ties that Bind Reexamined, *Economic Development Quarterly*, 8(4): 373−377.

Blair, J. P., S. R. Staley and Z. Zhang(1996), The Central City Elasticity Hypothesis: A Critical Appraisal of Rusk's Theory of Urban Development, *Journal of the American Planning Association*, 62(3): 345−353.

Boadway, R.(2001), Inter−Governmental Fiscal Relation: The Facilitator of Fiscal Decentralization, *Constitutional Political Economy*, 12: 93−121.

Bodman, Philip(2011), Fiscal Decentralization and Economic Growth in the OECD, *Applied Economics*, 43: 3021−3035.

Boeti, Lorenzo, Massimiliano Piacenza, and Gilberto Turati(2012), Decentralization and Local Governments' Performance: How Does Fiscal Autonomy Affect Spending Efficiency?, *Public Finance Analysis*, 68(3): 269−302.

Bognanor, Vernon(1999), *Devolution in the United Kingdom*, New York: Oxford University

Press Inc.

Bognanor, Vernon(2003), Asymmetric Devolution: Toward a Quasi−Federal Constitution, Patrick Dunleavy et al.(eds.), *Developments in British Politics 7*, Hampshire: PALGRAVE Macmillan.

Boyne, G.(1993), Central Policies and Local Autonomy: The Cases of Wales, *Urban Studies*. 30(1): 87−101.

Brennan, G. and J. M. Buchanan(1980), *The Power to Tax, Analytical Foundations of a Fiscal Constitution*, Cambridge: Cambridge University Press.

Breuss, Fritz and Markus Eller(2004), The Optimal Decentralisation of Government Activity: Normative Recommendations for the European Constitution, *Constitutional Political Economy*, 15: 27−76.

Bridges, Eric(1997), The Consolidation of Local Government: Assessing the Service and Financial Implications of the Village of Fillmore Dissolution, www.dos.state.ny.us/lgss /pdfs/fillmore.pdf.

Burns, Danny(1997), *Decentralization: Toward a New System of Accountability in Local Government*, Edinburgh: COSLA.

Byrne, T.(2000), *Local Government in Britain*, London: Penguine Books.

Carlisle, Keith & Rebecca L. Gruby(2017), Polycentric Systems of Governance: A Theoretical Model for the Commons, Policy Study Journal, 47(4): 1−26.

Carr, J. B. and R. C. Feiock(1999), Metropolitan Government and Economic Development, *Urban Affairs Review*, 34(3): 476−488.

Chapman, Jeffrey I.(2003), Local Government Autonomy and Fiscal Stress: The Case of California Counties, *State and Local Government Review*, 35: 15−25.

Child, John and Faulkner, David(1998), *Strategies of Co−operation: Managing Alliances, Networks, and Joint Ventures*, Oxford: Oxford University Press.

Clark, Gordon L.(1984), A Theory of Local Autonomy, *Annals of the Association of American Geographers*, 74(2): 195−208.

Cobb, Roger W., J. Keith−Ross, and Marc H. Ross(1976), Agenda−Building as a Comparative Political Process, *APSR*, 70: 126−138.

Cobb, Roger W. and Charles D. Elder(1983), *Participation in American Politics: Dynamics of Agenda−Building*, Baltimore: Johns Hopkins Univ. Press.

Colan, Timothy(2017), Intergovernmental Relations in a Compound Republic: The Journey from Cooperative to Polarized Federalism, *Public: The Journal of Federalism*, 47(2):

171－187.

Colan, Timothy & Paul L. Posner, eds.(2008), *Intergovernmental Management for the 21st Century*, New Work: The Brookings Institution.

Collin, P. H.(2004), *Dictionary of Politics and Government*, Third Edition. London: Bloomsbury.

Conyers, Daiana(1984), Decentralization and Development: A Review of the Literature, *Public Administration and Development*, 4(2): 187－197.

Cope, Stephen, Mark Bailey and Rob Atkinson(1997), Restructuring Local Government in Hampshire: A Case of Mistaken Community Identity?, *Public Administration*, 75(1): 49－66.

Coxall, Bill, Lynton Robins, and Robert Leach(2003), *Contemporary British Politics*, Fourth Edition, Hampshire: Palgrave Macmillan.

Crouch, Colin and Henry Farrell(2002), *Breaking the Path of Institutional Development?: Alternatives to the New Determinism*, MPIfG Discussion Paper.

Danyang Xie, Heng－fu Zou and Hamid Davoodi(1999), Fiscal Decentralization and Economic Growth in the United States, *Journal of Urban Economics*, 45: 228－239.

Davies, Jonathan S.(2002), The Governance of Urban Regeneration: A Critique of the 'Governing without Government' Thesis, *Public Administration*, 80(2): 301－322.

Davoodi, H. & H. Zou(1998), Fiscal Decentralization and Economic Growth: A Cross－Country Study, *Journal of Urban Economics*, 43(2): 244－257.

De Mello, Luiz R. Jr.(2000), Fiscal Decentralization and Intergovernmental Fiscal Relation: A Cross－Country Analysis, *World Development*, 28(2): 365－380.

De Mello, Luiz and Matias Barenstein(2001), *Fiscal Decentralization and Governance: A Cross－Country Analysis*, IMF, Working Paper.

De Wit, R. C. Frank, and L. L. Greer(2008), The Black－Box Deciphered: A Meta－Analysis of Team Diversity, Conflict, and Team Performance, Academy of Management Proceedings, 1－6.

Deeg, Richard(2001), Instutional Change and the Uses and Limits of Path Dependency: The Case of German Finance, www.mpi－fg－koeln.mpg.de.

Derthick, Martha(2001), *Keeping the Compound Republic: Essays on American Federalism*, Washington, DC: Brookings Institution Press.

DETR(2001a), *Supporting Strategic Service Delivery Partnerships in Local Government: A Research and Development Programme*, London: DETR.

DETR(2001b), *Working with Others to Achieve Best Value*, A Consultation Paper on Changes to the Legal Framework to Facilitate Partnership Working, London: DETR.

Dimitrakopoulos, Dionyssis G.(2001), Incrementalism and Path Dependence: European Integration and Institutional Change in National Parliaments, *Journal of Common Market Studies*, 39(3): 405−422.

Dorcey, A.H.J., L. Doney, and H. Rueggerberg(1994), cited in Jackson L.(2001), Contemporary Public Involvement: Toward a Strategic Approach, *Local Environment*, 6(2): 135−147.

Dunsire, Andrew(1981), Central Control over Local Authorities: A Cybernetic Approach, *Public Administration*, 59(2): 173−188.

Ebel, R. and S. Yilmaz(2002), *Concept of Fiscal Decentralization and Worldwide Overview*, World Bank Institute.

Ebel, R. D. & S. Yilmaz(2004), *On the Measurement and Impact of Fiscal Decentralization*, Washington DC: Urban Institute.

Eberlein, Burkard(1996), French Center−Periphery Relations and Science Park Development: Local Policy Initiatives and Intergovernmental Policymaking, *Governance*, 9(4): 351−374.

Elcock, Howard(1994), *Local Government: Policy and Management in Local Authorities*, London: Routlegde.

Elazar, Daniel J.(1964), Federal−State Collaboration in the Nineteenth−Century United States, *Political Science Quarterly*, 79(2): 248−281.

Ekman, Joakim & Erik Amnå(2012), Political Participation and Civic Engagement: Towards a New Typology, *Human Affairs*, 22(3): 283−300.

Entwistle, Tom, James Downe, Valeria Guarneros−Meza and Steve Martin(2014), The Multi−Level Governance of Wales: Layer Cake or Marble Cake?, *The British Journal of Politics and International Relations*, 16(2): 310−325.

Entwistle, Tom, Valeria Guarneros−Meza, Steve Martin and James Downe(2016), Reframing Governance: Competition, Fatalism and Autonomy in Central−Local Relations, *Public Administration*, 94(4): 897−914.

Etherington, David(1996), Strategies for Decentralization and Local Government Autonomy −An Assessment of a Danish Initiative−, *Public Money & Management*, 16(1): 45−50.

Falleti, Tulia G.(2005), A Sequential Theory of Decentralization: Latin American Cases in Comparative Perspective, *American Political Science Review*, 99(3): 327−346.

Finney, M.(1997), Scale Economics and Police Department Consolidation: Evidence from Los Angeles, *Contemporary Economic Policy*, 15(1): 121−127.

Fishman Raymond and Roberta Gatti(2002), Decentralization and Corruption: Evidence across Countries, *Journal of Public Economics*, 83(2): 325−345.

Fleurke, Frederik and Rolf Willemse(2006), Measuring Local Autonomy: A Decision−making Approach, *Local Government Studies*, 32(1): 71−87.

Fleurke, Frederik & R. Willemse(2004), Approaches to Decentralization and Local Autonomy: A Critical Appraisal, *Administrative Theory & Praxis*, 26(4): 523−544.

Foldy, E. G.(2004), Learning from Diversity: A Theoretical Exploration, *Public Administration Review*, 64(5): 529−538.

Frankel, J., & D. Romer(1999), Does Trade Cause Growth?, *American Economic Review*, 89(3): 379−399.

Fukasaku, Kiichiro, and Luiz R. de Mello(1998), Fiscal Decentralization and Macroeconomic Stability: The Experience of Large Developing Countries and Transition Economies in Democracy, In Kiichiro Fukasaku and Ricardo Hausmann, *Decentralization and Deficits in Latin America*, Paris: Development Centre of the OECD.

Galtung, Johan(2008), Towards a Grand Theory of Negative and Positive Peace: Peace, Security and Conviviality, Murakami, Yoichiro; Schoenbaum, Thomas J.(eds.), *A Grand Design for Peace and Reconciliation: Achieving Kyosei in East Asia*, USA: Edward Elgar, 90−106.

Garelli, Stephane and IMD(2006), *IMD World Competitiveness Yearbook*, Lausanne: IMD.

Garrett, Geoffrey and Jonathan Rodden(2000), *Globalization and Decentralization*, Paper Prepared for the Annual Meeting of the Midwest Political Science Association.

Green, Abigail Oxley & Lynsey Hunton−Clarke(2003), A Typology of Stakeholder Participation for Company Environmental Decision−Making, *Business Strategy and the Environment*, 12(5): 292−299.

Greener, Ian(2005), The Potential of Path Dependence in Political Studies, *Politics*, 25(1): 62−72.

Griggs, Steven & Helen Sullivan(2014), Puzzling Agency in Centre−Local Relations: Regulatory Governance and Accounts of Change under New Labour, *The British Journal of Politics and International Relations*, 16(3): 495−514.

Gronzins, M.(1966), *The American System: A View of Government in the United States*, Chicago, IL: Rand McNally.

Gurr, T. and D. King(1987), *The State and the City*, Chicago: Univ. of Chicago Press.

Hambleton, Robin, Hank V. Savitch and Murray Stewart(2002), Globalism and Local

Democracy, Hambleton et al.(eds.), *Globalism and Local Democracy: Challenge and Change in Europe and North America*, Hampshire: Palgrave.

Hansen, Mogens Herman, translated by J. A. Crook(1999), *The Athenian Democracy in the Age of Demosthenes: Structure, Principles, and Ideology*, Oklahoma: University of Oklahoma.

Heywood, P.(1995), *The Government and Politics of Spain*, Basingstoke: Macmillan.

Heywood, Andrew(2000), *Key Concepts in Politics*, Hampshire: PALGRAVE Macmillan.

Highlands and Islands Enterprise(1990), *Enterprise and New Towns Act*.

Highlands and Islands Enterprise(2005), *A Smart, Successful Highlands and Islands: An Enterprise Strategy for the Highlands and Islands of Scotland*.

Hillery, G. A.(1955), Definition of Community: Areas of Agreement, *Rural Sociology*, 20: 61−78.

Hitchens, P.(1999), *The Abolition of Britain*, London: Quarter.

Hoggett, P.(1996), New Modes of Control in the Public Service, *Public Administration*, 74(1): 9−32.

Hooghe, Liesbet and Gary Marks(2003), Unravelling the Central State, but Now? Types of Multi−Level Governance, *American Political Science Review*, 97(2): 233−243.

Hooghe, Liesbet, Gary Marks, and Arjan H. Schakel(2010), *The Rise of Regional Authority: Comparative Study of 42 Democracies*, Routledge: New York.

House of Commons(2001), *Measuring the Performance of Government Departments*, London: House of Commons.

Iimi, A.(2005), Decentralization and Economic Growth Revisited: An Empirical Note, *Journal of Urban Economics*, 57(3): 449−461.

IMD(2010), *IMD World Competitiveness Yearbook 2010*, Lausanne: IMD.

Jackson, E. S., K. E. May, and K. Whitney(1995), Understanding the Dynamics of Diversity in Decision−making Teams, Gusso & Salas(eds.), *Team Decision Making Effectiveness in Organization*, San Francisco: Jossey−Bass.

Jackson, L. S.(2001), Contemporary Public Involvement: Toward a Strategic Approach, *Local Environment*, 6(2): 135−147.

Jeffrey, C.(1998), Evidence to the Enquiry into the Operation of Multi−Layer Democracy, Scottish Affairs Committee, London: The Stationary Office.

John, P.(2001), *Local Governance in Western Europe*, London: Sage.

Keller, Lukas F. and Donald M. Waller(2002), Inbreeding Effects in Wild Population, *Trends in*

Ecology & Evolution, 17(5): 230−241.

Kemper, Theodore D. & Randall Collins(1990), Dimensions of Microinteraction, *American Journal of Sociology*, 96(1): 32−68.

Keohane, R. and J. Nye.(1977), *Power and Interdependence*, Boston: Little, Brown.

King, Desmond S. and Jon Pierre, eds.(1990), *Challenges to Local Government*, London: Sage.

Kingdom, John(2003), *Government and Politics in Britain*, Cambridge: Polity Press.

Kingdon, John W.(1997), *Agendas, Alternatives and Public Policies,* New York: Harper Collins Publishers.

Kirchner, Emil & Thomas Christiansen(1999), The Importance of Local and Regional Reform, Emil J. Kirchner(ed.), *Decentralization and Transition in the Visegrad*, New York: St. Martin's Press, Inc.

Kjær, Anne Mette(2004), *Governance*, Cambridge: Polity Press.

Klemp, G. O., ed.(1980), *The Assessment of Occupational Competence*, Washington, D.C.: Report to the National Institute of Education.

Konrai, Janos(1979), Resource−Constrained versus Demand−Constrained System, *Econometrica*, 47(4): 801−819.

Kothari, Rajni(1999), Issues in Decentralized Governance, Jha, S.N. & P.C. Mathur(eds.), *Decentralization and Local Politics*, New Deli: Sage Publications.

Krasner, S.(1984), Approaches to the State, Alternative Conceptions and Historical Dynamics, *Comparative Politics*, 16(2): 223−246.

Krugman, P.(1994), Competitiveness: A Dangerous Obsession, *Foreign Affairs*, 73(2): 22−44.

Laffin, Martin(2004), Is Regionalism Centralism Inevitable? The Case of the Welsh Assembly, *Regional Studies*, 38(2): 213−223.

Laffin, Martin(2009), Central−Local Relations in an Era of Governance: Towards a New Research Agenda, *Local Government Studies*, 35(1): 21−37.

Laffin, Martin(2013), A New Politics of Governance or an Old Politics of Central−Local Relations? Labour's Reform of Social Housing Tenancies in England, *Public Administration*, 91(1): 195−210.

Laffin, Martin & Alys Thomas(1999), The United Kingdom: Federalism in Denial?, *Publius: The Journal of Federalism*, 29(3): 89−107.

Lancaster, Steve and David Roberts, eds.(2004), *British Politics in Focus as Level*, Lancs: Causeway Press.

Larkey, L. K.(1996), Toward a Theory of Communitive Interactions in Culturally Diverse

Workshops, *The Academy of Management Review*, 21(2): 463−491.

Levi, Margaret(1997), A Model, a Method, and a Map: Rational Choice in Comparative and Historical Analysis, M. I. Lichbach & A. S. Zuckerman, *Comparative Politics: Rationality, Culture, and Structure*, Cambridge: Cambridge Univ. Press.

Limongi, F. & A. Figueiredo(2007), The Budget Process and Legislative Behavior: Individual Amendments, Support for the Executive and Government Programs, *World Political Science Review*, 3(3): 1−33.

Litvack, Jennie, Junaid Ahmad, and Richard Bird(2002), *Rethinking Decentralization in Developing Countries*, Washington, D.C.: The World Bank.

Lucia, Anntoinette D. & Richard Lepsinger(1999), *The Art and Science of Competency Models*, San Francisco: Jossey−Bass Inc.

Maclachlan, Patricia L.(2000), Information Disclosure and the Center−Local Relationship in Japan, Sheila A. Smith(ed.), *Local Voices, National Issues: The Impact of Local Initiative in Japanese Policy−Making*, Ann Arbor: The Univ. of Michigan. 9−30.

Maddick, Henry(1975), *Democracy, Decentralization and Development*, Bomby: Asia Publishing House.

Mahoney, James(2000), Path Dependence in Historical Sociology. *Theory and Society*, 29: 507−548.

March, J.G. & J. Olsen(1989), *Rediscovering Institutions: The Organizational Basis of Politics*, New York: Free Press.

Marks, Gary, Liesbet Hooghe and Arjan H. Schakel(2008), Patterns of Regional Authority, *Regional & Federal Studies*, 18(2−3): 167−181.

Marquardt, Jens(2017), Central−Local Relations and Renewable Energy Policy Implementation in a Developing Country, *Environmental Policy and Governance*, 27: 229−243.

Marsh, D.(2008), Understanding British Government: Analysing Competing Models, *British Journal of Politics and International Relations*, 10(2): 251−268.

Marr, A.(2000), *The Day Britain Died*, London: Profile Books.

Matsubayashi, Tetsuya(2007), Population Size, Local Autonomy, and Support for the Political System, *Social Science Quarterly*, 88(3): 830−849.

McConnell, Allan(2006), Central−Local Government Relations in Scotland, *International Review of Administrative Sciences*, 72(1): 73−84.

McLeod, P. L., S. A. Lobel, and T. H. Cox, Jr.(1996), Ethnic Diversity and Creativity in Small Groups. *Small Group Research*, 27(2): 248−264.

Meenakshisundaram, S.S.(1999), Decentralization in Developing Countries, Jha, S.N. & P.C. Mathur(eds.), *Decentralization and Local Politics*, New Deli: Sage Publications.

Meligrana, John, ed.(2004), *Redrawing Local Government Boundaries: An International Study of Politics, Procedures, and Decision*, Vancouver: UBC Press.

Meloche, Jean–Philippe, François Vaillancourt, and Serdar Yilmaz(2004), *Decentralization or Fiscal Autonomy? What does Really Matter?: Effects on Growth and Public Sector Size in European Transition Countries*, World Bank Policy Research Working Paper 3235.

Meyer, J.W. and B. Rowan(1977), Institutional Organizations: Formal Structures as Myth and Ceremony, *American Journal of Sociology*, 83(2): 340–363.

Meyer–Stamer, Jörg(1998), Path Dependence in Regional Development: Persistence and Change in Three Industrial Clusters in Santa Catarina, Brazil, *World Development*, 26(8): 1495–1511.

Michell, James(2003), Politics in Scotland. Patrick Dunleavy et al.(eds.), *Developments in British Politics 7*, Hampshire: Palgrave Macmillan.

Midwinter, Arthur(2009), New Development: Scotland's Concordat –An Assessment of the New Financial Framework in Central–Local Relations, *Public Money & Management*, 29(1): 65–70.

Mo, P. H.(2007), Government Expenditures and Economic Growth: The Supply and Demand Sides, *Fiscal Studies*, 28(4): 497–522.

Muramatsu, Michio(2001), Japan's Local Governance Reform in the 1990s: Decentralization Reform and NPM–type Reforms at the Prefectural Government Level, 한국행정학회 2001 년도 추계학술대회 발표논문집, 별쇄본.

Muramatsu, Michio(1977), *Local Power in the Japanese State,* trans, Betsey Scheiner and James White, Berkeley: Univ. of California Press.

Musrgave, Richard A.(1990), Horizontal Equity, Once More, *National Tax Journal*, 43(2): 113–122.

Nairn, T.(2000), *After Britain: New Labour and the Return of Scotland*, London: Fourth Estate.

Norman, Johnson(1999), Diversity in Decentralized System: Enabling Self–Organizing Solutions, Presented at the Decentralization II Conference, University of California, November: 19–20.

Oates, Wallace E.(1993), Fiscal Decentralization and Economic Development, *National Tax Journal*, 46(2): 237–243.

Oates, Wallace E.(1985), Searching for Leviathan: An Empirical Study, *American Economic*

Review, 75(4): 748－757.

Oates, Wallace E.(1972), *Fiscal Federalism*, New York: Harcourt Brace Jovanovich.

Ober, Carole, Terry Hyslop, and Walter W. Hauck(1999), Inbreeding Effects on Fertility in Humans: Evidence for Reproductive Compensation, *AJHG*, 64(1): 225－231.

O'Brien, David M.(1993), The Rehnquist Court and Federal Preemption: In Search of a Theory, *Publius: The Journal of Federalism*, 23(4): 15－32.

OECD(2017), *Government at a Glance,* Paris: OECD.

OECD(2002), *Fiscal Decentralisation in EU Applicant States and Selected EU Member States,* Report Prepared for the Workshop on Decentralisation: Trends, Perspective and Issues at the Threshold of EU Enlargement, Paris.

OECD(2006), *Competitive Cities in the Global Economy*, Paris: OECD.

Office for National Statistics(2001), *Britain 2001*, London: The Stationery Office.

Ohmae, K.(1995), *The End of the Nation－State: The Rise of Regional Economics*, New York: The Free Press.

Olsen, Mancur(1971), *The Logic of Collective Action: Public Goods and the Theory of Groups*, Cambridge: Harvard Univ. Press.

O'Neill, Kathleen(2005), *Decentralizing the State: Elections, Parties, and Local Power in the Andes*, New York: Cambridge Univ. Press.

O'Toole Jr., Laurence J. and Kenneth J. Meier(2004), Public Management in Intergovernmental Networks: Matching Structural Networks and Managerial Networking, *Journal of Public Administration Research and Theory*, 14(4): 469－494.

Paytas, J.(2001), *Does Governance Matter? The Dynamics of Metropolitan Governance and Competitiveness*, Pittsburgh, PA: Carnegie Mellon Center for Economic Development.

Peele, Gillian(2003), Politics in England and Wales, Patrick Dunleavy et al.(eds.), *Developments in British Politics 7*, Hampshire: PALGRAVE Macmillan.

Pierre, Jon(2000), *Debating Governance: Authority, Steering, and Democracy*, Oxford: Oxford University Press.

Peters, B. Guy, Jon Pierre, and Desmond S. King(2005), The Politics of Path Dependency: Political Conflict in Historical Institutionalism, *The Journal of Politics*, 67(4): 1275－1300.

Pierson, Paul(2000), Increasing Returns, Path Dependence, and the Study of Politics, *American Political Science Review*, 94: 251－267.

Pierson, Paul(2004), *Politics in Time: History, Institutions, and Social Analysis*, Princeton: Princeton Univ. Press.

Pilkington, Colin(2002), *Devolution in Britain Today*, Manchester: Manchester Univ. Press.

Polanyi, Michael(1951), *The Logic of Liberty*, Chicago: University of Chicago Press.

Pollitt, C.(1993), *Managerialism and the Public Services*, Oxford: Blackwell.

Posner, Paul L.(1998), *The Politics of Unfunded Mandates*, Washington, DC: Georgetown University Press.

Powell, Walter W. and Paul J. DiMaggio, eds.(1991), *The New Institutionalism in Organizational Analysis*, Chicago: Univ. of Chicago.

Pratchett, Lawrence(2004), Local Autonomy, Local Democracy and the 'New Localism', *Political Studies*, 52(2): 358−375.

Pretty, J.(1995), cited in Kalsom Kayat(2002), Exploring Factors Influencing Individual Participation in Community−base Tourism: The Case of Kampung Relau Homestay Program, Malaysia, *Asia Pacific Journal of Tourism Research*, 7(2): 19−A27.

Provan, Keith G. and Patrick Kenis(2008), Modes of Network Governance: Structure, Management, and Effectiveness, *Journal of Public Administration Research and Theory*, 18(2): 229−252.

PUMA/HRM(2002), *Highlights of Public Sector Pay and Employment Trends: 2002 Update*, HRM Working Party Meeting OECD Headquarters, 7−8 October.

Ram, R.(1986), Government Size and Economic Growth: A New Framework and Some Evidence from Cross−section and Time Series Data, *American Economic Review*, 76(1): 191−203.

Rao, Nirmala(2000), *Reviving Local Democracy*, Bristol: Policy Press.

Rawls, John(1971), *A Theory of Justice*, Cambridge: Harvard University Press.

Redwood, J.(1999), *The Death of Britain? The United Kingdom's Constitutional Crisis*, London: Macmillan.

Repetti, James R. and Paul R. McDaniel(1993), Horizontal and Vertical Equity: The Musgrave/Kaplow Exchange, *Florida Tax Review*, 1(10): 607−622.

Rhodes, R.A.W.(1988), *Control and Power in Central−Local Government Relations*, Hants: Gower Publishing Co. Ltd.

Rhodes, R.A.W.(1996), The New Governance: Governing without Government, *Political Science*, 44(4): 652−667.

Rhodes, R.A.W.(2000), The Governance Narrative: Key Findings and Lessens from the SESRC's Whitehall Programme, *Public Administration*, 78(2): 345−363.

Ricciuti, R.(2002), *Political Fragmentation and Fiscal Outcomes*, Economics Working Paper,

No.354.

Rodríguez−Pose, Andrés & Roberto Ezcurra(2011), Is Fiscal Decentralization Harmful for Economic Growth? Evidence from the OECD Countries, *Journal of Economic Geography*, 11(4): 619−643.

Rondinelli, D.A, J.R. Nelli and G.S. Cheema(1984), *Decentralization in Developing Countries: A Review of Recent Experience*, Washington, DC: World Bank.

Rose, Rawrence E.(1990), Nordic Free−Commune Experiments: Increased Local Autonomy or Continued Central Control, In Desmond S. King and Jon Pierre(ed.), *Challenges to Local Government*, London: SAGE Publications.

Rosenbloom, David H.(1987), Constitutional Perspectives on Public Policy Evaluation, *Policy Studies Journal*, 16(2): 233−241.

Rosenfeld, Raymond and Laura A. Reese(2003), The Anatomy of an Amalgamation: The Case of Ottawa, *State and Local Government Review*, 35(1): 57−69.

Sabatier, Paul A.(1988), An Advocacy Coalition Framework of Policy Change and the Role of Policy−Oriented Learning Therein, *Policy Sciences*, 21(2−3): 129−168.

Sabatier, P. A. and H. C. Jenkins−Smith, eds.(1993), *Policy Change and Learning: An Advocacy Coalition Approach*, Boulder: Westview Press.

Sachs, J. & A. Warne(1995), Economic Reform and the Process of Global Integration, *Brookings Papers on Economic Activity*, 1995(1): 1−118.

Savitch, H. V. and R. K. Vogel, eds.(1996), *Regional Politics: America in a Post−City Age*, London: Sage Publications.

Schmidt, Vivien A.(2007), *Democratizing France: The Political and Administrative History of Decentralization*, Cambridge: Cambridge University Press.

Schwab, K. & WEF(2010), *The Global Competitiveness Report 2010−2011*, Geneva: WEF.

Scicchitano, Michael J. and David M. Hedge(1993), From Coercion to Partnership in Federal Partial Preemption: SMCRA, RCRA, and OSH Act, *Publius: The Journal of Federalism*, 23(4)l: 107−121.

Scottish Executive(2010), *Scottish Economic Statistics*.

Seabright, Paul(1996), Accountability and Decentralisation in Government: An Incomplete Contracts Model, *European Economic Review*, 40(1): 61−89.

Sewell, William H.(1996), Three Temporalities: Toward an Eventful Sociology, T. J. McDonald(ed.), *The Historic Turn in the Human Science*, Univ. of Michigan Press.

Shah, Anwar(1997), Balance, Accountability, and Responsiveness: Lessons about Decentralization,

Paper Presented in the World Bank Conference on Evaluation and Development.

Shetland Council(2009a), *Sustaining Shetland: Fourth Annual Monitoring of Social, Economic, Environmental and Cultural Trends*.

Shetland Council(2009b), *Shetland in Statistics 2009*.

Shuman, Michael H.(2000), *Going Local: Creating Self—Reliant Communities in a Global Age*, New York: Routledge.

Smith, B. C.(1985), *Decentralization*, London: George Allen & Unwin.

Smith, Sheila A.(2000), Challenging National Authority: Okinawa Prefecture and the U.S. Military Bases, Sheila A. Smith(ed.), *Local Voices, National Issues: The Impact of Local Initiative in Japanese Policy—Making*, Ann Arbor: The Univ. of Michigan.

Smith, Sheila A., ed.(2000), *Local Voices, National Issues: The Impact of Local Initiative in Japanese Policy—Making*, Ann Arbor: The Univ. of Michigan.

Soul, Stephen and Brian Dollery(2000), An Analysis of the Criteria Used by Australian Local Government Amalgamation Inquiries between 1960 and 1992, *Regional Policy and Practice*, 9(2): 41—52.

SQW Limited(2002), *Assessment of the Social Economy of the Highlands and Islands: A Final Report to Highlands and Islands Enterprise*.

Ståhlberg, Krister(1994), The Finnish Case: A Reform rather than an Experiment, In Baldersheim, Harald and Krister Ståhlberg(eds.), *Towards the Self—Regulating Municipality: Free Communes and Administrative Modernization in Scandinavia*, Hants: Dartmouth Publishing Company Limited.

Stansel, D.(2005), Local Decentralization and Local Economic Growth: A Cross—sectional Examination of US Metropolitan Areas, *Journal of Urban Economics*, 57(1): 55—72.

Stanyer, J.(1976), *Administration*, London: Fontana.

Stein, Ernesto(1999), Fiscal Decentralization and Government Size in Latin America, *Journal of Applied Economics*, 2(2): 357—391.

Steinich, M.(2000), *Monitoring and Evaluating Support to Decentralization: Challenges and Dilemmas*, ECDPM Discussion Paper 19, Maastricht: ECDPM.

Stephens, G. Ross & Nelson Wikstrom(2007), *American Intergovernmental Relations*, New Work: Oxford Univ. Press.

Stever, James A.(1993), The Growth and Decline of Executive—Centered Intergovernmental Management, *Publius: The Journal of Federalism*, 23(1): 71—84.

Stillman, Richard J.(1974), *The Rise of the City Manager: A Public Professional in Local*

Government, Albuquerque: University of New Mexico Press.

Stömberg, Lars and Lena Lindgren(1994), The Swedish Case: Political Change and Administrative Resistance, In Baldersheim, Harald and Krister Ståhlberg(eds.), *Towards the Self−Regulating Municipality: Free Communes and Administrative Modernization in Scandinavia*, Hants: Dartmouth Publishing Company Limited.

Strumpf, Koleman S.(2000), Does Government Decentralization Increase Policy Innovation?, Paper Presented at Stanford Institute for Theoretical Economics Conference.

Surowiecki, James(2005), *The Wisdom of Crowds*, New York: Anchor Books.

Surowiecki, James(2018), *The Wisdom of Crowds: Why the Many are Smarter than the Few and How Collective Wisdom Shapes Business, Economics, Societies, and Nations*, New York: Routledge.

Tannenwald, Robert(1999), Fiscal Disparity among States Revisited, *New England Economic Review*, Jul.−Aug: 3−21.

Tanzi, Vito(1996), Fiscal Federalism and Decentralization: A Review of Some Efficiency and Macroeconomic Aspects, *Annual World Bank Conference on Development Economics*, The World Bank, 295−316.

Tausz, Katalin, ed.(2002), *The Impact of Decentralization on Social Policy*, Budapest: Open Society Institute.

Tendler, J.(1997), *Good Government in the Tropics*, Baltimore: John Hopkins University.

Thießen, U.(2003), Fiscal Decentralization and Economic Growth in High−Income OECD Countries, *Fiscal Studies*, 24(3): 237−274.

Thompson, Frank J.(2013), The Rise of Executive Federalism: Implications for the Picket Fence and IGM, *The American Review of Public Administration*, 43(1): 3−25.

Thompson, Frank J. & Courtney Burke(2008), Federalism by Waiver: MEDICAID and the Transformation of Long−term Care, *Publius: The Journal of Federalism*, 39(1): 22−46.

Thornton, J.(2007), Fiscal Decentralization and Economic Growth Reconsidered, *Journal of Urban Economics*, 61(1): 64-70.

Tiebout, C. M.(1956), A Pure Theory of Local Expenditures, *Journal of Political Economy*, 64(5): 416−424.

Tierney, Stephen(2009), Federalism in a Unitary State: A Paradox too Far?, *Regional & Federal Studies*, 19(2): 237−253.

Tosun, Cevat(1999), Towards a Typology of Community Participation in the Tourism Development Process, *An International Journal of Tourism and Hospitality Research*,

10(2): 113－134.

Toth, A. G.(1992), The Principle of Subsidiarity in the Maastricht Treaty, *Common Market Law Review*, 29(6): 1079－1105.

Treisman, Daniel(2000), The Causes of Corruption: A Cross－National Study, *Journal of Public Economics*, 76(3): 399－457.

Treisman, Daniel(1998), Decentralization and Inflation in Developed and Developing Countries, http://www.isr.umich.edu/cps/pewpa/archive/archive_98.pdf.

Triandis, Harry C.(2001), Individualism－Collectivism and Personality, *Journal of Personality*, 69(6): 907－924.

UK Office for National Statistics(2003), *Census Profiles*.

Vassilakopoulou, P., A. Pesaljevic, & M. Aanestad(2018), Polycentric Governance of Interorganizational Systems: Managerial and Architectural Arrangements, Research Paper.

Vischer, Robert K.(2001), Subsidiarity as a Principle of Governance: Beyond Devolution, *Indiana Law Review*, 35: 103－142.

Walker, D. B.(2000), *The Rebirth of Federalism*, New York: Chatham House.

Walle, John van der(2002), Decentralization, Trends and Constraints, http://www.kit.nl/smartsite.shtml?ch＝fad&id＝6164.

Webler, Thoman & Seth Tuler(2000), Fairness and Competence in Citizen Participation: Theoretical Reflections from a Case Study, *Administration & Society*, 32(5): 566－595.

WEF(2002), *The Global Competitiveness Report 2001－2002*, New York: Oxford University Press.

WEF(2006), *The Global Competitiveness Report 2006－2007*, New York: Palgrave.

West, Geoffrey(2017), *Scale: The Universal Laws of Growth, Innovation, Sustainability, and the Pace of Life in Organisms, Cities, Economies, and Companie*s, 이한음 역(2017), 스케일, 서울: 김영사.

Wilcox, D.(1994), *The Guide to Effective Participation,* Partnership: Brighton.

Wildavsky, Aaron(1979), *Speaking Truth to the Power: The Art and Craft of Policy Analysis*, Boston: Little Brown.

Wilford, D.(1994), Path－Dependency, or Why History Makes It Difficult, but Not Impossible to Reform Health Care Services in a Big Way, *Journal of Public Policy*, 14: 251－283.

Williamson, Jeffrey G.(1965), Regional Inequality and the Process of National Development: A Description of the Patterns, *Economic Development and Cultural Change*, 13(4): 3－45.

Woller, G. M. & K. Phillips(1998), Fiscal Decentralization and LDC Growth: An Empirical

Investigation, *Journal of Development Studies,* 34(4): 138－148.

Wolman, Harold & Michael Goldsmith(1990), Local Autonomy as a Meaningful Analytic Concept: Comparing Local Government in the United States and the United Kingdom, *Urban Affairs Quarterly,* 26(1): 3－27.

Wolman, Harold & Michael Goldsmith(1992), *Urban Politics and Policy: A Comparative Approach,* Cambridge: Blackwell.

Wong, Naima T., Mare A. Zimmerman, and Edith A. Parker(2010), A Typology of Youth Participation and Empowerment for Child and Adolescent Health Promotion, *American Journal of Community Psychology,* 46(1－2): 100－114.

World Bank(1998), *Applying a Simple Measure of Good Governance to the Debate on Fiscal Decentralization,* World Bank Policy Research Working Paper 1894(Washington: World Bank).

Wright, Deil S.(1978), *Understanding Intergovernmental Relations,* MA: Duxbury Press.

Wright, Deil S.(1990), Federalism, Intergovernmental Relations, and Intergovernmental Management: Historical Reflections and Conceptual Comparisons, *Public Administration Review,* 50(2): 168－178.

Wright, Deil S.(1994), Understanding and Securing Local Government Autonomy: The Case of the United States of America, 「한국행정연구」, 3(4): 153－193.

Xie, D., H. Zou & H. Davoodi(1999), Fiscal Decentralization and Economic Growth in the United States, *Journal of Urban Economics,* 45(2): 228-239.

Zhang, T. & H. Zou(1998), Fiscal Decentralization, Public Spending, and Economic Growth in China, *Journal of Public Economics,* 67(2): 221-240.

Zimmerman, Joseph F.(1999), *The New England Town Meeting: Democracy in Action,* Connecticut: Praeger.

Zimmerman, Joseph F.(1995), *State－Local Relations: A Partnership Approach,* New York: Praeger.

Zimmerman, Joseph F.(1993), Preemption in the U. S. Federal System, *Publius: The Journal of Federalism,* 23(4): 1－13.

高寄昇三(1995), 「地方分權と大都市」, 勁草書房.

国土交通省都市・地域整備局(2006), 「離島の現状について」.

国土交通省都市・地域整備局(2010), 「離島の現状について」.

国土交通調査室(2009), 「離島振興の現況と課題　国立国会図書館」, Issue brief number 635.

国土交通省都市・地域整備局(2010), 「離島の現状について」, 東京: 国土交通省.

內閣府(2002),「沖縄振興特別措置法のあらまし」.

鹿兒島縣(2009a),「奄美群島振興開發計畵 平成21年度～平成25年(要約版)」.

鹿兒島縣(2009b),「奄美群島振興開発特別措置法関係資料」.

鹿兒島縣(http://www.pref.kagoshima.jp/).

鹿兒島縣(2009),「奄美群島振興開発特別措置法関係資料」, 鹿兒島縣.

島根縣(www.pref.shimane.lg.jp).

島根縣(2003),「島根県離島振興計画: 平成15年度～平成24年度」.

島根縣隠岐の島町(2010),「隠岐の島過疎地域自立促進計画: 平成22年度～平成27年度」.

山田誠(2005),「奄美の多層圈域と離島政策: 島嶼圈市町村分析のフレームワーク」, 九州大学出版会.

西尾勝(2007),「地方分権改革(Vol.5)」, 東京: 東京大学出版会.

奄美群島振興開發基金(http://www.amami.go.jp/).

奥野一生(1998), 離島振興政策の展開と離島の動向,「地理学評論」, 71(5): 362－371.

奥野一生(2003),「日本の離島と高速船交通」, 竹林館.

日高昭夫(1994), 地方分權と自治体の政策形成 － 地方分權を支える主体形成の立場から－,「季刊行政管理研究」, 67: 23－32.

田中健治(2008), 海洋基本計畵と離島振興,「季刊 しま」, 54－1(214): 54－64.

中邨章(1997), 分權論議の國際比較とわが國分權論の特色,「季刊行政管理研究」, 77: 3－15.

財団法人日本都市センター(2008),「平成の大合併 都市要覧」.

地方制度調査会(2004),「道州制のあり方に関する答申」.

地方制度調査会(2006),「道州制のあり方に関する答申」, 地方制度調査会.

地方自治制度研究会編集(2006),「道州制ハンドブック」, 東京: ぎょうせい.

村松岐夫(1988),「地方自治」, 동경: 동경대학출판부.

總理府編(1998),「地方分權推進計畵」, 東京: 大藏省印刷局.

総務省(http://www.soumu.go.jp/)

総務省(2006),「市町村合併による効果について」.

總務廳行政管理局(1993), 地方分權特例制度について,「季刊行政管理研究」, 61: 91－93.

沖縄県(http://www.pref.okinawa.jp/)

http://www.mogaha.go.kr

http://www.nga.or.kr/notice_file/aaa.hwp.

http://www.kosis.kr/index.do.(검색일자: 2019년 1월 7일)

http://www.nec.go.kr.(검색일자: 2019년 1월 3일)

http://www.nrc.re.kr.(검색일자: 2019년 1월 3일)

http://www.hmso.gov.uk/acts/acts1999/19990027.htm.

http://www.local−regions.detr.gov.uk/beacon/prospect/5.htm.

http://www.local−regions.detr.gov.uk/bestvalue/indicators/.../index.htm.

http://www.local−regions.detr.gov.uk/bestvalue/legislation/bvp.../05.htm.

http://www.local−regions.detr.gov.uk/bestvalue/legislation/improvingbv.htm.

http://www.soumu.go.jp/cyukaku/tokurei.html.

https//www.gov.uk(검색일: 2018.11.20.).

http://www.ukcoastguide.co.uk/uk−islandds.htm

http://en.wikipedia.org/wiki/Isles_of_Scilly

http://www.scilly.gov.uk

http://lofin.mofas.go.kr.

http://lofin.mois.go.kr

http://www.balance.go.kr.

http://www.stat.go.jp/data/nenkan/zuhyou/y0101000.

http://www.stats.gov.cn/tjsj/ndsj/2006/indexeh.htm.

http://www.kosis.kr.

찾아보기

사항 색인

ㄱ

저자 소개

하혜수(河慧洙)

◇ 1961년 4월 5일 경상남도 합천 출생
◇ 경상대 졸업(1985년), 서울대 행정대학원 석사(1989년), 서울대 박사(1996년)
◇ 경기연구원 연구위원(1996년 10월~2001년 4월)
◇ 경북대학교 행정학부 교수(2001년 4월~현재)
◇ 한국지방행정연구원 원장(2015년 4월~2017년 5월)
◇ 한국지방자치학회 회장(2016년), 한국행정학회 부회장(2015년), 한국정책분
   석평가학회 편집위원장(2010년~2011년)
◇ 지역발전위원회 위원(2015년), 정부업무평가위원회 위원(2014년~2017년),
   사회보장위원회 위원(2015년~2017년), 입법고시 출제 및 면접위원(2013년,
   2019년, 2020년)
◇ 저서: 「협상의 미학」(2017년, 공저), 「지방자치론」(2012년, 공저) 등이 있음.

지방분권 오디세이-우리나라 지방분권의 진단과 대안-

초판발행   2020년 11월 2일

지은이   하혜수
펴낸이   안종만·안상준

편 집   배근하
기획/마케팅   장규식
표지디자인   박현정
제 작   고철민·조영환

펴낸곳   ㈜ **박영사**
                 서울특별시 금천구 가산디지털2로 53, 210호(가산동, 한라시그마밸리)
                 등록 1959. 3. 11. 제300-1959-1호(倫)
전 화   02)733-6771
f a x   02)736-4818
e-mail   pys@pybook.co.kr
homepage   www.pybook.co.kr
ISBN   979-11-303-1122-7 93350

정 가   29,000원